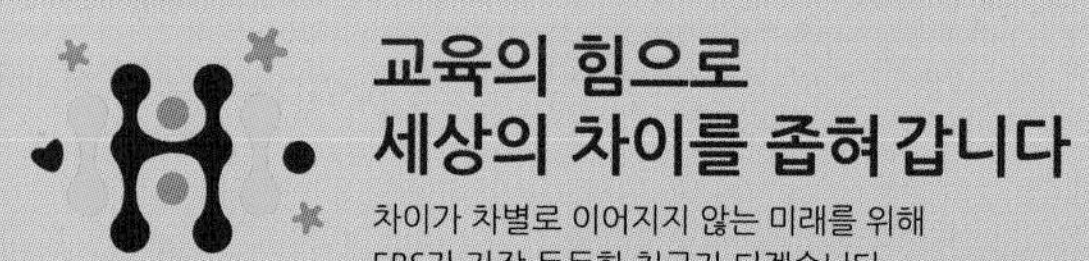

모든 교재 정보와 다양한 이벤트가 가득!
EBS 교재사이트 book.ebs.co.kr

본 교재는 EBS 교재사이트에서
eBook으로도 구입하실 수 있습니다.

2025학년도 수능 연계교재 수능완성

사회탐구영역
동아시아사

기획 및 개발
박 민
신슬기(개발총괄위원)
김은미
박빛나리
여운성

감수
한국교육과정평가원

책임 편집
임지연

본 교재의 강의는 TV와 모바일 APP, EBSi 사이트(www.ebsi.co.kr)에서 무료로 제공됩니다.

발행일 2024. 5. 20. 1쇄 인쇄일 2024. 5. 13. 신고번호 제2017-000193호 펴낸곳 한국교육방송공사 경기도 고양시 일산동구 한류월드로 281
표지디자인 ㈜무닉 내지디자인 다우 내지조판 ㈜글사랑 인쇄 팩컴코리아㈜ 사진 게티이미지코리아, 이미지파트너스
인쇄 과정 중 잘못된 교재는 구입하신 곳에서 교환하여 드립니다. 신규 사업 및 교재 광고 문의 pub@ebs.co.kr

정답과 해설 PDF 파일은 EBSi 사이트(www.ebsi.co.kr)에서 내려받으실 수 있습니다.

교재 내용 문의
교재 및 강의 내용 문의는 EBSi 사이트(www.ebsi.co.kr)의 학습 Q&A 서비스를 활용하시기 바랍니다.

교재 정오표 공지
발행 이후 발견된 정오 사항을 EBSi 사이트 정오표 코너에서 알려 드립니다.
교재 → 교재 자료실 → 교재 정오표

교재 정정 신청
공지된 정오 내용 외에 발견된 정오 사항이 있다면 EBSi 사이트를 통해 알려 주세요.
교재 → 교재 정정 신청

2025학년도 수능 연계교재 수능완성

☆☆☆

사회탐구영역

동아시아사

이 책의 차례 CONTENTS

이 책의 **구성과 특징** STRUCTURE

테마별 내용 정리

주제별 핵심 개념을 쉽게 이해할 수 있도록 표, 지도, 모식도 등을 활용하여 체계적이고 일목요연하게 정리하였습니다.

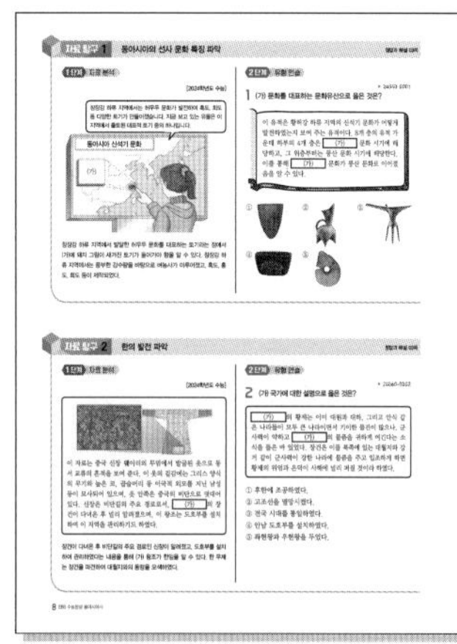

자료 탐구

1단계에서는 수능 모의평가 및 수능의 기출 자료(자료 상단 출처 별도 표기)를 제시하여 분석하고, 2단계에서는 자료와 관련된 응용 문제를 수록하여 해당 주제에 대해 심도 깊은 이해가 가능하도록 하였습니다.

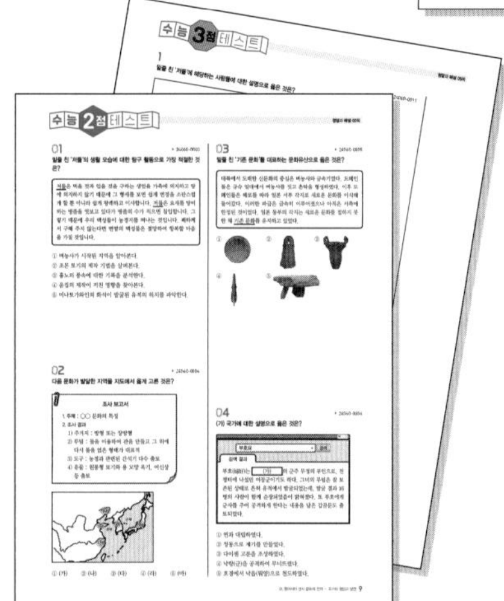

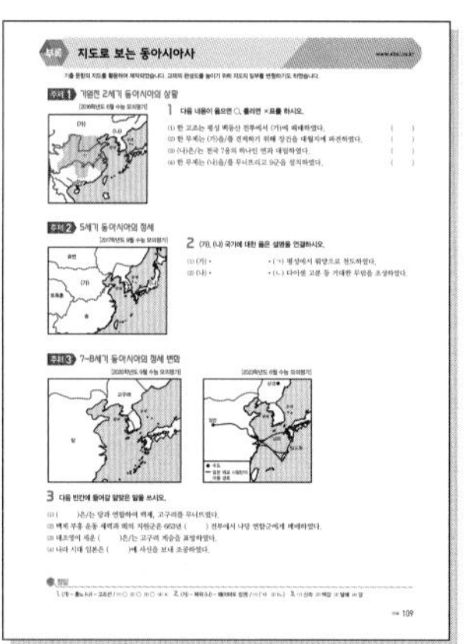

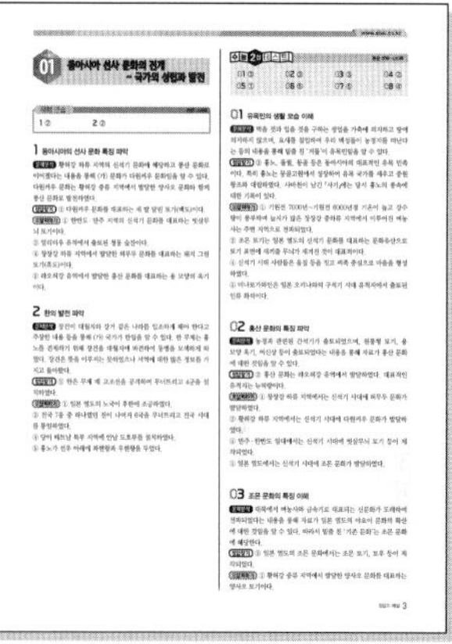

2점 테스트와 3점 테스트

수능 출제 경향 분석에 근거하여 개발한 다양한 유형의 문제들을 수록하였습니다.

실전 모의고사

학습 내용을 최종 점검하며 실력을 테스트하고, 수능에 대한 실전 감각을 기를 수 있도록 수능 시험 형태로 구성하였습니다.

부록

수능 모의 평가 및 수능에 출제된 주요 지도를 문항과 함께 시대순으로 제시하여 동아시아사의 흐름을 파악할 수 있도록 하였습니다.

정답과 해설

정답 도출 과정과 교과의 내용을 연결하여 설명하고, 오답을 분석함으로써 유사 문제 및 응용 문제에 대한 대비가 가능하도록 하였습니다.

학생

인공지능 DANCHOQ
푸리봇 문|제|검|색

EBS*i* 사이트와 **EBS*i* 고교강의 APP** 하단의 **AI 학습도우미 푸리봇**을 통해 문항 코드를 검색하면 푸리봇이 해당 문제의 해설과 해설 강의를 찾아 줍니다. **사진 촬영으로도 검색**할 수 있습니다.

문제별 문항 코드 확인

[24060-0001]

1. 아래 그래프를 이해한 내용으로 가장 적절한 것은?

문항 코드 검색

24060-0001

사진 촬영 검색

선생님

EBS 교사지원센터
교재 관련 자|료|제|공

교재의 문항 한글(HWP) 파일과 교재 이미지, 강의 자료를 무료로 제공합니다.

한글 다운로드 | 교재 이미지 | 강의 자료

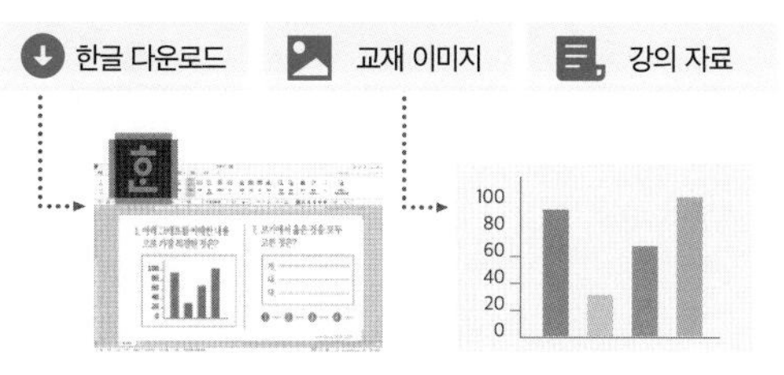

- 교사지원센터(teacher.ebsi.co.kr)에서 '교사인증' 이후 이용하실 수 있습니다.
- 교사지원센터에서 제공하는 자료는 교재별로 다를 수 있습니다.

사회탐구영역 **동아시아사**

테마편

동아시아 선사 문화의 전개 ~ 국가의 성립과 발전

1 동아시아 지역의 개관

(1) 동아시아의 범위와 국가

범위	동서	일본 열도에서 티베트고원
	남북	베트남에서 몽골고원
주요 국가		한국, 중국, 일본, 베트남 등

(2) 지형과 기후

지형		• 서쪽에 티베트고원이 위치 • 동쪽으로 해발고도 1,000m 이하의 구릉과 평원 지대 및 섬 분포
기후	냉대	한반도 북부, 만주, 일본 홋카이도 등
	건조	몽골고원, 중국 화북 일부 등
	온대	중국 화중과 화남, 베트남 북부, 한반도 남부 및 일본 혼슈 등
	열대	중국 하이난섬, 베트남 중·남부 등
	계절풍의 영향	• 겨울에는 춥고 건조한 날씨 • 여름에는 덥고 습한 날씨 • 대륙 내부로 갈수록 기온의 연교차가 큰 대륙성 기후

(3) 지역과 생업

지역	특징	주요 생업
만주 일부, 몽골고원, 티베트고원 등	• 대륙성 기후 • 연평균 강수량 400mm 이하	유목
한반도 북부, 중국 화북 지역, 만주 남부, 일본 홋카이도 등	• 벼농사 지역보다 기온이 낮음 • 연평균 강수량 400~600mm 가량	밭농사, 목축
한반도 중·남부, 중국 화중 지역, 일본 혼슈 등	• 연평균 기온이 높음 • 연평균 강수량 600mm 이상	벼농사
중국 화남 지역, 일본 규슈 남부, 베트남 등		벼농사 (벼의 이기작)

(4) 밭농사와 벼농사

밭농사	• 기원전 8000년~기원전 7500년경 황허강 유역에서 시작 • 주로 조·수수·기장·콩 등 잡곡 재배, 토양 유실과 지력 감소가 심하여 생산력이 상대적으로 낮음
벼농사	• 기원전 7000년~기원전 6000년경 창장강 유역에서 실시 • 다양한 농기구 필요, 벼농사 기술을 가진 집단이 이동하면서 동아시아 전역으로 전파

(5) 농경민과 유목민의 생활

농경민	정착 생활, 수리 시설 등을 건설하기 위한 공동 노동 조직 결성
유목민	• 계절에 따라 이동하며 유목 생활, 주로 이동식 가옥(게르)에서 거주 • 대부분 부족 단위 생활 → 부족장의 권한이 강함

2 선사 문화의 전개

(1) 구석기 시대

생활	채집·수렵·어로 활동, 뗀석기 사용, 이동 생활(동굴이나 막집 거주), 불과 언어 사용
주요 인류 화석	베이징인(중국), 덕천인(한반도 북부), 미나토가와인(일본 오키나와) 등

(2) 신석기 시대

① 생활 : 농경(조·피·수수·밀·보리 등)과 목축 시작, 간석기·토기·뼈바늘 등 사용, 정착 생활(움집 거주)

② 동아시아의 신석기 문화

중국	황허강 중류	양사오 문화	채도 등	룽산 문화로 발전(흑도 등)
	황허강 하류	다원커우 문화	홍도 등	
	창장강 하류	허무두 문화	벼농사 실시, 흑도(돼지 그림 토기 등)·홍도·회도 등	
	랴오허강	훙산 문화	채도, 여신의 얼굴상, 용 모양 옥기 등	
만주·한반도		빗살무늬 토기 등		
일본 열도		조몬 토기 등		

3 동아시아의 청동기 문화

(1) 청동기 시대의 사회 모습

계급 분화	농경 기술과 도구 발달 → 농업 생산력 및 인구 증가 → 잉여 생산물 축적, 사유 재산 출현
청동기 사용	주로 지배층의 무기와 제사용 도구 제작(지배층의 권위를 보여 줌)
국가 형성	청동기 사용 집단이 전쟁을 통해 이웃 부족 통합

(2) 동아시아 각 지역의 청동기 문화

황허강 유역	• 얼리터우 문화 : 기원전 2000년경부터 발달, 청동 술잔 등 각종 청동기 출토, 궁전 터와 성벽을 갖춘 도성 유적 발견 • 상 왕조 시기에 청동제 도구·무기·제기 등 제작
몽골 지역	청동제 무기, 마구, 사슴돌, 판석묘, 돌무지 제사 유적 등을 남김
만주·한반도	• 기원전 2000년~기원전 1500년경 청동기 사용 → 비파형 동검, 화살촉, 청동 거울 등 제작 • 반달 돌칼 등 석기와 민무늬 토기 등 제작 • 고인돌 : 한반도를 중심으로 일본 규슈나 중국 랴오닝 등지에 분포
일본 열도	• 기원전 3세기경 한반도 등지로부터 벼농사 기술을 비롯하여 청동기, 철기 수용 → 야요이 문화 성립 • 종 모양 청동기(동탁) 등 청동 제기·장신구 제작, 철제 농기구·무기 제작

4 국가의 출현

(1) 중원 지역의 국가 형성

① 하(夏) : 문헌 기록상 중국 최초의 왕조

② 상(商) : 기원전 1600년경 성립, 신정 정치, 갑골문 사용, 은허(수도 유적)

③ 주(周)

성립	기원전 11세기경 상을 멸망시키고 호경을 수도로 삼음
특징	• 봉건제 실시 : 왕이 수도와 부근 직할지 통치, 주로 혈연관계인 제후에게 지방을 다스리게 함 • 천명사상과 덕치 강조

(2) 춘추 전국 시대의 전개

춘추 시대	기원전 8세기 견융의 침입으로 주가 호경에서 낙읍(뤄양)으로 천도 → 주 왕실의 권위 약화 → 세력이 강한 제후(춘추 5패)가 정국 주도
전국 시대	봉건 질서 붕괴 → 전국 7웅 대두(하극상, 약육강식의 시대)
사회 변화	• 군현제·관료제 등의 통치 방식 확산, 철제 무기 보급 → 군사력 강화, 전쟁 규모 확대 • 우경과 철제 농기구 보급 → 농업 생산력 발전 • 상공업 발달(대상인 출현) → 화폐 유통 활발 및 도시 발달 • 능력을 중시하여 인재 등용 → 제자백가 등장

(3) 흉노의 성장

① 기원전 4세기 무렵 유라시아 북부에서 성장

② 팽창

- 유목민인 흉노는 농경민에 대해 교역과 약탈 병행
- 묵특 선우 때 만리장성 이북의 초원 지대 통합, 평성 백등산 전투에서 한 고조에게 승리(기원전 200)

③ 정치 : 연맹체 국가 형성, 선우 아래 좌현왕과 우현왕 등을 둠

(4) 고조선의 성립과 발전

성립	청동기 문화를 기반으로 만주와 한반도 지역에서 성립, 제정 일치
발전	기원전 3세기경 왕위 세습, 상·대부·장군 등의 관직 설치, 8조의 법 마련
위만 집권	한 건국 직후 위만 망명 → 준왕을 몰아내고 집권(기원전 194) → 철기 문화의 본격적 수용, 한과 한반도 남부 사이에서 중계 무역으로 번영

(5) 만주와 한반도의 여러 나라

부여	만주의 쑹화강 일대에서 성립, 연맹 왕국으로 발전
고구려	부여의 일부 세력이 남하하여 압록강 유역에서 건국
삼한	마한·진한·변한으로 구성, 농경 발달, 제정 분리 사회

(6) 일본 열도의 국가 성립

기원 전후	야요이 문화를 기반으로 여러 정치체 등장
3세기경	30여 개의 소국 존재, 야마타이국을 중심으로 연맹체 형성

5 중국의 통일과 여러 나라의 성립

(1) 진(秦)의 전국 시대 통일(기원전 221)

진시황제	• 법가 사상을 바탕으로 부국강병 추진 → 전국 시대 통일 • 황제 칭호 최초 사용, 군현제 실시, 3공 9경의 관료제 시행, 도량형·화폐(반량전)·문자 통일, 사상 통제(분서갱유)
쇠퇴	엄격한 법치와 대규모 토목 공사에 대한 백성의 불만 고조 → 진시황제 사후 농민 봉기 발생

(2) 한(漢)의 발전과 변천

① (전)한의 성립과 발전

고조 (유방)	• 진 멸망 이후 초 항우와의 대결에서 승리하여 중국 재통일(기원전 202) • 법가 통치 완화, 군국제 실시(군현제와 봉건제의 절충)
무제	• 동중서의 건의 수용 → 유교를 통치 이념으로 중시하여 유교적 소양을 갖춘 인물을 관리로 발탁 • 전매제 실시(소금·철 등), 상공업 통제

② 왕망 : 한을 무너뜨리고 신(新) 건국 → 토지 국유화 등 급진적 개혁 실시 → 호족들의 반발로 실패

③ 후한의 성립과 멸망

성립	신 멸망 후 호족의 지원을 받은 광무제가 건국
멸망	환관·외척의 전횡, 호족의 대토지 소유 → 농민 반란 빈발, 유력 호족들의 자립 → 위·촉·오로 분열(삼국 시대)

6 각국의 교류와 전쟁

진시황제		흉노를 북방 초원 지대로 몰아내고 오르도스 지방 차지 → 흉노의 재침입을 막기 위해 만리장성 건설
한 고조		평성 백등산 전투에서 흉노의 묵특 선우에게 패배 → 이후 흉노에 공주와 물자를 보내 평화 유지
한 무제	베트남	남비엣(남월) 정복 → 9군 설치
	만주·한반도	고조선과 흉노의 연합을 막기 위해 고조선 정복 → 4군 설치
	흉노	• 흉노를 견제하기 위해 장건을 대월지에 파견 • 군대를 동원하여 흉노를 고비 사막 이북으로 축출
후한 광무제		1세기 왜의 노국왕이 조공하자 '한위노국왕'이 새겨진 금인을 줌
야마타이국의 히미코 여왕		3세기 위에 사신을 보내 조공 → '친위왜왕'이라는 칭호를 받음

자료 탐구 1 동아시아의 선사 문화 특징 파악

정답과 해설 03쪽

1 단계 자료 분석

[2024학년도 수능]

창장강 하류 지역에서는 허무두 문화가 발전하여 흑도, 회도 등 다양한 토기가 만들어졌습니다. 지금 보고 있는 유물은 이 지역에서 출토된 대표적 토기 중의 하나입니다.

창장강 하류 지역에서 발달한 허무두 문화를 대표하는 토기라는 점에서 (가)에 돼지 그림이 새겨진 토기가 들어가야 함을 알 수 있다. 창장강 하류 지역에서는 풍부한 강수량을 바탕으로 벼농사가 이루어졌고, 흑도, 홍도, 회도 등이 제작되었다.

2 단계 유형 연습

▸ 24060-0001

1 (가) 문화를 대표하는 문화유산으로 옳은 것은?

이 유적은 황허강 하류 지역의 신석기 문화가 어떻게 발전하였는지 보여 주는 유적이다. 8개 층의 유적 가운데 하부의 4개 층은 (가) 문화 시기에 해당하고, 그 위층부터는 룽산 문화 시기에 해당한다. 이를 통해 (가) 문화가 룽산 문화로 이어졌음을 알 수 있다.

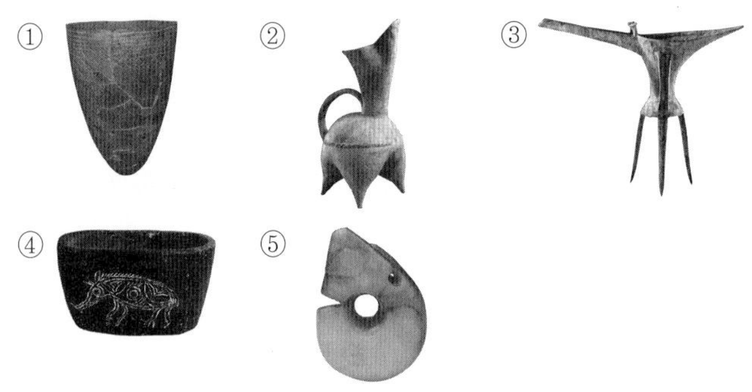

자료 탐구 2 한의 발전 파악

정답과 해설 03쪽

1 단계 자료 분석

[2024학년도 수능]

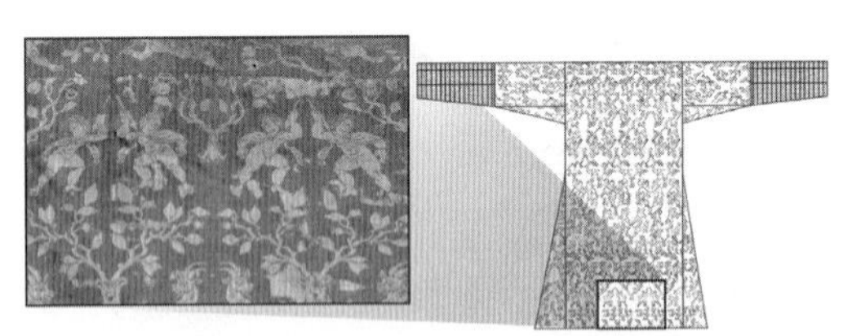

이 자료는 중국 신장 웨이리의 무덤에서 발굴된 옷으로 동서 교류의 흔적을 보여 준다. 이 옷의 겉감에는 그리스 양식의 무기와 높은 코, 곱슬머리 등 이국적 외모를 지닌 남성 등이 묘사되어 있으며, 옷 안쪽은 중국의 비단으로 덧대어 있다. 신장은 비단길의 주요 경로로서, (가) 의 장건이 다녀온 후 널리 알려졌으며, 이 왕조는 도호부를 설치하여 이 지역을 관리하기도 하였다.

장건이 다녀온 후 비단길의 주요 경로인 신장이 알려졌고, 도호부를 설치하여 관리하였다는 내용을 통해 (가) 왕조가 한임을 알 수 있다. 한 무제는 장건을 파견하여 대월지와의 동맹을 모색하였다.

2 단계 유형 연습

▸ 24060-0002

2 (가) 국가에 대한 설명으로 옳은 것은?

(가) 의 황제는 이미 대원과 대하, 그리고 안식 같은 나라들이 모두 큰 나라이면서 기이한 물건이 많으나, 군사력이 약하고 (가) 의 물품을 귀하게 여긴다는 소식을 들은 바 있었다. 장건은 이들 북쪽에 있는 대월지와 강거 같이 군사력이 강한 나라에 물품을 주고 입조하게 하면 황제의 위엄과 은덕이 사해에 널리 퍼질 것이라 하였다.

① 후한에 조공하였다.
② 고조선을 멸망시켰다.
③ 전국 시대를 통일하였다.
④ 안남 도호부를 설치하였다.
⑤ 좌현왕과 우현왕을 두었다.

01
▶ 24060-0003

밑줄 친 '저들'의 생활 모습에 대한 탐구 활동으로 가장 적절한 것은?

> 저들은 먹을 것과 입을 것을 구하는 생업을 가축에 의지하고 땅에 의지하지 않기 때문에 그 형세를 보면 쉽게 변경을 소란스럽게 할 뿐 아니라 쉽게 왕래하고 이사합니다. 저들은 요새를 방비하는 병졸을 엿보고 있다가 병졸의 수가 적으면 침입합니다. 그렇기 때문에 우리 백성들이 농경지를 떠나는 것입니다. 폐하께서 구해 주지 않는다면 변방의 백성들은 절망하여 항복할 마음을 가질 것입니다.

① 벼농사가 시작된 지역을 알아본다.
② 조몬 토기의 제작 기법을 살펴본다.
③ 흉노의 풍속에 대한 기록을 분석한다.
④ 움집의 제작이 끼친 영향을 찾아본다.
⑤ 미나토가와인의 화석이 발굴된 유적의 위치를 파악한다.

02
▶ 24060-0004

다음 문화가 발달한 지역을 지도에서 옳게 고른 것은?

> **조사 보고서**
>
> 1. 주제 : ○○ 문화의 특징
> 2. 조사 결과
>   1) 주거지 : 방형 또는 장방형
>   2) 무덤 : 돌을 이용하여 관을 만들고 그 위에 다시 돌을 얹은 형태가 대표적
>   3) 도구 : 농경과 관련된 간석기 다수 출토
>   4) 유물 : 원통형 토기와 용 모양 옥기, 여신상 등 출토

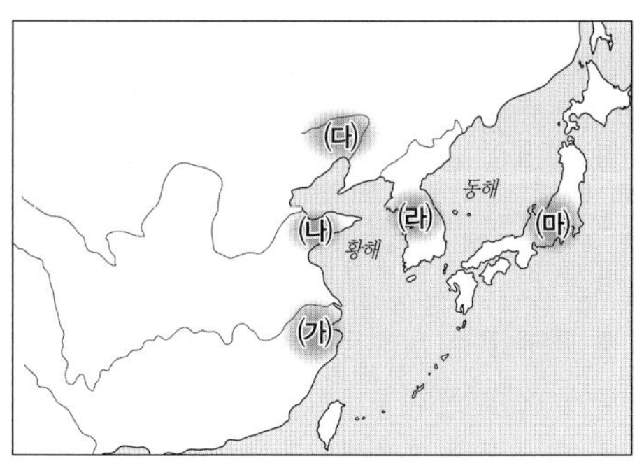

① (가) ② (나) ③ (다) ④ (라) ⑤ (마)

03
▶ 24060-0005

밑줄 친 '기존 문화'를 대표하는 문화유산으로 옳은 것은?

> 대륙에서 도래한 신문화의 중심은 벼농사와 금속기였다. 도왜인들은 규슈 일대에서 벼농사를 짓고 촌락을 형성하였다. 이후 도왜인들은 해로를 따라 일본 서부 각지로 새로운 문화를 이식해 들어갔다. 이러한 파급은 급속히 이루어졌으나 아직은 서쪽에 한정된 것이었다. 일본 동부의 각지는 새로운 문화를 접하지 못한 채 기존 문화를 유지하고 있었다.

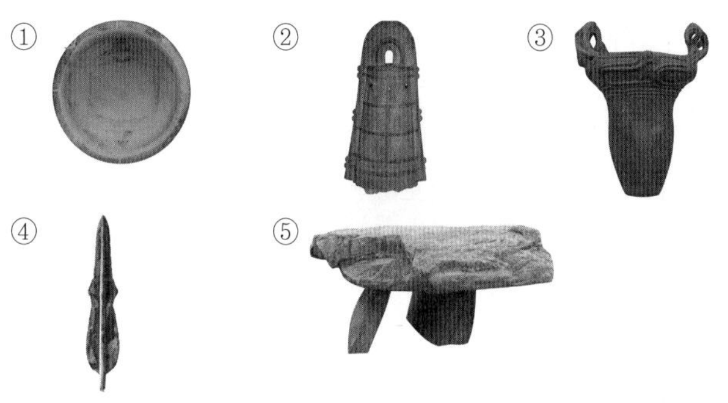

04
▶ 24060-0006

(가) 국가에 대한 설명으로 옳은 것은?

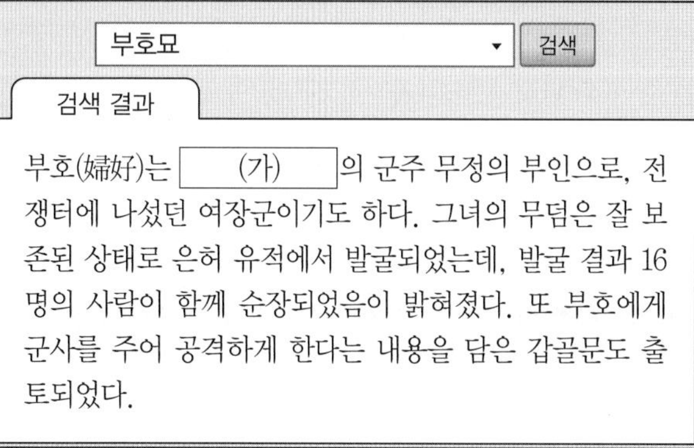

부호(婦好)는 (가) 의 군주 무정의 부인으로, 전쟁터에 나섰던 여장군이기도 하다. 그녀의 무덤은 잘 보존된 상태로 은허 유적에서 발굴되었는데, 발굴 결과 16명의 사람이 함께 순장되었음이 밝혀졌다. 또 부호에게 군사를 주어 공격하게 한다는 내용을 담은 갑골문도 출토되었다.

① 연과 대립하였다.
② 청동으로 제기를 만들었다.
③ 다이센 고분을 조성하였다.
④ 낙랑(군)을 공격하여 무너뜨렸다.
⑤ 호경에서 낙읍(뤄양)으로 천도하였다.

05

▸ 24060-0007

다음 자료에 나타난 시기의 상황으로 옳은 것은?

> 진(秦)의 동쪽에는 강력한 6국이 있었고, 회수(淮水)와 사수(泗水) 사이에는 10여 개의 소국이 있었다. 이들 6국 가운데 초, 위 등은 진과 접경하고 있었다. 위는 진의 침입을 막기 위해 장성을 쌓았다. 장성은 정현(鄭縣)에서 시작해 낙수(洛水)를 지나 북상하여 상군(上郡)에 이르렀다. 이들 나라는 모두 진을 이적(夷狄)으로 간주하였다.

① 제자백가가 활동하였다.
② 소가씨가 정계에서 제거되었다.
③ 5호가 화북 지역을 차지하였다.
④ 거란(요)이 연운 16주를 확보하였다.
⑤ 위만이 준왕을 몰아내고 집권하였다.

06

▸ 24060-0008

(가) 국가에 대한 설명으로 옳은 것은?

> 상과 주는 모두 수십 대(代)를 이었습니다. 그러나 [(가)] 은/는 주 이후 다시 천하를 차지하고도 10여 년 만에 멸망하고 말았습니다. …… 무릇 천하는 하나의 커다란 그릇입니다. 사람이 그릇을 놓을 때 편안한 곳에 놓으면 안정되고, 위태로운 곳에 놓으면 위태로워집니다. 천하 사람의 인정도 그릇과 다를 바가 없고, 천자는 바로 그릇을 놓는 사람입니다. 상과 주는 천하를 인의예악(仁義禮樂) 위에 두어 자손들이 수십 대를 이어가게 했으나, [(가)]은/는 천하를 법령과 형벌 위에 두어 자손이 주살되어 끊어진 것입니다.

① 8조의 법을 마련하였다.
② 맹안·모극제를 시행하였다.
③ 노국으로부터 조공을 받았다.
④ 윈강 석굴 사원 조성에 착수하였다.
⑤ 상앙을 등용하여 개혁을 추진하였다.

07

▸ 24060-0009

밑줄 친 '황제'에 대한 설명으로 옳은 것은?

> <u>황제</u>의 명을 받은 곽거병 등이 이끄는 군사가 죽이거나 포로로 잡은 흉노는 8~9만여 명에 달하였다. 흉노는 고비 사막을 넘어 초원으로 후퇴하였고, 사막 땅의 남쪽에는 선우정이 드디어 없어졌다. <u>황제</u>는 황허강을 건너 삭방(朔方)에서부터 서쪽 영거에 이르기까지 운하를 파 물을 통하게 하였다. 관리와 병사들이 흉노의 땅을 잠식해 북쪽으로 올라갔으나, 토벌 과정에서 말을 많이 잃어 대규모로 흉노를 공격하지 못하였다.

① 송과 전연의 맹약을 맺었다.
② 백등산 전투에서 패배하였다.
③ 여러 차례 고구려를 공격하였다.
④ 외침을 받아 동쪽으로 천도하였다.
⑤ 남비엣을 무너뜨리고 9군을 설치하였다.

08

▸ 24060-0010

(가), (나) 시기 사이에 있었던 사실로 옳은 것은?

> (가) 좌장군은 죽은 우거의 아들 등을 이용해 왕검성에서 저항을 지속하던 장수를 죽였다. 드디어 저들을 평정한 뒤 낙랑, 임둔, 현도, 진번의 4개 군을 만들었다. 이어 우거를 죽이고 항복한 참(參)을 홰청후(澅淸侯)로 삼았다.
> (나) 한을 재건한 광무제는 하내(河內) 출신 두시(杜詩)로 하여금 뤄양을 안정시키도록 하였다. 겨울에 광무제가 뤄양으로 들어가 남궁(南宮)으로 갔다. 드디어 뤄양을 도읍으로 삼았다.

① 유방이 항우를 물리쳤다.
② 문성 공주가 토번에 보내졌다.
③ 히미코가 중원 왕조에 조공하였다.
④ 왕망이 토지 국유화 등 개혁에 나섰다.
⑤ 묵특 선우가 월지를 서쪽으로 몰아내었다.

정답과 해설 05쪽

1

▸ 24060-0011

밑줄 친 '저들'에 해당하는 사람들에 대한 설명으로 옳은 것은?

수행 평가 과제 제출

• 과제 : 동아시아사 한 장면을 재연하는 역할극 대본 작성하기

• 방법

– 사료를 활용하여 과거 상황을 하단의 빈칸에 작성하기

– 3명 이상이 대화를 하도록 구성하기

• 작성 대본

왕회 : 북방의 저들이 교역과 화친을 청하지만 몇 해 지나지 않아 바로 약속을 어기니 군사를 일으켜 공격해야 합니다.

한안국 : 저들은 옮겨 다니며 사는 것이 새들과 같아 제압하기 어렵습니다. 지금 우리가 수천 리를 나아가 다툰다면 사람과 말 모두 피로해질 것입니다. 화친하는 것이 낫습니다.

황제 : 한안국의 의견이 옳다.

① 얼리터우 유적을 남겼다.

② 고조선을 공격하여 무너뜨렸다.

③ 창장강 유역에서 벼농사를 실시하였다.

④ 목초지를 두고 다른 부족과 다투기도 하였다.

⑤ 가야 토기의 영향을 받은 스에키를 제작하였다.

2

▸ 24060-0012

밑줄 친 '이 시대'의 사회 모습으로 옳은 것은?

쓰시마는 한반도와 가장 가까운 곳에 있고, 쓰시마와 규슈 사이에는 이키섬이 있었기 때문에 이들 섬을 이용한 한반도 남부와 일본 열도 사이의 왕래는 그리 어렵지 않았을 것이다. 실제 각종 유물과 유적의 발굴을 통해 한반도와 일본 열도 사이의 교류가 이 시대에 이루어졌음을 확인할 수 있다. 조몬 토기를 비롯한 각종 유물이 부산 동삼동 등 한반도 남부 지역과 일본의 규슈 지역에서 서로 발견되고 있는 점과 어로 활동에 사용된 도구에서도 공통점이 확인되는 점 등이 이러한 양상을 잘 보여 준다.

① 주로 동굴에서 거주하였다.

② 뼈바늘로 옷감과 그물을 제작하였다.

③ 형벌 위주의 법률인 율이 적용되었다.

④ 주먹도끼 등 뗀석기를 제작하기 시작하였다.

⑤ 종 모양의 동탁을 주술적 용도로 사용하였다.

3

▸ 24060-0013

(가), (나) 국가에 대한 설명으로 옳은 것은?

> [(가)]의 선조는 [(나)]에 의해 봉해진 이래 줄곧 덕과 선행을 쌓았습니다. 10여 대를 거치면서 제후들이 스스로 와서 복종하였고, [(나)]을/를 무너뜨린 뒤 천자가 되었습니다. 이내 호경을 천하의 중심지로 삼았습니다. 이때에는 천하가 화목하며 넉넉했고, 제후 가운데 공물을 바치지 않는 자들이 없었습니다. 그러나 [(가)]이/가 쇠잔해지자 천하가 조공하지 않았고, 이를 제어할 수 없었습니다. 이는 비단 덕이 박했을 뿐만 아니라 형세 또한 약했기 때문입니다.

① (가) – 도로망을 정비하고 화폐를 통일하였다.
② (가) – 주로 혈연에 기초하여 봉건제를 실시하였다.
③ (나) – 3공 9경의 관료제를 마련하였다.
④ (나) – 낙랑(군)을 공격하여 무너뜨렸다.
⑤ (가)와 (나) – 일본 열도의 국가로부터 조공을 받았다.

4

▸ 24060-0014

밑줄 친 '황제'에 대한 설명으로 옳은 것은?

> • <u>황제</u>가 순행할 때 감히 그 소재를 말하는 자가 있으면 사형에 처하였다. 그가 양산궁에 갔다가 승상 이사를 따르는 수레와 기마가 매우 많은 것을 보고 내심 크게 꺼렸다. 궁중의 누군가가 승상에게 알려 승상이 바로 수레를 줄이니, 그는 궁중의 누군가가 자신의 말을 누설했다며 크게 분노하였다. 이후 그가 머무는 곳을 아무도 알지 못해 신하들이 결재를 받는 등의 모든 일은 수도 함양궁에서만 이루어졌다.
> • 신(臣)은 선대 <u>황제</u>를 도와 한을 위협하고 위를 약하게 했으며, 연과 조를 깨뜨리고, 제와 초를 평정하였습니다. 또 남북의 이민족을 쫓아내고 평정해 우리의 강성함을 보였습니다. 도량형 등의 통일을 도모하여 이를 천하에 공포하였습니다.

① 독서삼품과를 시행하였다.
② 신라와 연합하여 백제를 멸망시켰다.
③ 장건을 보내 대월지와 동맹을 모색하였다.
④ 흉노를 황허강 이북 지역으로 몰아내었다.
⑤ 히미코에게 친위왜왕이라는 칭호를 주었다.

5

▶ 24060-0015

밑줄 친 '그'에 대한 탐구 활동으로 가장 적절한 것은?

천하를 차지한 그는 종실의 자제들을 대거 왕으로 봉했다. 종실이 다스리는 연, 대, 제, 조, 양, 초, 형, 회남, 장사의 아홉 제후국이 세워진 배경이다. 형은 나중에 오로 이름을 고쳤다. 이들 나라는 변경에 인접해 중원의 동쪽·남쪽·북쪽의 변경을 둘러싸면서 밖으로 호(胡)와 월(越)과 접했다. 15개의 군은 그가 직접 다스렸다. 제후국 가운데 큰 것은 그 규모가 매우 거대했고, 궁실(宮室)과 백관(百官)의 제도 등이 수도와 같았다.

① 상앙의 생애를 살펴본다.
② 갑골문의 내용을 분석한다.
③ 백등산 전투의 경과를 조사한다.
④ 다이카 개신의 배경을 찾아본다.
⑤ 춘추 5패의 활동 사례를 알아본다.

6

▶ 24060-0016

(가) 국가에서 볼 수 있는 모습으로 가장 적절한 것은?

신(臣)이 듣건대 (가) 이/가 해를 끼친 지 오래되었지만, 저들을 정벌한 나라들이 모두 최선의 결과를 얻은 것은 아니었습니다. 주(周) 선왕 때에는 저들이 침입하자 장수들에게 정벌하도록 하여 경계 밖으로 몰아내었습니다. 이는 오랑캐를 파리나 모기같이 여겨 몰아낸 것으로 천하에서는 현명하다 칭찬하였으나 근본적인 방책은 아니었습니다. 진(秦)은 조그만 수치도 참지 못하고 백성들의 고통을 가볍게 여겨 장성을 쌓아 연장한 것이 만 리에 달하였습니다. 강역의 변방은 완성되었으나 내부가 고갈되고 결국 나라가 망했으니 대책이 없는 것이나 마찬가지였습니다. 한(漢)은 장수를 뽑고 군대를 훈련시켜 적진 깊숙이 들어가 승리하였습니다. 하지만 저들이 번번이 보복하여 전쟁이 이어지고 백성들이 피폐해졌습니다.

① 헤이조쿄 건설에 동원되는 주민
② 평양성을 공격하는 신라의 군인
③ 분서갱유에 따라 탄압받는 유생
④ 좌현왕에게 공격을 지시하는 선우
⑤ 토번으로 떠나는 문성 공주를 호위하는 무사

THEME 02

인구 이동과 정치·사회 변동

1 인구 이동의 전개

(1) 인구 이동의 배경과 영향

배경	기후 변화와 자연재해로 인한 식량 부족, 인구 증가, 정치적 갈등과 이민족의 침략, 국가 간 전쟁 등
영향	토착민과 이주민 사이에서 갈등 초래, 새로운 정권이나 국가 성립, 문화의 전파와 교류 등

(2) 중국 화북, 강남 방면으로의 이동

5호의 이동	후한 말 혼란기부터 대거 이동 → 4세기 이후 화북 지역에 여러 국가 건국(5호 16국 시대) → 북위가 통일
한족의 이동	(서)진 멸망, 한족 일부가 창장강 이남으로 이동 → 동진 건국
결과	화북의 북방 민족이 세운 왕조와 강남의 한족 왕조가 대립 → 남북조 시대 전개

(3) 한반도 방면으로의 이동

고조선 유민	고조선 멸망 후 그 유민의 일부가 한반도 남부 지역으로 남하 → 경주 지역의 토착민 세력과 결합하여 신라 건국의 토대 마련
부여족	기원전 1세기경 부여족의 일부인 주몽 집단이 압록강 졸본 지방으로 남하 → 고구려 건국
고구려인	지배층 내부의 갈등으로 고구려인 일부가 한강 유역으로 남하 → 백제 건국 → 한반도 남부 지역으로 세력 확대
낙랑(군) 유민	4세기 초 고구려에 의해 낙랑(군) 멸망 → 유민 일부가 한반도 남부 지역으로 이동 → 백제 발전에 기여

(4) 일본 열도로의 이동

양상	한족과 한반도 여러 나라의 주민 중에서 전란을 피해 일본 열도로 이주하는 도왜인 증가
영향	야마토 정권의 성립과 발전에 기여

2 국가의 통합과 발전

(1) 위진 남북조 시대 변화

① 북위 효문제의 한화 정책

내용	• 평성에서 뤄양으로 천도 • 조정에서 선비어 사용 금지 • 한족의 성씨 사용과 한족과의 혼인 장려
영향	유목 민족 문화와 한족 문화가 점차 융합(호한 융합)

② 남조의 성장 : 풍부한 노동력과 선진적인 토목 기술을 바탕으로 비옥한 강남 지역 개발 → 농업 생산력 발전

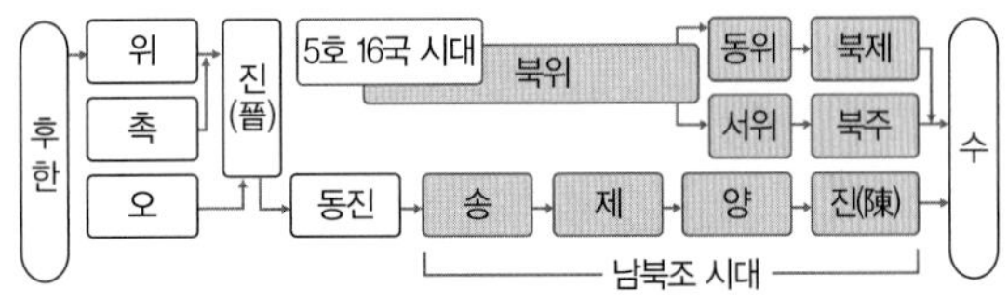

▲ 위진 남북조 시대의 전개

(2) 수·당의 건국

수	• 6세기 후반 남북조 시대 통일 • 대운하 건설, 과거제 실시, 여러 차례의 고구려 침공 실패
당	• 7세기 초 수 멸망 이후 중원 장악 • 고구려 침공 실패 후 신라와 연합

(3) 삼국의 항쟁

4세기	백제와 고구려의 패권 다툼 전개
5세기	• 백제 : 주로 중국 남조 및 왜와 연결, 고구려에 한강 유역 상실 • 고구려 : 한반도 주도권 장악, 중국 남북조와 다각적 외교
6~7세기	• 고구려 : 수·당과 대립 • 신라 : 한강 유역 확보 및 가야 병합, 황해를 통해 중국과 직접 교류

(4) 일본 야마토 정권의 성장

성립	4세기경 야마토 지방의 호족들이 연합하여 성립
발전	• 거대한 무덤(전방후원분)을 만들어 지배자의 권력 과시 • 중국의 남조 및 한반도 삼국과 가야의 문물 수용 → 스에키 제작, 아스카 문화 발전

3 동아시아 국제 전쟁과 지역 통일 국가의 등장

(1) 삼국 통일 전쟁

양상	나당 연합과 고구려·백제·왜 연합의 대결로 진행
과정	7세기 중엽 나당 연합 결성 → 백제 멸망(660) → 백강 전투(663) → 고구려 멸망(668) → 당의 한반도 전체 지배 야욕 표출 → 신라가 백제·고구려 유민과 함께 당군 축출 → 신라의 삼국 통일 완수(676)

(2) 지역 통일 국가의 성립

당	동아시아의 패자로 성장 → 당 중심의 동아시아 질서 형성
신라	대동강 이남 지역의 한반도 지배
발해	대조영이 고구려 유민과 말갈족을 거느리고 건국(698) → 통일 신라와 발해가 병존하는 남북국 시대 전개
일본	• 7세기 전반부터 견당사 파견 → 당의 문물 수용 • 다이카 개신 : 소가씨 제거(7세기 중엽) → 당의 율령 체제를 모방한 개혁 시도 • 7세기 말 '일본' 국호 및 '천황' 칭호 사용 • 당의 장안성을 참고하여 나라에 헤이조쿄를 건설하고 천도(8세기 초, 나라 시대), 교토에 헤이안쿄를 건설하고 천도(8세기 말, 헤이안 시대)

자료 탐구 1 북위의 발전 파악

정답과 해설 06쪽

1단계 자료 분석

[2024학년도 수능]

(가) 의 선대 황제가 화북을 평정한 후 얼마 지나지 않아 상(上)이 제나라를 정벌하려 하였다. 상은 군대를 이끌고 남하하여 황허를 건넜고, 옛 왕조의 수도에 이르러 진을 치고 궁궐터를 둘러보았다. 상이 출병할 때 문무백관이 극구 만류하자, 상은 수도 이전을 공포하고, 말하길 "먼저 이곳을 수도로 삼아 정비를 마무리하고, 이후 남벌하겠다. 옛일을 거울삼아 멀리 도모하여 때를 기다리며 군대를 쉬게 하고, 수도에 오래도록 머무르며 황제의 거처로 삼겠다."라고 하였다.

화북을 평정하였고, 제나라를 정벌하기 위해 남하하여 황허를 건넜다는 내용을 통해 (가) 국가가 북위임을 알 수 있다. 북위 효문제는 평성에서 뤄양으로 천도하였다.

2단계 유형 연습

▸ 24060-0017

1 (가) 국가에 대한 설명으로 옳은 것은?

제의 사신이 (가) 에 가서 조문하려는데, 한 관리가 "어찌 붉은색의 옷차림으로 흉사(凶事)가 있는 뜰에 들어갈 수 있습니까!"라며 막았다. 제의 사신은 "남북 두 나라는 국경을 맞대고 있고, 예절은 응당 평등해야 합니다. 우리 제의 고황제가 돌아가셨을 때 그대 나라에서 보낸 사신이 흰옷을 입지 않았음에도 우리는 제지하지 않았거늘, 어찌 지금 독단적으로 압박하십니까!"라고 따져 말하였다.

① 주변국에 화번공주를 보냈다.
② 5호 16국 시대를 통일하였다.
③ 여러 차례 고려를 침공하였다.
④ 낙랑(군)을 공격하여 무너뜨렸다.
⑤ 히미코에게 친위왜왕의 칭호를 주었다.

자료 탐구 2 북위 효문제의 활동 이해

정답과 해설 06쪽

1단계 자료 분석

[2024학년도 9월 수능 모의평가]

S#2. (가) 의 황제가 신하와 대화하고 있는 장면
신하 : 수도 뤄양에서 죽은 북방 사람의 장례 문제를 황제께 여쭙니다.
황제 : 뤄양으로 옮겨 온 북방 사람이 죽으면 옛 수도인 평성 등으로 운구하지 못하게 하고, 뤄양 북쪽에 있는 망산에 안장하도록 하라.
신하 : 뜻을 따르겠습니다. 그리고 조정에서 아직도 북방의 언어를 사용하는 관리가 있다고 합니다.
황제 : 조정에서 한어를 사용하지 않는 자는 관직에서 파면시키도록 하라.
신하 : 말씀을 따르도록 하겠습니다.

뤄양이 수도이고, 조정에서 한어를 사용하지 않는 자를 파직하는 내용을 통해 (가)의 황제가 북위의 효문제임을 알 수 있다.

2단계 유형 연습

▸ 24060-0018

2 밑줄 친 '황제'에 대한 설명으로 옳은 것은?

태자 원순은 천도 이후 남방 지역의 더위에 고생하면서 항상 북방으로 돌아가려 하였다. <u>황제</u>가 의관을 하사하였지만 원순은 항상 사사롭게 선비족의 복장을 입었다. …… <u>황제</u>가 하남성으로 가자 원순은 좌우의 시종들과 몰래 모의하여 사육하고 있던 말을 타고 옛 수도였던 평성으로 달아나려 하였다.

① 남비엣을 무너뜨렸다.
② 분서갱유를 단행하였다.
③ 뤄양을 새 수도로 삼았다.
④ 백등산 전투에서 패배하였다.
⑤ 준왕을 몰아내고 집권하였다.

01

▸ 24060-0019

다음 상황이 나타난 배경을 알아보기 위한 탐구 활동으로 가장 적절한 것은?

> 흉노 출신의 유총이 광극전에서 신하들에게 향연을 베풀었는데, 진(晉)의 민제에게 술을 돌리고 잔을 씻게 하였다. 이를 마친 후 유총은 화장실에 갔는데, 또 민제에게 양산을 들고 있게 하였다. 진의 신하였던 사람들은 대부분 눈물을 흘렸고, 우는 소리조차 내지 못하는 사람도 있었다. 상서랑 신빈이 일어나 민제를 붙들고 곡을 하니 유총이 그를 끌어내서 목을 베라고 명령하였다.

① 도왜인의 활동 사례를 찾아본다.
② 5호의 세력 확대 과정을 알아본다.
③ 돌궐과 중원 왕조의 관계를 살펴본다.
④ 위만 집권 이후 고조선의 동향을 파악한다.
⑤ 서역에서 돌아온 장건의 활약상을 조사한다.

02

▸ 24060-0020

다음 상황이 전개되던 시기 동아시아의 정세에 대한 설명으로 옳은 것은?

> 동위의 승상이 군사 20만을 거느리고 호구(壺口)에서부터 포진(蒲津)으로 향하였고, 고오조로 하여금 군사 3만을 거느리고 하남(河南)에서 출발하게 하였다. 서위의 우문태는 당시 관중 지역에 기근이 들어 식량이 모자랐다. 이러한 상황에서 장수와 사졸들은 1만 명도 채 안 되는 상태로 항농에서 50여 일을 머물고 있었다. 마침내 고오조가 항농을 포위하였다.

① 백제가 주로 남조, 왜와 교류하였다.
② 일본 열도에서 다이카 개신이 단행되었다.
③ 베트남 북부 지역에 안남 도호부가 설치되었다.
④ 주몽이 졸본 지역으로 남하하여 나라를 세웠다.
⑤ 낙랑(군)의 일부 유민들이 한반도 남부로 이동하였다.

03

▸ 24060-0021

밑줄 친 '이 정권'에 대한 설명으로 옳은 것은?

> 고구려 시신을 송환하는 임무를 맡은 일본 관리는 고구려 관리들과 의논하여 자신의 배에 타고 있던 일본인 2명을 고구려 사신의 배에 오르게 하였다. 그리고 고구려 측의 두 사람을 자신의 배에 타게 하여 서로 견제하고자 하였다. 배가 출발한 후 일본 관리는 파도가 두려워 고구려 측 두 사람을 잡아 바다에 던졌다.
>
> 신라가 가야를 무너뜨리고, 일본과 통하는 기존의 해상 교통로를 장악한 상황에서 고구려는 익숙하지 않은 항로로 일본의 <u>이 정권</u>에 사신을 보냈다. 자료는 당시 파견된 고구려 사신 일행이 돌아가는 길에 일본 관리에 의해 고초를 겪는 상황을 나타낸 것이다. 일본 관리는 파도를 핑계 삼았지만, 백제와의 기존 관계를 의식하여 고구려와의 관계 설정을 망설였던 것으로 보인다.

① 후한과 교류하였다.
② 연운 16주를 차지하였다.
③ 호족들의 연합으로 성립하였다.
④ 송의 동전을 대량으로 수입하였다.
⑤ 월지를 중앙아시아 방면으로 내쫓았다.

04

▸ 24060-0022

(가) 국가에 대한 설명으로 옳은 것은?

> • (가) 의 황제가 정복지를 서주(西州)로 삼고 각기 속현을 두게 하였다. 이어 교하성에 안서 도호부를 설치하고 병사를 남겨 지키게 하였다. 이에 영토가 동쪽으로는 바다에 닿았고, 서쪽으로는 언기(焉耆)에 이르렀고, 남쪽으로는 임읍(林邑)에까지 다다랐다.
> • 운중 도호부를 고쳐 선우 도호부로 하고 이욱륜을 선우대도호로 삼았다. 이정이 돌궐을 격파하고 운중성(雲中城)으로 300여 호를 옮기고 아사덕씨(阿史德氏)를 그 우두머리로 삼았는데, 점차 사람이 많아지자 아사덕씨의 요청에 따라 (가) 의 황제가 선우 도호부로 바꾼 것이다.

① 다이호 율령을 반포하였다.
② 발해를 공격하여 멸망시켰다.
③ 일본으로부터 조공을 받았다.
④ 위·촉·오의 삼국으로 분열하였다.
⑤ 5대 10국 시대의 혼란을 수습하였다.

정답과 해설 07쪽

1

▸ 24060-0023

(가), (나) 시기 사이에 있었던 사실로 옳은 것은?

(가) 임술일에 황제가 선양한다고 발표하였고, 갑자일에는 금용성(金墉城)으로 거처를 옮겼다. 이때 사마부가 절하면서 "죽는 날에도 위(魏)의 신하일 것입니다."라고 말하였다. 병인일에 사마염이 드디어 황제의 자리에 올라 대사면령을 내렸으며, 연호를 고쳤다. 정묘일에는 위의 황제를 진류왕(陳留王)으로 격을 낮추었지만, 예우는 모두 위 초기의 전례를 따랐다.

(나) "진(晉) 황실의 대통이 끊어진 지가 2년이 되었습니다. 지금 두 도읍지는 불타서 없어지고 전조(前趙)의 지배자가 참람되이 황제의 칭호를 훔쳐서 가지고 있습니다. 황족께서 당연히 이곳에서 대업을 이으셔야 합니다."라고 신하들이 재촉하였다. 병진일에 사마예가 황제의 자리에 나아갔고, 신하들이 모두 배석하였다. 대사면령을 내리고 연호를 고쳤다.

① 문성 공주가 토번에 보내졌다.
② 춘추 5패가 정국을 주도하였다.
③ 새로운 수도로 헤이안쿄가 세워졌다.
④ 히미코가 친위왜왕의 칭호를 받았다.
⑤ 흉노, 저 등의 민족이 화북 지역을 장악하였다.

2

▸ 24060-0024

밑줄 친 '우리'에 해당하는 국가에 대한 설명으로 옳은 것은?

그대가 다스리는 송과 화합하고 잘 지낸 지가 오래되었는데, 그대는 만족할 줄 모르고 우리 변방의 백성들을 유인하였소. 지금 그대가 스스로 이곳에 오려 한다는 정보를 입수했소. 그러나 나는 맞이하지 않을 것이며 그대가 돌아간다 해도 배웅하지 않을 것이오. 또한 무슨 일을 하더라도 마음대로 행동하도록 놔둘 것이오. 만약 그대가 현재의 강역에 만족하지 못한다면 평성에 있는 우리의 궁궐에서 살아도 좋소. 다만, 나도 그대의 궁궐이 있는 건강으로 갈 것이니 서로 더불어 땅을 바꿉시다. 그대는 일찍이 문 밖에 나가 본 적이 없어 세 살짜리 영아와 같으니, 말 위에서 태어나고 자란 나와 대적할 수 있겠소?

① 남비엣을 정복하였다.
② 8조의 법을 마련하였다.
③ 다이센 고분을 조성하였다.
④ 동위와 서위로 분열하였다.
⑤ 선우 아래에 좌현왕과 우현왕을 두었다.

3

▸ 24060-0025

(가), (나) 국가에 대한 설명으로 옳은 것은?

> 북주를 무너뜨리고 화북 지역을 차지한 (가) 의 황제는 (나) 을/를 공격하였으나 (나) 의 황제가 죽자 군사를 돌리도록 하고 사신을 보내 조문하면서 이름을 쓰고 머리를 조아린다고 하였다. 하지만 새롭게 즉위한 (나) 의 황제는 "그대가 북쪽을 잘 다스린다면 여기 남쪽도 편안할 것이오."라고 교만한 답장을 보냈다. 이를 본 (가) 의 고경은 "창장강 북쪽은 땅이 차갑기 때문에 수확하는 것이 조금 늦지만, 저들이 거주하는 창장강 남쪽에서는 곡식이 일찍 익으므로, 저들이 수확하는 때를 헤아려 습격해야 합니다. 그리하면 저들은 이를 방어하기 위해 둔병으로 막을 것이니 농사를 망칠 수 있습니다."라고 주장하였다. 이에 그 계책을 쓰자 창장강 남쪽의 백성들이 괴로워지기 시작하였다.

① (가) – 장안에 대안탑을 건립하였다.
② (가) – 고구려를 여러 차례 공격하였다.
③ (나) – 흉노를 몰아내고 만리장성을 쌓았다.
④ (나) – 금에 막대한 양의 세폐를 제공하였다.
⑤ (가)와 (나) – 두 차례에 걸쳐 일본을 침공하였으나 실패하였다.

4

▸ 24060-0026

다음 상황이 나타난 시기를 연표에서 옳게 고른 것은?

> 당의 소정방은 낭장 유인원을 남겨 두어 사비성을 지키게 하였고, 좌위중랑장 왕문도를 웅진 도독으로 삼아 남은 무리를 다스리게 하였으나 왕문도가 바다를 건너와 죽었다. 승려 도침과 옛 장수였던 복신이 무리를 모아서 주류성을 점거하고 항복한 왕의 아들인 부여풍을 왜에서 영접하여 새로 왕으로 세웠다. 그리고 군대를 이끌고 유인원을 사비성에서 포위하였다. 이에 황제가 조서를 내려 유인궤로 하여금 군사를 거느리고 신라의 군사를 징발하여 유인원을 구원하게 하였다. …… 복신 등이 강 입구에 두 개의 목책을 세우니, 유인궤가 신라 군사들과 합쳐서 이를 깨뜨렸다. 도침은 마침내 사비성의 포위를 풀고 물러나서 임존성으로 갔고, 신라도 양식이 다하자 군사를 인솔하여 돌아갔다.

	(가)		(나)		(다)		(라)		(마)	
수 멸망		소가씨 세력 정계 축출		신라의 삼국 통일 완수		발해 건국		헤이조쿄 완성		감진, 일본 도착

① (가) ② (나) ③ (다) ④ (라) ⑤ (마)

국제 관계의 다원화

1 조공 · 책봉 관계의 형성과 전개

(1) 주대 : 주로 혈연관계를 바탕으로 주의 왕과 제후 사이에 조공 · 책봉 관계 성립

(2) 한대

① 고조 : 백등산 전투에서 흉노에 패배, 막대한 물자 등을 제공하는 조건으로 화친

② 무제 : 한이 동아시아 강대국으로 성장, 유교 통치 이념과 화이관 확립 → 주변국과 외교 관계에 조공 · 책봉의 형식 적용

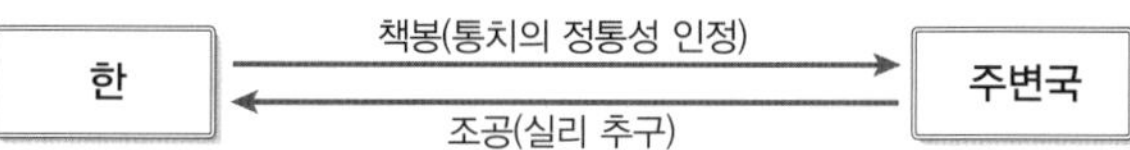

③ 후한의 광무제 : 왜의 노국왕과 조공 · 책봉 관계 형성

④ 조공 · 책봉 외교의 특징

- 직접 지배나 내정 간섭이 아닌 외교의 틀
- 주변국은 문화적 · 경제적 교류의 통로로 활용
- 각국의 필요에 따라 형성되며 책봉 없이 조공만 이루어지기도 함

(3) 남북조 시대의 다원적 외교

① 조공 · 책봉 관계의 변화

- 한 멸망 이후 각국이 새로운 정세를 자국에 유리하게 만들기 위해 다양한 외교 활동 전개
- 강대국 중심의 외교 형식에서 상호 우호 관계를 확인하기 위한 현실적 · 다원적 외교로 변화

② 각국의 외교 활동

구분	내용
남북조	• 서로 사절 교환, 상대국 사절을 조공 사절로 간주 • 주변 국가들과 조공 · 책봉 관계 수립
만주 · 한반도	• 고구려 : 남북조와 모두 조공 · 책봉 관계 맺음 • 백제 : 주로 남조와 지속적인 조공 · 책봉 관계 유지 • 신라 : 6세기에 백제의 중개로 남조와 조공 · 책봉 관계 맺음, 한강 유역 장악 이후 남북조와 직접 교류
왜	5세기에 남조와 조공 · 책봉 관계 맺음

(4) 당대 동아시아 국제 관계

① 당 중심의 국제 질서 수립 : 당이 주변국에 당 중심의 조공 · 책봉 관계 요구

② 신라, 발해와 당의 관계

- 당 중심의 조공 · 책봉 관계 수용 : 정권의 안정과 선진 문물 도입, 대외적인 군사적 위협 대처 목적
- 당의 침략이나 간섭에는 강력하게 대응(나당 전쟁, 발해의 산둥 반도 공격 등) → 자국의 이익을 우선시함

③ 일본과 주변국과의 관계

- 당에 견당사를 파견(당 문물 수용 목적)하여 조공 → 9세기 말 파견 중지
- 신라, 발해와 사신 교환

④ 돌궐, 위구르, 토번과 당의 관계

- 경제적 교류를 위한 조공 관계만 원함
- 경제적 이익이 기대에 미치지 못할 경우 당을 공격 → 당은 화친 정책의 하나로 화번공주 파견

⑤ 자국 중심의 천하관 대두

- 주변국과의 관계에서 자국을 중심에 놓고 조공 · 책봉의 외교 형식 활용
- 독자적 연호와 군주 칭호 사용

2 북방 민족의 성장과 새로운 외교 질서

(1) 10세기 이후 동아시아 국제 질서의 재편

① 중국 : 당 멸망 후 5대 10국 시대 전개 → 송이 중국을 통일하여 분열 수습

② 북방 민족 : 거란(요) · 서하 · 금의 성장 → 다원적 국제 관계 형성

③ 한반도 : 후삼국 시대 전개 → 고려가 후삼국 통일(936)

(2) 북방 민족의 성장

① 거란(요)

- 건국 : 야율아보기가 건국(916)
- 성장 : 발해 정복, 만리장성 이남의 연운 16주 차지, 송과 전연의 맹약 체결(1004)
- 정책 : 이원적 통치 정책(북면관제 · 남면관제) 실시, 거란 문자 사용

② 서하

- 건국 : 11세기 전반 탕구트족의 이원호가 건국
- 성장 : 비단길을 통해 동서 무역 전개, 송과 전쟁 → 송과 화약을 맺어 신하의 예를 취하는 대신 은과 비단, 차 등을 제공받음

③ 금

- 건국 : 아구다가 여진족을 통합하여 건국(1115)
- 성장 : 송과 연합하여 거란(요) 공격 → 거란(요) 정복(1125), 송을 공격하여 화북 지역 차지, 서하 · 고려 · 남송과 군신 관계 체결
- 정책 : 이원적 통치 정책(맹안 · 모극제와 주현제) 실시, 여진 문자 사용

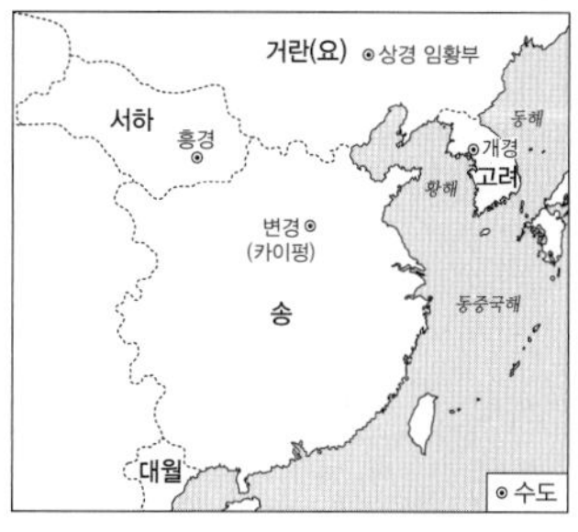

▲ 11세기 동아시아의 형세

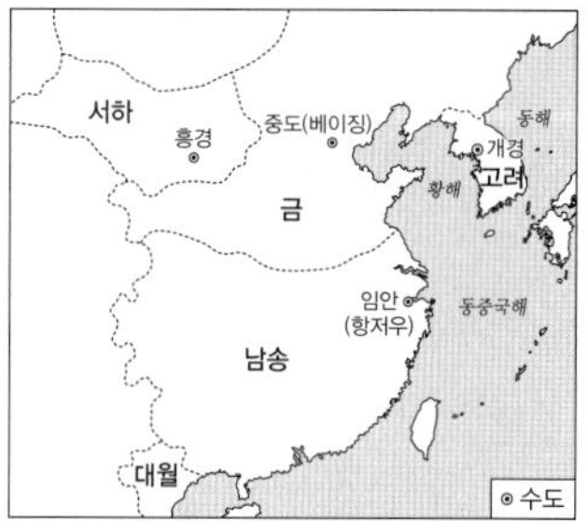

▲ 12세기 동아시아의 형세

(3) 송의 성쇠

① 문치주의 정책

- 내용 : 절도사 권한 대폭 축소, 황제권 강화 추구
- 결과 : 군사력 약화 초래 → 거란(요)과 서하에 비단·은 등의 물자(세폐)를 제공하는 조건으로 평화 유지

② 남송 성립 : 금의 공격으로 변경(카이펑) 함락 → 송의 황족이 남송을 건국하고 임안(항저우)을 수도로 삼음, 금과 군신 관계를 체결하고 막대한 물자 제공

(4) 고려의 대외 관계

거란(요)	• 1차 침입 때 서희의 외교 담판을 계기로 강동 6주 지역 확보 • 3차 침입 때 강감찬의 귀주 대첩(1019)으로 격퇴 → 이후 친선 관계 유지[고려가 거란(요)에 조공]
금	• 윤관이 별무반을 이끌고 여진 정벌 → 동북 지역에 9성 축조 • 금 건국 후 군신 관계 체결
송	우호 관계를 유지하며 교류 지속

(5) 일본의 대외 관계

① 9세기 말 견당사 파견 중지 → 10세기 이후 주변국과 공식적인 외교 관계 축소, 민간 차원의 교류 지속

② 가마쿠라 막부

성립	12세기 말 미나모토노 요리토모가 가마쿠라 막부를 세우고, 천황으로부터 쇼군(정이대장군)의 칭호를 받음
대외 관계	• 주변국과 외교 관계에 소극적 • 송과 교류 : 상인과 승려를 통한 교류, 송의 동전을 대량 수입 • 고려와 교류 : 쓰시마를 통한 교류

3 몽골 제국의 등장과 동아시아

(1) 성립 : 13세기 초 테무친이 몽골계 부족 통합 → 쿠릴타이에서 칭기즈 칸으로 추대, 예케 몽골 울루스(대몽골 제국) 수립

(2) 발전

① 칭기즈 칸 : 천호·백호제에 기반하여 군사력 강화, 서하·금 침공, 호라즘 정벌(비단길 장악)

② 오고타이(우구데이) 칸 : 고려 침공, 금 정복(1234)

③ 쿠빌라이 칸

- 대도(베이징)를 수도로 삼음, 국호를 원으로 변경(1271)
- 고려 복속
- 남송 정복(1279) → 중국 전역 지배
- 일본 침공(1274, 1281)

(3) 통치 방식 : 몽골 제일주의를 바탕으로 한 지배 질서 확립(몽골인이 정치·군사 담당, 색목인이 재정 담당, 한인과 남인은 피지배층), 지방에 행성 설치, 다루가치 파견

(4) 동아시아 각국의 대몽 항쟁

고려	강화도로 천도하여 장기 항전, 몽골과 강화를 맺은 후 개경 환도(1270), 삼별초 항쟁
대월	몽골의 세 차례 침략 → 쩐흥다오의 활약으로 격퇴, 이후 쩐 왕조는 전쟁을 피하기 위해 몽골에 조공
일본	몽골과 고려 연합군의 두 차례 일본 원정 → 폭풍과 가마쿠라 막부의 저항으로 실패

(5) 교역망의 통합과 교류의 활성화

① 교역망의 통합

- 육상 교역 : 몽골 제국이 교역망(초원길·비단길 등)을 안정적으로 확보, 제국 전역에 역참 설치
- 해상 교역 : 항저우, 취안저우 등에 시박사 운영 → 동남아시아, 인도양, 지중해 교역망과 연결
- 교초 발행 : 원에서 전국적으로 유통

② 교류의 활성화

- 서아시아의 천문학, 역법, 수학, 지도학 등이 중국으로 전래
- 마르코 폴로, 이븐 바투타 등의 활동

4 명의 건국과 동아시아 질서 재편

(1) 명

① 홍무제(주원장) : 홍건적 출신, 명을 건국(1368)하고 난징을 수도로 삼음 → 몽골 세력을 초원 지역으로 축출, 한족 문화 회복 노력

② 영락제 : 정화의 항해 추진, 몽골 공격, 자금성을 건설하고 베이징으로 천도

③ 대외 관계

- 주변국에 조공·책봉 요구 → 명 중심의 국제 질서 형성(조선, 류큐, 대월, 일본 등 포함)
- 정화의 항해 추진 → 동남아시아 등지에서 명에 조공하는 국가 증가

(2) 조선

① 성립 : 이성계와 혁명파 신진 사대부가 건국(1392)

② 대외 관계 : 건국 직후 요동 정벌 추진(명과 대립), 태종 이후 명과 안정적인 조공·책봉 관계 형성

(3) 일본

① 가마쿠라 막부 : 몽골·고려 연합군의 침략을 격퇴한 이후 쇠퇴 → 천황과 연합한 무사들의 공격으로 붕괴

② 무로마치 막부

성립 및 발전	아시카가 다카우지가 교토에 새로운 천황을 옹립(북조)하고 막부 수립 → 기존의 천황이 요시노로 피신(남조)하면서 남북조의 대립이 약 60년간(1336~1392) 지속 → 아시카가 요시미쓰가 남북조 통일(1392) → 일본 열도에 대한 지배권 확립
대외 관계	• 명과 국교 수립 : 명 황제가 무로마치 막부의 아시카가 요시미쓰를 일본 국왕으로 책봉 • 명과 감합 무역 전개

자료 탐구 1 금의 특징 이해

정답과 해설 08쪽

1단계 자료 분석

[2024학년도 수능]

황제는 다시 출병하여 연운 지역을 수복하고자 하였다. 이에 황족인 야율대석이 "동쪽에서 흥기한 이 나라의 군대가 장춘과 요양을 함락시키자 황제께서 중경을 수도로 삼았고 …… 운중에서 협산으로 피난 오셨습니다. 나라의 온 힘을 모아 전쟁에 대비하지 못했기 때문에 우리 나라 대부분의 땅을 빼앗기게 되었습니다. …… 마땅히 병사를 기르고 때를 기다려 움직여야지 경솔하게 군대를 움직여서는 안 됩니다."라고 간언하였다. 그러나 황제는 간언을 받아들이지 않고 군대를 이끌고 출병하였다가 이 나라의 군대에 사로잡혔다.

자료에서 황제가 다시 출병하여 연운 지역을 수복하려고 하자 황족인 야율대석이 경솔하게 군대를 움직여서는 안 된다고 간언하였다는 점 등을 통해 자료의 황제는 거란(요)의 황제임을 알 수 있다. 거란(요)의 동쪽에서 흥기하였다는 점, 연운 지역 등 거란(요)의 땅 대부분을 차지하였다는 점, 거란(요)의 황제를 사로잡았다는 점 등을 통해 밑줄 친 '이 나라'는 금임을 알 수 있다.

2단계 유형 연습

▶ 24060-0027

1 (가) 국가에 대한 설명으로 옳은 것은?

동아시아 인물 사전

(가) 의 태종

(가) 의 제2대 황제로, 태조 아구다의 동생이다. 형인 태조를 보좌하다가 태조가 죽고 난 후 황제로 즉위하였다. 재위 기간 동안 송과 동맹을 맺고 거란(요)을 멸망시켰으며, 이후 송의 수도 카이펑을 공격하여 함락시키는 등의 업적을 이루었다.

① 발해를 멸망시켰다.
② 쓰시마를 정벌하였다.
③ 낙랑(군)을 축출하였다.
④ 몽골 제국에 정복당하였다.
⑤ 5대 10국 시대의 분열을 수습하였다.

자료 탐구 2 아시카가 요시미쓰의 활동 파악

정답과 해설 08쪽

1단계 자료 분석

[2024학년도 6월 수능 모의평가]

우표로 보는 동아시아사

이것은 『진여당연기』의 배 그림을 바탕으로 제작된 우표이다. 일본과 중국의 교류는 수백 년간 단절되었으나, 3대 쇼군이었던 (가) 이/가 일본 국왕으로 책봉되면서 재개되었다. 이 배는 당시 명과의 교류에 이용된 것으로 추정된다.

자료에서 3대 쇼군이었다는 점, 일본 국왕으로 책봉되면서 수백 년간 단절되었던 일본과 중국의 교류가 재개되었다는 점, 명과 교류하였다는 점 등을 통해 (가) 인물이 무로마치 막부의 쇼군이었던 아시카가 요시미쓰임을 알 수 있다.

2단계 유형 연습

▶ 24060-0028

2 (가)에 들어갈 내용으로 가장 적절한 것은?

가마쿠라 막부가 붕괴되고 교토에 수립된 막부의 제3대 쇼군에 대해 이야기해 보자.
그는 쇼군의 자리에서 물러난 후 명에 사절을 보내고, 일본 국왕의 칭호를 받았어.
맞아. 그리고 그는 (가)

① 조선과 형제 관계를 맺었어.
② 서하를 공격하여 굴복시켰어.
③ 베이징에 연행사를 파견하였어.
④ 장거정을 등용하여 개혁을 추진하였어.
⑤ 두 명의 천황이 대립하던 남북조를 통일하였어.

01

▸ 24060-0029

밑줄 친 '이 나라'에 대한 설명으로 옳은 것은?

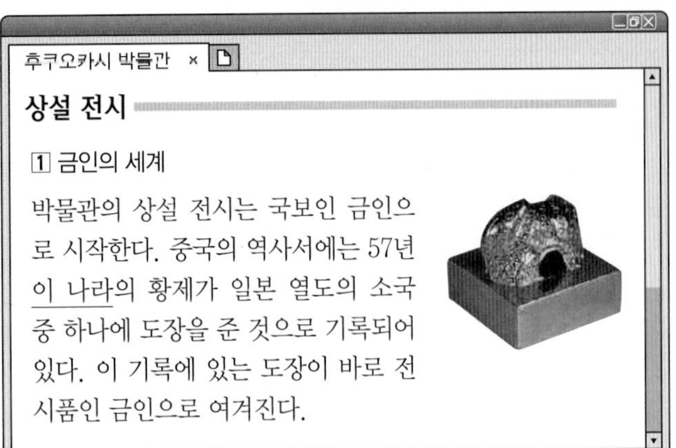

후쿠오카시 박물관
상설 전시
1 금인의 세계
박물관의 상설 전시는 국보인 금인으로 시작한다. 중국의 역사서에는 57년 이 나라의 황제가 일본 열도의 소국 중 하나에 도장을 준 것으로 기록되어 있다. 이 기록에 있는 도장이 바로 전시품인 금인으로 여겨진다.

① 대도를 수도로 삼았다.
② 다이호 율령을 반포하였다.
③ 왜의 노국으로부터 조공을 받았다.
④ 5대 10국 시대의 분열을 수습하였다.
⑤ 상앙을 등용하여 개혁을 추진하였다.

02

▸ 24060-0030

다음 상황이 전개된 시기 동아시아의 상황으로 옳은 것은?

〈△세기 고구려의 대외 관계〉

- ○○왕 23년, 사신을 보내 북위에 가서 조공하였다. …… 북위의 세조*가 관작을 내려 도독요해제군사 정동장군 영호동이중랑장 요동군개국공 고구려왕으로 삼았다.
- ○○왕 43년, 사신을 보내 송(宋)에 가서 조공하였다.
- ○○왕 51년, 송의 황제가 왕을 책봉하여 거기대장군 개부의동삼사로 삼았다.

* 세조 : 북위의 제3대 황제로, 재위 17년 되는 해에 화북 지역을 통일하였음.

① 당이 토번에 화번공주를 보냈다.
② 왜가 남조로부터 책봉을 받았다.
③ 발해가 신라에 사신을 파견하였다.
④ 수가 고구려와의 전쟁에서 패하였다.
⑤ 한이 흉노에 막대한 물자를 제공하였다.

03

▸ 24060-0031

밑줄 친 '우리 나라'의 대외 관계에 대한 설명으로 옳은 것은?

> 소손녕이 봉산군을 격파하고, 아군의 윤서안 등을 포로로 삼았다. …… 서희가 군사를 이끌고 봉산군을 구원하려고 하자 소손녕이 소리 질러 말하기를, "우리 나라가 이미 고구려의 옛 땅을 모두 차지하였는데, 이제 너희 나라가 국경 지대를 침탈했으므로 내가 와서 토벌한다."라고 하였다. …… 서희가 성종에게 아뢰기를, "제가 소손녕과 약속하기를 여진을 깨끗이 평정하고 옛 땅을 수복한 뒤에야 통교할 수 있을 것이라 하였습니다. 이제 겨우 강 안쪽을 수복하였으니, 요청하건대 강 밖의 영토까지 획득하고 나서 예의를 갖추어도 늦지 않을 것입니다."라고 하였다.

① 송과 전연의 맹약을 체결하였다.
② 타이완의 정씨 세력을 진압하였다.
③ 야마타이국으로부터 조공을 받았다.
④ 왜구의 근거지인 쓰시마를 토벌하였다.
⑤ 백제 부흥군과 연합하여 백강 전투에 참여하였다.

04

▸ 24060-0032

(가) 국가에 대한 설명으로 옳은 것은?

> (가) 의 제4대 황제 인종 22년에 있었던 사건
>
> 처음으로 올린 서표에 이르기를, "우리와 (가) 이/가 평화와 우호를 잃은 지 이미 7년 세월이 흘렀습니다. …… 무릇 세폐로 은, 비단, 차 등을 고정 액수로 보내 주신다면 신(臣) 이원호는 다시 다른 청구는 하지 않겠습니다. 청하건대 맹세하는 조서를 반포하여 대대로 준수하고 영원히 우호가 이어지기를 원합니다. …… "라고 하였다. 이에 황제가 이르기를, "짐이 사해를 통치하는데 만 리의 땅에 걸쳐 있다. 서하의 땅은 대대로 봉하여 준 것이다. …… 이원호가 원하는 대로 하도록 하라."라고 하였다.

① 탕구트족에 의해 건국되었다.
② 북면관제와 남면관제를 운영하였다.
③ 행성을 설치하고 다루가치를 파견하였다.
④ 무로마치 막부와 감합 무역을 전개하였다.
⑤ 문치주의 정책을 내세워 국방력이 약화되었다.

05

▸ 24060-0033

다음 자료를 활용한 탐구 활동으로 가장 적절한 것은?

> 지원 18년 6월, 황제가 아탑해에게 군사를 총괄하도록 명령하였다. 8월, 장군들이 적을 보지도 못하고 모든 군사를 잃고 돌아와서 말하기를, "일본에 이르러 다자이후를 공격하려 하였으나 폭풍으로 배가 파괴되었습니다. 의논하여 싸우려 하였으나 여덕표 등이 지휘에 따르지 않고 갑자기 도망쳤습니다. 남은 군사들을 태우고 고려의 합포에 이르렀습니다."라고 하였다.

① 벽제관 전투의 결과를 알아본다.
② 야마토 정권의 발전 과정을 파악한다.
③ 가마쿠라 막부의 대외 관계를 조사한다.
④ 남비엣(남월)에 9군이 설치된 경위를 살펴본다.
⑤ 한반도에서 후삼국 시대가 전개된 시기를 찾아본다.

06

▸ 24060-0034

(가) 제국에 대한 설명으로 옳은 것은?

> 칸의 아들인 진남왕은 우마르 등 장수에게 퇴각을 명하였다. 우마르는 바익당강에 이르러 이곳에서 자신들과의 전쟁을 준비하던 쩐흥다오의 군대와 대치하게 되었다. 쩐흥다오는 먼저 강에 동백나무 말뚝을 심어 놓고 그 위를 수풀로 덮어 위장하였다. 그리고 만조 때 (가) 와/과의 전투를 시작한 다음 그들을 유인하여 자신들의 배를 추격하게 하였다. 이렇게 접전을 벌이다가 간조로 물이 얕아지자 (가) 측 선박은 말뚝에 걸려 움직이지 못하게 되었다. 이를 이용하여 쩐흥다오는 전면 공격을 가하였고 그 결과 대월이 대승을 거두게 되었다.

① 2관 8성제를 운영하였다.
② 맹안·모극제를 시행하였다.
③ 호라즘을 정벌하고 비단길을 장악하였다.
④ 베트남 북부에 안남 도호부를 설치하였다.
⑤ 정화의 함대를 파견하여 조공국을 확대하였다.

07

▸ 24060-0035

(가) 왕조 시기 동아시아에서 볼 수 있는 모습으로 가장 적절한 것은?

http://www.○○○.△△△
인물 탐구
주원장
검색
홍건적 출신으로 황제의 자리에 오른 인물이다. 황제 재위 시기에 연호를 홍무로 사용하여 홍무제로 알려져 있다. 그는 (가) 을/를 세우고 난징을 수도로 삼았으며, 한족 문화의 회복을 위해 노력하였다.
완료

① 청해진에 주둔한 병사
② 헤이조쿄 건설에 동원된 인부
③ 왕망의 개혁 추진에 반발하는 호족
④ 조선을 건국하는 이성계와 혁명파 신진 사대부
⑤ 평성 백등산에서 흉노에 포위당한 황제의 군대

08

▸ 24060-0036

밑줄 친 '이 인물'에 대한 설명으로 옳은 것은?

> 그림은 이 인물과 금각 건물이 그려져 있는 우키요에이다. 금각 건물이 유명하여 흔히 긴카쿠사[金閣寺]라 불리는 로쿠온사는 무로마치 막부의 제3대 쇼군이자 명으로부터 일본 국왕으로 책봉받았던 이 인물이 쇼군직에서 물러난 후에 거처로 삼았던 곳이다. 화려한 장식의 금각 건물 역시 그가 주도하여 세워진 것으로 알려져 있다.

① 다이카 개신을 주도하였다.
② 장건을 대월지에 파견하였다.
③ 준왕을 몰아내고 집권하였다.
④ 발해를 공격하여 멸망시켰다.
⑤ 남북조의 분열을 통일하였다.

1

▶ 24060-0037

다음 자료를 활용한 탐구 주제로 가장 적절한 것은?

- 정관 15년, 종실의 딸인 문성 공주를 송첸캄포의 아내로 삼게 하였다. …… 송첸캄포는 군대를 거느리고 백해(柏海)에 주둔하며 친히 맞이하였는데, …… 사위의 예를 극진히 하였다. …… 공주가 토번 사람들이 얼굴에 붉은색을 칠하는 것을 싫어하자, 송첸캄포는 명령을 내려 이를 금지하였다.
- 위구르가 혼인을 청하였다. …… 장경 원년, 조칙을 내려 태화 공주를 시집가게 하였다. 공주는 헌종의 딸이었다. …… 태화 공주가 국경을 넘어 위구르의 땅에 이르자 가한이 먼저 지름길로 와서 공주를 사사로이 만나기를 원하였다.

① 진(秦)의 쇠퇴 원인
② 당의 화친 정책 사례
③ 도왜인의 이주와 활동
④ 고조선의 중계 무역과 번영
⑤ 왕망이 추진한 개혁의 내용

2

▶ 24060-0038

밑줄 친 '이 나라'에 대한 설명으로 옳은 것은?

석경당이 반란을 일으키자 후당은 장경달 등을 보내 그를 토벌하였다. 석경당이 사신을 보내 야율덕광에게 구원을 청하였다. …… 그해 9월, <u>이 나라</u>가 안문현으로 진격하였는데, 수레와 기마가 수십 리에 걸쳐 줄지어 서 있었다.

이것은 <u>이 나라</u>를 세운 야율아보기의 아들 야율덕광이 석경당의 구원 요청에 군사를 내어 주는 것과 관련된 기록입니다. 이 대가로 <u>이 나라</u>는 연운 16주 지역을 차지하게 되었습니다.

① 조선과 군신 관계를 맺었다.
② 쿠빌라이 칸의 침공을 받았다.
③ 신라와 연합하여 고구려를 공격하였다.
④ 무로마치 막부와 감합 무역을 전개하였다.
⑤ 송으로부터 비단, 은 등의 물자를 제공받았다.

3

▸ 24060-0039

(가) 국가에 대한 설명으로 옳은 것은?

> **(가) 의 인물 열전**
>
> 완안마길은 (가) 의 장수이다. 나이 15살에 군대에 들어가서 …… 랴오둥 지역의 황룡부(黃龍府)를 점령하는 데 종군하였다. 항상 솔선수범의 자세로 힘써 싸웠기에 그 공으로 모극이 되었으며, 이어서 맹안도 되었다. …… 완안알로고가 함주·신주·심주 및 동경 등 여러 성(城)을 공격하여 함락시킬 때 완안마길 역시 모두 공을 세웠다.

① 남송과 군신 관계를 맺었다.
② 정복지에 행성을 설치하였다.
③ 왜의 노국왕에게 금인을 보냈다.
④ 베트남에 안남 도호부를 설치하였다.
⑤ 5호 16국 시대의 혼란을 수습하였다.

4

▸ 24060-0040

(가), (나) 시기 사이에 있었던 사실로 옳은 것은?

> (가) 김욱을 송에 파견하여 왕위 계승을 고하였다. 송 태종*이 조서를 보내 말하기를, "올린 표문을 살펴보고, '형인 고려국왕 왕주(경종)가 작년에 사망하여 임시로 나랏일을 신(臣)이 맡고 있었습니다.'라고 한 것을 다 알았다. …… 먼 바다를 넘어 표문을 받들고 우리 궁궐을 바라보며 마음을 기울이며, 사대의 의례가 어그러짐이 없이 자못 신하된 자의 예법을 잘 지켰다."라고 하였다.
>
> (나) 금에서 회답하는 조서에 이르기를, "올린 표문을 살펴보고 너희 고려가 신하라고 칭하는 동시에 토산물 등을 보낸 것을 잘 알았다. …… 짐은 작은 나라가 큰 나라를 섬기는 것은 사직을 보존하는 계책이라고 여긴다."라고 하였다.
>
> *송 태종 : 송을 건국한 조광윤의 친동생으로, 송이 건국된 지 약 16년 후에 제2대 황제에 올라 20여 년 동안 재위함.

① 서하가 건국되었다.
② 후한이 멸망하였다.
③ 헤이조쿄가 건설되었다.
④ 초량 왜관이 설치되었다.
⑤ 에도 막부가 수립되었다.

5

▸ 24060-0041

밑줄 친 '황제'의 재위 기간에 있었던 사실로 옳은 것은?

2월, 일본에 사신으로 보낸 두세충이 살해당하였다. 정동원수 흔도, 홍차구가 직접 병사를 이끌고 토벌하기를 청하자, 조정이 의논하여 조금 늦추기로 하였다. 5월, 범문호를 불러 일본 정벌을 의논하였다. 8월, 일본 정벌을 위한 병사를 모집한다는 조를 내렸다. 이듬해 정월, <u>황제</u>는 정동행성 우승상 아랄한 등에게 명하여 군사 10만을 이끌고 일본을 정벌하게 하였다.

① 남송이 멸망하였다.
② 오닌의 난이 발생하였다.
③ 나가시노 전투가 벌어졌다.
④ 아구다가 부족을 통합하였다.
⑤ 홍타이지가 국호를 바꾸었다.

6

▸ 24060-0042

(가) 제국 시기 동아시아에서 볼 수 있는 모습으로 가장 적절한 것은?

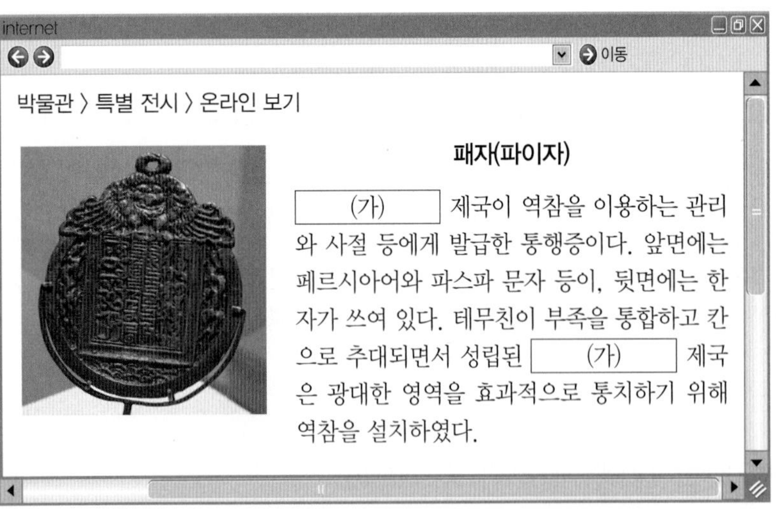

internet
이동
박물관 〉 특별 전시 〉 온라인 보기
패자(파이자)
(가) 제국이 역참을 이용하는 관리와 사절 등에게 발급한 통행증이다. 앞면에는 페르시아어와 파스파 문자 등이, 뒷면에는 한자가 쓰여 있다. 테무친이 부족을 통합하고 칸으로 추대되면서 성립된 (가) 제국은 광대한 영역을 효과적으로 통치하기 위해 역참을 설치하였다.

① 교초를 사용하는 상인
② 백등산 전투에서 패배한 황제
③ 분서갱유로 피해를 입는 학자
④ 훈구 세력을 비판하는 사림 세력
⑤ 졸본 지역에 나라를 세우는 부여족

7

▸ 24060-0043

밑줄 친 '우리 왕조'에 대한 설명으로 옳은 것은?

우리 두 황제께서는 태감 정화에게 명하여 뛰어난 인재들을 이끌고 바다를 건너 해외로 나가도록 하시었다. …… 여기에 참가한 인물들의 우람한 체격이나 선박의 웅장함, 재능의 뛰어남은 자고로 전례가 없는 것이었다. 그러나 두 황제의 참뜻이 어찌 먼 나라들에 거대한 규모와 화려함을 과시하고자 하는 데 있었겠는가? 이는 우리 왕조의 명성을 사방 오랑캐 땅에 널리 전하여 천하의 중생과 미물들로 하여금 두루 덕화(德化)를 입어 그 다스림이 있음을 알고 그 지극함을 존숭하게 하려던 것이다.

– 『영애승람』 –

① 신라를 공격하였다.
② 자금성을 건설하였다.
③ 고구려와 군사적으로 대립하였다.
④ 행정을 총괄하는 태정관을 두었다.
⑤ 북면관제와 남면관제를 실시하였다.

8

▸ 24060-0044

밑줄 친 '이 막부' 시기에 있었던 사실로 옳은 것은?

그림으로 보는 동아시아사

그림은 「낙중낙외도(洛中洛外圖)」에 그려진 아시카가 쇼군 가문의 저택 부분이다. 이 막부의 제3대 쇼군 아시카가 요시미쓰가 천황의 궁궐 근처에 화려한 저택을 지었는데, 그 저택이 있던 지역의 거리명에서 막부의 이름이 유래되었다.

① 백제가 멸망하였다.
② 천계령이 해제되었다.
③ 인조반정이 일어났다.
④ 장건이 서역에 파견되었다.
⑤ 남북조의 대립이 수습되었다.

THEME 04

유학과 불교

1 율령과 유교에 기초한 통치 체제

(1) 율령과 유교

① 율령의 의미 : 넓은 지역을 다스리는 일률적 통치 기준, 국가 통치 조직·관리 복무 사항·백성의 조세와 노역 등 규정

- 율 : 범죄 행위와 처벌을 규정하는 형벌 위주의 법률
- 영 : 국가의 조직과 운용, 신분과 수취 제도 등을 규정한 행정 위주의 법률

② 율령의 발전

전국 시대	상앙, 이사 등 법가 사상가가 활동
진(秦)	진시황제는 엄격한 법치에 입각한 정책 실시
한	• 한 무제 : 동중서의 건의를 받아들여 유교를 국가 통치 이념으로 중시, 태학 설립 • 법가와 유가의 결합 : 정교한 법의 통제와 가족 및 공동체 질서를 존중하는 사고가 율령에 반영
수·당	율령 체제 완성

(2) 수·당의 통치 제도 정비

율·영·격·식	율령에 격(율령 추가·보완)과 식(시행 세칙)을 추가
3성 6부	• 3성 : 중서성·문하성·상서성, 황제의 통치를 보좌 • 6부 : 이·호·예·병·형·공부, 행정 업무 담당
형벌	신분이나 나이 등에 따라 차등 적용
토지 및 수취 제도	• 균전제 : 농민 등에게 일정 면적의 토지 지급 • 조·용·조 : 토지를 받은 농민이 국가에 부담한 세금 • 부병제 : 토지를 받은 성인 남자의 군역 의무
관리 선발	과거제

(3) 유교와 율령의 동아시아 전파

① 유교와 율령의 전파 : 통치 기구와 이념·관료 선발·교육 제도에 영향, 동아시아 문화권 형성에 영향

② 각국의 유교와 율령 수용

통일 신라	• 세금 징수를 목적으로 백성의 호구와 재산을 파악한 신라 촌락 문서 작성 • 골품제를 유지하면서 국학 학생을 대상으로 독서삼품과를 실시하여 관리 선발에 참고
발해	당과 명칭이나 운영 방식이 다른 3성 6부제 시행
일본	• 다이카 개신(소가씨 제거 후 당의 율령 체제 수용 시도) • 다이호 율령 반포(중앙에 2관 8성 설치, 지방에 국·군·리 설치)

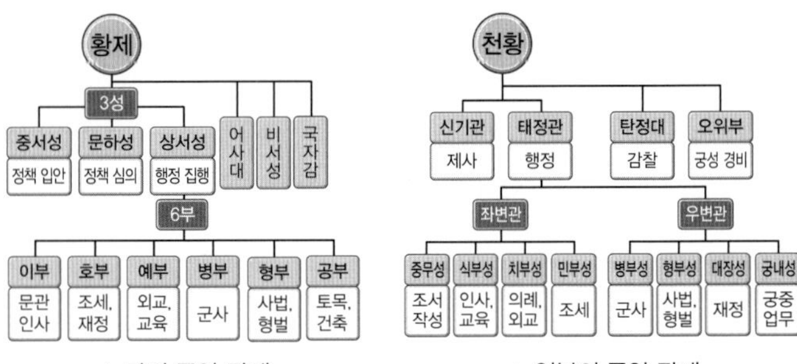

▲ 당의 중앙 관제 ▲ 일본의 중앙 관제

(4) 과거제의 발전

① 중국

- 수 : 과거제 최초 시행(유교 경전 시험을 통해 관리 후보 선발)
- 송 : 황제가 최종 시험을 직접 주관하는 전시 제도 정례화

② 한국

- 고려 : 광종 때 도입
- 조선 : 문과·무과·잡과 실시

③ 과거제의 영향 : 새로운 학자 관료층 성장, 학문적 능력 중시, 유학 발전, 귀족 세력을 견제하고 군주권 강화

2 불교의 전파와 문화 교류

(1) 불교의 성립

① 성립 : 기원전 6세기경 인도에서 성립

② 특징 : 평등 중시, 수행을 통한 해탈 강조

(2) 대승 불교

① 성립 : 기원전 1세기경

② 특징 : 부처를 신격화함, 이상적인 존재로 '보살'의 개념 사용, 부처의 자비로 중생이 구제될 수 있음을 주장

③ 확산 : 주로 중앙아시아를 거쳐 동아시아로 전파

④ 각 지역의 불교 수용

중국	• 중앙아시아를 거쳐 전래 • 황제의 권위를 드러내기 위해 많은 사찰과 거대한 불상 건립
한국	• 삼국 시대 중앙 집권 체제 확립 과정에서 불교 수용 • 고구려는 4세기 소수림왕 때 전진에서, 백제는 4세기 침류왕 때 동진에서 수용, 신라는 5세기 고구려를 통해 수용하였으나 6세기 법흥왕 때 이차돈의 순교를 계기로 공인 → 왕족과 귀족 중심으로 발전 • 통일 신라 시대 원효, 의상에 의해 대중화
일본	• 6세기 중엽 백제에서 전래, 토착 신앙과의 갈등, 쇼토쿠 태자의 후원을 받아 확산 • 왕실과 유력 가문이 권력 과시를 위해 호류사 등 대규모 사찰 건립, 아스카 문화 발전 • 한반도의 영향 : 호류사 건축, 고류사 목조 미륵보살 반가 사유상 등

(3) 불교의 토착화

① 국가(호국) 불교 성격
- 군주가 부처라는 논리로 왕권 강화, 사회 안정에 이용
- 국가의 지원과 주도로 대장경 제작, 사찰과 거대한 불상 건립(윈강·룽먼 석굴 사원, 황룡사와 석굴암, 도다이사 등)

② 전통 사상이나 고유 신앙과 결합
- 유교 윤리 수용 : 『부모은중경』(유교의 덕목인 효를 강조한 새로운 불교 경전) 간행
- 토착 신앙과 결합 : 산신·칠성·용 신앙과 결합, 사찰 내에 산신각이나 칠성각을 세움
- 일본 신토(신도)와 결합 : 일본에서는 부처도 여러 신 중의 하나로 인식, 신토의 신들이 부처나 보살로 나타남, 신불습합으로 이어짐(하치만 신상 건립 등)

③ 선종의 발달
- 특징 : 직관적 깨달음과 참선 중시
- 확산 : 신라 말 호족의 지원을 받아 유행, 일본에서는 가마쿠라 막부 시대 무사 사회에서 유행

(4) 불교문화의 발전과 확산

① 불교 예술 : 불상, 불화(회화 기법의 발전), 범종 등

② 건축 : 사찰과 탑의 건립[중국의 전탑(벽돌 탑), 한국의 석탑, 일본의 목탑 발달], 기단·주춧돌·기와 사용

③ 목판 인쇄술 : 신라의 무구정광대다라니경, 일본의 백만탑다라니경, 송·거란(요)·금의 대장경, 고려의 팔만대장경 등

(5) 인적·지적 교류의 증대

① 불교문화 교류 : 사찰(교류와 지식 전파의 장소), 승려(구법 활동, 지식인으로 국제 교류)

② 승려들의 활동

당	• 현장 : 인도에서 가져온 불상과 불경을 대안탑에 보관, 불경 번역, 『대당서역기』를 남김 • 감진 : 일본에 건너가 계율을 전함
고구려	혜자 : 일본 쇼토쿠 태자의 스승으로 활동
신라	• 의상 : 당에 유학한 뒤 신라 화엄종 개창 • 혜초 : 인도와 중앙아시아를 순례하고 『왕오천축국전』 저술
일본	엔닌 : 견당사 일원으로 당에 유학, 적산 법화원에 머물며 장보고 세력의 도움을 받음, 『입당구법순례행기』 저술

3 동아시아 문화권의 형성

당의 개방성	• 국제도시 장안(발해 상경성과 일본 헤이조쿄 구조에 영향) • 각국의 사신·승려 등 외국인 체류, 신라방·발해관 설치
교류 활성화	신라의 장보고가 청해진을 거점으로 당 – 신라 – 일본을 잇는 해상 교역 주도
일본의 견당사 파견	당의 문물 수용, 일본에 당풍 유행
동아시아 문화권 형성	율령·유교에 기초한 통치 체제, 불교, 한자 등 공유

4 성리학의 성립

(1) 성리학의 성립과 발전

① 송대 이전 유학

한	무제 이후 국가 통치 이념화, 훈고학 발달
남북조	불교와 도교의 융성으로 약화
수·당	과거제 시행으로 부흥, 당대 경전의 해석을 통일하기 위해 『오경정의』 편찬

② 송대 성리학 성립

배경	사대부가 지배 계층으로 성장, 북방 민족의 압박에 따른 한족의 민족의식 강화(중화사상, 화이관 중시)
성립	불교와 도교의 형이상학적 논리 체계 수용 → 우주의 원리와 인간의 본성을 탐구하는 신유학 대두
주희(주자)	• 성리학 집대성 : 성즉리 주장, 수양 방법으로 거경궁리와 격물치지 제시 • 오경보다 사서 중시, 『사서집주』 편찬

③ 성리학의 영향
- 『주자가례』와 『소학』 보급 : 동아시아에 성리학적 가치관 확산
- 대의명분론과 화이관 강조

④ 성리학의 보급
- 서원 : 선현 제사와 후학 양성을 위한 사설 교육 기관, 사대부 결집에 영향
- 향약 : 상부상조 정신과 유교 윤리가 결합된 향촌의 자치 규약 → 서민층에 성리학적 규범이 확산되는 데 기여
- 명·청대 신사층이나 조선 시대 양반층에 의해 유교 의례와 이념 확산

(2) 양명학의 등장

등장 배경	명대 성리학이 과거 합격을 위한 학문으로 전락, 사회 모순에 적절히 대응하지 못함
왕수인(왕양명)	'마음이 곧 이(理)'라는 심즉리 강조, 앎과 실천을 일치시켜야 한다는 지행합일 주장

5 성리학의 확산

(1) 한반도

① 수용 : 고려 후기 안향 등이 본격적으로 소개, 신진 사대부들이 성리학을 사상적 기반으로 삼고 불교와 권문세족의 횡포 비판

② 조선 건국의 이념적 기반, 국가 통치 이념으로 활용

③ 사림의 성장, 이황과 이이의 성리학 연구로 심화

④ 성리학적 사회 질서의 확산 : 『주자가례』에 의한 관혼상제 확산, 부모 삼년상, 가묘와 사당 건립, 장자 중심의 상속과 제사 확산

(2) 일본

① 전래 : 가마쿠라 막부 시대 후기에 전래되어 승려들 사이에서 연구

② 발전
- 후지와라 세이카 : 조선의 강항과 교유, 『사서오경왜훈』 집필, 하야시 라잔 등 제자 양성
- 하야시 라잔 : 성리학을 바탕으로 에도 막부의 각종 제도와 의례 정비

자료 탐구 1 동아시아 각국의 통치 제도 이해

정답과 해설 12쪽

1단계 자료 분석

[2024학년도 수능]

중대성이 문서를 보냅니다. ㉠귀국은 ㉡이 나라에서 귀환하지 못한 사신을 데려오기 위해 사절 99명을 ㉢본국에 파견하였습니다. 하지만 절도사의 반란으로 ㉡이 나라의 수도 장안이 혼란한 상황이라 99명의 사절은 이러지도 저러지도 못하는 상황입니다. 그러므로 ㉠귀국의 대사 고원도를 비롯한 11명은 그대로 보내 귀환하지 못한 민부성 관원을 데려오도록 하고, 판관 이하는 모두 배에 태워 돌려보내고자 합니다.

자료에서 중대성이 문서를 보낸다는 점 등을 통해 ㉢ 국가는 발해임을 알 수 있다. 사절 중 11명을 그대로 보내 귀환하지 못한 민부성 관원을 데려오도록 한다는 점 등을 통해 ㉠ 국가는 일본임을 알 수 있다. 따라서 발해가 존재했던 당시 일본이 사절단을 파견하였다는 점, 절도사의 반란으로 수도 장안이 혼란한 상황이었다는 점 등을 통해 ㉡ 국가는 당임을 알 수 있다.

2단계 유형 연습

▸ 24060-0045

1 밑줄 친 '본국'에 대한 설명으로 옳은 것은?

사신을 신라에 보냈다. 태정관에서 작성한 문서에 의하면, "지난 7월 초 출발한 견당선 4척 중 2척이 도착한 곳을 아직 파악하지 못하였습니다. 바람의 세기와 방향을 헤아려 보니 신라에 닿았을 것 같습니다. 이에 본국에서 사신을 보냅니다. 만약에 신라에 표착하였다면 본국으로 돌아올 수 있도록 해 주시기 바랍니다."라고 하였다.

① 맹안·모극제를 실시하였다.
② 신기관이 제사를 담당하였다.
③ 상서성 아래 6부를 설치하였다.
④ 선우 아래 좌현왕과 우현왕을 두었다.
⑤ 좌사정과 우사정이 행정을 분담하였다.

자료 탐구 2 양명학의 이해

정답과 해설 12쪽

1단계 자료 분석

[2024학년도 수능]

자료로 읽는 동아시아 사상사

양지 두 글자는 본디 맹자의 말인데, 상산이 끄집어내어 화두로 삼았다. 왕수인에 이르러서는 비로소 『대학』의 격물치지와 거짓으로 짜맞추어 주장을 펼쳤으니, 그는 정호·정이 형제와 주희의 격물치지에 대한 해석을 뒤집고자 하였던 것이다. 그러나 그의 주장은 속임수와 엉성함으로 그 천박함과 남루함을 가리려 한 것일 뿐, 사리에 맞지 않는다.

해설 이 자료는 조선의 한 유학자가 (가) 을/를 비판하는 내용입니다. 특히 유교 경전인 『대학』의 격물치지에 대한 해석을 비판의 중점으로 삼았습니다.

자료에서 본디 맹자의 말인 양지를 왕수인이 유교 경전인 『대학』의 격물치지와 거짓으로 짜맞추어 주장을 펼쳤고, 정호·정이 형제와 주희의 격물치지에 대한 해석을 뒤집고자 하였다는 점, 자료는 조선의 한 유학자가 비판하는 내용이라는 점 등을 통해 (가) 유학 사상은 양명학임을 알 수 있다.

2단계 유형 연습

▸ 24060-0046

2 밑줄 친 '이 사상'에 대한 설명으로 옳은 것은?

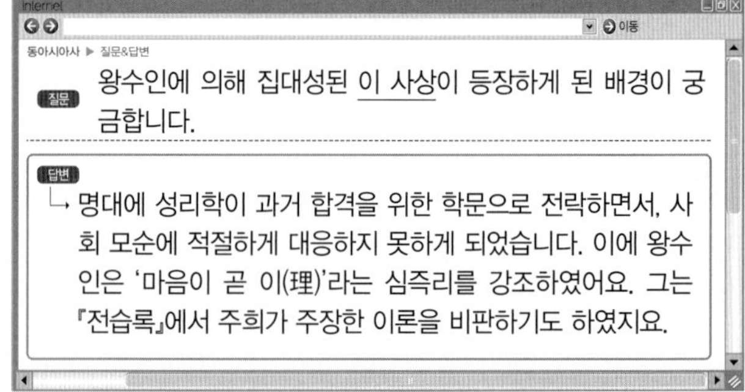

동아시아사 ▸ 질문&답변
질문 왕수인에 의해 집대성된 이 사상이 등장하게 된 배경이 궁금합니다.
답변 명대에 성리학이 과거 합격을 위한 학문으로 전락하면서, 사회 모순에 적절하게 대응하지 못하게 되었습니다. 이에 왕수인은 '마음이 곧 이(理)'라는 심즉리를 강조하였어요. 그는 『전습록』에서 주희가 주장한 이론을 비판하기도 하였지요.

① 윤회와 해탈을 중시하였다.
② 치양지와 지행합일을 강조하였다.
③ 다이호 율령 제정에 영향을 끼쳤다.
④ 백운동 서원 건립의 배경이 되었다.
⑤ 가마쿠라 막부 시기 일본에 전래되었다.

정답과 해설 12쪽

01

▸ 24060-0047

(가)에 들어갈 내용으로 옳은 것은?

그림은 쑤저우 창랑정 오백명현사에 있는 동중서의 모습이다. 한 무제가 나라 운영과 관련된 의견을 신하들에게 묻자, 동중서는 공자의 가르침에 속하는 학술을 중시해야 한다고 주장하였다. 이에 황제는 그의 건의를 받아들여 [(가)]

① 유교를 진흥하였다.
② 상앙을 등용하였다.
③ 견당사를 파견하였다.
④ 골품제를 운영하였다.
⑤ 균전제를 실시하였다.

02

▸ 24060-0048

밑줄 친 '이 나라'에 대한 설명으로 옳은 것은?

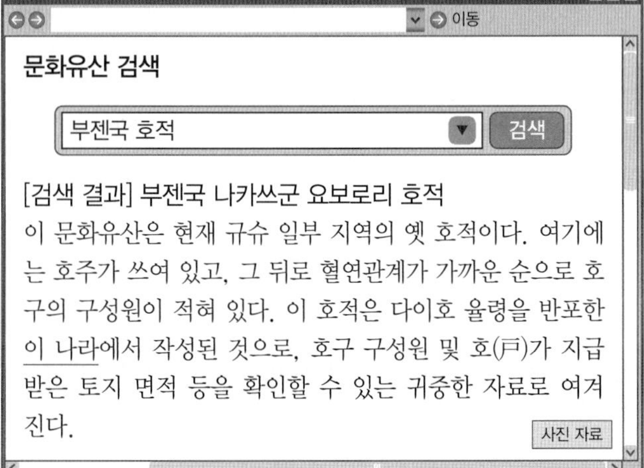

이동

문화유산 검색

부젠국 호적 | 검색

[검색 결과] 부젠국 나카쓰군 요보로리 호적

이 문화유산은 현재 규슈 일부 지역의 옛 호적이다. 여기에는 호주가 쓰여 있고, 그 뒤로 혈연관계가 가까운 순으로 호구의 구성원이 적혀 있다. 이 호적은 다이호 율령을 반포한 <u>이 나라</u>에서 작성된 것으로, 호구 구성원 및 호(戶)가 지급받은 토지 면적 등을 확인할 수 있는 귀중한 자료로 여겨진다.

사진 자료

① 태정관이 8성을 총괄하였다.
② 문하성에서 정책을 심의하였다.
③ 북면관제와 남면관제를 운영하였다.
④ 교육 기관으로 주자감을 설치하였다.
⑤ 관리 선발에 참고하기 위해 독서삼품과를 시행하였다.

03

▸ 24060-0049

(가)에 들어갈 내용으로 가장 적절한 것은?

중국 남북조 시대에 유목 민족이 세운 왕조들은 불교를 적극적으로 받아들였지요. 그 사례를 구체적으로 설명해 주세요.

유목 민족이 세운 왕조는 '군주가 곧 부처'라는 논리로 통치의 정당성을 확보하려고 하였습니다. [(가)]이 군주의 권위를 보여 주려 했던 대표적 사례라고 할 수 있습니다.

① 이차돈이 순교한 것
② 호류사에 5층 목탑을 세운 것
③ 불국사와 석굴암을 제작한 것
④ 윈강 석굴과 룽먼 석굴에 대불을 조성한 것
⑤ 고류사 목조 미륵보살 반가 사유상을 만든 것

04

▸ 24060-0050

다음 자료에 나타난 동아시아 불교의 특징으로 가장 적절한 것은?

불경은 내가 본래 모르는 것이다. 병진년 봄에 우연히 『부모은중경』의 시구를 열람하게 되었는데, 생동감 있는 경구(警句)와 간절하고도 진지한 내용이 우리 유교에서 조상의 은혜를 갚고 인륜을 돈독하게 하는 취지와 그 결을 같이한다는 점을 좋아하게 되었다. 그리하여 섣달그믐날과 단오의 두 명절에 이 시구를 인쇄하여 바치게 하였다.

– 『홍재전서』 –

① 덕치와 천명사상을 중시하였다.
② 직관적 깨달음과 참선을 중시하였다.
③ 토착화 과정에서 전통 사상과 융합하였다.
④ 중생의 구제보다는 개인의 해탈을 강조하였다.
⑤ 춘추 전국 시대에 제후들을 중심으로 수용되었다.

05

▸ 24060-0051

교사의 질문에 대한 학생의 답변으로 가장 적절한 것은?

견당사의 일원으로 당에 간 이 인물은 장보고가 세운 적산 법화원에 머문 적이 있습니다. 그는 귀국 후에는 엔랴쿠사의 주지가 되기도 하였습니다. 그의 활동에 대해 발표해 볼까요?

① 대당서역기를 남겼어요.
② 왕오천축국전을 집필하였어요.
③ 쇼토쿠 태자의 스승이 되었어요.
④ 입당구법순례행기를 저술하였어요.
⑤ 신라에서 불교 대중화에 앞장섰어요.

06

▸ 24060-0052

(가) 국가에서 볼 수 있는 모습으로 가장 적절한 것은?

> 주잠은 바로 (가) 시기 유학자인 회암 문공 주희(주자)의 둘째 아들인 주야의 손자입니다. …… 주잠은 자신의 아버지가 (가) 의 영종이 내린 조서를 받들고 외적과 싸우다 끝내 순절한 것을 생각하고는 그로 인해 한 하늘 아래에서 살 수 없다는 통분이 절절하여 기필코 보복하겠다고 다짐하였습니다. …… 주잠은 "바다 건너에 있는 나라는 본래 예의 있는 나라로 일컬어지니 우리들이 살 만할 곳이다."라며 마침내 자제와 문인 등 일곱 학사를 데리고 바다를 건너 동쪽으로 가다가 전라도 금성(錦城)에 배가 닿았으니, 그때가 바로 고려 시기였습니다.

① 만동묘를 참배하는 양반
② 고사기전을 저술하는 국학자
③ 사서집주를 공부하는 유학자
④ 제사를 주관하는 신기관 관리
⑤ 헤이조쿄 건설에 동원되는 인부

07

▸ 24060-0053

(가) 유학 사상에 대한 설명으로 옳은 것은?

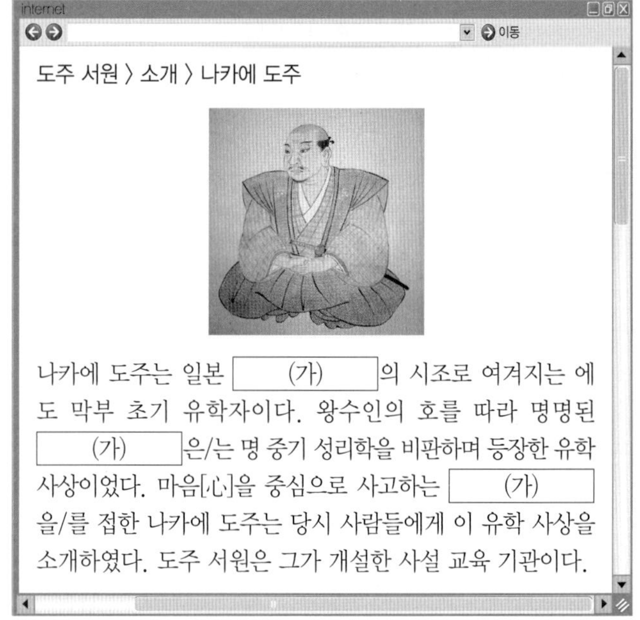

internet
이동
도주 서원 〉 소개 〉 나카에 도주
나카에 도주는 일본 (가) 의 시조로 여겨지는 에도 막부 초기 유학자이다. 왕수인의 호를 따라 명명된 (가) 은/는 명 중기 성리학을 비판하며 등장한 유학 사상이었다. 마음[心]을 중심으로 사고하는 (가) 을/를 접한 나카에 도주는 당시 사람들에게 이 유학 사상을 소개하였다. 도주 서원은 그가 개설한 사설 교육 기관이다.

① 치양지와 지행합일을 강조하였다.
② 안향 등에 의해 고려에 소개되었다.
③ 부처의 자비에 의한 중생 구제를 강조하였다.
④ 춘추의 해설서 중 공양전을 정통으로 삼았다.
⑤ 해체신서 간행을 계기로 본격적으로 발달하였다.

08

▸ 24060-0054

밑줄 친 '승려'에 대한 탐구 활동으로 가장 적절한 것은?

> 강항은 임진왜란 때 포로로 잡혀 일본에 끌려갔다가 그곳의 승려를 만나 학문을 가르쳤는데, 일본 성리학의 뿌리가 이로부터 시작되었다. 강항은 귀국하여 『간양록』을 지어 일본의 사정을 매우 정밀하고 자세하게 기록했는데, 그 승려에게 들은 것인 듯하다. 그 승려는 결국 환속하여 '염부(斂夫)'라고 개명하고 하야시 라잔 등 많은 제자들을 가르쳤는데, 일본에서는 그를 위해 사당을 지어 제향하고 강항까지 배향하였다고 한다.

① 북벌론의 내용을 찾아본다.
② 화번공주가 파견된 국가를 분석한다.
③ 일본에 조총이 전래되는 경위를 파악한다.
④ 사서오경왜훈이 집필되는 과정을 조사한다.
⑤ 이와쿠라 사절단이 파견된 목적을 알아본다.

1

▶ 24060-0055

다음 자료를 활용한 탐구 주제로 가장 적절한 것은?

형(刑)은 이미 일어난 일을 징계(懲戒)하는 것이요, 법(法)은 아직 일어나지 않은 것을 막는 것이니, 이미 일어난 일을 징계하여 사람들로 하여금 두려움을 알도록 하는 것은 아직 일어나지 않은 일을 막아 사람들로 하여금 피하는 것을 알게 하는 것보다 못한 것이다. 그러나 형이 아니면 법은 행해질 수 없는 것이니, 이는 선왕(先王)께서 형과 법을 병용(竝用)하고 한쪽만을 폐지하지 못한 이유이다. 고려의 제도는 대저 모두 당(唐)을 본받아 형법(刑法)에 이르기까지 역시 당률(唐律)을 채택하고 시대적 상황을 참작하여 사용하였으니 …… 모두 71조항이다. -『고려사』-

① 호한 융합의 과정 분석
② 춘추 전국 시대의 전개
③ 5대 10국 시대의 정치 변동
④ 동아시아 국가의 율령 수용 양상
⑤ 위진 남북조 시대 고구려의 다원적 외교 관계

2

▶ 24060-0056

밑줄 친 '이 국가'에 대한 설명으로 옳은 것은?

이달의 동아시아 고전

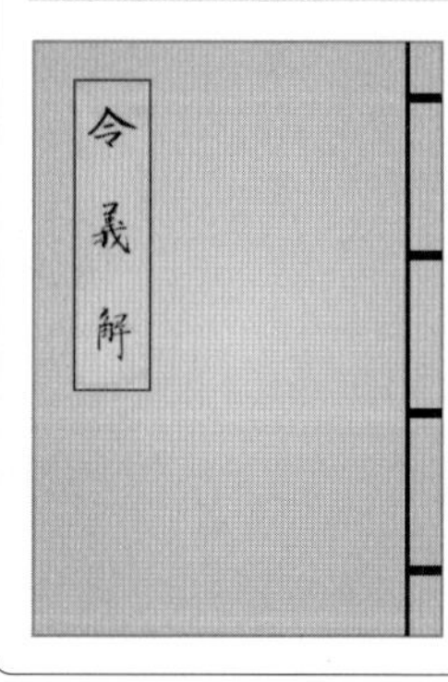

• 도서명 : 『영의해』
• 설명
양로령(養老令)의 해설서인 이 책은 태정관의 우대신으로 있던 기요하라노 나쓰노를 중심으로 편찬되었다. 양로령은 <u>이 국가</u>에서 다이호 율령이 반포된 이후 새롭게 만들어진 율령으로, <u>이 국가</u>에서 시행한 율령의 구체적인 모습을 알려 주는 중요한 자료이다. 아울러 동아시아의 율령 체제와 관련된 연구에서도 주요 자료로 이용되고 있다.

① 골품제를 시행하였다.
② 팔기제를 운영하였다.
③ 재정을 담당하는 대장성을 두었다.
④ 북면관제와 남면관제를 실시하였다.
⑤ 중앙 교육 기관으로 주자감을 설립하였다.

3

▸ 24060-0057

밑줄 친 '본국'의 통치 제도에 대한 설명으로 옳은 것은?

> 중대성에서 보낸 외교 문서에 이르기를, " …… 구름 낀 봉우리 만 리에 이르고 바다에는 파도가 천 겹이지만, 우리가 선린을 유지하고 있으니 누가 길을 가로막는다고 하겠습니까. …… 본국의 정당성 공목관 양중원을 보내어 귀국에 가서 감사의 마음을 표하고 아울러 가객(嘉客)을 청하도록 하였습니다. 이에 외교 문서를 보냅니다."라고 하였다.

① 독서삼품과를 시행하였다.
② 맹안 · 모극제를 실시하였다.
③ 신기관이 제사를 담당하였다.
④ 상서성 아래 6부를 설치하였다.
⑤ 좌사정과 우사정이 행정을 분담하였다.

4

▸ 24060-0058

(가)에 들어갈 내용으로 가장 적절한 것은?

> **Postcard**
>
> ○○에게
> 안녕. 오늘 다녀온 데가이에[轉害會]에 대해 소개할게. 이 행사는 매년 10월 5일에 열리고 있어. 도다이사 대불을 건립할 때 수호신을 모시는 과정에서 신을 모신 가마가 도다이사의 데가이몬[轉害門]에 잠시 머물렀기 때문에 행사 이름이 데가이에라고 불린다고 해. 이 행사가 열리는 날에만 도다이사에 있는 하치만 신상을 특별 공개하는 덕분에, 오늘은 사진으로만 접했던 하치만 신상을 직접 볼 수 있었어. 일본 신토의 신(神)인 하치만이 불교의 승려로 형상화되어 있는 조각상을 보니, (가) 이 동아시아 불교의 특징이라는 것을 실감할 수 있었어. 다음에 또 소식 전할게. 안녕.
>
> △△

① 대의명분과 화이관을 중시하였다는 점
② 덕치와 천명사상을 강조하고 있다는 점
③ 각 지역의 고유 신앙과 결합하였다는 점
④ 참선을 중요하게 여기는 선종이 유행하였다는 점
⑤ 중생의 구제보다 개인의 해탈을 중시하였다는 점

5

▸ 24060-0059

밑줄 친 '이 인물'에 대한 설명으로 옳은 것은?

사진은 프랑스인 펠리오가 문서를 보고 있는 모습입니다. 어떤 상황인지 구체적으로 말씀해 주세요.
20세기 초 펠리오가 이끈 탐험대는 중국 둔황의 막고굴에 도착하게 됩니다. 사진은 펠리오가 막고굴의 17호굴인 장경동을 조사하는 모습입니다. 이때 신라 출신 구법승이었던 이 인물이 8세기에 인도 등을 순례한 경험을 기록한 문서도 함께 발견되었습니다. 현재 이 문서는 파리에 있는 프랑스 국립 도서관에 있습니다.

① 통신사로 파견되었다.
② 대당서역기를 남겼다.
③ 왕오천축국전을 저술하였다.
④ 곤여만국전도를 제작하였다.
⑤ 쇼토쿠 태자의 스승이 되었다.

6

▸ 24060-0060

(가) 인물에 대한 학생들의 발표로 가장 적절한 것은?

자료로 보는 동아시아사

무이산 꼭대기에 신선의 영혼 있어
산 아래 신선한 물 골골이 맑다네.
그중에 절경인 곳 유람하려 하니
한가로운 뱃노래 두세 곡이 들려온다.

해설 자료는 「무이구곡가」(또는 「무이도가」)의 일부분이다. 남송 시기에 성리학을 집대성한 (가) 은/는 뛰어난 절경의 무이산 아홉 구비를 무릉도원으로 극찬하며 이를 지었다. 그는 무이산에 무이정사를 짓고 강학 활동을 하는 한편, 『근사록』을 편찬하고 『사서집주』를 저술하였다.

① 천주실의를 저술하였어요.
② 격물치지와 거경궁리를 강조하였어요.
③ 청해진을 거점으로 해상 교역을 이끌었어요.
④ 역법 개정을 주도하여 시헌력을 제작하였어요.
⑤ 서양 의학서를 번역하여 난학 발전의 계기를 마련하였어요.

THEME 05

17세기 전후의 동아시아 전쟁

1 임진왜란 이전의 동아시아 정세

(1) 명의 정세

① 북로남왜

북로	• 15세기 : 몽골 오이라트부와 대립하는 과정에서 황제가 사로잡힘(토목보의 변) • 16세기 : 몽골 타타르부의 침략으로 수도 베이징이 포위됨
남왜	왜구가 동남 해안 일대에서 약탈 자행

② 장거정의 개혁 : 토지 조사 실시, 일조편법 확대 시행

(2) 조선의 정세

대내	• 15세기 말 이후 사림이 훈구의 부정·비리 비판 → 16세기 후반 사림이 집권 → 붕당 형성 • 오랜 평화와 군역 제도의 문란 → 국방력 약화
대외	명과 사대 외교, 여진·일본과 교린 정책 추진

(3) 일본의 정세

① 오닌의 난(1467~1477) 이후 센고쿠 시대 전개 → 포르투갈 상인으로부터 조총 전래 → 나가시노 전투(1575) 등을 통해 오다 노부나가가 세력 확대 → 16세기 말 도요토미 히데요시가 혼란 수습

② 도요토미 히데요시의 정책 : 전국적인 토지 조사 실시, 도량형 통일, 농민의 무기 몰수, 신분 간 이동 금지

2 임진왜란과 정유재란(1592~1598)

(1) 발발 : 도요토미 히데요시가 영토 확장과 무역 확대, 일본의 국내 정치 안정을 목적으로 조선 침략

(2) 전개

임진왜란	• 전쟁 초반 일본군이 우세(한성과 평양 함락) → 조선의 항전(수군과 의병의 활약) • 명의 참전 : 조공국 보호를 통한 중화 질서 유지 명분(실제로는 랴오둥 보호 목적) → 동아시아 국제전으로 확대 • 조·명 연합군의 평양성 탈환 : 전세 변화의 계기 마련
강화 협상	• 명군의 벽제관 전투 패배 → 명의 제의로 강화 협상 본격화 → 3년여에 걸친 강화 협상 결렬 • 일본의 요구 : 명 황제의 공주를 천황의 후궁으로 보낼 것, 조선의 남부 4도를 넘길 것, 명과의 무역 재개 등
정유재란	강화 협상 실패 후 일본의 조선 재침략(1597) → 도요토미 히데요시 사망 후 일본군 철수

(3) 영향

조선	인구 감소, 농경지 황폐화, 국가 재정 악화, 명을 숭앙하는 분위기 고조
일본	세키가하라 전투(1600) 이후 도쿠가와 이에야스가 정권 장악 → 에도 막부 수립(1603)
명	농민의 세금 부담 증가와 환관의 횡포 → 농민 반란 확산
여진	누르하치가 여진족 통합, 팔기제 정비

3 정묘호란과 병자호란

(1) 여진의 성장과 조선의 정세

① 여진 : 누르하치가 후금을 건국(1616)한 후, 랴오둥 진출을 시도하며 명 압박

② 조선

광해군	명이 후금과의 전쟁에 조선의 출병 요청 → 강홍립 부대 파견 → 사르후 전투(1619)에서 후금에 투항
인조	인조반정으로 집권한 서인이 친명배금 정책 표방 → 후금의 반발

(2) 정묘호란(1627)

배경	후금이 조선의 친명배금 정책과 가도에 주둔한 명의 장수 모문룡에 대한 지원에 반발, 조선으로부터 경제적 이득 추구 목적
전개	후금의 조선 침략 → 2개월간 지속
결과	후금이 조선과 형제의 맹약을 맺고 철수

(3) 병자호란(1636~1637)

배경	후금의 홍타이지가 황제를 칭하고 국호를 청으로 변경(1636), 조선에 군신 관계 요구 → 조선의 거부
전개	홍타이지가 직접 군사를 이끌고 조선 침략 → 인조가 남한산성으로 피신하여 항전
결과 및 영향	• 인조가 삼전도에서 청에 항복 → 조선은 청과 조공·책봉 관계 체결, 명과 외교 관계 단절 • 조선은 연이은 전쟁으로 경작지 축소 및 황폐화 • 효종 때 북벌론 대두

4 동아시아 질서의 재편과 문물 교류

(1) 동아시아 질서의 재편

① 중국

명	이자성의 농민 반란군이 베이징 점령(명 멸망, 1644)
청	• 이자성의 난 이후 오삼계 등의 도움으로 베이징 점령 → 중원 장악 • 강희제 : 삼번의 난과 타이완의 정씨 세력 진압 • 건륭제 : 티베트, 신장, 몽골을 포함하는 영토 확보

② 조선 : 명 멸망 후 '조선 중화주의' 확산

③ 일본 : 에도 막부는 조선과 국교 재개, 청과는 국교를 맺지 않고 경제 교류만 지속

(2) 문물 교류

① 전쟁을 통한 교류

조선	• 항왜(김충선 등)를 통한 조총 제조 • 임진왜란 전후 신작물 전래(담배, 고추 등) • 청에서 서양 선교사와 교유(소현 세자 등)
일본	조선의 서적과 활자 등 약탈, 유학자와 도공 등의 기술자를 포로로 끌고 감 → 에도 막부 시대의 문화 발전에 기여

② 사절단의 왕래 : 조선은 에도 막부에 통신사 파견, 병자호란 이후 조선이 청에 연행사 파견

자료 탐구 1 임진왜란의 이해

정답과 해설 15쪽

1단계 자료 분석

[2024학년도 수능]

> 천자의 병사가 동쪽으로 가는 것은 천자의 인자함에서이고, 그대 나라의 외침을 가련히 여긴 것은 곧 성심의 남다른 은혜에서입니다. 천자의 군대는 황명을 받들어 천자의 성덕과 위엄을 드높일 뿐입니다. 지금 평양에서 이기고, 황주를 되찾으며, 개성에서 무찌르고, 함경도에서 적을 몰아냈습니다. 이는 마치 바람이 옅은 안개를 쫓고 불이 마른 풀을 태우듯이 하여 삼한 백제가 이미 태평을 되찾은 것입니다.

천자의 병사를 동쪽으로 보내 은혜를 베푼다는 점, 평양에서 이기고 함경도에서 적을 몰아냈다는 점 등을 통해 자료에 나타난 전쟁이 임진왜란임을 알 수 있다. 임진왜란은 1592년 일본군의 조선 침략으로 발발하여 1598년 일본군이 조선에서 철수하면서 끝났다. 임진왜란 중 일본은 명과 강화 협상을 벌이면서 조선의 남부 4도 할양, 일본과 명의 감합 무역 재개 등을 요구하였다.

2단계 유형 연습

▸ 24060-0061

1 다음 자료에 나타난 전쟁이 끼친 영향으로 가장 적절한 것은?

> 평양이 수복되었을 때, 임금이 도독 이여송에게 가서 고맙다는 말을 하고 명군이 평양 전투에서 이전과 달리 이번에 승리할 수 있었던 이유를 물었다. 이에 이여송이 아뢰기를, "전에 온 장수는 북방의 오랑캐를 방어하는 전법을 익혔기 때문에 왜적과의 싸움이 불리했던 것이고, 이번에는 왜적을 방어하는 법을 담은 척계광 장군의 『기효신서』에 담긴 전법을 사용하여 승리한 것입니다."라고 하였다. 임금이 그 『기효신서』를 보여 달라고 하였으나 이여송은 깊이 보관하고 내놓지 않았다.

① 조선이 3포를 개방하였다.
② 센고쿠 시대가 시작되었다.
③ 정화가 이끄는 함대가 파견되었다.
④ 일본의 도자기 제작 기술이 발달하였다.
⑤ 명과 일본 사이에 감합 무역이 전개되었다.

자료 탐구 2 인조반정과 병자호란 시기 사이의 사실 파악

정답과 해설 15쪽

1단계 자료 분석

[2024학년도 9월 수능 모의평가]

> (가) 왕이 모문룡의 부하를 만나 말하였다. "과인이 며칠 전 임금의 자리에 오른 것은 폐위된 임금이 재조의 은혜를 저버렸기 때문이오. 그는 모문룡 장군의 의로운 명성이 하늘에 미쳤는데도, 장군의 간절한 요청을 하나도 들어주지 않았소."
> (나) 황제가 조서를 보내 다음과 같이 말하였다. "전쟁의 책임을 엄히 꾸짖노니, 너희가 기존에 맺었던 형제의 맹약을 저버려서 군대가 이곳까지 오게 되었노라. 지금 너희들이 살고자 한다면 조선의 왕은 성에서 나와 항복하길 바란다."

(가)는 왕이 모문룡의 부하를 만났다는 점, 왕이 며칠 전 임금의 자리에 오른 것은 폐위된 임금이 재조의 은혜를 저버렸기 때문이라는 점 등을 통해 1623년 인조반정 직후의 사실임을 알 수 있다. (나)는 황제가 조서를 보내 전쟁의 책임을 물었다는 점, 조선이 기존에 맺었던 형제의 맹약을 저버려서 군대가 이곳까지 오게 되었다는 점, 조선의 왕은 성에서 나와 항복하길 바란다는 점을 통해 1636년 병자호란이 일어난 후의 상황임을 알 수 있다. 조선은 1627년에 일어난 정묘호란의 결과 후금과 형제 관계를 수립하였다. 이후 홍타이지가 황제를 칭하며 국호를 청으로 변경하고 조선에 군신 관계를 요구하였다. 조선이 이를 거부하자, 청은 1636년에 병자호란을 일으켰다.

2단계 유형 연습

▸ 24060-0062

2 다음 건의가 이루어진 시기를 연표에서 옳게 고른 것은?

> 오늘날 반정 직후라 일이 많아 경황이 없지만 서쪽 변경의 일은 급히 대책을 강구하지 않을 수 없습니다. 오랑캐가 만약 국경을 넘어와 말을 건다면 우리는 "양국 사이에는 일찍이 원한이 없었다. …… 그대들이 만약 군사를 일으켜 쳐들어온다면 우리 역시 무력으로 맞설 수밖에 없다. 또 중국 장수들이 우리 국경을 왕래하고 랴오둥의 백성들이 중국 장수에게 몰려드는 것은 모두 우리의 지휘를 받은 것이 아니니 그대들이 이것으로써 빌미를 삼을 수 없다."라고 답을 해야 합니다. 그리고 이제부터 문답에 관한 모든 일은 일일이 모문룡 장군에게 알려 결코 숨기지 말아야 합니다.

	(가)		(나)		(다)		(라)		(마)	
무로마치 막부 수립		정유재란 발발		에도 막부 수립		사르후 전투		홍타이지의 칭제건원		이자성의 베이징 점령

① (가) ② (나) ③ (다) ④ (라) ⑤ (마)

01

▸ 24060-0063

(가) 인물에 대한 설명으로 옳은 것은?

사료로 학습하는 동아시아사

신은 규슈로 들어가 그곳을 평정하겠습니다. 바라건대 1년치 세금을 저에게 주신다면 군량과 장정을 비축하고, 배를 만들어 조선으로 쳐들어가겠습니다. …… 이에 조선의 군병(軍兵)을 이끌고 명에 들어가 주군의 위세를 빌어 명을 석권하여 세 나라를 하나로 만드는 것이 저의 뜻입니다.

해설 이 사료는 (가) 이/가 자신의 주군인 오다 노부나가에게 했던 말이다. 조선과 명을 침략하겠다는 (가) 의 영토 확장 야욕이 잘 드러나 있는데, 센고쿠 시대의 혼란을 수습하고 일본 열도를 통일한 그는 실제로 1592년 조선을 침략하였다.

① 삼번의 난을 평정하였다.
② 백운동 서원을 건립하였다.
③ 세키가하라 전투에서 승리하였다.
④ 팔기제를 통해 군사력을 강화하였다.
⑤ 농민의 무기를 몰수하고 신분 이동을 금지하였다.

02

▸ 24060-0064

밑줄 친 '국난' 시기에 있었던 사실로 옳은 것은?

평양이 포위되자 의금부도사 조호익은 강동(江東)으로 가서 군사를 모아 평양을 구하고자 하였으나, 평양이 이미 함락되고 군민이 흩어지자 다시 행재소로 돌아왔다. 명의 군사가 강을 건너오리라는 말을 듣고 그는 군사 수백 명을 이끌고 상원(祥原)에 출진하여 흩어져 노략질하는 적을 많이 베었다. …… 휴정은 뛰어난 제자들이 전국에 있었는데, 이때 문도 1,500명을 규합하여 칼을 지니고 의주 행재소에 가서 선조를 뵈었다. 선조가 이르기를, "국난이 이러하니 네가 구제할 길이 없겠는가?"라고 하였다. 휴정이 8도 사찰에 격문을 전하니, 건장하고 용감한 승려들이 다 모여들었다.

① 후금이 건국되었다.
② 오닌의 난이 일어났다.
③ 에도 막부가 수립되었다.
④ 토목보의 변이 발생하였다.
⑤ 김충선 등 항왜가 활동하였다.

03

▸ 24060-0065

밑줄 친 '전쟁'에 대한 설명으로 옳은 것은?

서울 석촌 호수 옆에 있는 삼전도비는 이 비를 어디에 두어야 할지를 둘러싸고 몇 차례 논쟁에 휩쓸렸다. 1983년에는 서울시가 송파대로를 확장하면서 삼전도비를 석촌동 주택가로 옮겼는데, 이를 두고 ○○○ 송파구 문화재 위원은 "원래 위치인 석촌 호수 주변으로 옮겨 많은 사람이 보도록 함으로써 역사의 교훈으로 삼아야 한다."라고 주장하였다. 그러나 "전쟁에 패배한 치욕스러운 역사를 굳이 드러낼 필요가 있느냐. 게다가 석촌 호수 주변이 삼전도비의 원래 위치라는 명확한 증거도 없다."라는 반론도 적지 않았다.

① 전연의 맹약이 체결되는 결과를 가져왔다.
② 가마쿠라 막부가 쇠퇴하는 계기가 되었다.
③ 조선에서 북벌론이 제기되는 배경이 되었다.
④ 조선이 형제의 맹약을 맺으면서 종결되었다.
⑤ 일본에서 신국 의식이 자리잡는 데 영향을 주었다.

04

▸ 24060-0066

다음 자료를 활용한 탐구 주제로 가장 적절한 것은?

여러 지역에서 가장 많은 조선인 도공들을 납치한 장수는 나베시마 나오시게와 시마즈 요시히로였다. 특히 나베시마 나오시게는 경상도 남부의 웅천·진주·김해·울산 등지에서 많은 조선인 도공을 납치하였다. 조선 도공 이삼평이 나베시마를 만난 것도 이 무렵이었다. 당시 일본으로 납치되어 온 조선인 도공은 150여 명이었다. 나베시마는 자기 영지에 조선인 도공을 살게 하면서 도자기를 만들게 하였다.

① 북학 운동의 대두
② 해금 정책의 완화
③ 임진왜란을 통한 문물 교류
④ 백강 전투 직후의 인구 이동
⑤ 야마토 정권의 성립과 발전 과정

1

▸ 24060-0067

(가) 왕조에 대한 설명으로 옳은 것은?

> 황윤길 등이 동평관에 이르니 겐소[玄蘇] 등이 " (가) 이/가 오랫동안 일본과 관계를 끊고 조공을 받아 주지 않으므로, 도요토미 히데요시가 이 때문에 분한 마음을 품고 전쟁을 일으키고자 합니다. 귀국이 일본을 위해 (가) 에 보고하여 조공하는 길을 터 준다면 귀국은 아무 탈이 없을 것이요, 일본 백성들도 전쟁을 치르는 노고를 면할 것입니다."라고 하였다.

① 일조편법을 시행하였다.
② 독서삼품과를 실시하였다.
③ 정복지에 도호부를 설치하였다.
④ 제사를 담당하는 신기관을 두었다.
⑤ 5대 10국 시대의 혼란을 수습하였다.

2

▸ 24060-0068

(가)에 들어갈 내용으로 가장 적절한 것은?

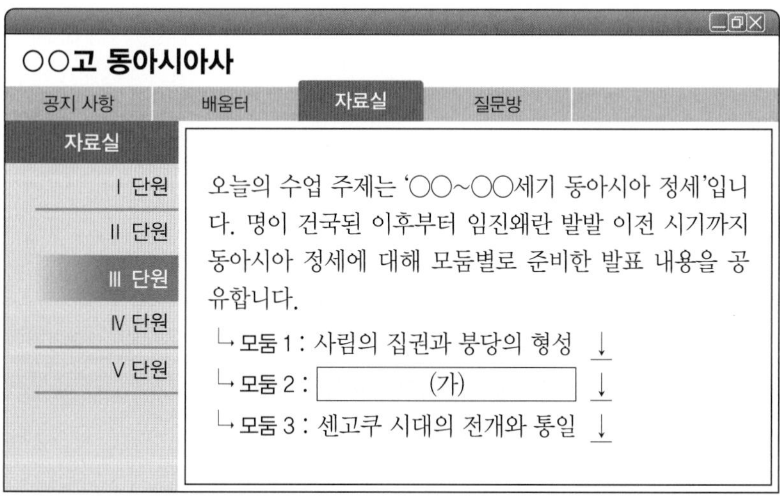

① 화번공주 파견의 목적
② 신패를 통한 무역 통제
③ 타이완의 반청 운동 전개
④ 북로남왜에 따른 사회 혼란
⑤ 5호 16국 시대의 분열 극복

3

▸ 24060-0069

밑줄 친 '전투'가 벌어졌던 전쟁이 끼친 영향으로 가장 적절한 것은?

> 가토 요시아키에게
>
> 나는 그대가 명군이 수비하던 전라도 남원성을 지난 13일부터 포위하여 전투 끝에 15일 밤 함락시켰다는 보고서를 받았소. 수고하였소. 지난번에도 그대는 원균이 지휘한 조선 수군을 괴멸시켜 큰 공을 세웠소. 앞으로도 부대장들과 상의하여 잘 대응하시오. ……

① 오닌의 난이 일어났다.
② 여진족이 후금을 세웠다.
③ 조선의 3포가 개방되었다.
④ 다이카 개신이 단행되었다.
⑤ 토목보의 변이 발생하였다.

4

▸ 24060-0070

다음 글이 작성된 당시에 볼 수 있는 모습으로 가장 적절한 것은?

> 왕가수는 삼가 조선 국왕에게 고합니다. …… 오랑캐와는 동쪽으로 국경을 맞대고 있는 만큼 본국이 이렇듯 애써 오랑캐를 정벌하려고 하는 상황에서 국왕께서 태연하게만 계실 수 있겠습니까. 본국이 세워진 지 2백50여 년 동안 조선은 줄곧 본국의 보호를 받아 왔습니다. 20여 년 전 조선이 왜노의 변란을 겪게 되자마자 본국에서 즉시 10만 군사를 파견하여 몇 년 동안 사력을 다해 왜노를 물리쳤는데, …… 격문이 도착하는 대로 국왕께서는 즉시 신하들과 충분히 토의하신 뒤 속히 군병을 정돈시켜 두고 대기하다가 기일에 맞춰 나아가 토벌하는 데 실수가 없도록 하십시오. 감히 고합니다.

① 벽제관에서 전투를 벌이는 이여송
② 만주에서 세력을 확대하는 누르하치
③ 탕롱에서 몽골군을 격퇴하는 쩐흥다오
④ 농민군을 이끌고 베이징을 점령하는 이자성
⑤ 나가시노 전투에서 조총 부대를 지휘하는 오다 노부나가

5

▸ 24060-0071

밑줄 친 '이 전쟁'에 대한 학생의 발표로 가장 적절한 것은?

사료로 학습하는 동아시아사

내가 들으니, 남한산성이 포위된 지 오래되었는데도 성안의 건초와 양식은 오히려 여러 달을 지탱할 수 있었다. 만약 군신 상하가 경계하는 마음으로 죽을힘을 다하여 굳게 지키는 것을 확고한 기세로 삼고, 한 장수에게 명을 내려 날렵한 정예병으로 바로 심양(선양)을 공격하였다면, 저들은 …… 감히 오래 머무르지 않았을 것이다.

해설 이 글은 이재(1657~1730)가 지은 「삼학사전」의 일부이다. 이 작품에서는 성안에 건초와 양식이 넉넉하였기 때문에 오래 버티는 것이 가능하였고, 그 틈을 타 정예병으로 심양(선양)을 공격하였다면 능히 적을 물리칠 수 있었다는 내용이 담겨 있어 당시 작가를 비롯한 사대부들의 이 전쟁에 대한 인식의 흐름을 엿볼 수 있다.

① 강홍립이 이끄는 부대가 활약하였어요.
② 명이 참전하면서 국제전으로 확대되었어요.
③ 가마쿠라 막부가 쇠퇴하는 계기가 되었어요.
④ 거란(요)이 연운 16주를 차지하는 계기가 되었어요.
⑤ 조선이 청과 조공·책봉 관계를 맺는 결과를 가져왔어요.

6

▸ 24060-0072

다음 자료를 활용한 탐구 활동으로 가장 적절한 것은?

신(臣) 평서왕 오삼계는 운남에 주둔할 때 소속 관병과 민호(民戶)의 이동을 강희 원년에 시작하여 강희 3년에 마쳤습니다. 민호가 운남에 당도한 지가 9년이요, 신이 이 벽지에 머무른 것도 벌써 16년이 되었습니다. 생각건대 신이 대대로 천은(天恩)을 받아 불철주야 노력해도 보답하기가 난망한지라 오로지 변경에서 완전히 초췌해지기를 기약하였으니 어찌 감히 갑작스레 직무를 내려놓기를 바랐겠습니까. 지금 듣건대 평남왕 상가희가 진정을 진술하는 상소를 올려 이미 황상의 은혜로운 보살핌을 입어서 평남번 전체를 철수하기로 인준하셨다 하니, 우러러 황상의 큰 자애로움으로 신의 평서번도 철수하여 적당한 곳에 머물게 해 주시기를 청하나이다.

① 별무반이 조직된 목적을 알아본다.
② 평성 백등산 전투의 결과를 이해한다.
③ 장거정이 추진한 개혁 정책을 파악한다.
④ 정화의 항해가 추진된 이유를 살펴본다.
⑤ 삼번의 난이 일어나게 된 배경을 조사한다.

06 교역망의 발달과 은 유통 ~ 사회 변동과 서민 문화

1 명 중심의 동아시아 조공 무역 체제

(1) 명 중심의 조공 무역 질서 형성

① 조공 무역 체제
- 해금 정책 : 명은 건국 초부터 민간인이 국외로 나가 무역하는 것을 금지
- 조공 무역 : 명은 조공국에만 감합을 발급하여 무역 허가

공무역	사절단을 통한 조공과 회사 형식
사무역	사절단의 사행원 중 역관을 중심으로 한 사적인 교역

② 밀무역 성행
- 해금 정책으로 생계를 위협받던 명 상인들과 명의 물품을 구입하려는 일본 상인들이 왜구로 가장하여 밀무역 → 명의 노력에도 밀무역 근절 실패
- 16세기 후반 해금 정책 완화 : 명 상인의 동남아시아 방면 도항과 무역 허용

(2) 동아시아 각국과 명의 교역

① 조선 : 조천사를 명에 파견하여 조공 무역(공무역) 전개
② 일본 : 무로마치 막부가 15세기 초 명과 조공·책봉 관계를 맺은 후 16세기 중엽까지 감합 무역 전개
③ 류큐 : 명의 해금 정책으로 중계 무역의 거점으로 성장 → 명의 해금 정책 완화와 포르투갈 상인의 동아시아 진출로 중계 무역 쇠퇴

(3) 조선의 대외 교역

일본과의 교역	쓰시마 토벌(세종) → 3포 개방(제한된 범위 내에서 무역 허용) → 3포 왜란(1510) 이후 교역 축소 → 임진왜란으로 교역 단절 → 일본과 국교 재개, 부산에 왜관 설치(17세기)
여진과의 교역	사절을 통한 무역 허용, 국경 지역에 무역소 설치

2 유럽인의 동아시아 진출과 교역망의 확대

(1) 유럽인의 동아시아 진출

포르투갈	• 16세기 이후 동남아시아 진출, 믈라카 점령(1511) • 마카오를 근거지로 일본과 명 사이에서 중계 무역 전개
에스파냐	• 16세기 후반 필리핀의 마닐라에 무역 근거지 마련 • 갈레온 무역으로 아메리카 대륙의 은을 중국 상품과 교환
네덜란드	• 17세기 자와섬의 바타비아에 무역 거점 마련 • 17세기 일본에 진출 → 나가사키 데지마에서 무역 전개
영국	• 18세기부터 청과 본격적으로 무역 → 청은 18세기 중엽 광저우의 공행을 통한 제한적 무역 허용 • 18세기 말부터 무역 적자 타개를 위해 인도산 아편을 청에 판매

(2) 교역망의 확대와 문물 교류

① 유럽 상인들의 거점인 믈라카, 마카오, 마닐라, 광저우, 타이완, 바타비아 등이 은 유통의 중심지로 성장
② 아메리카 대륙이 원산지인 감자, 고구마 등의 작물이 동아시아에 전래
③ 유럽에서 중국의 도자기 유행

3 동아시아 각국의 은 유통과 교역의 변화

(1) 중국의 은 유통과 경제 변화

명	• 건국 초 보초와 동전 유통 시도 → 보초에 대한 불신으로 민간 거래에서 은 유통 • 일조편법 시행과 상공업의 발달 등으로 은 수요 증가 • 포르투갈, 에스파냐 상인들과의 무역으로 다량의 은 유입
청	• 베이징 장악 후 반청 세력을 막고자 무역 통제(천계령 실시) → 타이완의 정씨 세력 진압 후 천계령 해제 → 청 상인의 동남아시아, 나가사키 등 해외 진출 • 유럽, 일본과의 교역 → 다량의 은이 유입 • 18세기 초 지정은제의 전국적 확대 시행

(2) 일본의 교역과 은 유통

센고쿠 시대	• 16세기 전반 조선에서 회취법(연은 분리법) 도입, 이와미 은광 본격 개발 → 은 생산량 급증 • 은을 국내 화폐와 국제 무역 결제 대금으로 사용
에도 막부	• 슈인장을 받은 상인에게만 대외 교역 허용 • 크리스트교의 확산 → 해금 본격화(슈인장 발급 폐지, 포르투갈 상인 추방 등), 17세기 전반 서양인 중 네덜란드 상인에게만 나가사키 데지마에서 교역 허용 • 청의 천계령 해제 후 나가사키에 청 상인의 진출 증가 → 무역량 급증으로 은 유출 심화 → 18세기 초 신패를 발급하여 청 상인의 무역량 통제

(3) 조선의 은 유통과 교역 변화

15세기	유통 부진, 은광 개발에 소극적
16세기	중국과의 교역 증가로 은 수요 증가 → 단천 은광을 비롯한 은광 개발 증가
임진왜란 이후	• 명군에 의해 다량의 은 유입 → 민간에 은 유통 • 조선의 인삼, 중국산 생사와 비단을 일본의 은과 교환 → 일본 은이 조선을 거쳐 중국으로 유출

4 서양 문물의 전래

(1) 명·청대 서양 문물의 수용

① 선교사를 통한 서양 문물 수용 : 예수회 선교사들이 포교를 위해 과학 지식과 총포 제작술 등 소개

마테오 리치	「곤여만국전도」 제작(중국인의 세계관 변화에 영향), 『천주실의』 저술, 서광계와 함께 『기하원본』 간행
아담 샬	청대 역법 개정(시헌력) 주도
카스틸리오네	원명원 설계에 참여

② 17세기 중엽 이후 전례 문제 발생 → 크리스트교 포교 금지, 선교사 추방

(2) 일본의 서양 문물 수용

① 16세기 중엽 프란시스코 하비에르가 크리스트교 포교 → 에도 막부의 크리스트교 금지령 반포, 포르투갈 상인의 내항 금지(1639)

② 네덜란드와 교류하면서 서양 문물 수용 → 18세기 난학 발전(『해체신서』 등 간행)

(3) 조선의 서양 문물 수용

① 조선에 표착한 서양인을 통해 서양 문물 도입 : 벨테브레이가 훈련도감에서 서양식 총포 제작에 참여

② 명에서 천리경·자명종 등 입수, 소현 세자는 청에서 아담 샬과 교유, 청의 시헌력 수용

③ 홍대용 : 지구 자전설 주장

5 17~19세기 사회 변동

(1) 농업 생산력 증대와 인구 증가

① 농업 생산력 증대 : 농업 기술 향상, 아메리카 대륙이 원산지인 작물(옥수수, 감자, 고구마, 땅콩 등) 재배 등

② 인구 증가 : 의학 발달(의학 서적 보급 등), 농업 생산력 증대, 장기간 평화, 구황 작물 재배 등이 배경

(2) 상업과 수공업 발달

명·청	• 민영 수공업 발달 : 견직물, 면직물, 제철, 도자기 산업 등(쑤저우의 견직물, 징더전의 도자기가 유명) • 대운하로 물자 운송, 차와 도자기, 비단 수출로 경제적 번영 • 산시 상인과 휘저우 상인 : 전국을 무대로 활동, 동향인 중심으로 회관을 설립하여 거점으로 삼음
조선	• 상업 발달 : 포구와 장시의 성장, 상평통보 발행·유통 • 대동법 시행으로 상품 화폐 경제 발달 촉진 • 사상의 활약 : 경강상인, 송상, 내상, 만상 등
일본	• 광업과 수공업 발달 : 금·은 채굴과 제련 기술 발달, 견직물·도자기·술 등 특산품 생산 • 육상과 해상 교통로 정비 • 조닌의 성장, 대상인 등장(에도 상인, 오사카 상인 등)

(3) 도시의 성장

명·청	• 베이징(주요 소비 도시), 쑤저우(주요 상공업 도시) 등 • 업종별로 전문화된 상공업 도시(시진)의 성장 • 아메리카 대륙과 일본의 은 유입으로 도시 발전
조선	• 장시의 성장과 상업 발달 • 한성(한양)의 발달 : 정치, 행정, 군사의 중심지이자 상업 도시
일본	• 조카마치 : 다이묘(영주)가 거주하는 성을 중심으로 형성, 상업 도시로 발전 • 산킨코타이 제도 : 막부가 다이묘 통제를 위해 실시 → 교통과 숙박업 발달

6 서민 문화의 성장

(1) 서민 문화의 발달

명·청	• 배경 : 상공인층의 성장과 도시 인구 증가로 유흥과 오락·소비문화 확대 • 소설 : 『삼국지연의』, 『서유기』, 『홍루몽』 등 • 공연 : 경극 유행(청대 베이징에서 유행)
조선	• 배경 : 상공업의 발달, 서민 의식 성장 • 문학 : 한글 소설과 판소리(「춘향가」, 「심청가」 등), 사설시조 등 • 공연 : 탈춤, 산대놀이 등 • 미술 : 풍속화(김홍도, 신윤복), 민화(「문자도」, 「까치 호랑이」 등)
일본	• 배경 : 에도 시대 정치 안정과 경제 성장, 조닌층의 성장 • 공연 : 가부키(노래, 춤, 연기를 결합한 대중 연극), 분라쿠(인형을 조종하여 동작과 표정 연기) • 미술 : 우키요에(인물, 풍속, 경치 등을 그린 풍속화로 주로 목판화로 대량 제작)

(2) 서민 교육의 확대

청	서민들이 서원(교육 기관)이나 책을 통해 지식 습득
조선	서당 교육 확대
일본	읽기, 쓰기, 셈법 등을 가르치는 데라코야 확산

7 새로운 학문의 대두

(1) 명·청대의 학문

① 명 말, 청 초 경세치용의 학문 경향

- 성리학과 양명학에 대한 반발과 현실 개혁적 학문 경향 등장 → 실용적 학문 연구(『농정전서』, 『천공개물』, 『본초강목』 등)
- 고염무·황종희 등이 경세치용의 입장에서 고전 연구, 실사구시적 성격으로 고증학 발달에 영향

② 고증학 : 18세기 이후 실증적 방법을 이용한 학문 연구, 『사고전서』 등의 대규모 편찬 사업으로 발달

③ 공양학 : 청 말에 『춘추공양전』 연구를 통해 현실 개혁적인 성향의 학자들 등장 → 변법자강 운동에 영향

(2) 조선 후기의 학문

① 17~19세기 실학의 발전 : 조선 사회 개혁 주장

- 이익, 정약용 : 토지 제도 개혁을 통한 농민 생활 안정 추구
- 박지원, 박제가 : 상공업 진흥과 청 문물 수용 강조

② 양명학 : 정제두 등 소론 학자들에 의해 연구, 실천 강조

③ 국학 : 『발해고』, 『택리지』 편찬, 「대동여지도」 제작

④ 서학 : 연행사를 통해 전래, 학문적 관심으로 천주교 수용

(3) 에도 시대의 학문

고학	• 성리학 극복을 위해 공자·맹자 시대 유학으로 복귀 주장 • 이토 진사이와 오규 소라이 등
국학	• 일본 고대의 참모습 강조, 불교·유교 등의 외래 사상 비판 • 모토오리 노리나가 : 『고사기』를 연구하여 『고사기전』 저술, 일본 우월주의 주장, 존왕 운동에 영향
난학	• 나가사키를 통해 서양 학문 수용(난학 교습소 설치) • 스기타 겐파쿠 등의 『해체신서』 간행을 계기로 본격적인 발전 • 영향 : 서양에 대한 이해 확대, 경험적·실증적 학문 방법 발전

자료 탐구 1 17세기 후반 동아시아 상황 파악

정답과 해설 18쪽

1단계 자료 분석

[2024학년도 9월 수능 모의평가]

> 신이 동남 연해 지역에 내려갔는데, 고향에 돌아온 백성들이 모여들어서 환호하였습니다. 그들은 "황제께서 외국과의 무역 금지를 해제하는 조치를 내리시니, 드디어 수십 년간 겪은 고통에서 벗어날 수 있게 되었습니다. 이제 반청 세력이 평정되어 바닷길이 열리니, 생업으로 복귀할 수 있게 되었습니다."라고 하였습니다.

동남 연해 지역의 고향에 돌아온 백성들이 환호하였다는 점, 황제가 외국과의 무역 금지를 해제하는 조치를 내려 고통에서 벗어날 수 있게 되었다는 점, 반청 세력이 평정되어 바닷길이 열리니 생업으로 복귀할 수 있게 되었다는 점을 통해 밑줄 친 '조치'는 천계령 해제임을 알 수 있다. 청의 강희제는 반청 운동을 전개하던 정씨 세력과 연해 세력의 접촉을 차단하기 위해 1661년에 천계령을 선포하였고, 타이완의 정씨 세력을 정복한 후 1684년 천계령을 해제하였다.

2단계 유형 연습

▶ 24060-0073

1 다음 건의가 이루어진 시기 동아시아 각국의 상황으로 가장 적절한 것은?

> 해상의 도적들을 우리 쪽에서는 도적으로 보지만 저쪽에서는 공명(功名)을 얻었다고 말합니다. 정성공과 정경이 해상에 웅거한 지 수십 년이 되었습니다. …… 지금 바다의 반역 세력을 따르는 자들은 정씨 세력의 거사가 성공하지 못할 것을 분명히 알고 있음에도 오히려 함께 타이완으로 도망가서 늙어 죽는 것을 기꺼이 받아들이는 자들입니다. …… 이에 타이완에 대해서도 역시 토벌과 초무를 병용해야 한즉, 현재 항복한 자들에게 반드시 은혜를 더하여 관직을 줌으로써 본보기로 만들어야 합니다.

① 한국 – 청해진이 해상 교역의 중심지가 되었다.
② 한국 – 3포를 개방하고 제한된 범위 내에서 무역을 허용하였다.
③ 중국 – 호라즘을 정벌하여 비단길을 장악하였다.
④ 중국 – 연해 주민을 내지로 옮기는 천계령이 시행되었다.
⑤ 일본 – 청 상인에게 신패를 발급하여 무역을 통제하였다.

자료 탐구 2 서민 문화의 성장 이해

정답과 해설 18쪽

1단계 자료 분석

[2024학년도 수능]

> 이 그림은 에레키테루라는 정전기 발생 장치로 환자를 치료하는 모습을 묘사하고 있다. 에레키테루는 전기나 전류를 뜻하는 네덜란드어에서 유래한 말로, 일본에서는 정전기 발생 장치를 통칭하는 의미로 쓰였다. (가) 막부 시기 난학자 히라가 겐나이가 파손된 에레키테루를 구입하여 복원하는 데 성공하였다. 이후 정전기 발생 장치는 일본에서 치료나 놀이에 활용되었다.

정전기 발생 장치인 에레키테루라는 말이 네덜란드어에서 유래했다는 점, 난학자 히라가 겐나이가 에레키테루를 복원하는 데 성공하였다는 점 등을 통해 (가) 막부가 에도 막부임을 알 수 있다. 에도 막부는 나가사키에 데지마를 건설한 후, 네덜란드 상관을 두어 교역을 허용하였다. 나가사키를 통해 들어온 서양 학문을 바탕으로 난학이 발전하였다. 한편 난학이 발달하던 시기 중국과 조선에서는 사회 경제적 변동 속에 부를 축적한 서민층이 성장하였고, 이들에 의해 창작되고 향유되는 서민 문화가 성장하였다.

2단계 유형 연습

▶ 24060-0074

2 밑줄 친 '막부' 시기에 동아시아 각국에서 볼 수 있는 모습으로 가장 적절한 것은?

> 사쿠마 쇼잔은 서양의 사정을 알기 위해 번역된 서적만으로는 충분하지 않다고 느껴 고카[弘化] 원년 6월부터 구로카와 료안과 함께 난학을 배우기 시작했다. 후에 그 성과의 일부가 『증정하란어휘(增訂荷蘭語彙)』로 정리되어 출판이 계획되었지만, 가에이[嘉永] 3년 4월 막부로부터 불허 결정이 내려졌다. 사쿠마 쇼잔은 관리들이 식견과 이해가 없음을 통탄했지만, 당시는 서양 서적을 읽는 것이 오랑캐의 비위를 맞추는 행위로 인식되어 비방을 받는 경우가 적지 않았다.

① 한국 – 한글 소설을 읽고 있는 여성
② 중국 – 대안탑을 건립하는 장인
③ 중국 – 사서집주를 편찬하는 학자
④ 일본 – 헤이조쿄 건설을 명령하는 천황
⑤ 일본 – 입당구법순례행기를 집필하는 승려

정답과 해설 19쪽

01

▸ 24060-0075

밑줄 친 '우리 나라'에 대한 설명으로 옳은 것은?

> • 홍무 7년 시박사를 폐지하고 엄격한 해금 정책을 실시한 이후 우리 나라에서는 조공 무역만 허용하고 사무역은 금지하였다. 조공은 반드시 공물과 호시(互市)를 겸행해야지, 그것을 단절시켜서는 안 된다. 가정(嘉靖) 6, 7년 이후 명령을 받들어 엄격하게 해금을 시행하니 상업의 길이 통하지 않게 되고, 상인들은 이익을 잃게 되어, 해구(海寇)로 전락하게 되었다.
> • 조선은 국도에서 압록강에 이르기까지 요충지에 비축하는 식량이 1만 석에서 10여만 석에 이르고 동녕부의 여진인을 유인하고 있으며 반드시 음모가 있을 것이다. …… 그러나 우리 나라의 랴오둥 지방은 지금 군량이 모자라며 군사들이 굶주리고 있는바 그들이 만약 대군으로 랴오둥을 쳐들어온다면 어떻게 대응하겠는가?

① 토번에 화번공주를 보냈다.
② 일본에 감합 무역을 허용하였다.
③ 쓰시마를 통해 고려와 교류하였다.
④ 연행사를 파견해 공무역을 전개하였다.
⑤ 슈인장을 발급하여 해외 무역을 제한하였다.

02

▸ 24060-0076

(가) 국가에 대한 설명으로 옳은 것은?

> **동아시아사 신문**
>
> **[문화유산 특집] (가) 의 상징 슈리성**
>
> 
>
> ▲ 화재 발생 전의 슈리성 정전 모습
>
> (가) 의 정치·경제·문화의 중심지였던 슈리성에는 인근에 위치한 나하항을 통해 많은 외국 상인이 드나들었다. 슈리성은 독특한 양식과 문화적, 역사적 중요성을 인정받았으나 2019년 10월 화재로 주요 건물들이 전소된 이후 현재 복원이 추진되고 있다.

① 벽제관 전투에서 승리하였다.
② 거란(요)과 전연의 맹약을 맺었다.
③ 최고 통치자를 선우라고 칭하였다.
④ 2관 8성의 중앙 관제를 운영하였다.
⑤ 명과 주변국을 잇는 중계 무역의 거점이 되었다.

03

▸ 24060-0077

(가) 국가에 대한 설명으로 옳은 것은?

> • 믈라카를 점령한 뒤 (가) 은/는 광둥 지방관으로부터 마카오 거주 허가를 받아 중국 진출의 거점을 확보하였다.
> • 일본에서 활동하는 예수회의 운영은 정기선 무역에 의해 유지되고 있다. 마카오에서 정기선 사무를 책임지고 있는 (가) 상인과 맺은 계약에 의하면 일본 예수회는 매년 이 무역에서 상당한 수익을 얻었다.

① 광저우에 공행을 설치하였다.
② 매카트니 사절단을 파견하였다.
③ 바타비아를 무역 거점으로 확보하였다.
④ 센고쿠 시대 일본에 조총을 전해 주었다.
⑤ 마닐라를 근거지로 갈레온 무역을 주도하였다.

04

▸ 24060-0078

(가)에 대한 설명으로 옳은 것만을 〈보기〉에서 고른 것은?

> • 오늘날 지폐는 이미 통용되지 않고, 동전만이 겨우 작은 교역에만 사용될 뿐 세금 납부에는 사용되지 않고, 모든 조세 업무를 (가) 하나로만 사용하게 되었다. …… 2백여 년 동안 세금으로 걷힌 천하의 (가) 이/가 베이징으로 운송되었다.
> • 과거 일본은 중국과 서로 통하지 않았고 사용하는 중국 화폐도 모두 우리나라 동래부에서 매입하여 가져갔다. 그러므로 1년에 일본에서 들어오는 (가) 이/가 거의 30~40만 냥에 가까웠다.

보기

ㄱ. 3포 왜란이 일어나는 원인이 되었다.
ㄴ. 일조편법의 확대 시행으로 수요가 증가하였다.
ㄷ. 초량 왜관에서 수출하는 조선의 주요 물품이었다.
ㄹ. 회취법의 전래로 일본에서의 생산량이 급증하였다.

① ㄱ, ㄴ ② ㄱ, ㄷ ③ ㄴ, ㄷ ④ ㄴ, ㄹ ⑤ ㄷ, ㄹ

05

▶ 24060-0079

(가) 인물에 대한 설명으로 옳은 것은?

이탈리아는 먼바다의 가운데 있어, 예로부터 중국과 교류가 없다가 만력 연간에 그 나라 사람 (가) 이/가 베이징에 이르렀다. (가) 이/가 「곤여만국전도」를 만들어 이르기를, "천하에 오대주가 있어 첫 번째를 아시아라고 한다. 아시아 중에는 100여 개의 나라가 있는데, 중국은 그중의 하나이다. 두 번째를 유럽이라고 한다."라고 하였다. 그 설이 황당하고 묘연하여 고찰할 수 없었다. 하지만 그 나라 사람이 중국에 많으니, 그 땅이 있음을 의심할 수 없었다.

① 원명원 설계에 참여하였다.
② 조선의 소현 세자와 교유하였다.
③ 입당구법순례행기를 저술하였다.
④ 일본에 크리스트교를 포교하였다.
⑤ 크리스트교 교리 문답서인 천주실의를 저술하였다.

06

▶ 24060-0080

밑줄 친 '이 무렵'의 동아시아 상황으로 옳은 것만을 〈보기〉에서 있는 대로 고른 것은?

고구마는 감저(甘藷)라고도 부르며 중국 창장강 일대와 푸젠성, 광둥성 등지에서 재배되고 있어서 중국에 가면 이것을 구할 수 있다. 이를 우리나라에서 재배한다면 풍흉을 가릴 것 없이 백성을 충분히 먹일 수 있을 것이다. …… 건륭 29년에 강필리(姜必履)가 동래부사로 부임하였는데, <u>이 무렵</u> 강필리에게 얻어 나누어 심은 고구마가 퍼지기 시작하였다.

보기

ㄱ. 한국 – 장시가 전국으로 확산되었다.
ㄴ. 중국 – 균전제가 실시되었다.
ㄷ. 일본 – 산킨코타이 제도가 시행되었다.

① ㄱ ② ㄴ ③ ㄱ, ㄷ
④ ㄴ, ㄷ ⑤ ㄱ, ㄴ, ㄷ

07

▶ 24060-0081

다음 글이 작성된 왕조 시기에 동아시아에서 볼 수 있는 모습으로 적절하지 <u>않은</u> 것은?

〈서문〉
『홍루몽』이 인구에 회자된 지 20여 년이 되는데 아직도 완본(完本)이 없고 또 결정판(決定版)이 없는 것으로 들었다. 일찍이 지인으로부터 빌려 본 적이 있는데 그 오묘한 의미를 잠시 맛볼 수밖에 없었음을 한스럽게 여겼었다. 올해 봄 또 다른 지인인 정소천 선생이 내게 와서 그가 구입한 남겨진 원고와 함께 전체 원고를 보여 주면서 "이것은 내가 수년 동안 각고의 노력 끝에 구한 것으로 장차 인쇄본으로 간행하여 애호가들에게 내놓고자 하는데, 그대가 약간 여가가 있으니 수고스럽지만 함께 일해 보는 것이 어떻겠소."라고 하였다. …… 나는 흔쾌히 승낙하고 마치 페르시아의 노예가 보물을 찾은 듯 행운으로 여기며 그 일을 맡았다.

① 경극을 관람하는 상인
② 풍속화를 감상하는 선비
③ 대안탑을 건립하는 장인
④ 우키요에를 구입하는 조닌
⑤ 한글 소설을 읽고 있는 여성

08

▶ 24060-0082

다음 자료를 활용한 탐구 활동으로 가장 적절한 것은?

해부를 한 사람은 90세의 노인이었다. 그는 건강한 노인이었고 젊어서부터 해부는 여러 번 했다고 말했다. 그는 하나씩 가리키며 폐, 신장 등의 내장을 보여 주었다. …… 우리는 폐와 간의 구조, 위장의 위치 및 형태가 그때까지 우리가 믿어 왔던 중국의 학설과 판이하게 다르다는 것을 발견하였다. …… 나는 『타펠 아나토미아』를 나가사키 통역사의 도움 없이 번역할 것을 제안하였다. …… 우리는 네덜란드어로 된 문장 사이의 연결에 유의하면서 한 글자 한 글자 번역해 나갔고, 점차 번역된 부분이 많아졌다. …… 이렇게 해서 2~3년이 지나 우리는 모든 것을 확실히 알게 되었다.

① 춘추공양전의 내용을 분석한다.
② 고사기전 편찬이 끼친 영향을 알아본다.
③ 정제두 등 소론 학자들의 활동을 살펴본다.
④ 사고전서의 편찬으로 발달한 학문을 파악한다.
⑤ 난학이 본격적으로 발전하게 된 계기를 조사한다.

1

▸ 24060-0083

밑줄 친 '황제' 재위 시기의 사실로 옳은 것은?

- 원년 10월에 사신이 이르러 아시카가 요시미쓰의 표문과 공물을 바쳤다. 황제가 이들을 후하게 예우하고 관원을 보내어 그 사신과 함께 돌려보냈다.
- 관료들이 거듭 상소하여 아뢰기를, "베이징은 북으로 쥐융에 임하고 서쪽으로 타이항산이 우뚝 솟아 있으며 동으로 산과 바다에 접해 있고 남으로 중원(中原)이 있습니다. 그곳은 기름진 토지가 널리 펼쳐져 있고 자연환경이 빼어난 곳입니다. 족히 사방의 오랑캐를 누르고 천하를 제압할 만하며 진실로 제왕이 만세토록 도읍지로 삼을 만한 곳입니다. …… 삼가 바라건대 조속히 결단을 내리소서."라고 하자, 황제가 이들의 건의를 따랐다.

① 정화의 함대가 파견되었다.
② 광저우에 공행이 설치되었다.
③ 장거정이 재정 개혁을 추진하였다.
④ 대동법의 시행으로 공인이 성장하였다.
⑤ 막부가 슈인장을 발급해 무역을 통제하였다.

2

▸ 24060-0084

밑줄 친 ㉠ 시기 동아시아 경제 상황으로 가장 적절한 것은?

〈탐구 활동 보고서〉

1. 탐구 주제 : ○○세기 후반~○○세기 경제 상황
2. 수집 자료

▲ 초량 왜관의 모습

> 신이 처음 부임해서 왜관의 사정을 자세히 살펴보니, 역관이 초량촌 안에 살고 있는데, 왜인이 약조로써 훈도·별차의 집에 왕래를 허용하였다고 하며, 온종일 계속해서 모두가 민가에 있으면서 밤낮으로 함께 거처하니, 초량촌 92호의 민가 중에 혹은 한두 명, 혹은 서너 명의 왜인이 없는 집이 없습니다.

[자료 설명] 초량 왜관은 조선 정부가 두모포에 있던 왜관을 이전해 설치한 것으로, 이곳에는 많은 왜인들이 거주하였다. 조선 정부가 설치한 왜관 중 가장 오랜 기간인 약 200년간 존속하였는데, ㉠존속 기간 동안 이곳은 조선과 일본 간의 외교와 무역의 중심지였다.

① 왕망이 토지 개혁을 추진하였다.
② 조선이 일본에 3포를 개방하였다.
③ 청해진이 해상 교역의 중심지가 되었다.
④ 막부가 송의 동전을 대량으로 수입하였다.
⑤ 산시 상인이 회관을 중심으로 활동하였다.

3

▸ 24060-0085

(가), (나) 국가에 대한 설명으로 옳은 것은?

> (가) 은/는 1505년 실론섬으로 진출한 이후, 실론섬과 말레이반도의 믈라카를 점령하고 동인도 향료 무역을 장악하였다. 한편 (나) 은/는 마닐라와 아카풀코를 연결하는 갈레온 무역을 전개하였다. 갈레온 무역은 본국 및 식민지 정부와 이권에 개입한 크리스트교 교단에 높은 수익을 직접적으로 제공하여 왔다.

① (가) – 천계령을 실시하였다.
② (가) – 마카오를 동아시아 무역의 거점으로 삼았다.
③ (나) – 일본에 조총을 처음 전해 주었다.
④ (나) – 신패를 통해 해외 무역을 통제하였다.
⑤ (가)와 (나) – 주로 쓰시마를 통해 교역하였다.

4

▸ 24060-0086

밑줄 친 '이것'에 대한 설명으로 옳은 것은?

> • 임진왜란이 일어나자 중국이 우리나라에 이것을 내려 주었다. …… 이후 호조의 경비와 상국에 주청(奏請)할 때, 그리고 중국에서 온 사신을 접대할 때 더욱 많이 쓰게 되어 이것의 가치가 엄청나게 치솟았다.
> • 아편은 영국 오랑캐에서 나온 것으로 검고 끈적거리는 것이 담배와 같다. 아편을 구입하는 대가로 매년 영국 선박으로 들어가는 이것이 수만금에 이르자, 황제가 칙유를 내려 남쪽 변방에 금지령을 엄하게 세우고 교역을 단절하라 명하였다.

① 초량 왜관을 통해 일본으로 수출되었다.
② 일본이 송으로부터 대량으로 수입하였다.
③ 이와미 광산의 개발로 생산량이 증가하였다.
④ 이삼평에 의해 제작 기술이 일본에 전해졌다.
⑤ 아메리카 대륙에서 전해져 구황 작물로 재배되었다.

5

▸ 24060-0087

(가) 인물에 대한 설명으로 옳은 것은?

신 등은 시헌력을 몰래 구입하는 일을 여러 사람에게 부탁했으나, 상황이 매우 어렵습니다. [(가)]을/를 만날 방법이 없습니다. …… 청의 역법 시헌력은 서양 사람 [(가)]이/가 주도하여 제작한 것입니다. 우리나라 사신들이 베이징에 들어가 어렵게 한 권을 얻었습니다. 시헌력과 구력(舊曆)을 비교해 보면, 24절기가 매우 다릅니다. 그가 베이징에 있다는 소식을 듣고 신도 가서 구해 보려고 하였지만, 끝내 입수하지 못했습니다.

① 대당서역기를 남겼다.
② 일본에 크리스트교를 전하였다.
③ 조선의 소현 세자와 교유하였다.
④ 세계 지도인 곤여만국전도를 제작하였다.
⑤ 서양 의학서를 번역한 해체신서를 간행하였다.

6

▸ 24060-0088

(가) 막부 시기 동아시아에서 있었던 사실로 옳지 않은 것은?

사료로 학습하는 동아시아사

나는 나가사키나 오사카에서 연극을 관람할 기회가 여러 번 있었다. 건물 크기는 다양했고 관람자는 긴 의자에 앉는다. 관람석 정면이 높게 되어 있는데 그곳이 무대이다. 그러나 그곳은 간단하고 좁다. 거기에 1명이나 2명 가끔은 여러 명의 배우가 한꺼번에 나타난다. 배우는 늘 참으로 별나고 독특한 의상을 차려입고 있다. …… 일반적으로 우상 신이나 주인공의 영웅적 행위와 연애 이야기가 다루어진다. …… 이 나라의 상연 작품이 다른 나라의 것과 비교해서 보다 국민의 풍속 향상에 도움이 되고 있다고는 생각할 수 없었다. 그 연극은 마음의 양식이 되기보다는 익살스러움으로 허무함을 메우는 것에 그쳤다.

해설 이 글은 [(가)] 막부 시기 네덜란드 상관의 의사로 데지마에 체재했던 튠베리가 오사카에서 공연을 관람하고 남긴 평가의 일부이다. 그는 공연이 국민의 풍속 향상에 도움이 되지 않는다며 부정적인 견해를 보였다.

① 주희가 사서집주를 편찬하였다.
② 조설근이 홍루몽을 저술하였다.
③ 건륭제의 명으로 사고전서가 제작되었다.
④ 모토오리 노리나가가 고사기전을 집필하였다.
⑤ 정제두 등 소론 학자들이 양명학을 연구하였다.

새로운 국제 질서와 근대화 운동 ~ 서양 문물의 수용

1 서양 세력의 침략과 동아시아의 개항

(1) 아편 전쟁과 청의 개방 확대

① 아편 무역 : 영국이 대청 무역 적자 만회를 위해 인도산 아편을 청에 판매 → 청의 아편 중독자 수 증가, 은 유출로 재정 악화

② 제1차 아편 전쟁(1840~1842)

경과	임칙서의 아편 단속(광저우) → 영국의 공격, 청의 패배
결과	• 난징 조약(1842) 체결 : 상하이를 비롯한 5개 항구 개항, 홍콩 할양, 공행 무역 폐지 등 • 추가 조약을 통해 영사 재판권과 최혜국 대우 인정

③ 제2차 아편 전쟁(1856~1860)

경과	영국이 무역 확대를 요구하며 프랑스와 함께 침략
결과	톈진 조약(1858) 및 베이징 조약(1860) 체결 : 추가 개항, 크리스트교 포교 자유 인정, 서양 외교관의 베이징 주재 허용

(2) 페리의 내항과 일본의 개국

① 에도 막부의 대외 정책 : 네덜란드 외의 서양 국가에 대한 해금(쇄국) 정책 고수, 제1차 아편 전쟁 이후 방어 태세 강화

② 미일 화친 조약(1854) : 미국 페리 함대의 무력시위 → 시모다·하코다테 개항, 최혜국 대우 명시

③ 미일 수호 통상 조약(1858) : 미국의 자유 무역 요구 → 가나가와(대신에 요코하마 개항)·니가타·효고 등을 추가 개항, 협정 관세·영사 재판권 등 명시

(3) 조선과 베트남의 문호 개방

① 조선 : 흥선 대원군의 통상 수교 거부 정책 → 고종의 친정 이후 통상 개화에 관심 고조 → 운요호 사건(1875)을 계기로 일본과 강화도 조약 체결(1876, 부산 외 2개 항구 개항, 영사 재판권 등 명시)

② 베트남 : 프랑스가 크리스트교 탄압을 구실로 침공 → 제1차 사이공 조약 체결(1862, 항구 개항, 영토 할양, 크리스트교 선교 인정 등)

2 근대화 운동의 전개

(1) 청의 근대화 운동

① 태평천국 운동(1851~1864) : 홍수전의 (배)상제회 주도, 청 왕조 타도·토지 균분 등을 주장하며 세력 확대 → 서양의 개입과 한인 관료, 신사층에 의해 진압

② 양무운동

배경	아편 전쟁 및 태평천국 운동 진압 과정에서 서양 무기의 우수성 인식
주도	증국번, 이홍장 등 한인 관료층
내용	금릉 기기국 등 근대적 군수 공장 설립, 서양식 해군 창설, 근대적 기업 설립 등
한계	중앙 정부의 체계적인 지원 부족, 양무파 내부의 분열, 청일 전쟁의 패배로 한계 노출

(2) 일본의 메이지 유신

① 메이지 정부의 수립 : 개항 이후 경제 혼란 → 반막부 세력이 존왕양이 운동 전개 → 막부의 탄압 및 서양과의 군사적 충돌에서 패배 → 서양 문물 수용·막부 타도 운동으로 전환 → 막부 붕괴, 천황 중심의 메이지 정부 수립(1868)

② 메이지 정부의 정책

대내	폐번치현, 징병제 실시, 근대적 토지세 제도 마련, 사민평등 표방 등
대외	청일 수호 조규 체결(1871), 이와쿠라 사절단 파견, 대외 침략(정한론 대두, 류큐 병합, 타이완 침공 등)

(3) 조선의 개화 정책과 근대화 운동

① 개화 정책의 추진과 반발

- 개화 정책 추진 : 통리기무아문, 별기군 설치 등
- 임오군란(1882) : 구식 군인, 도시 빈민 등의 봉기 → 청의 개입으로 진압 → 청의 간섭 강화, 개화 세력이 온건파와 급진파로 분화

② 갑신정변(1884) : 청프 전쟁이 전개되는 가운데 김옥균 등 급진 개화파가 주도, 청에 대한 사대 폐지·인민 평등권 등 주장 → 청에 의해 진압 → 청의 간섭 강화

③ 갑오·을미개혁 : 왕실과 정부 사무의 분리, 신분제 폐지, 조세 제도 개혁, 단발령 시행, 태양력 채택 등

3 국민 국가 수립을 위한 노력

(1) 자유 민권 운동과 대일본 제국 헌법 제정

① 자유 민권 운동 : 1870년대부터 서양식 의회 제도의 도입과 헌법 제정을 요구하는 운동 본격화

② 메이지 정부의 대응 : 자유 민권 운동을 탄압하면서도 서양식 정치 제도의 필요성 인정

③ 대일본 제국 헌법(1889) : 입헌제 국가의 제도적 기반 마련, 천황에게 막강한 권한 부여 → 제국 의회 설치(1890)

(2) 대한 제국의 수립과 독립 협회의 활동

① 대한 제국의 수립 : 아관 파천 이후 고종의 환궁 → 고종의 황제 즉위, 대한 제국 수립 선포(1897)

② 광무개혁 : 식산흥업 정책 전개, 근대 학교 설립, 대한국 국제 반포(1899, 대한 제국이 전제 군주정 국가임을 선포)

③ 독립 협회 활동 : 민중 계몽, 이권 수호 운동, 만민 공동회 개최, 의회 개설 운동 전개 → 보수 세력의 반발 등으로 강제 해산

(3) 변법자강 운동과 신해혁명

① 변법자강 운동 : 청일 전쟁 패배 이후 캉유웨이, 량치차오 등이 메이지 유신을 모방하여 입헌 군주제 도입 시도 → 서태후 등 보수파의 반발로 실패(1898)

② 청 정부의 신정

- 전개 : 의화단 운동 이후 청 정부 주도로 개혁 추진 → 러일 전쟁에서 일본이 우세한 것에 자극받아 청의 입헌 운동 본격화 → 흠정 헌법 대강 반포(1908)
- 내용 : 교육 개혁, 상공업 육성, 과거제 폐지, 신식 군대 편성 등

③ 신해혁명(1911)

배경	쑨원 등의 중국 (혁명) 동맹회 결성 등 혁명 이념 확산, 청 정부의 철도 국유화 조치
전개	우창에서 혁명에 동조하는 신군이 봉기 → 각 성의 독립 선언
결과	중화민국 수립(1912, 공화제 채택), 쑨원이 임시 대총통에 취임
이후 정세	쑨원이 공화제 실시와 청 황제 퇴위를 조건으로 위안스카이와 타협 → 청 황제 퇴위(청 멸망) → 위안스카이가 대총통에 취임 후 제정 부활 시도 → 위안스카이 사후 군벌 난립

4 서구적 세계관의 침투

(1) 만국 공법의 확산

① 개념 : 서양 국가들이 구축한 국제법 질서, 주권국 간의 대등한 관계 지향

② 동아시아 각국의 수용

청	화이관 유지, 서양 열강과의 외교 실무 지침서로 사용
일본	• 서양과 맺은 불평등 조약의 개정 근거로 활용 • 강화도 조약 체결 시 조선이 자주국이라는 주장의 근거로 사용
조선	• 영국의 거문도 점령과 청의 내정 간섭으로 회의론 대두 • 일제 침략에 대항하는 주권 수호의 논리로 인식

③ 한계 : 주권 평등의 원칙은 서구 국가에만 적용 → 비서구 국가를 반(半)문명국, 미개국으로 간주 → 불평등 조약과 침략 합리화

(2) 사회 진화론의 수용

① 개념 : 인간 사회에도 약육강식 · 자연 도태의 원리 적용 → 서구 열강의 침략 정당화

② 동아시아 각국의 수용

청	변법자강 운동에 영향, 옌푸의 『천연론』 출간
일본	자유 민권 운동 비판, 천황에 대한 충성을 강조하며 제국주의 정책 지지
한국	유길준, 윤치호 등이 수용, 애국 계몽 운동에 영향

5 근대 지식의 확산

(1) 신문의 발행

① 역할 : 국내외 소식 전달, 민권 의식 확산, 여론 형성 등

② 동아시아 각국의 신문 발행

청	• 영국 상인이 상하이에서 신보 창간(1872) • 정부가 등록제, 검열제 등으로 탄압
일본	• 메이지 정부가 허가제와 검열제 실시 • 요코하마 마이니치 신문(일본 최초의 일본어 일간지) • 요미우리 신문(청일 전쟁과 러일 전쟁을 보도하며 성장)
한국	• 한성순보 발행, 독립신문 창간(1896, 민간 신문) • 황성신문, 대한매일신보 등이 민권과 국권 의식 고양

(2) 근대 교육의 확산

① 배경 : 서양 문물 수용의 필요성 대두 → 교육 제도 개편, 서양식 학교 설립, 교육 기회 확대

② 동아시아 각국의 근대 교육

청	경사 대학당 설립(1898), 근대 학제 마련
일본	근대 학제 제정(1872, 소학교 의무 교육 제도 도입), 도쿄 대학 설립(1877), 교육 칙어 반포(1890, 천황에 대한 충성 강조)
조선	육영 공원 설립(1886), 교육입국 조서 반포(1895)

(3) 여성 교육과 여성 권리 의식의 성장

중국	신해혁명, 신문화 운동을 계기로 여성 권리 의식 성장
일본	부인 교풍회가 여성 운동 전개
한국	1898년 서울 여성들이 여권통문 발표, 찬양회 조직

6 근대적 생활 방식의 확산

(1) 근대 도시의 형성

① 조계(거류지) : 개항장에서 외국인의 거주와 영업이 허용된 지역, 치외 법권 적용 → 전신 · 전화 · 전차 등 서구 문물의 수용 통로로 기능, 도시화 진행

② 동아시아 각국의 도시화

청	상하이에 영국, 미국, 프랑스 등이 조계 설정 및 관리 → 경제 · 문화의 중심지로 성장
일본	• 요코하마 : 미일 수호 통상 조약을 계기로 개항, 상하이 · 샌프란시스코와 연결되는 항로 개설 • 도쿄 : 긴자에 서양식 거리 조성
한국	• 부산, 인천 : 일본인 등 외국인 거류지 형성 • 한성 : 대한 제국 시기 황성 만들기 사업 추진

(2) 철도의 부설

① 철도의 양면성 : 인구 이동과 물자 유통을 촉진하는 문명의 이기(利器), 군사 · 경제 침탈의 수단

② 동아시아 각국의 철도 부설

청	열강의 침략, 크리스트교 전파, 풍수 문제 등으로 부정적 → 청일 전쟁 이후 열강이 철도 이권 장악 → 철도 이권 회수 운동 전개
일본	• 문명의 이기로 보고 적극 부설 • 도쿄와 요코하마 사이에 철도 건설(1872)
한국	• 일제에 의해 경인선 · 경부선 · 경의선 부설 • 부설 과정에서 토지 약탈 → 의병의 철도 파괴 시도

(3) 서양식 생활 방식의 수용

① 의복의 변화 : 서양식 복장과 단발 확산

② 서양식 시간관념의 도입

- 태양력 사용 시작 : 일본(1873), 조선(1896), 중국(1912)
- 하루를 24시간, 일주일을 7일로 하는 시간관념 확산

자료 탐구 1 1860년의 동아시아 상황 이해

정답과 해설 22쪽

1 단계 자료 분석

[2024학년도 수능]

자료는 일본이 개항 이후 파견한 사절단원의 사진이다. 이 사절단은 2년 전 체결된 나가사키 등지의 개항을 명시한 조약의 비준서 교환과 근대 시설 견학 등을 위해 파견되었다. 사절단은 워싱턴에서 이 조약의 비준서를 교환하고, 군함을 만드는 조선소를 견학하였다. 그해 말 귀국한 사절단 중 한 명인 오구리 다다마사는 조선소와 제철소 건립을 주장하였다.

자료에서 나가사키 등지의 개항을 명시하였다는 점, 워싱턴에서 비준서를 교환하였다는 점 등을 통해 자료의 조약은 1858년에 체결된 미일 수호 통상 조약임을 알 수 있다. 또한 조약이 2년 전에 체결되었다는 내용을 통해 자료의 사절단이 파견된 시기는 1860년임을 알 수 있다. 미일 수호 통상 조약을 계기로 나가사키, 요코하마, 니가타, 효고 등이 개항되었다.

2 단계 유형 연습

▸ 24060-0089

1 다음 글이 작성된 해에 동아시아에서 볼 수 있는 상황으로 옳은 것은?

> 이곳 워싱턴에 도착하는 일본 사절단을 위해 성대한 환영 행사가 열릴 예정이다. 2년 전 체결된 조약의 비준서 교환 등을 위해 이곳에 온 그들은 이번 방문을 통하여 우리 미국의 문명을 관찰하며 우리에 대한 다양한 정보를 자국에 소개할 것이다. 6년 전 우리 미국은 일본과 처음으로 조약을 체결하였지만, 그 결과로 개항한 하코다테는 소규모 어촌에 불과하다. 만일 우리가 일본의 신뢰를 얻을 수 있다면, 대일 무역은 더욱 확대될 것이다.

① 급진 개화파의 주도로 갑신정변이 일어났다.
② 상하이에서 영국 상인이 신보를 창간하였다.
③ 영사 재판권이 포함된 강화도 조약이 조인되었다.
④ 입헌제를 명시한 대일본 제국 헌법이 제정되었다.
⑤ 크리스트교 포교를 인정한 베이징 조약이 체결되었다.

자료 탐구 2 난징의 특징 이해

정답과 해설 22쪽

1 단계 자료 분석

[2024학년도 9월 수능 모의평가]

> **동아시아사 신문** ○○○○년 △△월 □□일
>
> **중화민국 수립 선포!!!**
>
> 청 정부의 신정(新政)이 여전히 전제 군주제를 유지하는 등 한계를 드러낸 상황에서 쑨원이 이끄는 중국 (혁명) 동맹회의 이념이 확산되고 있었다. 게다가 청 정부의 철도 국유화 조치에 항거하는 운동이 쓰촨 지역을 중심으로 일어났다. 이러한 혼란 속에서 작년 10월에 후베이성 우창에서 신군이 봉기하였고, 이에 각 성이 호응하였다. 마침내 오늘 (가) 에서 임시 대총통에 취임한 쑨원이 중화민국의 수립을 선포하였다.

자료에서 청 정부의 철도 국유화 조치에 항거하는 운동이 일어난 점, 우창에서 신군이 봉기하고 각 성이 호응한 점, 임시 대총통에 취임한 쑨원이 중화민국의 수립을 선포하였다는 점 등을 통해 (가) 도시는 난징임을 알 수 있다. 1911년 우창 신군의 봉기를 계기로 신해혁명이 본격화된 결과 쑨원이 난징에서 임시 대총통에 취임하고 중화민국의 수립을 선포하였다.

2 단계 유형 연습

▸ 24060-0090

2 (가) 도시에 대한 설명으로 옳은 것만을 〈보기〉에서 있는 대로 고른 것은?

초대 임시 대총통에 당선된 이 인물은 (가) 에서 취임식을 가지고 다음과 같이 선서하였습니다.

> 만주족 전제 정부를 타도하고, 중화민국을 공고히 하며 민생의 행복을 도모할 것이다. 이것은 국민의 뜻으로, 본인은 이를 진실로 따르겠다. 국가에 충성하고 대중을 위하여 봉사하겠다. …… 삼가 국민에게 맹세한다.

보기

ㄱ. 고소번화도의 배경이 되었던 곳이다.
ㄴ. 장제스가 국민 정부의 수도로 삼았던 곳이다.
ㄷ. 유럽 상인과의 무역을 담당하는 공행이 설치된 곳이다.

① ㄱ ② ㄴ ③ ㄱ, ㄷ
④ ㄴ, ㄷ ⑤ ㄱ, ㄴ, ㄷ

01

▸ 24060-0091

밑줄 친 '전쟁'에 대한 탐구 활동으로 가장 적절한 것은?

> 아편 무역으로 막대한 이익을 취하고 있던 영국의 자본가들은 의회에 압력을 가하였다. 그들은 임칙서의 아편 단속에 분개하며, 아편은 청의 상류층만 피우는 것으로 마치 영국의 상류층이 위스키를 마시는 것과 다를 바가 없다는 태도를 보였다. 마침내 멜버른 내각은 청과의 무역을 안정된 기초 위에 둔다는 명분을 내걸고 전쟁을 승인하였다.

① 풍도 해전의 전개 과정을 조사한다.
② 루거우차오 사건의 영향을 분석한다.
③ 한국광복군의 활동 내용을 살펴본다.
④ 공행 무역이 폐지된 계기를 찾아본다.
⑤ 발트 함대가 동해에서 벌인 전투의 결과를 알아본다.

02

▸ 24060-0092

(가) 조약에 대한 설명으로 옳은 것은?

> 일본에 부임한 미국 총영사 해리스는 막부를 압박하였다. 그는 프랑스와 연합하여 청과 전쟁을 벌이고 있는 영국이 곧이어 무력으로 일본에 무리한 내용의 조약을 강요할 것이며, 그 전에 미국과 새로 조약을 체결하면 다른 국가들이 그 조약의 예(例)를 따를 것이라고 하였다. 결국 막부는 (가) 에 조인하여 니가타 등을 개항하였다.

① 포츠머스에서 체결되었다.
② 영토의 할양을 명시하였다.
③ 조선이 독립국임을 인정하였다.
④ 영사 재판권 조항을 포함하였다.
⑤ 일본의 주력함 보유 비율을 제한하였다.

03

▸ 24060-0093

다음 자료를 활용한 탐구 주제로 가장 적절한 것은?

> 천부, 천형과 나 홍수전은 천경(난징)에 자리잡고 도탄에 빠진 민중들을 구하며 민중의 생계를 살렸다. …… 너희들이 투항한 지 얼마 안 되고, 전에 만주족의 통치에 따른 폐해를 깊이 입었을 뿐만 아니라 그 이후에 또 우리 군대의 토벌로 집과 재산을 포기하였기 때문에 나는 이것을 불쌍히 여긴다. …… 부세 징수를 줄여 백성의 부담을 덜어 주겠다.

① 대약진 운동의 결과
② 임오군란의 전개 과정
③ 산킨코타이 제도의 주요 내용
④ 태평천국 운동 주도 세력의 활동
⑤ 청 정부의 철도 국유화 조치가 끼친 영향

04

▸ 24060-0094

밑줄 친 '신정부'의 활동으로 옳은 것은?

> 신분 제도의 개혁이 단행된 이후 징병령이 공포되었다. 이에 따라 무사, 평민에 상관없이 만 20세의 남자는 징병 대상이 되어 신체검사에 합격하면 국방의 의무를 부담하게 되었다. 이러한 징병 제도의 실시는 상당한 반발을 초래하였다. 무사 계층은 신정부가 전 국민에게 무(武)를 개방하여 자신들의 특권이 박탈당한 것으로 받아들였다. 한편 민중들에게 징병은 집안의 소중한 노동력을 빼앗아 가는 것으로 인식되어 각지에서 징병 기피 혹은 반대 봉기가 빈발하였다. 이러한 반발 속에서 마련된 상비군은 운요호 사건 등 각종 국내외 상황에 대한 신정부의 기본 무력으로 자리잡았다.

① 금릉 기기국을 설립하였다.
② 통리기무아문을 설치하였다.
③ 흠정 헌법 대강을 반포하였다.
④ 이와쿠라 사절단을 파견하였다.
⑤ 자국 상선에 슈인장을 발급하였다.

05
▶ 24060-0095

밑줄 친 '개혁'에 대한 설명으로 옳은 것은?

> 이화원에서 자금성으로 행차한 서태후는 광서제를 유폐하고 다시 훈정(訓政)을 선언하였다. 광서제의 지지로 개혁을 주도했던 캉유웨이와 량치차오 등은 외국 공사관의 도움을 받아 해외로 망명하였다. 청일 전쟁의 패배 이후 본격적으로 추진되었던 개혁은 결국 보수파의 반격으로 실패하게 되었다.

① 태양력을 도입하였다.
② 부청멸양을 구호로 내세웠다.
③ 메이지 유신을 모델로 삼았다.
④ 교육 칙어 반포의 토대가 되었다.
⑤ 천두슈 등이 추진한 신문화 운동의 영향을 받았다.

06
▶ 24060-0096

밑줄 친 '정변'이 일어난 해에 볼 수 있는 모습으로 가장 적절한 것은?

> 미국에서 유학 중이던 유길준은 강의실에서 정변의 발발 소식을 접하고는 '얼굴빛을 잃은 채' 숙소로 돌아올 정도로 큰 충격을 받았다. 정변을 주도한 인물들이 자신과 개화·개혁에 뜻을 같이했던 김옥균·박영효 등이었고, 그들에 의해 자신의 정치적 후원자였던 민영익이 치명상을 입었기 때문이다.

① 양무운동을 추진하는 청의 관료
② 막부 타도 계획을 논의하는 무사
③ 교육입국 조서를 반포하는 조선 국왕
④ 만민 공동회에 참석하는 독립 협회 간부
⑤ 제1차 사이공 조약을 체결하는 베트남 관리

07
▶ 24060-0097

다음 헌법이 제정된 배경으로 가장 적절한 것은?

> 제1조 대일본 제국은 만세일계의 천황이 통치한다.
> 제3조 천황은 신성하며 누구라도 침범할 수 없다.
> 제4조 천황은 국가의 원수로서 통치권을 총괄하며, 이 헌법의 조항에 따라 이를 시행한다.

① 제국 의회가 개설되었다.
② 북학 운동이 대두되었다.
③ 자유 민권 운동이 확산되었다.
④ 동학 농민 운동이 전개되었다.
⑤ 일본 반제 동맹이 결성되었다.

08
▶ 24060-0098

(가) 도시에 대한 설명으로 옳은 것은?

> 오후 두세 시경에 다음과 같은 호외 신문 기사가 나왔다. "[(가)]의 훙커우 공원에 마련된 일본인들의 경축 단상에서 폭탄이 폭발하여 거류민단장 가와바타는 사망하고, 시라카와 대장과 시게미쓰 공사, 우에다 중장, 노무라 중장 등 문무 대관이 모두 중상을 입었다." 일본인들의 신문에서는 중국인이 폭탄을 던졌다고 보도했지만, 다음 날 신보 등 [(가)]에서 발행되는 여러 신문에서 한국인이 한 일이라고 실었다.

① 아주 화친회가 성립한 곳이다.
② 경사 대학당이 설립된 곳이다.
③ 황성 만들기 사업이 추진된 곳이다.
④ 일본 최초의 일본어 일간지가 발행된 곳이다.
⑤ 난징 조약의 체결에 따라 영국에 개항된 곳이다.

정답과 해설 24쪽

1

▸ 24060-0099

밑줄 친 '전쟁'의 결과로 옳은 것은?

최근 영국 여왕이 청국 황제에 대해 출병을 명령하여 격렬한 전쟁을 치렀습니다. 자세한 사항은 우리 나라 상선이 매년 나가사키에 제출하는 풍설서로 이미 알고 계실 것이라 생각합니다. 강대한 청국도 싸움에서 불리하였고 유럽의 우수한 군사력에 밀려 끝내 영국에 화친을 맺었습니다. 결과적으로 청국이 취했던 기존의 방침은 무너지고, 다섯 개의 항구를 열어 유럽인과 교역을 하게 되었습니다.

① 홍콩이 할양되었다.
② 파리 강화 회의가 개최되었다.
③ 외국군의 베이징 주둔이 허용되었다.
④ 미국의 중재로 강화 조약이 체결되었다.
⑤ 청에서 크리스트교 선교의 자유가 인정되었다.

2

▸ 24060-0100

밑줄 친 '요구'에 따라 체결된 조약에 대한 설명으로 옳은 것은?

우리 정부는 귀국의 해안에서 난파되거나 기상 악화로 항구에 유입될 수 있는 본국 선박들이 인도적 대우를 받을 것이라는 긍정적인 확신을 얻고자 합니다. …… 귀국을 방문할 예정인 많은 대형 전함이 아직 이 해역에 도착하지 않았지만, 이 전함들은 시시각각 다가오고 있습니다. 저는 우호적인 의도의 증거로 작은 선박 4척만을 가져왔으며, 필요한 경우 다음 봄에 훨씬 큰 군사력으로 에도에 돌아올 것입니다. 귀국이 우리 정부의 합리적이고 평화적인 요구에 즉시 응하여 그러한 일이 일어나지 않게 되기를 기대합니다. …… 폐하께 가장 깊은 존경을 표하며, 미 해군 사령관 M. C. 페리가 직접 서명하였습니다.

동인도 함대 사령관 M. C. 페리

① 협정 관세를 규정하였다.
② 최혜국 대우 조항을 명시하였다.
③ 메이지 정부 시기에 체결되었다.
④ 효고, 니가타의 개항을 허용하였다.
⑤ 러시아가 주도하는 삼국 간섭을 초래하였다.

3

▸ 24060-0101

밑줄 친 '정부'의 활동으로 옳은 것은?

- 갑 : 귀국이 세법을 정할 때 각국의 속임을 당했다고 하는데, 이제 몇 해가 되었는데 아직도 개정하지 않았습니까?
- 을 : 세법을 제정할 당시에는 관세(關稅)의 법을 알지 못하였습니다. 쇼군이 집권했을 때이니, 22~23년 전의 일입니다. 이제 와서 정부와 국민이 모두 그 불리함을 알게 되어서, 올해 가을에 개정하자는 약속이 있었으나, 각국이 전례를 핑계하여 개정하려 하지 않습니다. 그러나 정부는 단호한 태도로 나올 것이니, 틀림없이 개정될 것으로 믿습니다.

① 과거 제도를 폐지하였다.
② 육영 공원을 설립하였다.
③ 경찰 예비대를 창설하였다.
④ 나가사키에 데지마를 건설하였다.
⑤ 소학교 의무 교육 제도를 마련하였다.

4

▸ 24060-0102

(가) 운동이 전개되던 시기에 볼 수 있는 모습으로 가장 적절한 것은?

연행사로 파견된 바 있는 김직연은 당시 청에서 전개되고 있던 (가) 에 대한 생각을 다음과 같이 기록하였다. "무릇 천하를 다스리는 자가 의(義)로 명분을 삼고 덕(德)으로 군대를 삼아 백성의 마음을 얻으면 온 천하 사람들이 귀의하는 법이다. 이것이 천하에서 상의 탕왕과 주의 무왕에게 대적할 자가 없었던 이유이다. 그러나 홍수전을 따르는 무리가 금릉(난징)에 웅거할 수 있었던 연유는 다만 홍수전이 한족 국가를 회복한다는 명분을 내세워 온 천하가 일시적으로 그를 따랐기 때문이다. 지금 그 남은 무리가 여전히 세력을 유지하고 있지만 그들이 아무것도 할 수 없다는 것을 알 수 있다."

① 도쿄 대학에서 강의하는 교수
② 베이징을 공격하는 8개국 연합군
③ 여학교 설립을 청원하는 찬양회 회원
④ 청일 수호 조규에 조인하는 일본 관리
⑤ 토지의 균등 분배 선언에 환호하는 한인 농민

5

▶ 24060-0103

(가) 운동에 대한 설명으로 옳은 것은?

> 청국 관리는 (가) 에 대해 질문하는 강위에게 다음과 같이 답하였다. "우리가 서양인들의 기술을 배우는 것은 그들의 기술로써 그들을 공격하려는 것이지, 청이 스스로 오랑캐가 되려고 하는 것은 아닙니다." 그는 이홍장 등이 주도하는 (가) 이/가 중국의 전통은 유지하면서 서양의 우수한 기술을 수용하고자 하는 것임을 분명히 하였다.

① 홍위병을 중심으로 전개되었다.
② 공화정의 수립을 목표로 하였다.
③ 남순 강화를 통해 가속화되었다.
④ 추진 과정에서 금릉 기기국이 설립되었다.
⑤ 반외세를 주장하며 산둥성에서 시작되었다.

6

▶ 24060-0104

다음 자료를 활용한 탐구 주제로 가장 적절한 것은?

> • 구습이 머릿속에 남아 있는 자들은 권리라는 것이 상하의 질서를 어지럽힐 뿐이라고 생각한다. 위로는 군주로부터 아래로는 소민(小民)에 이르기까지 각자 그 권리를 보유하여야 좋은 나라가 될 수 있다. 만약 국민이 모두 비굴한 노예 근성을 지닌 채로 생활하면 해외의 여러 나라들과 대치할 수 없다. 상하의 질서라는 것은 서로 그 권한이 있는 것으로, 위는 억압하고 아래는 복종하기만 하는 것을 질서라고 하지 않는다.
> • 이타가키 다이스케와 고토 쇼지로는 약 1년 동안의 서양 각국 순방에 나설 예정이다. 이미 정부 측에서는 이토 히로부미를 파견하여 각국의 정치 체제 및 헌법의 득실을 심사하고 있다. 이 상황에서 민간의 뜻있는 인물들도 각국을 순방하면서 그 장단점을 살펴보지 않으면 나중에 때가 되었을 때 크게 불리하다고 판단했기 때문이라고 한다.

① 55년 체제의 성립
② 자유 민권 운동의 전개
③ 막부 타도 운동의 과정
④ 제1차 석유 파동의 극복 노력
⑤ 반제·반전·평화를 위한 연대 사례

7

▶ 24060-0105

밑줄 친 '반란'에 대한 설명으로 옳은 것은?

중국은 전대미문의 혼란에 휩싸여 있다. 현재 한커우가 불타고 있다고 전해지는 가운데 우리 미국 시민들의 신변은 이상 없는 것으로 보인다. 15,000여 명의 군인들이 반란에 참여하고 있다고 한다. 우리 나라에 있는 ○○○○○○은행의 지점장은 오늘 아침 영국 런던 지점을 통해 일본 요코하마 본사로부터 해외 전보를 수신하였는데 그 내용은 다음과 같다.
"중국 우창에 주둔 중인 신군이 도시를 장악하였음. 상황이 대단히 심각하며 반란이 어떻게 전개될지 예측하기 어려움. 만주족 왕조의 대응이 시급해 보임. 화북 지방 및 상하이, 한커우에 있는 우리 지점들은 안전함."

① 중체서용에 입각하여 추진되었다.
② 신축 조약이 체결되는 결과를 가져왔다.
③ 중국에서 공화정이 수립되는 계기가 되었다.
④ 일본의 대중국 21개조 요구 철회를 주장하였다.
⑤ 윌슨이 제창한 민족 자결주의의 영향을 받았다.

8

▶ 24060-0106

밑줄 친 '이 책'에 대한 설명으로 옳은 것만을 〈보기〉에서 고른 것은?

• 오늘날은 중국 이외의 나라들이 수풀처럼 많이 존재한다. 만일 그들을 다스릴 법이 없으면 어찌 그 나라들이 존재할 수 있겠는가. 이것이 바로 미국인 선교사 마틴이 번역한 이 책을 출판하는 이유이다.
• 이 책에 수록된 조례는 여러 나라에서 통용되는 것으로 어느 한 나라가 사사로이 어찌할 수 있는 것이 아니다. 또한 각국의 율례(律例)와도 닮았다는 점에서 '만국 율례'라고도 부른다. …… 본 번역인은 오로지 그 정확한 의미만을 추구하여 감히 자신의 견해를 덧붙이지 않았다. 미국인 휘튼이 쓴 원서(原書)에 있는 조례(條例)는 모두 수록하였으나 너무 번잡한 부분은 약간 삭제하였다.

보기

ㄱ. 소현 세자를 통해 조선에 전해졌다.
ㄴ. 조선에서는 주권 수호를 위한 논리로 수용되었다.
ㄷ. 청이 매카트니 사절단의 요구를 거절할 때 활용되었다.
ㄹ. 일본이 조선을 자주국이라고 주장하는 근거로 사용되었다.

① ㄱ, ㄴ ② ㄱ, ㄷ ③ ㄴ, ㄷ ④ ㄴ, ㄹ ⑤ ㄷ, ㄹ

9

▸ 24060-0107

(가) 사상에 대한 학생들의 발표 내용으로 가장 적절한 것은?

영국의 사회학자 허버트 스펜서는 사회의 모든 구성원이 생존 경쟁을 하는 과정에서 가장 적합한 자만 살아남게 된다고 하며 적자생존을 강조하였다. 또한 그는 사회에서 지적으로 우수한 자는 살아남고 열등한 자는 도태되는데 이는 생물계에서의 자연 도태와 다름없는 것이라고 설명하였다. 그에 의해 정립된 (가) 은/는 유길준, 량치차오 등 아시아의 지식인들에게 큰 영향을 끼쳤다.

① 격물치지를 수양 방법으로 제시하였어요.
② 존왕양이 운동의 사상적인 근거가 되었어요.
③ 조선 중화주의가 확산하는 데 영향을 주었어요.
④ 일본에서 조닌 문화가 발달하는 배경이 되었어요.
⑤ 옌푸가 천연론을 출간하면서 청에 본격적으로 소개되었어요.

10

▸ 24060-0108

(가) 도시에 대한 설명으로 옳은 것은?

사료로 보는 동아시아사

(가) 에서 도쿄 신바시까지는 화륜차를 탔는데, 승차 전에 역루에서 조금 쉬었다. 일행의 짐은 배로 곧장 도쿄 가까운 항구까지 보내고 몸에 필요한 옷과 물건만은 화륜차에 싣기로 하였다. 화륜차가 벌써 역루에 기다린다고 하기에 역루 밖에서 복도를 따라 수십 칸을 다 지나갔는데도 보이지 않았다. 기다란 행랑 하나가 40~50칸이나 되는 것이 길가에 있기에 화륜차가 어디 있느냐고 물었더니 이것이 바로 화륜차라고 한다.

해설 제1차 수신사로 일본에 파견된 김기수가 미일 수호 통상 조약을 계기로 개항된 (가) 에서 기차를 처음 본 경험을 적은 글이다. 그가 본 것은 일본 최초의 철도 구간을 운행하는 증기 기관차였다.

① 무로마치 막부가 세워진 곳이다.
② 황성 만들기 사업이 추진된 곳이다.
③ 긴자에 서양식 거리가 조성된 곳이다.
④ 최초의 일본어 일간지가 발행된 곳이다.
⑤ 영국 상인에 의해 신보가 창간된 곳이다.

THEME 08

제국주의 침략 전쟁과 민족 운동

1 제국주의 침략과 동아시아 질서의 변화

(1) 청일 전쟁(1894~1895)

배경	조선을 둘러싼 청·일 간의 대립 격화
전개	동학 농민 운동 당시 청·일의 파병 → 조선의 철병 요구를 무시하고 일본군이 경복궁 점령 → 일본군이 풍도 앞바다의 청군을 기습하면서 전쟁 발발 → 일본 승리
결과	시모노세키 조약 체결(1895, 청은 조선이 독립국임을 인정, 일본에 타이완·랴오둥반도 등 할양, 막대한 배상금 지급) → 삼국 간섭 발생(1895, 러시아가 독일, 프랑스와 함께 일본에 랴오둥반도 반환 요구) → 일본이 청에 랴오둥반도 반환

(2) 의화단 운동

배경	• 청일 전쟁 이후 청에 대한 열강의 이권 침탈 심화 • 중국 내 크리스트교에 대한 반감 확산
전개	산둥에서 의화단이 부청멸양을 구호로 봉기 → 베이징과 톈진 등지로 확산 → 일본, 러시아, 영국 등 8개국 연합군에 의해 진압
결과	신축 조약 체결(1901) : 외국 군대의 베이징 주둔 허용, 막대한 배상금 지급

(3) 러일 전쟁(1904~1905)

배경	삼국 간섭 이후 만주와 한반도를 둘러싼 러·일 간의 대립 고조
전개	일본의 선제공격으로 전쟁 발발 → 일본이 뤼순을 점령하고, 러시아의 발트 함대 격파
결과	미국의 중재로 포츠머스 조약 체결(1905) : 러시아가 일본의 한반도에 대한 독점적 지위 인정, 일본이 뤼순·다롄 조차권과 북위 50도 이남의 사할린섬, 창춘 이남의 철도에 대한 권리 등 차지

(4) 일본의 한국 강제 병합

① 과정 : 을사조약 강제 체결(1905, 대한 제국의 외교권 박탈) → 한일 병합 조약 강제 체결(1910, 대한 제국을 식민지로 병합)

② 저항 : 을사조약 강제 체결 전후로 의병 운동과 애국 계몽 운동 등 전개 → 일본의 탄압

2 제1차 세계 대전과 동아시아

(1) 제1차 세계 대전(1914~1918)

① 일본의 참전 : 영일 동맹을 구실로 참전하여 독일의 조차지인 산둥반도의 칭다오 일대 점령

② 일본의 '21개조 요구'(1915) : 산둥반도에 대한 이권과 뤼순·다롄 조차 기한 연장 등을 담은 '21개조 요구'를 중국에 제출 → 일본의 위협으로 베이징 정부가 대부분 승인

③ 파리 강화 회의(1919~1920) : 열강이 산둥반도에 대한 일본의 권리 인정 → 중국의 반발(5·4 운동)

(2) 워싱턴 회의(1921~1922)

목적	• 미국, 영국, 일본 등 5개국의 해군 군비 축소 • 동아시아를 둘러싼 열강 간 새로운 국제 질서 마련 등
내용	각국의 해군 군비 축소, 일본이 산둥반도에 대한 이권을 중국에 반환, 중국의 주권 존중과 영토 보전 결정, 영일 동맹 폐기

(3) 한국의 민족 운동

① 3·1 운동(1919)

배경	일제의 무단 통치, 윌슨의 민족 자결주의, 국외에서 발표된 독립 선언 등
전개	만세 시위가 국내외로 확산 → 일제의 무력 진압

② 대한민국 임시 정부 수립(1919) : 민주 공화제 채택, 외교 활동 전개

③ 무장 투쟁

- 독립군 활동 : 봉오동·청산리 전투에서 일본군 격퇴(1920)
- 의열단 : 김원봉의 주도로 식민 통치 기관 파괴, 일제 주요 인물 암살

④ 민족 유일당 운동

배경	• 중국의 제1차 국공 합작 성립 • 민족주의 진영과 사회주의 진영의 갈등 극복 노력
결과	신간회 결성(1927)

(4) 중국의 민족 운동

① 신문화 운동 : 천두슈, 후스 등의 지식인 주도, 『신청년』 발행, 유교 비판, 서양의 민주주의와 과학 수용을 주장

② 5·4 운동(1919)

배경	신문화 운동의 전개, 파리 강화 회의에서 열강이 중국의 요구(산둥반도의 이권 반환 등) 거부, 3·1 운동의 발생
전개	베이징의 대학생을 중심으로 반군벌·반일 시위 전개 → 전국으로 확산
결과	베이징 정부가 베르사유 조약 조인 거부
영향	중국 국민당(쑨원, 1919), 중국 공산당(천두슈 등, 1921) 결성

③ 제1차 국공 합작(1924) : 군벌 타도를 위해 쑨원이 소련의 지원을 받아들여 중국 국민당과 중국 공산당이 제휴

④ 북벌

- 배경 : 5·30 사건(1925)을 계기로 반제국주의·반군벌 분위기 고조
- 전개 : 쑨원 사후 실권을 장악한 장제스가 국민 혁명군을 이끌고 북벌 시작(1926) → 국·공 간의 갈등 → 장제스의 중국 공산당 탄압(1927) → 장제스가 난징을 수도로 국민 정부 수립 → 국민 혁명군의 베이징 점령(1928)

3 일본의 침략 전쟁 확대

(1) 만주 사변(1931)

배경	• 대공황에 따른 경제 침체 • 일본 군부와 우익 세력의 침략 전쟁 주장
전개	일본 관동군의 주도로 만주 침략 → 만주국 수립(1932)
영향	국제 연맹이 리튼 조사단 파견 → 일본 규탄 및 군대 철수 요구 → 일본의 국제 연맹 탈퇴(1933)

(2) 중일 전쟁

① 전개 : 베이징 근교의 루거우차오에서 중국과 일본의 군대 충돌(1937) → 일본군의 총공격 → 일본이 상하이, 난징 등 주요 도시 점령

② 중국의 대응 : 제2차 국공 합작 성립, 중국 국민당의 장제스는 충칭으로 수도 이전 → 장기 항전 전개

(3) 태평양 전쟁(1941~1945)

배경	• 제2차 세계 대전 발발(1939) 이후 일본이 독일 · 이탈리아와 3국 동맹 체결, 동남아시아 침공 • 미국이 일본에 대한 석유와 철강 자원의 수출 금지
전개	일본군이 하와이 진주만의 미국 태평양 함대 기습 공격 → 일본이 동남아시아와 남태평양 일대 장악 → 미국이 미드웨이 해전에서 승리하며 전세 역전(1942)
결과	미국의 원자 폭탄 투하, 소련의 참전 → 일본의 무조건 항복(1945)

(4) 침략 전쟁으로 인한 피해와 고통

① 국가 총동원법 제정(1938)

- 목적 : 일본이 전쟁에 필요한 인적 · 물적 자원을 동원하기 위해 제정
- 적용 : 일본 본토뿐만 아니라 식민지인 한국, 타이완에도 적용
- 인적 수탈 : 청년들을 징용, 징병 등으로 전쟁에 동원, 각국의 여성들을 군수 공장 노동자나 일본군 '위안부'로 동원
- 물적 수탈 : 곡물, 금속류 등 공출

② 민간인 피해 : 일본의 난징 대학살 · 삼광 작전, 미국의 원자 폭탄 투하 등으로 대규모 사상자 발생

4 항일 전쟁과 국제 연대

(1) 만주 사변 이후 항일 투쟁과 한 · 중 연대

① 만주 지역

- 조선 혁명군과 한국 독립군이 중국군과 연합하여 군사 활동 전개
- 동북 항일 연군 : 동북 인민 혁명군을 확대 개편, 한국과 중국 사회주의 세력의 연대 → 항일 무장 투쟁 전개

② 중국 본토

- 한중 민족 항일 대동맹 결성 : 대한민국 임시 정부와 중국 국민당 인사들의 비밀 결사
- 김구가 조직한 한인 애국단 소속 윤봉길의 상하이 훙커우 공원 의거(1932) → 중국 국민당의 대한민국 임시 정부 지원

(2) 중일 전쟁 이후 항일 투쟁과 한 · 중 연대

① 중국 공산당의 대장정과 제2차 국공 합작

- 중국 국민당의 탄압을 피해 중국 공산당이 대장정 감행(1934) → 옌안으로 이동
- 만주 사변 이후 일본군의 세력 확대 → 시안 사건(1936) → 중일 전쟁 발발(1937) → 제2차 국공 합작 결성

② 조선 의용대

결성	김원봉이 중국 국민당의 지원을 받아 창설(1938)
활동	중국과 연계하여 정보 수집, 포로 심문, 선전 공작 등 후방 작전 전개
분화	일부가 중국 화북으로 이동하여 조선 의용군으로 편성, 일부는 한국광복군에 합류

③ 한국광복군

결성	중국 국민당의 지원을 받아 대한민국 임시 정부의 산하 군대로 창설(1940)
활동	대일 선전 포고 이후 인도 · 미얀마 전선에서 영국군과 연합 작전 전개, 국내 진공 작전 계획

(3) 반제 · 반전 · 평화를 위한 연대

① 아주 화친회(1907) : 반제국주의를 목표로 도쿄에서 창립, 아시아 각 민족의 독립과 국제 연대 강조, 고토쿠 슈스이 · 판보이쩌우 등 참여

② 안중근 : 「동양 평화론」 저술, 동아시아 평화를 위한 한 · 중 · 일의 상호 협력 주장

③ 무정부주의자들의 활동

- 개념 : 모든 정치 조직과 규율, 권위 등을 거부하고 인간의 자유와 평등 추구
- 박열과 가네코 후미코 : 일본에서 반제 · 반전 운동 전개
- 동방 무정부주의자 연맹 결성 : 한 · 중 · 일 등의 무정부주의자 참여, 이상 사회 건설을 위한 연대 강조

④ 일본인의 반전 활동

- 후세 다쓰지 : 박열 · 가네코 후미코 부부, 의열단원 김지섭 등의 변호 담당
- 일본 반제 동맹(1929) : 일본 제국주의 타도를 위한 한 · 일 공동 투쟁 강조, 반제신문의 한국어판 발간
- 일본 병사(일본군) 반전 동맹 : 중국군의 포로가 된 일본군 중심, 일본군의 투항과 탈영 호소

자료 탐구 1 중일 전쟁 시기의 사실 파악

정답과 해설 26쪽

1단계 자료 분석

[2024학년도 수능]

> 일본은 침략 전쟁에서 어려워지는 전세를 만회하기 위하여 한국 민족에게 가장 야만적인 폭압 정책을 실시하고 있다. 일본은 갖은 위협과 강요로써 한국인을 침략 전쟁의 도구와 제물로 삼아 왔다. 한국 민족은 과거 5년 동안 보고 들은 우방 중국 민족의 단결과 항전의 사실을 교훈으로 삼아 전 민족이 총단결하여 반일 투쟁 활동을 더욱 강화했다. 특히 50여 일 전에 일본은 진주만 공격을 감행했다. 이에 한국 민족은 천만 배의 자신과 용기를 가지고 독립과 자유의 밝은 앞날을 향하여 분투해야 한다.

자료에서 50여 일 전에 일본이 진주만 공격을 감행했다는 내용을 통해 자료가 작성된 시점은 1942년 초임을 알 수 있다. 따라서 밑줄 친 '5년 동안'은 1937년 초에서 1942년 초까지이다. 일본이 1941년 12월 초 하와이 진주만의 미국 태평양 함대를 기습 공격하면서 태평양 전쟁이 발발하였다.

2단계 유형 연습

▶ 24060-0109

1 밑줄 친 '5년 동안'에 있었던 사실로 옳은 것만을 〈보기〉에서 있는 대로 고른 것은?

> 우리 한국인들은 태평양 지역에서 일본에 대항하여 영웅적인 선전을 계속해 왔다. 루거우차오 사건 이후 5년 동안 중국 전선에서 중국인들과 나란히 목숨을 바쳐왔으며, 진주만 공습 이래 공동의 목적을 성취하기 위해 연합국 측에 우리를 일원으로 받아들일 것을 요구해 왔다.

보기

ㄱ. 일본이 난징 대학살을 자행하였다.
ㄴ. 독일, 이탈리아, 일본 3국이 동맹을 맺었다.
ㄷ. 조선 의용대가 중국 국민당 정부의 지원을 받았다.

① ㄱ ② ㄴ ③ ㄱ, ㄷ
④ ㄴ, ㄷ ⑤ ㄱ, ㄴ, ㄷ

자료 탐구 2 조선 의용대의 활동 파악

정답과 해설 26쪽

1단계 자료 분석

[2024학년도 9월 수능 모의평가]

> 중국 한커우(한구)*에서 조직된 (가) 의 임무 중 하나는 후방 교란 및 일본군 포로 심문이었다. 부대원은 일본군 포로에게 일제가 왜 중국을 침략하고 중국은 왜 항전하는지, 조선 민족은 해방을 위해 어떻게 투쟁하는지, 그리고 제국주의의 암흑상과 미래의 광명 등을 알려 주었다. 그 결과 일본군 포로들은 이들과 함께 중국의 항전에 참가하여 한·중·일 민족의 적인 일본 제국주의의 소멸에 적극 나섰다. (가) 의 일부는 화북으로 이동하여 조선 의용군을 조직하였다.
>
> * 한커우(한구) : 우한에 속하는 지역

자료에서 중국 한커우(한구)에서 조직되었다는 점, 후방 교란 및 일본군 포로 심문이 여러 임무 중 하나였다는 점, 일부가 화북으로 이동하여 조선 의용군을 조직하였다는 점 등을 통해 (가) 군대는 조선 의용대임을 알 수 있다. 조선 의용대는 1938년 김원봉 등이 중국 관내 지역인 한커우에서 창설한 군사 조직으로 중국군과 함께 항일전을 전개하였다. 이후 조선 의용대의 일부는 화북으로 이동하였고, 다른 일부는 충칭으로 이동하여 한국광복군에 합류하였다.

2단계 유형 연습

▶ 24060-0110

2 (가) 군대에 대한 설명으로 옳은 것은?

> 산시성·허베이성 변경의 중국 공산당 관할 지역으로 이동한 (가) 의 일부 동지들은 이미 근거지에서 항일 활동을 전개하던 동지들과 연합하여 (가) 화북 지대를 결성하였다. 형식상으로 충칭에 있는 본부의 지휘 체계를 유지하였으나 실제로는 중국 공산당 팔로군의 지도와 원조하에서 항일 공작을 진행하였으며 이후에는 조선 의용군으로 확대 개편되었다.

① 과달카날 전투에 참전하였다.
② 제1차 국공 합작에 참여하였다.
③ 봉오동 전투에서 일본군에 승리하였다.
④ 대한민국 임시 정부에 의해 창설되었다.
⑤ 한국광복군에 대원의 일부가 합류하였다.

01
▸ 24060-0111

밑줄 친 '전쟁'의 결과로 옳은 것은?

○○ 해전에 대해서 설명 부탁드립니다.
○○ 해전은 톈진에서 병력을 싣고 조선으로 향하던 고승호를 나니와호가 풍도 앞바다에서 격침한 사건입니다. 이 사건 이후 두 나라 사이에 전쟁이 선포되었지요.

① 강화도 조약이 체결되었다.
② 타이완이 일본에 할양되었다.
③ 상하이 등 5개 항구가 개항되었다.
④ 청에서 크리스트교 포교가 허용되었다.
⑤ 외국 군대의 베이징 주둔이 인정되었다.

02
▸ 24060-0112

밑줄 친 '봉기'에 대한 설명으로 옳은 것은?

> 만약 광서제의 웅대한 개혁 책략이 이루어졌더라면 권비(拳匪)가 감히 봉기하지 못하여 8개국 연합군이 진압하러 오지 않았을 것이다. 또한 종묘·궁전·도성이 파괴되지 않고 백성이 도탄에 빠지지 않았을 것이며 황제와 서태후가 시안으로 도망가지 않았을 뿐만 아니라 청 왕조가 세계 각국과 어깨를 나란히 하여 승패를 겨룰 수 있었을 것이다. - 황성신문 -

① 구식 군인들이 주도하였다.
② 부청멸양을 구호로 내걸었다.
③ 청조 타도와 토지 균분을 내세웠다.
④ 윌슨의 민족 자결주의에 영향을 받았다.
⑤ 일본의 21개조 요구 철회를 주장하였다.

03
▸ 24060-0113

다음 자료를 활용한 탐구 활동으로 가장 적절한 것은?

> 대한 해협에서의 해전은 비극적이었다. 우선 해군의 장비가 열악했다. 영국에서 구입한 거리 측정기는 작동되지도 않았다. 우리 나라 사람들은 영국이 의도적으로 불량품을 만들었다고 말한다. 개전 전날 밤에 블라디보스토크에는 네 척의 순양함을, 제물포에는 한 척의 순양함을 정박시켰고, 나머지 함대들은 뤼순항에 있었다. 이 병력으로 일본에 대적할 수 없었던 우리 나라는 강력한 발트 함대를 발진시켰다. 그러나 우리 군은 적과 우리 함대를 식별조차 할 줄 몰랐다.

① 포츠머스 조약이 체결된 배경을 살펴본다.
② 류큐가 일본에 병합되는 과정을 조사한다.
③ 동학 농민 운동 당시의 국제 정세를 알아본다.
④ 신해혁명이 동아시아에 끼친 영향을 분석한다.
⑤ 연합국 최고 사령부가 설치된 계기를 알아본다.

04
▸ 24060-0114

(가) 운동에 대한 설명으로 옳은 것은?

> 중화민국 초기에 자유의 분위기가 형성되었으나, 그 기간은 길지 않았다. 곧 복고 풍조가 확산하였고 위안스카이는 독재 정치를 실시하며 황제가 되려는 시도를 이어 나갔다. 이러한 상황에서 천두슈 등의 지식인은 『신청년』을 통해 [(가)]을/를 전개하였다.

① 과학과 민주주의의 수용을 강조하였다.
② 서태후 등 보수파의 반발로 실패하였다.
③ 학생들이 홍위병을 조직하여 활동하였다.
④ 대일본 제국 헌법의 제정에 영향을 주었다.
⑤ 인민공사를 조직하여 농업 집단화를 추구하였다.

05

▸ 24060-0115

(가) 운동에 대한 설명으로 옳은 것은?

> 고종의 장례를 계기로 전국의 각계 대표 33인의 명의로 경성에서 독립 선언이 발표되었다. 우리 수천만 민중은 경성에서부터 지방 구석까지 일어나 호응하지 않는 이가 없어서, 그대로 하나의 전국적인 시위운동이 되었다. 각지의 혁명 군중이 '대한 독립 만세'를 높이 불렀다. 그러나 많은 탄압과 국외 원조의 결핍 등으로 인하여 이전에 없었던 [(가)]은/는 실패하게 되었다.

① 중체서용의 취지에서 전개되었다.
② 메이지 정부 수립의 배경이 되었다.
③ 난징 조약이 체결되는 계기가 되었다.
④ 중화민국이 수립되는 결과를 가져왔다.
⑤ 5·4 운동이 일어나는 데 영향을 끼쳤다.

06

▸ 24060-0116

밑줄 친 '전쟁' 시기에 있었던 사실로 옳은 것은?

> 중지나(中支那) 파견군 사령관 하타 슌로쿠는 루거우차오 사건이 있은 지 약 2개월이 지난 당시 일본군의 상황을 다음과 같이 판단하였다. "여러 차례 타격을 받았으나 중국군의 주력은 존재하고 있고, 국민당 정부도 통제력을 유지하며 장기 항전을 기도하고 있다. 일본 국내의 경제 상황이 낙관적이지 않은 상황에서 <u>전쟁</u>이 장기화하면 더욱 어려워질 것이므로 대내적으로 국가 총동원 체제를 정돈하고 점령 지역의 자원을 적극 활용하여야 한다."

① 경찰 예비대가 창설되었다.
② 제2차 국공 합작이 결성되었다.
③ 영일 동맹의 폐기가 결정되었다.
④ 중국에서 5·30 사건이 발생하였다.
⑤ 중국 공산당이 대장정을 단행하였다.

07

▸ 24060-0117

다음 자료를 활용한 탐구 주제로 가장 적절한 것은?

> 일본군이 신빈현에 진주해 영릉가에서의 패전에 대한 복수전을 준비한다는 소식이 들려왔다. 양세봉은 중국 의용군 리춘룬 부대 100여 명과 연합해 신빈현 왕칭먼에서 선제공격하였다. 양측 모두 다수의 사상자를 냈으나 조선 혁명군 총사령관 양세봉, 참모장 김학규 등이 직접 전투를 지휘한 끝에 승리하였다.

① 55년 체제의 붕괴
② 문화 대혁명의 영향
③ 6·25 전쟁의 전개 과정
④ 만주 사변 이후 한·중 연대
⑤ 베트남 사회주의 공화국의 수립

08

▸ 24060-0118

(가) 군사 조직에 대한 설명으로 옳은 것은?

> ○○일보 △△△△년 △월 △△일
>
> **한국 무력을 집중 운용**
>
> 한국 독립운동을 촉진하고 한국 혁명 역량을 집중하기 위하여 이번 달 15일 군사 위원회에서 특별히 명령하여 [(가)]을/를 한국광복군 제1지대로 개편하고, 그 부대원을 한국광복군에 편입하였다. …… 전(前) [(가)] 대장 김원봉은 한국광복군 부사령으로 임명되었다.

① 태평양 전쟁 중에 창설되었다.
② 청산리 전투에서 일본군을 격퇴하였다.
③ 일부 병력이 조선 의용군으로 편성되었다.
④ 태평천국 운동 진압 과정에서 활약하였다.
⑤ 미국의 지원으로 국내 진공 작전을 추진하였다.

정답과 해설 28쪽

1

▸ 24060-0119

다음 자료를 활용한 탐구 활동으로 가장 적절한 것은?

> 일본 주재 러시아 · 프랑스 · 독일의 공사는 일본 외무성에 출두하여 각서를 제시하였다. 그 각서의 내용은 다음과 같다. "일본이 요구하는 랴오둥반도의 영유는 청국의 수도에 항구적인 위협이 될 뿐만 아니라, 동시에 조선의 독립을 허구로 만들 것이며, 동아시아 평화에 영구적인 장애물이 될 것이기 때문에 랴오둥반도의 영유를 포기할 것을 권고한다."

① 연합국 최고 사령부의 활동을 살펴본다.
② 합영법의 제정이 가져온 성과를 조사한다.
③ 제2차 국공 합작이 성립한 계기를 알아본다.
④ 시모노세키 조약의 체결이 끼친 영향을 분석한다.
⑤ 국제 연맹이 리튼 조사단을 파견한 이유를 찾아본다.

2

▸ 24060-0120

밑줄 친 '전쟁'에 대한 설명으로 옳은 것은?

> 대규모 군중이 도쿄의 히비야 공원에 집결하여 강화 조약의 체결을 반대하는 집회를 열었다. 전쟁으로 일본이 뤼순·다롄의 조차권과 창춘 이남의 철도 부설권 등을 얻어 냈지만 그들의 기대에 미치지는 못하였고, 특히 상대국으로부터 배상금을 받아 내지 못했다는 사실에 그들은 분노하였다. 전쟁 과정에서 가족의 희생과 높은 세금 부담을 감내해 왔던 그들은 보상을 원하였고, 이를 위해서는 배상금이 필요하다고 성토하였다. 결국 집회는 유혈 시위로 확대되었고, 내무대신의 관저, 친정부 성향의 신문사, 파출소 등이 공격을 받아 소각되었다.

① 공행 무역이 폐지되는 계기가 되었다.
② 인천 상륙 작전으로 전세가 역전되었다.
③ 동학 농민 운동의 전개 과정에서 발발하였다.
④ 을사조약이 강제로 체결되는 데 영향을 주었다.
⑤ 청에서 크리스트교 포교의 자유가 인정되는 결과를 가져왔다.

3

▸ 24060-0121

(가), (나) 국가에 대한 설명으로 옳은 것은?

> 이제 (가) 은/는 파리 강화 회의에서 칭다오의 병탄 등 일체의 권리를 요구하여 성공시키려 하고 있다. 그들의 외교는 대성공하였고, 우리 (나) 의 외교는 대실패하였다. …… 그러므로 우리는 금일 대오를 짜서 각국 공사에게 가서 공리를 옹호해 달라고 요구하려는 것이다. 전국의 상공업계가 일제히 결기해서 국민 대회를 개최하여, 밖으로 주권을 쟁취하고 안으로 매국노를 제거하기를 간절히 바란다. 우리의 존망은 이 거사에 달려 있다.

① (가)는 제2차 아편 전쟁을 일으켰다.
② (가)는 제1차 사이공 조약으로 영토를 할양받았다.
③ (가)는 루거우차오 사건을 구실로 (나)를 침략하였다.
④ (나)는 하와이의 진주만을 기습 공격하였다.
⑤ (나)는 만주 사변을 계기로 하여 수립되었다.

4

▸ 24060-0122

(가) 회의에 대한 설명으로 옳은 것은?

> 제○○호
>
> **동아시아사 신문**
>
> **미국 언론, 산둥반도 반환 결정 환영**
>
> (가) 에 참여하고 있는 일본의 전권 위임 대표는 성명을 통하여 일본은 만주 및 동부 내몽골에 있는 모종의 독점적 특권을 제외하고 중국에 대해 열강과 평등한 입장에 설 의향이 있음을 공표하였다. 이에 대해 뉴욕의 한 언론은 "미국인들 대부분이 (가) 에서 논의된 일본의 산둥반도 반환 문제에 대해 의문을 품고 있었는데, 드디어 오늘 일본이 그 이행을 결연히 약속하였다."라고 전하였다.

① 소련의 대일전 참전을 결정하였다.
② 한국의 독립을 최초로 약속하였다.
③ 열강의 군비 축소 문제를 논의하였다.
④ 애치슨 라인의 발표에 영향을 받았다.
⑤ 3·1 운동이 일어나는 배경이 되었다.

5

▸ 24060-0123

다음 선언이 발표된 시기를 연표에서 옳게 고른 것은?

군벌 자신은 인민과 이해를 달리하여 자력으로 생존할 수 없기에 제국주의 열강과 관계를 맺지 않을 수 없다. …… 국민당의 주의란 무엇일까? 쑨원 선생이 제창한 삼민주의이다. …… 국민 혁명은 마땅히 이 원칙에 따라 단계적으로 진행되어야 한다. 이번에 조직과 기율을 단호히 개조하는 것에 특별한 뜻을 둔 것은 각 당원의 능력을 발휘시키고 노력, 분투시켜 삼민주의를 관철하고자 함이다.

	(가)	(나)	(다)	(라)	(마)
신축 조약 체결	중화민국 수립	5·4 운동 발생	만주국 수립	중일 전쟁 발발	태평양 전쟁 발발

① (가) ② (나) ③ (다) ④ (라) ⑤ (마)

6

▸ 24060-0124

밑줄 친 '3년 동안'에 있었던 사실로 옳은 것은?

한국광복군 총사령 지청천은 어제 오전 9시 한국광복군 성립 3주년 기념 대회에서 다음과 같이 연설하였다. "우리 군대는 이미 3년 동안의 역사가 있다. 그동안 위대한 성취가 없어 보고할 만한 것은 없으나, 국토를 광복하여 고향으로 돌아가려는 우리의 신념은 날로 증가하고 있다. 지난 3년 동안 장 위원장 및 하 총장의 끊임없는 협조로 본 군대가 신속히 발전할 수 있게 되어 우리는 매우 감격스럽다. …… 우리는 어떠한 희생도 아끼지 않고 작전에 임하여 우리의 목적을 관철할 것이다."

① 난징 대학살이 일어났다.
② 포츠담 선언이 발표되었다.
③ 국가 총동원법이 제정되었다.
④ 미드웨이 해전이 발발하였다.
⑤ 일본이 국제 연맹을 탈퇴하였다.

THEME 09

제2차 세계 대전 전후 처리와 냉전 체제

1 제2차 세계 대전의 전후 처리

(1) 연합국의 전후 처리 구상

① 제2차 세계 대전 중의 국제 회담

카이로 회담 (1943. 11.)	• 미국, 영국, 중국 참가 • 일본의 점령지 반환과 한국의 독립 결정
얄타 회담 (1945. 2.)	• 미국, 영국, 소련 참가 • 전후 독일의 처리 문제 논의 • 소련의 대일전 참전 결정
포츠담 선언 (1945. 7.)	• 미국, 영국, 중국 참가(소련은 8월에 동참) • 일본에 무조건 항복 요구 • 카이로 선언의 이행 재확인

② 일본의 항복 : 미국의 원자 폭탄 투하 및 소련군의 대일전 참전 → 일본의 무조건 항복(1945. 8. 15.)

③ 국제 연합[UN]의 결성(1945. 10.) : 국제 평화와 안전 유지를 목적으로 결성

(2) 일본에 대한 전후 처리

① 미군의 일본 점령 : 도쿄에 미군 주도의 연합국 최고 사령부[SCAP/GHQ] 설치

② 전후 개혁

목표	일본의 비군사화 · 민주화
내용	군국주의자의 공직 추방, 군대 해체, 재벌 및 농지 개혁, 여성 투표권 부여 등

③ 극동 국제 군사 재판(도쿄 재판, 1946~1948)

목적	포츠담 선언에 따른 일본의 주요 전쟁 범죄자 처벌
내용	기소된 A급 전범에 대해 사형 등 유죄 판결 → 사형이 집행되거나 감옥에서 사망한 자 등을 제외하고 이후 석방
한계	• 주요 피해국인 아시아 국가의 의견이 제대로 반영되지 않음 • 천황 및 전쟁에 협력한 관료와 재벌의 책임을 제대로 묻지 않음

④ 신헌법(평화 헌법) 제정(1946) : 천황을 상징적 존재로 규정, 일본의 군사력 보유 금지 및 교전권 불인정, 주권 재민의 원칙에 따른 인권 보호 조항 강화

⑤ 미국의 대일본 정책 변화

배경	소련과의 대립 격화, 중국과 북한의 공산화 등
방향	일본을 동아시아에서 공산 세력에 대항하는 전략 거점으로 삼고자 함
내용	일본 경제의 재건 강조, 군국주의 세력의 복귀 허용 등

⑥ 샌프란시스코 강화 조약 체결(1951)

개요	제2차 세계 대전의 전후 처리를 위해 연합국과 일본이 체결
결과	일본의 주권 회복(1952), 조약 체결 직후 미일 안보 조약(미일 안전 보장 조약) 체결
한계	일본의 전쟁 책임과 피해국 배상 문제가 제대로 처리되지 못함, 한국·중국 등 피해국이 회의에 초청받지 못함, 소련 등의 조인 거부

(3) 한반도의 전후 처리

① 전개 : 북위 38도선을 경계로 하여 남쪽은 미군, 북쪽은 소련군이 주둔하며 군정 시행 → 국제 연합의 감시 아래 선거가 가능한 지역에서만 총선거 실시(1948. 5.)

② 결과 : 대한민국 정부 수립(1948. 8.), 조선 민주주의 인민 공화국 정부 수립(1948. 9.)

2 냉전과 동아시아의 전쟁

(1) 동아시아 냉전 체제의 형성

① 냉전 체제 : 제2차 세계 대전 이후 미국과 소련이 중심이 되어 체제와 이념을 둘러싸고 대립한 국제 질서

② 영향 : 미국과 소련이 동아시아에서 각각 자기 진영에 유리한 정부가 수립되도록 자본주의 진영과 사회주의 진영 지원

(2) 중국의 국공 내전

① 발발 : 일본의 패망 이후 중국 국민당과 중국 공산당이 대립 → 미국의 중재로 전개된 평화 협상 실패 → 내전 본격화(1946)

② 전개

초기	병력과 장비가 우월한 중국 국민당군이 우세 → 만주와 화베이(화북)의 주요 도시와 중국 공산당의 근거지였던 옌안 점령
경과	• 중국 공산당 : 점령 지역에서 토지 개혁 실시 → 농민들의 지지 획득 • 중국 국민당 : 관리들의 부패와 심각한 인플레이션 발생 → 민심 잃음

③ 결과

중국 공산당	중국 본토 대부분 장악 → 중화 인민 공화국 수립(1949)
중국 국민당	타이완으로 근거지 이동(1949)

④ 영향 : 동아시아의 냉전 심화 → 미국이 중국 대륙에 대한 경제 봉쇄 정책 실시, 일본의 방공 기지 역할 강화

(3) 6 · 25 전쟁

① 전쟁 이전 상황

한국	대한민국 정부 수립 이후 미군 철수(1949)
중국	중화 인민 공화국 수립(1949) → 국공 내전에 참여했던 조선 의용군이 북한으로 이동
미국	태평양 방위선에서 한국 등을 제외(애치슨 선언, 1950. 1.)
북한	소련과 중국의 동의 및 지원을 받아 전쟁 준비

② 전개

전쟁 발발	북한군의 전면적인 남침(1950. 6. 25.)
전세 변화	미군 주도의 유엔군 참전 → 인천 상륙 작전(1950. 9.)으로 전세 역전 → 한국군과 유엔군이 압록강 유역까지 진격 → 중국군의 개입 → 한국군과 유엔군 후퇴 → 북위 38도선 부근에서 전선 교착
정전 회담	정전 회담 시작(1951. 7.) → 군사 분계선 설정과 포로 송환 문제로 장기화 → 정전 협정 체결(1953. 7. 27.)

③ 영향

미국	• 샌프란시스코 강화 조약과 미일 안보 조약 체결(1951) • 오키나와 미군 기지를 중심으로 군사적 방공망 구축
일본	• 유엔군에 각종 보급품과 장비 공급 → 경제 회복 • 경찰 예비대 창설(1950. 8.)
타이완	미국과 중국의 대립 속에 미국의 전면적인 지지 획득
중국	사회주의권에서 정치적 위상 상승, 내부 정치 통합의 기반 마련

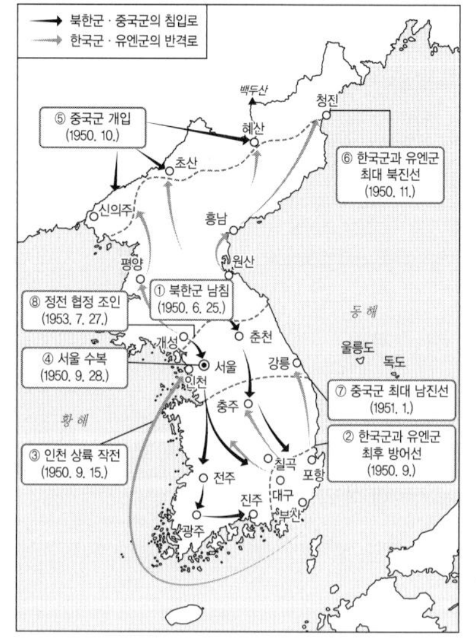

◀ 6·25 전쟁의 전개 과정

(4) 베트남 전쟁

① 베트남·프랑스 전쟁

배경	일본의 항복 선언 이후 호찌민이 베트남 민주 공화국 수립 선포(1945) → 프랑스가 베트남의 독립을 인정하지 않음
전개	베트남과 프랑스의 전쟁 → 베트남 민주 공화국 승리
결과	제네바 협정 체결(1954. 7.) : 프랑스군의 철수, 북위 17도선을 경계로 한 남북 분단, 통일을 위한 2년 내의 총선거 실시 등 합의

② 베트남 공화국의 수립과 베트남 전쟁의 전개

• 통일 정부 수립 무산 : 미국의 지원을 받은 남베트남이 총선거를 거부 → 베트남 공화국 수립(1955)

• 남베트남 민족 해방 전선(베트콩)의 결성(1960) : 남베트남 정부에 저항, 호찌민의 북베트남 정부로부터 지원받음

③ 미국의 참전과 베트남 전쟁의 확대

• 미국의 참전 : 통킹만 사건(1964)을 빌미로 미국이 북베트남 폭격 본격화, 전투 부대 파병

• 전쟁의 확산 : 미국 외에 한국 등 미국의 동맹국도 파병, 북한·중국·소련은 북베트남 지원

④ 전쟁의 종결

• 미군의 철수 : 전쟁의 장기화 등으로 인한 반전 운동 확산, 막대한 재정 부담과 인명 피해 등 미국의 어려움 가중 → 닉슨 독트린 발표(1969), 미군의 단계적 철수 추진 → 파리 평화 협정(베트남 평화 협정)을 체결(1973)하여 미군 철수

• 베트남의 통일 : 미군 철수 이후 북베트남이 남베트남의 수도 사이공 점령(1975) → 베트남 사회주의 공화국 수립(1976)

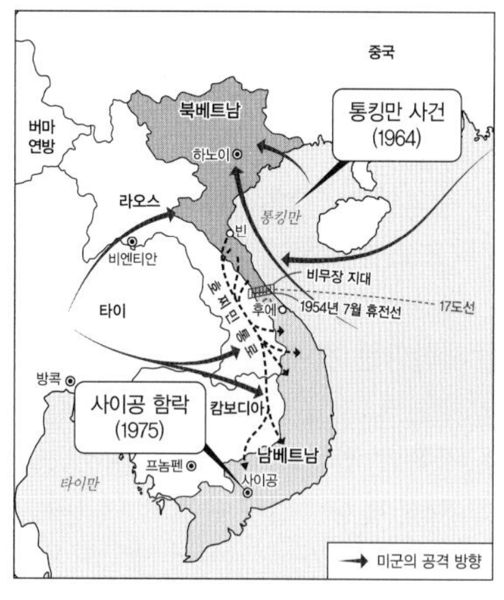

◀ 베트남 전쟁의 전개 과정

3 동아시아 각국의 국교 수립

(1) 냉전 체제하의 국교 수립

① 일본과 중화민국(타이완)의 국교 수립 : 일화 평화 조약 체결(1952)

② 한국과 일본의 국교 수립

배경	• 미국 : 동아시아 안보 체제 강화를 위해 한·일 협력 요구 • 한국 : 경제 발전을 위해 일본의 자본과 기술 필요 • 일본 : 수출 시장 확대를 위해 한국과의 교역 필요
갈등	• 한국 : 식민 지배에 대한 사죄와 배상 없는 굴욕 외교라는 비판 대두 • 일본 : 군사 동맹으로 이어져 평화 헌법을 위협할 수 있다는 우려로 반대
결과	한일 기본 조약 체결(1965)

(2) 냉전 체제의 완화와 국교 수립

① 닉슨 독트린(1969)

배경	베트남 전쟁의 장기화, 미국 내 반전 여론 확대
내용	아시아 문제는 미국의 군사적 개입을 최소화하고 아시아 각국이 스스로 해결해야 한다는 미국의 새로운 외교 원칙 천명

② 미국과 중국의 국교 수립

배경	닉슨 독트린 이후 미국의 대중국 정책 변화, 중·소 분쟁
내용	• 중국의 국제 연합[UN] 가입(1971) • 미국 대통령 닉슨의 중국 방문, 미중 공동 성명 발표(1972) • 미·중 국교 수립(1979) → 미국은 타이완과 국교 단절

③ 중국과 일본의 국교 수립 : 중일 공동 성명(1972)

중국	일본에 대한 전쟁 배상 청구권 포기
일본	• 중화 인민 공화국을 중국의 유일한 합법 정부로 인정 • 타이완과 국교 단절

(3) 냉전 체제 해체와 국교 수립

① 한국과 중국의 국교 수립(1992), 한국은 타이완과 국교 단절

② 한국과 베트남의 국교 수립(1992)

(4) 북한의 대외 관계

① 소련과 멀어지며 중국에 대한 의존도 심화

② 일본과 국교 수립 추진 : 북핵 문제와 일본인 납치 문제로 실패

자료 탐구 1 샌프란시스코 강화 조약 이해

정답과 해설 30쪽

1단계 자료 분석

[2024학년도 9월 수능 모의평가]

- 중국이 (가) 에서 제외된 것은 매우 유감스러운 일이나. 중국은 일본의 침략으로 심각하게 고통을 받았다. 그러나 중국에서 벌어진 내전으로 인해 연합국은 중국 국민을 대표하는 정부가 존재한다는 것에 대해 의견의 일치를 보지 못했다.
- 일본과의 장기간에 걸친 가혹한 전쟁을 치렀던 중국인은 중대한 손해를 입었다. 그 때문에 중국인의 유일한 대표자로서 중화 인민 공화국 정부는 (가) 에서 제외되어서는 안 되는 일이다.

중국 국민을 대표하는 정부가 존재한다는 것에 대해 연합국이 의견의 일치를 보지 못하여 중국이 제외되었다는 점, 이에 대해 중화 인민 공화국 정부가 반발하였다는 점을 통해 (가) 조약이 1951년에 체결된 샌프란시스코 강화 조약임을 알 수 있다. 일본의 주권 회복에 대한 내용을 담고 있는 샌프란시스코 강화 조약은 소련 등이 조인하지 않았다는 점, 일본의 식민지 배상 및 전쟁 책임 문제가 명기되지 않았다는 점, 일본이 일으킨 전쟁의 피해국인 한국과 중국이 체결 과정에 참여하지 못했다는 점 등의 한계가 있다.

2단계 유형 연습

▸ 24060-0125

1 (가) 조약에 대한 설명으로 옳은 것은?

일본과 연합국 사이에 체결된 (가) 은/는 다음과 같은 한계점들이 있습니다.

1. 소련 등이 미국 주도의 강화에 반대하며 조인하지 않았다.
2. 일본에 대한 주요 연합국의 배상 청구권 포기를 규정하였다.
3. 일본의 식민지 배상 및 전쟁 책임 문제가 명기되지 않았다.

① 워싱턴 체제의 수립으로 이어졌다.
② 일본의 주권 회복 내용을 담고 있다.
③ 삼국 간섭이 일어나는 배경이 되었다.
④ 미국의 중재로 포츠머스에서 체결되었다.
⑤ 미국과 일본의 군사 동맹 관계를 규정하였다.

자료 탐구 2 1972년의 상황 파악

정답과 해설 30쪽

1단계 자료 분석

[2024학년도 6월 수능 모의평가]

미국 대통령 닉슨은 중국의 총리 저우언라이와 함께 어제 상하이에서 공동 성명을 발표하였습니다. 미국은 타이완에서 미군을 점진적으로 철수할 것을 약속하였습니다. 또한, 고위 대표를 베이징에 수시로 파견할 것을 밝히며 국교 수립을 위한 소통의 창구를 마련하였습니다.

미국 대통령 닉슨이 중국 총리 저우언라이와 함께 공동 성명을 발표하였다는 내용을 통해 제시된 자료가 미중 공동 성명(1972)과 관련이 있음을 알 수 있다. 1969년 닉슨 독트린을 발표하며 베트남에서의 철수를 준비하던 미국은 당시 소련과 대립하던 중국과의 관계 개선을 시도하였다. 그 결과 1972년 닉슨이 중국을 방문하며 미중 공동 성명이 발표되었으며, 1979년 미국과 중국은 공식으로 수교하였다.

2단계 유형 연습

▸ 24060-0126

2 밑줄 친 '올해'에 있었던 사실로 옳은 것은?

[특집 기사]

미국과 중국의 외교 향방은?

<u>올해</u> 초 닉슨이 중국을 방문하고 미국과 중국이 공동 성명을 발표하는 등의 커다란 외교적 이슈가 있었다. 중국의 대외 정책이 변화한 결정적인 이유는 엄청난 국방비 지출과 소련의 세력 팽창에 있었다. 중·소 국경에 소련군 50여 개 사단이 포진하고 있는 상황에서 중국이 자국에 대한 소련의 위협을 저지하기 위해서는 미국의 힘이 필요했기 때문이다.

① 미국과 중국이 수교하였다.
② 베트남 공화국이 수립되었다.
③ 파리 평화 협정이 체결되었다.
④ 중일 공동 성명이 발표되었다.
⑤ 5·18 민주화 운동이 전개되었다.

정답과 해설 30쪽

01

▸ 24060-0127

(가) 선언에 대한 설명으로 옳은 것은?

7월 26일 미 · 영 · 중 3국의 정상들이 일본을 향해 (가) 을/를 발표하였다. 이에 대해 일본의 스즈키 간타로 총리는 7월 28일의 기자회견에서 (가) 은/는 카이로 선언의 되풀이에 지나지 않는다며 이를 묵살하겠다는 의사를 밝혔다. 일본의 반응을 확인한 미국은 다음 달 6일 히로시마에, 9일 나가사키에 원자 폭탄을 투하하였다.

① 일본의 무조건 항복을 요구하였다.
② 한국의 독립을 최초로 약속하였다.
③ 애치슨 라인 발표의 영향을 받았다.
④ 일본의 주력함 보유 비율을 제한하였다.
⑤ 일본이 국제 연맹을 탈퇴하는 계기가 되었다.

02

▸ 24060-0128

밑줄 친 '내전'에 대한 설명으로 옳은 것은?

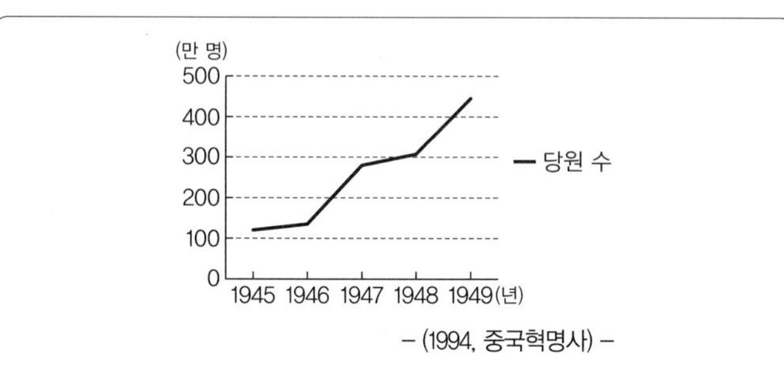

– (1994, 중국혁명사) –

위 그래프는 1945년에서 1949년까지 중국 공산당 당원 수의 변화 추이를 보여 주고 있다. 시간이 흐를수록 그 수가 급증하는 모습을 볼 수 있는데, 이는 일제 패망 이후 중국에서 전개된 내전 당시 중국 공산당이 점령지에서 토지 개혁 등을 추진하면서 민심을 확보한 영향이 컸다.

① 양무운동의 배경이 되었다.
② 난징 조약이 체결되면서 종결되었다.
③ 루거우차오 사건을 계기로 발발하였다.
④ 진상 조사를 위해 리튼 조사단이 파견되었다.
⑤ 중국에서 사회주의 국가가 수립되는 계기가 되었다.

03

▸ 24060-0129

(가) 재판이 전개되던 시기에 있었던 사실로 옳은 것은?

연합군의 일본 진주와 더불어 연합국 최고 사령부[SCAP/GHQ]는 다수의 전범 용의자를 체포하였다. 그중 도조 히데키 이하 28명에 대한 (가) 이/가 진행되었고 나머지 A급 전범 용의자들은 스가모 구치소에 수감되거나 자택에 연금되었다. 이는 이들에 대한 추가적인 재판이 예정되어 있었다는 것을 의미한다. 그러나 연합국 최고 사령부는 28명 중 판결 전 사망한 2명과 정신 이상으로 재판에서 배제된 1명을 제외한 25명에 대해서만 사형과 종신형 등을 선고한 후 더 이상 A급 전범에 대한 재판은 없다고 선언하였다. 그리고 기시 노부스케 등의 A급 전범들을 재판에 회부하지도 않은 채 전원 석방하였다.

① 합영법이 제정되었다.
② 베트남 사회주의 공화국이 수립되었다.
③ 한국광복군이 국내 진공 작전을 준비하였다.
④ 중국 국민당 정부가 타이완으로 근거지를 옮겼다.
⑤ 한반도의 38도선 이남에서 미군이 군정을 시행하였다.

04

▸ 24060-0130

밑줄 친 '새 헌법'에 대한 설명으로 옳은 것은?

[역사 속 오늘]

11월 3일, 일본에서 새 헌법 공포

1946년 오늘은 일본에서 새 헌법이 모습을 드러낸 날입니다. 더글라스 맥아더가 이끄는 연합국 최고 사령부를 중심으로 작성된 초안이 일본 측의 심의와 수정을 거친 끝에 1946년 11월 3일 정식으로 공포되었습니다. 이로써 천황은 '일본국의 상징이자 일본 국민 통합의 상징'으로 규정되었으며, 이 원칙은 오늘날까지 이어지고 있습니다.

① 일본의 교전권을 부인하였다.
② 제국 의회 설립의 기반이 되었다.
③ 흠정 헌법 대강 선포에 영향을 주었다.
④ 총통 직선제가 시행되는 결과를 가져왔다.
⑤ 6월 민주 항쟁을 계기로 개헌이 이루어졌다.

05

▸ 24060-0131

밑줄 친 '전쟁' 시기에 있었던 사실로 옳은 것은?

전쟁 개시에 대한 소식이 막대한 충격과 함께 워싱턴에 전해졌습니다. 오늘 애치슨 국무 장관은 쉬지 않고 부서의 주요 책임자들과 협의를 했고 오후에는 육군 참모 총장 콜린스 장군이 여기에 합류했습니다. …… 미 국방부는 남한에 단지 장갑차만 배치되어 있으며, 남한이 보유하고 있던 군용기는 적군의 초기 폭격에 의해 파괴되었다고 전했습니다. 그리고 서울의 군수품 보유고로는 약 10일간의 전투만 가능할 것으로 산정했습니다.

① 얄타 회담이 개최되었다.
② 미드웨이 해전이 발발하였다.
③ 샌프란시스코 강화 조약이 체결되었다.
④ 남베트남 민족 해방 전선이 결성되었다.
⑤ 민주화를 요구한 톈안먼 사건이 일어났다.

06

▸ 24060-0132

밑줄 친 '이 시기' 동아시아 각국의 상황으로 옳은 것은?

이 건물의 7층에 위치한 일본 – 타이완 교류 협회는 일본과 타이완 사이의 창구 역할을 하고 있습니다. 일본과 타이완이 국교를 유지했던 이 시기에는 정식으로 대사관이 존재하였지만 단교 이후 폐쇄되었고, 대신 민간 교류를 유지하기 위해 이 협회가 설립되었습니다.

① 한국 – 일본과 수교하였다.
② 중국 – 5·30 사건이 발발하였다.
③ 일본 – 비자민당 연립 정권이 수립되었다.
④ 베트남 – 도이머이 정책이 채택되었다.
⑤ 타이완 – 일부 섬을 제외하고 계엄령이 해제되었다.

07

▸ 24060-0133

(가) 전쟁에 대한 탐구 활동으로 가장 적절한 것은?

〈무기로 보는 역사 – M16 소총〉

AK–47과 더불어 현대적인 돌격 소총을 대표하는 무기이다. 통킹만 사건을 빌미로 미국이 직접 개입한 (가) 에서 기존의 M14 소총 대신 미군의 표준 소총으로서 본격적으로 사용되기 시작하였다. (가) 에 참전한 한국군도 미국으로부터 지급받아 사용하였으며, 이후 한국군의 표준 소총으로 지정되었다.

① 제1차 사이공 조약의 내용을 분석한다.
② 동북 항일 연군의 활동 지역을 알아본다.
③ 파리 평화 협정이 체결된 배경을 파악한다.
④ 일본이 21개조 요구를 제시한 이유를 살펴본다.
⑤ 유엔군의 활약으로 전세가 역전된 사례를 조사한다.

08

▸ 24060-0134

밑줄 친 '외교 방침'이 끼친 영향으로 가장 적절한 것은?

미국 대통령 닉슨은 괌에서 가진 기자 회견을 통해 향후 미국의 외교 방침에 대해 발표하였다. 미국은 아시아의 평화를 위해 여전히 주요한 역할을 담당하겠지만, 자국의 안보는 우선적으로 자국의 노력에 의해 지켜져야 한다는 것이 그 핵심 내용이었다. 귀국 후 그는 의회 지도자들을 초청한 자리에서 "아시아 국가가 내부 위협으로 곤란을 겪을 경우 전적으로 그들 스스로 대처하도록 하며, 외부 침략의 경우 미국은 무기와 물자의 형태로 지원을 하겠지만 지상군 파견은 하지 않을 것"이라고 밝혔다.

① 대한민국 정부가 수립되었다.
② 미중 공동 성명이 발표되었다.
③ 프랑스군이 베트남에서 철수하였다.
④ 미일 수호 통상 조약이 체결되었다.
⑤ 중국에서 문화 대혁명이 시작되었다.

1

▶ 24060-0135

(가), (나) 회담에 대한 설명으로 옳은 것은?

제2차 세계 대전의 주요 지도자들 – 연합국 편

프랭클린 루스벨트(미국) | 윈스턴 처칠(영국) | 장제스(중국) | 이오시프 스탈린(소련)

미국의 제32대 대통령으로, 제2차 세계 대전 당시 미국을 이끌었다. 전쟁에서 연합국의 승리가 가시화됨에 따라 전후 처리 방안을 구상하기 위해 연합국의 주요 정상들과 회담을 가졌다. 먼저 1943년 11월에는 영국의 처칠, 중국의 장제스와 함께 아프리카의 이집트에서 개최된 (가) 에 참석하였다. 이후 전쟁이 막바지에 접어들던 1945년 2월에는 소련에서 개최된 (나) 에서 영국의 처칠, 소련의 스탈린과 전후 독일의 처리 문제 등을 논의하였다. 그러나 승전을 눈앞에 두고 1945년 4월 뇌출혈로 사망하였으며, 전쟁의 최종 마무리는 당시 부통령이었던 해리 트루먼의 몫으로 남게 되었다.

① (가) – 일본이 국제 연맹을 탈퇴하는 결과를 낳았다.
② (가) – 중국에서 5·4 운동이 일어나는 배경이 되었다.
③ (나) – 한국의 독립을 최초로 약속하였다.
④ (나) – 소련이 대일전에 참전하는 계기가 되었다.
⑤ (나) – 일본 등 5개국의 해군 군비 축소를 결정하였다.

2

▶ 24060-0136

밑줄 친 '이 시기'에 있었던 사실로 옳은 것은?

도쿄에 위치한 이 건물은 1930년대에 처음 지어진 후 증축 등을 거쳐 오늘날의 모습을 갖추었으며, 현재 일본의 기업이 사용하고 있다. 일본이 연합국 최고 사령부의 통치하에 있던 이 시기에는 연합국 최고 사령부 본부로 이용되기도 하였다. 연합국 최고 사령부의 사령관이었던 더글라스 맥아더의 집무실이 건물 내에 보존되어 있다.

① 4·19 혁명이 일어났다.
② 베트남 공화국이 수립되었다.
③ 리튼 조사단이 만주에 파견되었다.
④ 일본에서 경찰 예비대가 창설되었다.
⑤ 한반도에서 정전 협정이 체결되었다.

3

▸ 24060-0137

다음 자료를 활용한 탐구 활동으로 가장 적절한 것은?

> 일본 정부는 가능한 빠른 시일 내에 강화 조약의 체결을 희망한다. 그리고 이러한 조약이 성립된다 해도 그 이후 일본 및 아시아 지역의 안전을 보장하기 위해서 미국의 군대를 일본에 주둔시킬 필요가 있다. 만약 미국 측에서 이를 희망한다고 말하기 어렵다면 일본 정부로서는 일본이 요청하는 방안을 연구할 수 있다. 이 점에 대해서 여러 헌법학자의 의견을 참고하고 있는데, 헌법학자들은 미군을 일본에 주둔시킨다는 조항이 만약 강화 조약 자체에 들어간다면 헌법상의 문제가 적지 않겠지만 일본이 다른 형태로 주둔을 의뢰하는 것은 일본 헌법에 위배되지 않는다고 말하고 있다.

① 워싱턴 체제의 특징을 분석한다.
② 제국 의회의 설립 경위를 살펴본다.
③ 닉슨 독트린의 발표가 가져온 결과를 찾아본다.
④ 포츠머스 조약의 체결 배경과 그 내용을 알아본다.
⑤ 중화 인민 공화국의 수립이 끼친 영향을 파악한다.

4

▸ 24060-0138

(가) 전쟁 시기에 있었던 사실로 옳은 것은?

1. 우리 중국은 수십 년간 전쟁을 치렀고 아직 그 상처가 회복되지 않았으며 재정도 곤란한 형편이다.
2. 중국 내부에도 변경 지역 및 연해 도서 지방에 아직 해방되지 않은 지역이 있고, 약 100만 명에 달하는 국민당 잔여 세력을 시급히 숙청해야 한다.
3. 광대한 신(新) 해방 지구에서 아직 토지 개혁이 진행되지 않고 있으며, 우리 정권의 기반 역시 공고하지 못하다.
4. 아군의 무기와 장비는 미군에 비해 너무 낙후되어 있다. 더욱이 제공권과 제해권을 갖고 있지 못하다.
5. 장기간 전쟁으로 인한 고통이 극심하여 일부 군인들 간에 전쟁을 피하자는 정서가 퍼져 있다.

중국군의 (가) 참전 여부를 논의하는 회의에서 참전을 반대하는 사람들은 이러한 이유들을 제시하였습니다. 하지만 펑더화이 등의 강경론자들은 한반도에서 미국의 세력이 확장되는 것을 극도로 경계하며 참전의 필요성을 강조하였고, 마오쩌둥 역시 이에 동의하면서 결국 파병이 이루어졌습니다.

① 애치슨 라인이 발표되었다.
② 조선 의용대가 조직되었다.
③ 일본과 타이완이 국교를 수립하였다.
④ 극동 국제 군사 재판(도쿄 재판)이 전개되었다.
⑤ 한반도의 38도선 이남에서 미군정이 시행되었다.

5

▸ 24060-0139

밑줄 친 '이 전쟁'에 대한 설명으로 옳은 것은?

4월 15일, 미국의 존슨 대통령은 호찌민에게 협상을 요구하였다. 4년 전의 사건을 빌미로 미국이 이 전쟁에 개입할 당시 남베트남 민족 해방 전선과 그들을 돕는 호찌민 정부는 미국에게 없어져야 할 대상이었으나 이제는 대화의 대상이 되었다. 존슨은 만약 호찌민이 미국의 제안을 받아들이지 않을 경우 엄청난 보복이 따를 것이라는 경고를 하였다. 그러나 먼저 물러난 것은 호찌민이 아니라 존슨이었다. 존슨은 공산주의의 확산을 막기 위해 이 전쟁에 개입하였지만 미군은 많은 어려움을 겪었고, 미국 내에서는 반전 여론이 거세지고 있었다. 이 같은 분위기 속에서 존슨은 결국 그 해 11월에 치러진 미국 대통령 선거에 출마하지 못하고 재선을 포기하였다.

① 미드웨이 해전으로 전세가 역전되었다.
② 삼국 간섭이 일어나는 결과를 가져왔다.
③ 파리 평화 협정이 체결되는 배경이 되었다.
④ 전개 과정에서 일본이 21개조 요구를 제시하였다.
⑤ 북위 17도선을 기준으로 베트남이 분할되는 계기가 되었다.

6

▸ 24060-0140

(가), (나) 시기 사이에 있었던 사실로 옳은 것은?

(가) 닉슨은 1시간여 동안 베이징의 징산 공원에 위치한 중난하이 관저에서 마오쩌둥과 회담을 가졌다. 마오쩌둥이 "너무도 시급히 해결해야 할 일이 많소."라고 말하자, 닉슨은 "세계는 돌고 있으며 시간은 자꾸 흘러갑니다. 시간을 바로 붙잡읍시다. 오늘이야말로 중국과 미국의 두 나라 국민이 힘을 합쳐 세상을 보다 발전시킬 때입니다."라고 하였다.

(나) 미국과 중국은 근 30년에 걸친 냉전과 대립의 시대를 청산하고 국교를 수립함으로써 국제 관계에 있어 새로운 시대를 열었다. 카터는 "양국의 수교가 새로운 우호 협력 관계를 열어 세계 및 아시아 태평양 지역의 평화에 기여하게 될 것"이라고 하였다. 또한 "우리와 타이완의 외교 관계는 단절되지만, 경제적 관계는 법인 형식의 비공식 기구에 의해 유지될 것"이라고 밝혔다.

① 대약진 운동이 시작되었다.
② 중일 공동 성명이 발표되었다.
③ 신헌법(평화 헌법)이 제정되었다.
④ 한국과 중국이 국교를 수립하였다.
⑤ 중국이 세계 무역 기구[WTO]에 가입하였다.

THEME 10 동아시아의 경제 성장과 정치 발전 ~ 갈등과 화해

1 동아시아 국가의 경제 성장

(1) 일본의 경제

패전 직후	전쟁 패배로 인한 극심한 경제난
1950년대 중반~1970년대	미국의 지원, 6·25 전쟁 및 베트남 전쟁 특수 → 고도성장, 석유 파동 극복, 경제 대국으로 성장
1980년대	미국과 무역 마찰 → 플라자 합의(1985)로 엔화 평가 절상 → 금리 인하에 따른 경기 과열로 거품 경제 형성
1990년대	거품 경제 붕괴로 장기 불황

(2) 한국의 경제

1950년대	미국의 원조 물자에 기반한 소비재 공업 발달
1960년대	경제 개발 5개년 계획 본격화, 수출 주도형 경제 정책 추진
1970년대	중화학 공업 발전, 두 차례의 석유 파동으로 위기
1980년대	3저 호황으로 경제 성장
1990년대	외환 위기 발생(1997) → 외자 유치와 구조 조정으로 극복

(3) 타이완의 경제

① 중소기업을 중심으로 제조·무역·서비스업 발전

② 2000년대 들어 마이너스 성장 → 점차 회복

(4) 중국의 경제 변화

① 사회주의 계획 경제 정책 추진 : 토지 개혁을 통해 농민에게 토지 분배, 주요 기업 국영화, 합작사 중심의 농업 집단화

② 대약진 운동 : 마오쩌둥이 주도한 사회주의 경제 개발 정책

내용	인민공사를 조직하여 농업 집단화, 철강 증산 위한 노동력 동원
결과	무리한 집단화에 대한 불만, 기술 부족, 자연재해 등으로 실패 → 류사오치 등이 사회주의 경제 정책 수정 요구

③ 개혁·개방 정책 : 마오쩌둥 사후 덩샤오핑의 주도로 본격화

목표	농업·공업·국방·과학 기술의 4개 부문 현대화
내용	• 농촌에서 인민공사 사실상 해체 • 시장 경제 체제 일부 도입, 대외 개방 및 경제특구 설치 • 덩샤오핑의 남순 강화(1992)를 통해 개혁 가속화

④ 고도성장 : 세계 무역 기구[WTO] 가입(2001), 경제 대국화

(5) 북한의 경제 변화

1950년대	중화학 공업 중심 발전, 천리마 운동 추진
1970년대	소련의 원조 중단, 과도한 군사비 지출로 경제 침체
1980년대	외국 자본 유치를 위해 합영법 제정(1984)
1990년대	사회주의권 몰락과 자연재해 등으로 마이너스 성장
2000년대	금강산 관광, 개성 공단 등 남한과 경제 교류 확대

(6) 베트남의 경제 변화

① 통일 이후 : 사회주의 정책 실패로 경제 악화

② 도이머이 정책 추진(1986년 이후) : 시장 경제 체제 일부 도입 → 경제 성장

2 동아시아 각국의 정치 발전

(1) 일본의 정치 변화

① '55년 체제'(1955~1993)

성립	보수 정당들의 신헌법 개정 시도 → 이를 막기 위해 일본 사회당의 좌·우파가 통합, 보수 정당인 자유당과 일본 민주당도 이에 맞서 자유민주당(자민당)으로 통합 → 1955년 자민당 집권 이후 자민당과 일본 사회당의 양당 체제 지속
붕괴	록히드 사건 등 부패 문제로 자민당의 지지율 하락 → 경제 침체 등으로 인해 비자민당 연립 정권이 수립되며 붕괴(1993)

② 2000년대 : 민주당 집권(2009) → 자민당 재집권(2012)

(2) 한국의 정치 변화

4·19 혁명(1960)	이승만 정권의 장기 집권 추구와 3·15 부정 선거에 저항 → 장면 정부 수립
박정희 정부	5·16 군사 정변(1961)으로 권력 장악, 3선 개헌(1969), 10월 유신 선포(1972)로 장기 집권 → 대통령 피살(1979)로 사실상 유신 체제 붕괴
1980년대	신군부 세력이 광주에서 일어난 5·18 민주화 운동 진압(1980) → 6월 민주 항쟁(1987)으로 대통령 직선제 개헌
김대중 정부	1997년 김대중의 대통령 당선으로 선거를 통한 최초의 평화적인 여야 정권 교체 실현

(3) 타이완의 정치 변화

계엄 통치	장제스가 이끄는 중국 국민당이 계엄령하에 일당 지배
민주화	일부 섬을 제외하고 계엄령 해제(1987), 복수 정당제 도입, 총통 직선제 개헌 → 민주진보당(민진당)의 천수이볜 총통 당선(2000)으로 최초의 여야 정권 교체

(4) 중국의 정치 변화

문화 대혁명(1966~1976)	• 배경 : 대약진 운동 실패로 인한 마오쩌둥의 권력 기반 축소 • 내용 : 자본주의 사상과 문화에 대한 투쟁 → 홍위병을 조직하여 마오쩌둥의 반대파 제거 • 영향 : 마오쩌둥의 권력 재장악, 사회 혼란 야기
톈안먼 사건(1989)	학생, 시민, 노동자 등이 정치적 민주화 요구 시위 → 정부의 무력 진압

(5) 북한의 정치 변화

① 김일성 독재 체제 강화 : 반대파 숙청, 사회주의 헌법 제정(1972)

② 3대 세습 : 김일성 → 김정일 → 김정은

3 동아시아의 갈등과 화해

영토 분쟁	• 남쿠릴 열도의 4개 섬(북방 도서) : 러시아와 일본의 갈등 • 센카쿠 열도(댜오위다오) : 중국, 일본, 타이완의 갈등 • 시사 군도(파라셀 군도) : 베트남, 중국, 타이완의 갈등 • 난사 군도(스프래틀리 군도) : 중국과 동남아시아 국가 등의 갈등
역사 갈등	일본의 역사 교과서 왜곡, 일본군 '위안부' 문제, 야스쿠니 신사 참배 문제, 중국의 동북 공정 문제 등
화해 협력	한·중·일의 공동 역사 교재 개발, 공동 역사 연구, 민간 차원의 국제 연대 활동 등

자료 탐구 1 덩샤오핑의 활동 이해

정답과 해설 33쪽

1단계 자료 분석

[2024학년도 수능]

저는 오늘 중요한 문제에 대해 이야기하고자 합니다. 그것은 바로 실사구시입니다. 혁명 정신은 매우 중요합니다. 그러나 혁명은 물질적 이익의 기초 위에서 나오는 것인데 정신적 희생만 강요하고 있습니다. 성과가 크고 수입도 늘어나는 일부 지역, 일부 노동자가 있으면 필연적으로 다른 지역과 이웃에게도 좋은 영향을 끼쳐 모두가 더 빨리 부유해질 것입니다. 이제 우리는 2년 전 서거한 마오쩌둥의 사상 위에 공업, 농업, 국방 및 과학 기술 4개 부문의 현대화를 구체적으로 실현해야 합니다.

마오쩌둥이 2년 전에 서거하였으며 공업, 농업, 국방 및 과학 기술 4개 부문의 현대화를 실현해야 한다고 주장하는 내용을 통해 자료에 나타난 시기가 1978년임을 알 수 있다. 실용주의적 성향의 덩샤오핑은 1978년 4개 부문의 현대화 노선을 내세우며 개혁·개방 정책을 본격화하였다. 이에 따라 시장 경제 체제가 일부 도입되었으며, 대약진 운동 당시 만들어졌던 인민공사는 사실상 해체되고 선전 등지에 경제특구가 건설되었다.

2단계 유형 연습

▸ 24060-0141

1 (가) 인물에 대한 설명으로 옳은 것은?

동아시아사 신문

제○○호

마오쩌둥 시대 이후 변화하는 중국

마오쩌둥 사후 중국의 지도자가 된 (가) 에 의해 중국이 변화하고 있다. 그는 농업, 공업, 국방, 과학 기술의 4개 부문 현대화 노선을 확정하였으며 실용주의에 입각한 중국의 경제 성장을 강조하며 개혁·개방 정책을 추진하였다. 이러한 분위기 속에서 인민공사는 사실상 해체되는 등 대약진 운동의 흔적은 사라졌다.

① 문화 대혁명을 일으켰다.
② 얄타 회담에 참석하였다.
③ 5·16 군사 정변을 주도하였다.
④ 총통에 당선되어 여야 정권 교체를 이루었다.
⑤ 경제특구를 설치하여 외국의 자본과 기술을 도입하였다.

자료 탐구 2 '55년 체제' 시기의 상황 파악

정답과 해설 33쪽

1단계 자료 분석

[2024학년도 6월 수능 모의평가]

일본의 자유당과 민주당이 자민당으로 통합하며 등장한 이 체제에 대해 발표해 볼까요?

자민당이 정권을 장악하고 사회당이 견제하는 이 체제가 38년간 지속되었어요.

하지만 경제 침체와 부정부패로 비자민당 연립 정권이 수립되면서 이 체제는 막을 내렸어요.

일본의 자유당과 민주당이 자민당으로 통합하며 등장하였으며, 자민당이 정권을 장악하고 사회당이 이를 견제하였다는 내용을 통해 밑줄 친 '이 체제'가 '55년 체제'임을 알 수 있다. '55년 체제'는 보수 세력의 신헌법(평화 헌법) 개정 움직임을 막기 위해 1955년 일본 사회당의 좌·우파가 통합하자, 이에 맞서 일본의 자유당과 일본 민주당 역시 같은 해 자유민주당(자민당)으로 통합하면서 등장하였다. 이 체제는 1993년 비자민당 연립 정권이 수립되면서 38년 만에 막을 내렸다.

2단계 유형 연습

▸ 24060-0142

2 (가), (나) 시기 사이에 있었던 사실로 옳은 것은?

(가) 일본의 양대 보수 성향 정당인 자유당과 일본 민주당이 자유민주당(자민당)으로 통합됨으로써 지난달에 결성된 일본 사회당의 연합 전선에 맞서게 되었다. 그 결과 자민당이 다수당으로서 정국을 주도하고 일본 사회당이 이를 견제하는 뚜렷한 양당 중심 정치가 시작되었다.

(나) 지난달에 치러진 제40회 중의원 의원 총선거에서 자민당이 과반 의석 확보에 실패하자, 야당 사이에 연립 정권 결성에 대한 협의가 꾸준히 진행되어 왔다. 그 결과 일본신당의 대표인 호소카와 모리히로가 중의원과 참의원의 가결을 거쳐 총리에 취임하였다.

① 한일 기본 조약이 체결되었다.
② 신헌법(평화 헌법)이 제정되었다.
③ 베트남 민주 공화국이 수립되었다.
④ 샌프란시스코 강화 회의가 개최되었다.
⑤ 중국이 세계 무역 기구[WTO]에 가입하였다.

정답과 해설 34쪽

01

▸ 24060-0143

다음 자료를 활용한 탐구 활동으로 가장 적절한 것은?

> 1985~1986년의 엔고 현상으로 인한 경제 위기에서 탈출하고자 일본 정부는 금리를 크게 낮추었다. 경제는 서서히 회복 국면으로 접어들었고, 이에 금리를 다시 조금씩 인상할 필요가 있었다. 그러나 일본 정부는 2.5%의 저금리를 1987년 초부터 1989년 중순까지 2년이 넘도록 유지하였고, 이러한 조치는 경제에 잘못된 불을 붙였다. 은행은 투기꾼에게 저금리로 대출을 해 주었고 투기꾼은 이 자금으로 부동산이나 주식을 구입하였으며, 이를 담보로 다시 은행에서 대출을 받아 또 다른 투기를 하였다. 비단 개인뿐만 아니라 대기업들도 투기꾼이 되었고, 이러한 현상이 반복되면서 주식 및 부동산 가격은 실제 가치를 넘어 급격하게 상승하였다.

① 워싱턴 체제가 수립된 배경을 찾아본다.
② 합영법의 제정이 가져온 변화를 조사한다.
③ 일본이 장기 불황을 겪은 요인을 분석한다.
④ 대공황이 전쟁 발발에 끼친 영향을 알아본다.
⑤ 제1차 경제 개발 5개년 계획의 결과를 살펴본다.

02

▸ 24060-0144

(가) 인물에 대한 설명으로 옳은 것은?

중국 공산당 제14차 전국 대표 대회가 개막되었습니다. 중국에서는 민주화를 요구했던 톈안먼 사건 이후 최근까지 개혁·개방의 움직임이 주춤하였습니다. 그러나 중국의 사회주의 체제에 시장 경제 요소를 도입하고 선전 등지에 경제특구 건설을 주도한 (가) 의 노선이 이번 대회에서 채택됨으로써 분위기가 전환될 것으로 보입니다.

① 남순 강화를 통해 개혁을 가속화하였다.
② 국민 혁명군을 이끌고 북벌을 전개하였다.
③ 중화민국 초대 임시 대총통으로 취임하였다.
④ 5·16 군사 정변을 일으켜 정권을 장악하였다.
⑤ 천연론을 출간하여 중국에 사회 진화론을 소개하였다.

03

▸ 24060-0145

(가) 사건에 대한 설명으로 옳은 것은?

> 몇몇 학생들은 (가) 의 일환으로 학교 내의 교원들 가운데 '자본주의의 추종자'를 색출하는 작업을 벌였다. 이들에게 적발된 교원은 아무 절차도 없이 고깔모자가 씌워진 채 책상 위에 올려져 대중의 비난을 받았다. (가) 의 지침을 주도적으로 실행하던 이 학생들은 붉은 완장을 차고 『마오 주석 어록』이라는 제목의 붉은 책자를 지니고 다녔으며, 당의 지시를 받지 않고 '마오쩌둥의 최고 지시'를 행동의 근거로 삼았다. 홍위병이라 불렸던 이들은 전국의 많은 문화유산을 파괴하기도 하였으나 이러한 행동에 대해 누구도 문제를 제기할 수 없었다.

① 중체서용에 입각하여 추진되었다.
② 대약진 운동 실패를 배경으로 일어났다.
③ 일본의 21개조 요구 철회를 주장하였다.
④ 윌슨이 제기한 민족 자결주의의 영향을 받았다.
⑤ 일본을 비롯한 8개국 연합군에 의해 진압되었다.

04

▸ 24060-0146

(가) 정당에 대한 설명으로 옳은 것은?

> 일본의 보수 정당인 자유당과 일본 민주당은 통합을 결의하고 11월 8일 전국 신문에 신당 명칭 공모 광고를 냈다. 이 광고에는 "새로운 보수 정당이 11월 15일 창당식을 거행합니다. 우리는 통합된 일본 사회당에 맞서기 위해 진정으로 새롭고 강한 정당에 적합한 이름을 공모하기로 결정했습니다. 마감일은 11월 12일이고, 기념품이 준비되어 있습니다."라고 안내되어 있었다. 그 결과 2,191건의 응모가 있었는데, 1위는 '일본 보수당'(546건)이었고, 공동 2위는 '민주 자유당'과 '보수당'(각 187건)이었다. 놀랍게도 현재의 당명인 (가) 은/는 1건에 불과하였으나, 신당이 추구하는 이념이 가장 선명하게 드러난다는 이유 등으로 인해 결국 (가) 이/가 신당의 명칭으로 채택되었다.

① 대장정을 단행하였다.
② 55년 체제를 주도하였다.
③ 도이머이 정책을 채택하였다.
④ 10월 유신으로 장기 집권을 꾀하였다.
⑤ 계엄령을 선포하고 일당 지배 체제를 유지하였다.

정답과 해설 35쪽

1

▸ 24060-0147

(가)~(다) 국가에 대한 설명으로 옳은 것은?

동아시아사-체육 교과 융합 활동 읽기 자료

하계 올림픽, 동아시아의 경제 성장을 알리다

올림픽은 전 세계 수천 명의 선수가 참가하는 세계적인 스포츠 축제이다. 특히 하계 올림픽은 스포츠 분야를 넘어선 세계 최대의 행사로, 1896년 첫 경기가 열린 이래 현재까지 이어지고 있다.
아시아에서 하계 올림픽을 개최한 국가는 (가), (나), (다)의 세 나라뿐이다. 이들은 모두 동아시아의 국가들이며, 올림픽을 통해 경제 발전의 성과를 알렸다.

(가)	(나)	(다)
패전 이후 경제적 어려움을 겪었지만 미국의 지원과 전쟁 특수에 힘입어 경제적으로 고도성장을 거듭하였다. 1964년에는 아시아 국가 중 처음으로 올림픽을 개최하여 국가의 발전상을 세계에 알렸다.	경제 개발 5개년 계획 등 국가 주도의 경제 개발로 빠르게 성장하였다. 1980년대에는 3저 호황으로 경제를 더욱 발전시켰고, 이를 바탕으로 1988년 올림픽을 성공적으로 개최하였다.	시장 경제 체제 요소를 일부 도입한 이후 경제를 급격하게 발전시켰으며, 2001년 세계 무역 기구[WTO]에 가입하였다. 2008년의 올림픽 개최는 이러한 성과를 세계에 널리 알릴 수 있는 기회였다.

① (가) – 외국 자본을 유치하기 위해 합영법을 제정하였다.
② (나) – 연합국 최고 사령부에 의해 비군사화, 민주화 등의 개혁이 추진되었다.
③ (다) – 농업, 공업, 국방, 과학 기술의 4개 부문 현대화를 목표로 개혁 · 개방을 추진하였다.
④ (가)와 (나) – 애치슨 라인 발표 당시 미국의 태평양 방위선에서 제외되었다.
⑤ (나)와 (다) – 샌프란시스코 강화 조약 체결 당시 서명을 거부하였다.

2

▸ 24060-0148

밑줄 친 '기간'에 동아시아에서 있었던 사실로 옳은 것은?

제○○호

동아시아사 신문

쇄신 후 10년, 새로운 경제 우등생으로 거듭나는 베트남

풍부한 천연자원과 7천만이 넘는 인구를 지닌 베트남이 눈에 띄는 경제 성장세를 보이고 있다. 베트남은 지금으로부터 10년 전 제6차 베트남 공산당 전국 대표 대회에서 개혁 · 개방을 표방하고 시장 경제 체제를 일부 도입하기로 결정하였으며, 그 결과 현재 베트남에 대한 외국인 투자는 약 200억 달러에 육박하고 있다. 또한 국내 총생산[GDP] 성장률은 최근 5년간 평균 약 8.2%의 높은 수준을 보여 주고 있으며, 특히 지난해에는 아세안(ASEAN) 회원국 중 가장 높은 수치를 기록하였다. 보 반 키에트 베트남 총리는 시장 경제 체제의 도입이 결정된 후 10년이 지난 지금까지의 <u>기간</u> 동안 추진된 경제 정책을 긍정적으로 평가하며 "우리는 이제 경제 위기에서 벗어나 현대화와 산업화 시대를 열어 나가게 될 것"이라고 말하였다.

① 한국 – 대통령 직선제 개헌이 이루어졌다.
② 중국 – 대약진 운동이 전개되었다.
③ 일본 – 민주당이 정권 교체를 이루었다.
④ 북한 – 천리마 운동이 시작되었다.
⑤ 타이완 – 일본과 국교를 수립하였다.

3

▶ 24060-0149

다음 자료를 활용한 탐구 활동으로 가장 적절한 것은?

> 7월 18일에 치러진 선거 결과 자유민주당(이하 자민당)은 전체 511석 중 223석을 얻는 데 그쳐 과반 의석 확보에 실패하였다. 일본 사회당(이하 사회당)은 70석에 그쳐 이전에 비해 절반 가까이 의석수가 줄었다. 반면 자민당에서 탈당한 이들이 중심이 된 신당 사키가케와 신생당, 일본신당 등은 기대 이상의 성과를 거두었다. 사회당, 신생당, 공명당, 민주사회당, 사회민주연합 등 5개 정당은 이미 이전부터 연립 정권 수립을 위한 협의를 진행하였으나, 선거 결과 모두 합쳐도 총 195석을 확보하는 데에 그쳐 과반에 미치지 못하였다. 이들은 일본신당, 신당 사키가케 등 다른 정당들을 포섭하여 과반 이상의 의석을 확보하기 위해 협상을 시도하였으며, 그 결과 자민당이 아닌 정당들의 연립 정권이 출범하였다.

① 호찌민의 활동 이력을 살펴본다.
② 55년 체제가 붕괴되는 과정을 파악한다.
③ 미일 안보 조약의 개정 내용을 분석한다.
④ 신헌법(평화 헌법)의 제정 배경을 알아본다.
⑤ 5·18 민주화 운동이 발생한 원인을 찾아본다.

4

▶ 24060-0150

(가), (나) 시기 사이에 있었던 사실로 옳은 것은?

> (가) 이승만 대통령은 즉시 하야할 것, 3·15 정·부통령 선거는 무효로 하고 재선거를 실시할 것, 과도 내각하에 완전한 내각 책임제 개헌을 단행할 것, 개헌 통과 이후 국회를 해산하고 총선거를 즉시 다시 실시할 것 등을 명시한 시국 수습 결의안이 국회 본회의에서 만장일치로 가결되었다.
>
> (나) 학생과 시민들이 민주화를 요구하며 점거 농성을 벌이고 있는 톈안먼 광장에 중화기 등으로 무장한 군대가 투입되었다. 군대는 시위대가 설치한 바리케이드를 부수고 광장을 장악하는 데 성공하였으며, 이에 대항하는 시위대를 무력으로 진압하였다.

① 한국과 중국의 국교가 수립되었다.
② 일본에서 경찰 예비대가 창설되었다.
③ 극동 국제 군사 재판(도쿄 재판)이 개최되었다.
④ 일부 섬을 제외하고 타이완의 계엄령이 해제되었다.
⑤ 일본군 '위안부'의 강제 동원을 인정한 고노 담화가 발표되었다.

5

▸ 24060-0151

(가) 사건이 전개되던 시기에 있었던 사실로 옳은 것은?

기자 : 마오쩌둥 전 주석이 주도한 (가) 은/는 무엇을 성취하려는 운동이었을까요?
덩샤오핑 : 자본주의의 부활을 피하고 싶었을 것입니다. 네, 그게 목적이었어요. 그러나 이러한 목적은 의도는 좋았지만 중국의 현실에 대한 잘못된 판단에서 비롯되었습니다. 간단히 말해서, 마오쩌둥 전 주석은 틀렸습니다. 그는 어떤 목표물을 공격해야 하는지 잘못 생각했습니다. 그는 그 목표물이 당내에 존재했던 자본주의의 추종자들이라고 말했고, 그 대상으로 많은 고위급 퇴역 군인들을 지정하여 공격했습니다. 그리고 그들 중에는 체포되어 당에서 추방된 류사오치 전 주석도 있었습니다. 결과적으로 모든 지도부는 해산되었습니다. 마오쩌둥 전 주석은 죽기 1~2년 전 이 같은 오류를 인정했습니다.

① 통킹만 사건이 발생하였다.
② 워싱턴 회의가 개최되었다.
③ 5 · 16 군사 정변이 일어났다.
④ 베트남 공화국이 수립되었다.
⑤ 중일 공동 성명이 발표되었다.

6

▸ 24060-0152

(가), (나) 지역을 지도에서 옳게 고른 것은?

• 일본은 현재 (가) 을/를 실효적으로 점유하고 있으며, 영유권 분쟁이 존재하지 않는다는 입장을 취하고 있다. 하지만 중국은 이미 명대부터 어부들이 이 섬을 조업에 이용하면서 (가) 을/를 자국의 영토로 간주하고 있었다고 강조한다. 또한 시모노세키 조약으로 타이완 등을 일본에 할양할 때 이 지역도 함께 넘어갔기 때문에 카이로 선언과 포츠담 선언에 의거하여 일본으로부터 돌려받아야 한다고 주장하고 있다.
• 1968년 국제 연합의 아시아 극동 경제 위원회가 (나) 의 해저에 막대한 양의 천연자원이 매장되어 있다는 사실을 밝히며 영유권 분쟁이 본격화되었다. 또한 이 일대가 어장으로서의 가치도 높을 뿐 아니라 해상 교통로의 요지이자 전략적 요충지로 부각되며 영유권 주장은 더욱 심화되고 있다. 현재 중국과 베트남 및 타이완은 (나) 의 섬 전부를, 필리핀과 말레이시아 및 브루나이는 인접한 섬들을 자국의 영토라고 주장하고 있다.

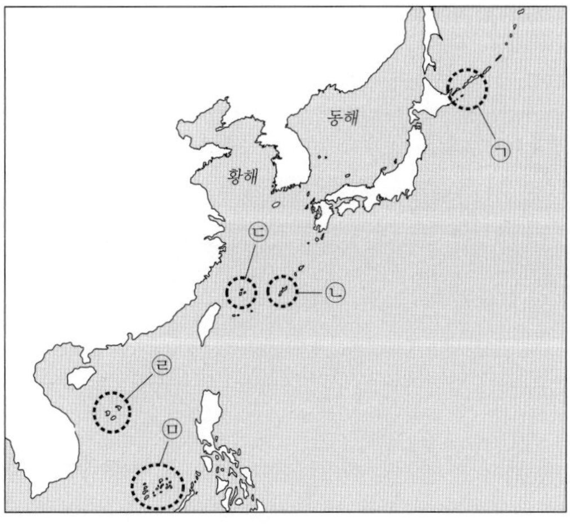

① (가) – ㉠, (나) – ㉢　② (가) – ㉡, (나) – ㉢　③ (가) – ㉡, (나) – ㉣
④ (가) – ㉢, (나) – ㉣　⑤ (가) – ㉢, (나) – ㉤

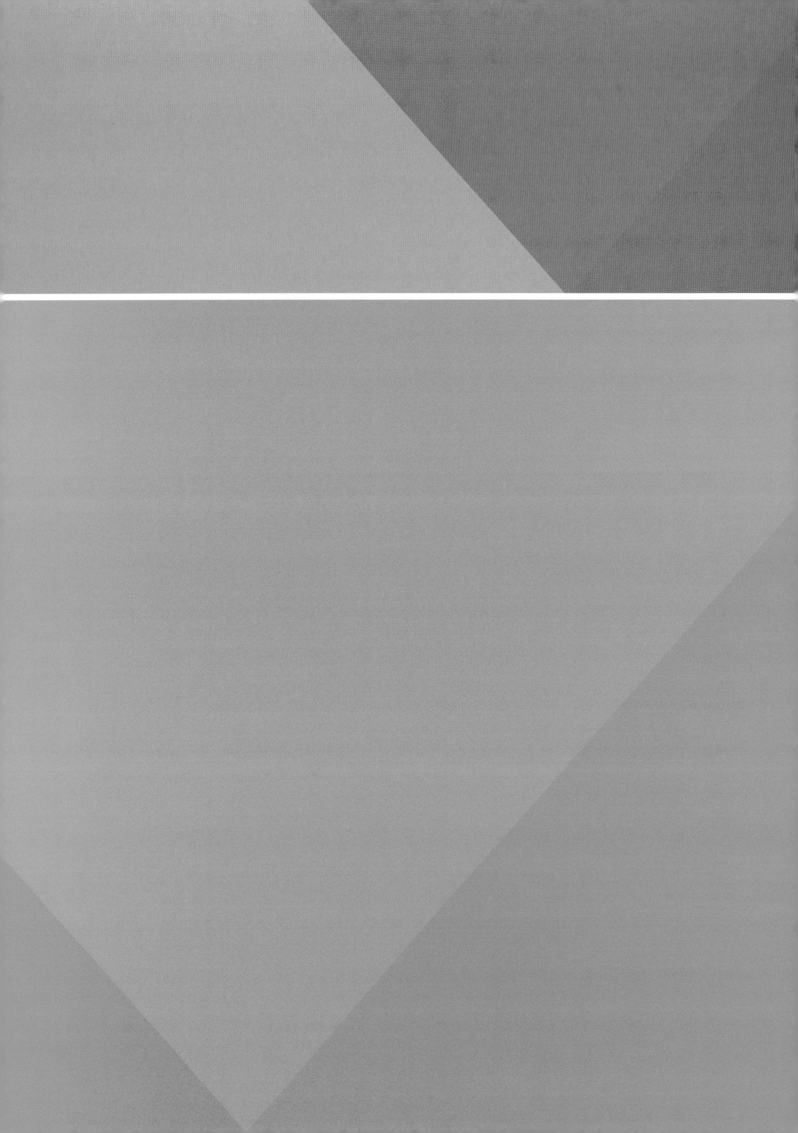

사회탐구영역 **동아시아사**

실전 모의고사

실전 모의고사 1회

제한 시간 30분 　배점 50점 　정답과 해설 36쪽

문항에 따라 배점이 다르니, 각 물음의 끝에 표시된 배점을 참고하시오. 3점 문항에만 점수가 표시되어 있습니다. 점수 표시가 없는 문항은 모두 2점입니다.

▸ 24060-0153

1 밑줄 친 '유물'로 옳은 것은?

> **초청장**
>
> 우리 박물관이 개최하는 특별전에 귀하를 초대합니다. 이번 전시에서는 농경이 시작된 시대에 창장강 하류 유역에서 벼농사를 기반으로 발달한 ○○○ 문화의 다양한 유물이 전시될 계획입니다. 이 외에도 다채로운 행사가 함께 준비되어 있으니 많은 관심 부탁드립니다.
>
> • 전시 기간 : 2024년 11월 □일~□일
> • 전시 장소 : △△ 박물관 기획 전시실

① 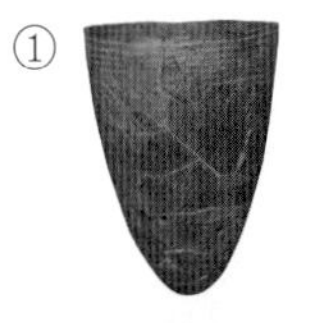
② 
③ 
④ 
⑤ 

▸ 24060-0154

2 (가) 황제에 대한 설명으로 옳은 것은? [3점]

> 이 기록에는 (가) 이/가 국가의 재정 상황에 대해 우려하고 있는 모습이 나타나 있습니다. 그는 남비엣과 고조선 등을 정복하고 흉노 원정을 단행하여 영토를 확장시켰으나, 한편으로는 무리한 군사 활동 등으로 국가 재정을 악화시키기도 하였습니다.

> 동중서가 죽은 뒤 국가 비용이 점점 많이 지출되어 천하가 텅 비고 사람들이 굶주렸다. (가) 은/는 정벌을 일삼던 것을 후회하고 …… "지금 가장 급선무는 힘써 농사를 짓는 것이다."라고 하였다.

① 팔기제를 시행하였다.
② 분서갱유를 일으켰다.
③ 대도를 수도로 삼았다.
④ 장건을 서역에 파견하였다.
⑤ 왜의 노국왕에게 금인을 주었다.

▸ 24060-0155

3 (가) 왕조의 대외 관계에 대한 설명으로 옳은 것은?

> 화북을 통일한 (가) 이/가 북방의 평성에서 화북의 뤄양으로 천도한 사건은 역사적으로 어떤 의미를 갖고 있을까?

> 호한 융합을 통한 문화 발전에 기여하였지만, 한편으로는 천도를 반대하는 세력의 불만이 심화되어 훗날 (가) 이/가 동서로 분열되는 씨앗이 되기도 하였어.

① 백강 전투에서 왜와 격돌하였다.
② 고구려와 조공·책봉 관계를 맺었다.
③ 호라즘을 정벌하고 비단길을 장악하였다.
④ 슈인장을 발급하여 대외 무역을 통제하였다.
⑤ 대월의 쩐흥다오가 이끄는 군대와 전투를 벌였다.

▸ 24060-0156

4 (가), (나) 왕조에 대한 설명으로 옳은 것은? [3점]

> 맹약이 체결되면서 (가) 은/는 매년 세폐로 (나) 에 은 10만 냥, 비단 20만 필을 보내게 되었으나 이는 장기간의 평화를 유지하는 비용이라고 볼 수 있었다. 맹약의 체결 시점부터 (가) 이/가 금과 연합하여 (나) 을/를 공격할 때까지 두 나라는 대체로 평화적인 관계를 유지하였다. 또한 이 세폐를 제외하면 맹약에서 규정된 내용은 비교적 평등하였다. 양국은 서로 상대방의 군주를 '황제'로 호칭하였으며 상호 대등한 외교 예절을 수행하였다. 또한 상하 존비의 개념이 아닌 양국 군주 간 형제 관계를 설정하였다.

① (가) – 발해를 멸망시켰다.
② (가) – 5대 10국 시대의 혼란을 수습하였다.
③ (나) – 맹안·모극제를 운영하였다.
④ (나) – 송첸캄포에게 문성 공주를 출가시켰다.
⑤ (가)와 (나) – 일본을 두 차례 공격하였으나 실패하였다.

▸ 24060-0157

5 (가) 황제가 재위하던 시기 동아시아에서 볼 수 있는 모습으로 가장 적절한 것은? [3점]

> (가) 은/는 즉위 초기에는 수도였던 난징에 주로 머물렀으나 점차 순행과 친정 등의 명분으로 북쪽의 베이징에서 보내는 시간이 늘었다. 또한 재위 초반에 북방 순시를 위한 준비 작업의 일환으로 베이징에 궁전을 건립하라는 지시를 내렸는데, 이것이 훗날 (가) 이/가 베이징으로 천도한 이후 황궁으로 사용한 자금성이다. 이뿐만 아니라 그는 1차 순행 당시 베이징에 1년 반 이상 머물며 근교에 자신의 능묘를 조성하기 시작하였다. 당시의 수도이자 아버지 홍무제의 능이 위치한 난징이 아니라 베이징 인근에 묻히려고 했던 것이다. 이 조치는 사실상 베이징으로 천도하겠다는 의사를 공표한 것이나 다름없었다.

① 토목보에서 포로로 잡힌 황제
② 정화의 항해에 참여하는 선원
③ 조공을 바치는 야마타이국의 사신
④ 여진 정벌에 나서는 별무반 소속 군인
⑤ 데지마에서 물품을 점검하는 네덜란드 상관장

▸ 24060-0158

6 (가) 국가의 통치 제도에 대한 설명으로 옳은 것은?

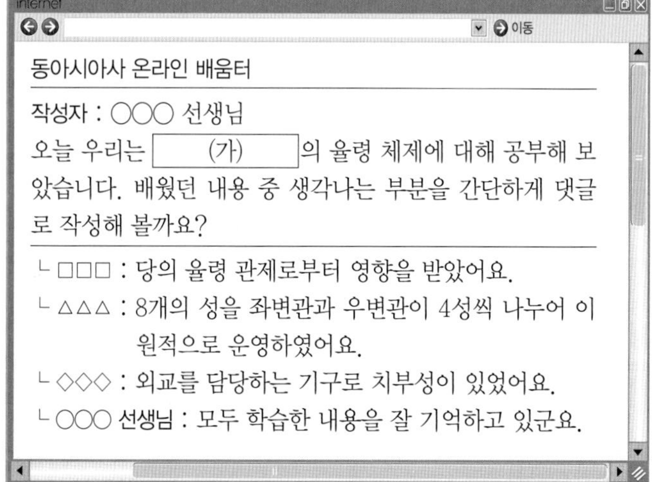

internet
이동
동아시아사 온라인 배움터
작성자 : ○○○ 선생님
오늘 우리는 (가) 의 율령 체제에 대해 공부해 보았습니다. 배웠던 내용 중 생각나는 부분을 간단하게 댓글로 작성해 볼까요?
└ □□□ : 당의 율령 관제로부터 영향을 받았어요.
└ △△△ : 8개의 성을 좌변관과 우변관이 4성씩 나누어 이원적으로 운영하였어요.
└ ◇◇◇ : 외교를 담당하는 기구로 치부성이 있었어요.
└ ○○○ 선생님 : 모두 학습한 내용을 잘 기억하고 있군요.

① 지정은제를 실시하였다.
② 독서삼품과를 시행하였다.
③ 신기관에서 제사를 담당하였다.
④ 문하성에서 정책을 심의하였다.
⑤ 최고 교육 기관으로 주자감을 두었다.

▸ 24060-0159

7 밑줄 친 '그'에 대한 설명으로 옳은 것은? [3점]

> 청익승(請益僧, 단기 유학 승려)으로 선발되어 견당선을 타고 하카타만을 떠나 천신만고 끝에 당에 도착한 그는 불법을 구하기 위해 당의 불교 성지들을 순례하고자 하였다. 그러나 당 조정으로부터 여행 허가증을 받지 못하여 목적을 달성하지 못한 채 귀국해야 하는 상황에 처하였다. 문제 해결에 도움을 준 이들은 당에 머물던 신라인들이었다. 우여곡절을 겪으며 장보고가 세운 적산 법화원에 머물게 된 그는 적산 법화원의 법청을 비롯한 신라인들의 도움으로 여행 허가증을 발급받아 오대산과 장안 등지를 순례하는 데 성공하였다. 이뿐만 아니라 귀국할 때도 신라인들의 도움을 받아 귀국선을 구하여 청해진을 거쳐 하카타만으로 입항하였다.

① 선종을 창시하였다.
② 대당서역기를 남겼다.
③ 왕오천축국전을 집필하였다.
④ 불교의 공인을 위해 순교하였다.
⑤ 입당구법순례행기를 저술하였다.

▸ 24060-0160

8 (가) 인물에 대한 설명으로 옳은 것은? [3점]

> 새로운 통치 이념으로서 성리학이 가진 효용성을 꿰뚫어 봤던 도쿠가와 이에야스는 강항과 교유하며 성리학을 깊이 연구했던 (가) 을/를 불러 정치에 관한 강의 등을 맡기려고 하였다. 그러나 (가) 은/는 이를 여러 차례 거절하였으며, 대신 자신의 제자로서 능력이 출중했던 하야시 라잔을 막부에 추천하였다. 하야시 라잔은 스승의 뜻에 따라 막부에 들어가 성리학을 바탕으로 막부의 제도와 의례를 정비하는 데 큰 역할을 하였다.

① 백운동 서원을 세웠다.
② 사서집주를 저술하였다.
③ 고사기전을 편찬하였다.
④ 사서오경왜훈을 집필하였다.
⑤ 곤여만국전도를 제작하였다.

▸ 24060-0161

9 다음 상황이 나타난 시기를 연표에서 옳게 고른 것은?

왕이 "적이 만일 거침없이 쳐들어온다면 관서 지방은 미처 구제할 수 없을 듯하다."라고 염려하였다. 이에 장만이 "하삼도(下三道 : 충청도, 전라도, 경상도)는 속히 징병을 하도록 하고, 황주와 평산에는 급히 지휘관을 보내소서."라고 하자, 왕이 이를 따랐다. 이어서 왕이 "이들이 모문룡을 잡아가려고 온 것인가, 아니면 전적으로 우리나라를 침략하기 위하여 온 것인가?"라고 묻자, 장만이 "듣건대 홍타이지란 자가 매번 우리나라를 침략하려 했다고 합니다. 이 자가 만일 이번 일을 맡았다면 반드시 그 계획을 실천할 것입니다."라고 하였다.

	(가)		(나)		(다)		(라)		(마)	
오닌의 난 발생		나가시노 전투		센고쿠 시대 통일		인조 반정		이자성의 베이징 점령		삼번의 난 발생

① (가) ② (나) ③ (다) ④ (라) ⑤ (마)

▸ 24060-0162

10 다음 명령을 내린 왕조 시기 동아시아에서 있었던 사실로 옳은 것은? [3점]

역적 정성공은 바다를 근거지로 삼고 있어 사용하는 식량과 자원 일체는 모두 육지에서 조달한다. 만약 간사한 백성이 상인과 소통하여 몰래 도와주지 않는다면 역적이 곤경에 처하는 것을 앉아서 기다릴 수 있을 것이다. …… 이제 바다 인근에 거주하는 백성은 이미 내륙으로 옮겨졌고 방어와 조사 또한 매우 쉬워졌으니 전처럼 소홀하게 해서는 안 된다. 해당 지역의 문무 관원은 이전의 잘못을 철저히 고치고 수시로 더욱 엄격하게 조사하라. 만약 앞서 언급한 간악한 무리가 역적과 내통하여 무역을 한 경우에는 즉시 잡아서 반역으로 간주하고 엄벌에 처하라.

① 한국 – 3포 왜란이 발생하였다.
② 중국 – 장거정이 개혁을 추진하였다.
③ 중국 – 일본과의 감합 무역이 전개되었다.
④ 일본 – 신패가 발급되었다.
⑤ 일본 – 남북조의 분열이 수습되었다.

▸ 24060-0163

11 (가) 국가에 대한 설명으로 옳은 것은?

[특집 – 음식으로 보는 역사]

카스텔라의 유래는?

카스텔라는 일본에서 널리 사랑받는 보편적인 간식입니다. 특히 나가사키는 카스텔라의 뿌리가 형성된 곳으로 알려져 있는데요. 믈라카를 점령하고 나가사키까지 진출하며 무역을 전개한 유럽의 [(가)](으)로부터 전래된 '남만 과자'가 카스텔라의 기원입니다. 카스텔라는 16세기에 일본과 무역을 시작했지만 17세기 전반 선교 문제로 일본에서 추방된 [(가)] 사람들이 일본의 음식 문화에 어떤 영향을 미쳤는지 가장 잘 보여 주는 대표적인 사례입니다.

① 청에 매카트니 사절단을 파견하였다.
② 베트남과 제1차 사이공 조약을 체결하였다.
③ 마카오를 동아시아 무역의 거점으로 삼았다.
④ 페리 함대를 앞세워 일본에 개항을 요구하였다.
⑤ 아카풀코와 마닐라를 연결하는 갈레온 무역을 주도하였다.

▸ 24060-0164

12 밑줄 친 '이 막부' 시기 동아시아 문화에 대한 설명으로 옳지 않은 것은?

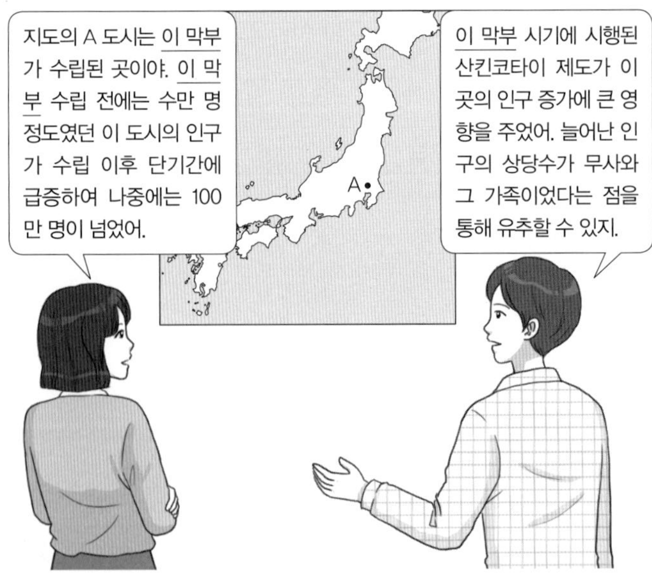

지도의 A 도시는 이 막부가 수립된 곳이야. 이 막부 수립 전에는 수만 명 정도였던 이 도시의 인구가 수립 이후 단기간에 급증하여 나중에는 100만 명이 넘었어.
A
이 막부 시기에 시행된 산킨코타이 제도가 이 곳의 인구 증가에 큰 영향을 주었어. 늘어난 인구의 상당수가 무사와 그 가족이었다는 점을 통해 유추할 수 있지.

① 한국 – 판소리가 유행하였다.
② 중국 – 사고전서가 편찬되었다.
③ 중국 – 조설근이 홍루몽을 저술하였다.
④ 일본 – 분라쿠가 인기를 끌었다.
⑤ 일본 – 쇼토쿠 태자가 불교를 후원하였다.

▸ 24060-0165

13 (가) 조약에 대한 설명으로 옳은 것은?

이것은 (가) 의 조인식에 참석한 56명이 그려진 그림의 일부로, 인물마다 번호가 붙여져 있는 것이 특징이다. 그중 8번인 헨리 포팅어(동그라미 표시된 인물)는 영국 전권 대표로서 (가) 에 서명하였다. 또한 그는 이 조약에 따라 영국이 홍콩섬을 할양받자 홍콩의 초대 총독으로 부임하였다.

① 크리스트교 포교의 자유를 인정하였다.
② 영국의 주력함 보유 비율을 제한하였다.
③ 미국의 중재로 포츠머스에서 체결되었다.
④ 베이징에 외국 군대의 주둔을 허용하였다.
⑤ 상하이 등 5개 항구의 개항을 규정하였다.

▸ 24060-0166

14 밑줄 친 '이 헌법'에 대한 탐구 활동으로 가장 적절한 것은?

[사료 분석]

- 오늘날에는 독재의 헌법이더라도 후일 인민의 협의가 이루어지게 되면 함께 통치하는 헌법의 싹이 되어 인민 행복의 바탕이 될 것이다. – 기도 다카요시 –
- 일본은 황통일계(皇統一系)의 법전이 있기에 함부로 유럽의 군민 공치 체제를 흉내내서는 안 된다. 인민의 개명(開明) 정도도 유럽과 다르기에 그 득실을 자세히 살펴 헌법을 만들어야 한다. – 오쿠보 도시미치 –

해설 자료는 이와쿠라 사절단의 일원으로서 서구를 다녀온 두 인물이 남긴 글의 일부이다. 이들은 서구의 입헌 체제를 도입하자는 주장을 펼치고 있지만, 일본의 특색을 반영하여 보수적이고 점진적인 형태를 취해야 한다고 강조하고 있다. 이들의 의견은 천황에게 막강한 권한을 부여한 이 헌법의 제정에 영향을 주었다.

① 공행이 설치된 이유를 찾아본다.
② 갑오개혁의 전개 과정을 살펴본다.
③ 자유 민권 운동의 영향을 파악한다.
④ 신문화 운동이 가져온 결과를 탐색한다.
⑤ 미일 수호 통상 조약의 내용을 분석한다.

▸ 24060-0167

15 (가) 전쟁에 대한 설명으로 옳은 것은? [3점]

○○에게

안녕? 난 오늘 뤼순 감옥을 다녀왔어. 안중근 의사를 비롯한 많은 독립운동가가 순국한 곳이야. 랴오둥반도의 끝자락에 위치한 뤼순은 본래 중국의 영토였는데 왜 안중근 의사가 뤼순의 법정에서 일본인 재판관에게 재판을 받고 이 감옥에 갇혔을까 궁금했어. 그런데 오늘 그 이유를 알았어. (가) 을/를 계기로 일본이 이 지역과 다롄을 조차하여 관동주라는 행정 구역을 설치하였고, 그에 따라 뤼순의 법원과 감옥도 관동주를 통치하던 일본의 관동 도독부가 관리하였기 때문이었지. 너도 이곳에 와 보면 독립운동가들의 험난했던 삶을 느낄 수 있을 거야. 다음에 같이 와 보자. 이만 줄일게.

□□가

① 을사조약의 체결에 영향을 주었다.
② 삼국 간섭이 일어나는 계기가 되었다.
③ 풍도 해전이 발발하면서 본격화되었다.
④ 전개 과정에서 일본이 21개조 요구를 제시하였다.
⑤ 베이징에 외교관의 주재를 허용하는 결과를 낳았다.

▸ 24060-0168

16 (가), (나) 시기 사이에 있었던 사실로 옳은 것은? [3점]

(가) 청의 북양군을 이끌고 있던 위안스카이에게 쑨원은 황제를 퇴위시킨다면 자신이 맡고 있는 공화국의 임시 대총통직을 넘기겠다고 약속하였다. 공화국 수립에 동조한 지방의 군대와 신사층, 심지어 중국에 머물고 있던 외교관들도 이러한 추세를 지지하였다.

(나) 중국 국민당 제1차 전국 대표 대회를 통해 국민 혁명 연합 전선의 정책 방향을 확립한 쑨원은 대회 직후 곧바로 중앙 집행 위원회 및 감찰 위원회 제1차 회의를 소집하고 중앙 지도부를 구성하였다. 탄핑산이 국민당 중앙 조직부장에, 린보취가 농민부장에, 마오쩌둥과 덩중샤 등은 국민당 상하이 집행 위원회 책임자로 임명되었다.

① 5·4 운동이 일어났다.
② 운요호 사건이 발생하였다.
③ 리튼 조사단이 파견되었다.
④ 흠정 헌법 대강이 공포되었다.
⑤ 중국 공산당이 대장정을 시작하였다.

▸ 24060-0169

17 밑줄 친 '이 전쟁'에 대한 설명으로 옳은 것은? [3점]

> 일본 중의원 본회의에서 시마다 도시오 의원은 이 전쟁을 '사변'이라 일컬으며 그 발발 원인에 대해 '루거우차오에서 일어난 중국군의 불법 사격 사건'이 단초가 되었다고 언급하였다. 하지만 이는 전형적인 일본 측 입장으로서, 당시 일본 육군의 발표를 그대로 인정한 것에 불과하였다. 또 그는 일본이 애초에 사태를 확대하려 하지 않았다고 언급하였으나, 실제로 일본은 원인이 불명확한 이 사건을 빌미로 중국에 고압적인 태도를 보여 결국 중국의 저항을 초래하였다.

① 만주국의 수립으로 이어졌다.
② 타이완이 할양되는 계기가 되었다.
③ 전개 도중 조선 의용대가 창설되었다.
④ 통킹만 사건을 빌미로 미국이 직접 개입하였다.
⑤ 사할린섬의 일부를 일본이 차지하는 결과를 낳았다.

▸ 24060-0170

18 밑줄 친 '회의'에 대한 설명으로 옳은 것은?

> 제○○호
> **동아시아사 신문**
>
> 미국 국무부는 지난해 개최된 회의 결과 연합국과 일본이 체결한 조약이 오는 4월 28일부터 효력을 발휘하면서 이날부로 태평양과 그 주변 지역의 전쟁 상태가 공식적으로 모두 종결된다고 발표하였다. 이로써 태평양 전쟁 발발 이후 지속된 미국 등 연합국과 일본의 대립 관계가 소멸되고, 일본은 패전 이후 상실한 주권을 회복하여 국제 무대에 다시 설 수 있을 것으로 보인다.

① 한국과 중국의 참여가 배제되었다.
② 3·1 운동이 발생하는 배경이 되었다.
③ 포츠담 선언이 발표되는 계기가 되었다.
④ 일본 등 5개국의 해군 군비 축소를 규정하였다.
⑤ 신헌법(평화 헌법)이 제정되는 결과를 가져왔다.

▸ 24060-0171

19 다음 선언이 발표되었을 당시 볼 수 있는 모습으로 가장 적절한 것은?

> 이 태평양 방위선은 알류샨 열도부터 일본을 거쳐 류큐 열도까지 뻗어 있습니다. 우리 미국은 류큐 열도에 중요한 방어 기지를 보유하고 있고, 이것은 계속 유지될 것입니다. …… 이 섬들은 태평양 방위선의 필수적인 부분이고 반드시 지켜질 것입니다. 이 방위선은 또 류큐 열도부터 필리핀까지 이어집니다. 필리핀과 우리의 군사 방어 관계는 양국 간의 합의에 포함되어 있습니다. 그 합의는 충실히 이행될 것입니다.

① 중국군과 교전하는 한국군과 유엔군
② 훈련에 임하는 일본 경찰 예비대 대원
③ 도이머이 정책의 성과를 취재하는 기자
④ 회의에 참석하는 베트남 민주 공화국 관리
⑤ 도쿄에서 극동 국제 군사 재판을 진행하는 재판관

▸ 24060-0172

20 밑줄 친 '기간'에 있었던 사실로 옳은 것은? [3점]

> ○월 ○○일 날씨 맑음
> 어제 실시된 총통 선거 결과 타이완 최초의 평화적인 여야 정권 교체가 확정되었다. 일부 섬을 제외하고 타이완의 계엄령이 해제된 이후 현재까지의 기간 동안 타이완 내부에서 많은 정치적 변동이 나타났다는 사실을 시민들이 이번 선거를 통해 보여 준 것 같다. 아직 입법원 내 민진당의 의석수가 과반수에 미치지 못해서 쉽지는 않겠지만, 그래도 민진당 소속의 새 총통이 등장하게 되었으니 조만간 타이완에 큰 변화가 나타날 것 같다.

① 한국 – 일본과 수교하였다.
② 중국 – 세계 무역 기구[WTO]에 가입하였다.
③ 일본 – 55년 체제가 무너졌다.
④ 북한 – 합영법이 제정되었다.
⑤ 베트남 – 베트남 사회주의 공화국이 수립되었다.

실전 모의고사 2회

제한 시간 30분 | 배점 50점 | 정답과 해설 40쪽

문항에 따라 배점이 다르니, 각 물음의 끝에 표시된 배점을 참고하시오. 3점 문항에만 점수가 표시되어 있습니다. 점수 표시가 없는 문항은 모두 2점입니다.

▶ 24060-0173

1 (가)에 들어갈 문화유산으로 가장 적절한 것은?

문제 은행 카드

질문 다음 문화유산을 설명에 맞게 연결하세요.

(가) · · 일본 열도에서 발달한 ○○ 문화의 대표적 토기로 표면에 새끼줄 무늬가 새겨져 있는 것이 특징이다.

 · · 랴오허강 유역에서 발달한 △△ 문화의 대표적 토기로 밑바닥이 뚫려 있는 것이 특징이다.

① 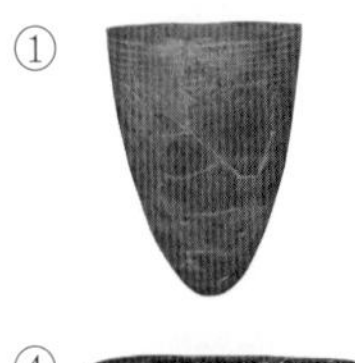 ② 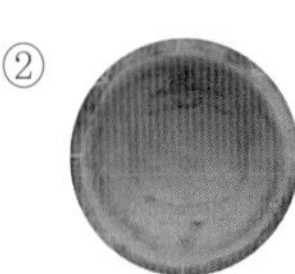 ③ 

④  ⑤ 

▶ 24060-0174

2 (가) 국가에 대한 설명으로 옳은 것은?

어리석은 신(臣)은 우리와 (가) 사이에 틈이 생길까 염려됩니다. …… 우리 왕조를 세운 황제의 위엄과 덕으로도, 수십만 병력으로도 평성 백등산에서 (가)의 묵특 선우에게 곤욕을 겪었으며, 고황후 때에는 그가 패륜을 말하고 오만한 짓을 저질렀어도 대신들이 상황을 모면하기 위한 글을 보낸 연후에야 화해할 수 있었습니다.

① 팔기제를 운영하였다.
② 8조의 법을 마련하였다.
③ 다이카 개신을 단행하였다.
④ 좌현왕과 우현왕을 두었다.
⑤ 정복지에 도호부를 설치하였다.

▶ 24060-0175

3 (가), (나) 시기 사이에 있었던 사실로 옳은 것은? [3점]

(가) 영양왕이 말갈인 만여 명을 거느리고 요서 지방을 치다가, 영주총관 위충에게 격파당하였다. 수 문제가 이 사실을 듣고 크게 노하여 한왕(漢王) 양량과 왕세적을 원수로 삼아 수륙군 삼십만을 거느리고 고구려를 치게 하였다. 진(陳)이 멸망하고 9년이 지난 뒤의 일이었다.
(나) 이적 등이 고구려를 공격할 적에 설인귀가 선봉이 되어 고구려와 싸워서 크게 격파하고, 진격하여 압록강의 성책(城柵)에 이르러 또다시 격파하였다. 마침내 평양을 포위했는데, 한 달 남짓 만에 고구려의 보장왕이 항복하니, 고구려가 평정되었다.

① 백강 전투가 전개되었다.
② 오닌의 난이 발발하였다.
③ 다이호 율령이 반포되었다.
④ 대조영이 발해를 건국하였다.
⑤ 히미코가 친위왜왕으로 책봉되었다.

▶ 24060-0176

4 다음 자료를 활용한 탐구 활동으로 가장 적절한 것은?

오랑캐의 야만스러운 풍속이 가득히 퍼져 진(晉)의 궁궐이 황폐해지고 능묘가 무너지고 불탔다. 종실의 먼 친족인 사마예가 강동에 거주하니, 진(晉)을 그리워하는 천하의 선비와 백성들이 모두 양식을 싸 가지고 그에게 귀부하였다. 이후 사마예가 건강에 나라를 세우니, 자손들이 실낱같이 끊어지지 않고 이어졌다.

① 5대 10국 시대의 전개 과정을 찾아본다.
② 춘추 전국 시대가 시작된 계기를 알아본다.
③ 일본에서 견당사 파견이 중단된 이유를 파악한다.
④ 위만 집단이 고조선으로 이주한 배경을 살펴본다.
⑤ 5호의 세력 확대가 중원 왕조에 끼친 영향을 조사한다.

▸ 24060-0177

5 (가) 왕조 시기의 동아시아 상황으로 옳은 것은? [3점]

> (가) 의 군주가 뤄양으로 천도하고 옛날 풍속을 바꾸니 신흥공(新興公) 원비가 이를 기뻐하지 않았다. 조정의 신하들이 옷차림을 바꾸었을 때도 원비는 그들 사이에서 홀로 호복(胡服)을 입었다. 한편, (가) 의 태자 원순이 뤄양으로 거처를 옮기려 할 때 원비의 아들인 원륭이 목태 등과 모의하며 태자를 평성에 머무르게 하고, 병사를 일으켜 형북 지역을 막아 지킬 것을 도모하였다. …… 원비가 말로는 원륭과 목태를 비난했지만 마음속으로는 매우 옳다고 여겼다.

① 한국 – 고조선이 멸망하였다.
② 중국 – 장거정이 개혁을 추진하였다.
③ 중국 – 제(남제)가 고구려와 교류하였다.
④ 일본 – 헤이안 시대가 전개되었다.
⑤ 일본 – 신패가 중국 상선에 발급되었다.

▸ 24060-0178

6 (가) 국가의 통치 체제에 대한 설명으로 옳은 것은?

> 문성 공주는 종실의 딸이다. …… 송첸캄포에게 출가하였는데 (가) 의 황제가 강하왕에게 명하여 호송하도록 하였다. 송첸캄포는 친히 하원(河源)에서 맞이하여 강하왕을 만나 예의를 행함이 매우 공손하였고, 대국의 복식과 예의의 아름다움에 감탄하여 행동거지에 부끄러워하고 위축되는 기색이 있었다. 가까운 이에게 이르기를, "…… 지금 내가 (가) 의 공주에게 장가드니, 마땅히 성 하나를 쌓아 후세에 과시할 것이다."라고 하였다. –『당회요』–

① 산킨코타이 제도를 실시하였다.
② 군사 제도로 부병제를 운영하였다.
③ 제사를 담당하는 신기관을 두었다.
④ 정당성을 최고 행정 기구로 삼았다.
⑤ 북면관제와 남면관제를 시행하였다.

▸ 24060-0179

7 (가), (나) 국가에 대한 설명으로 옳은 것은? [3점]

> 리 왕조의 사신들이 (가) 에 입조하였다. 그러나 황제가 동경과 호남 등지의 병마를 모아 (나) 을/를 토벌하기 위해 출정 중이니 예물을 가지고 돌아가라는 답변을 듣고 이들은 귀국하였다. 이후 (나) 의 종망과 종한이 (가) 의 수도 카이펑을 함락하고 황제를 포로로 잡아갔다. 이에 황족이 도망하여 임안을 새로운 수도로 삼았다.

① (가) – 호라즘을 정벌하였다.
② (가) – 장건을 대월지에 파견하였다.
③ (나) – 맹안·모극제를 실시하였다.
④ (나) – 발해를 공격하여 멸망시켰다.
⑤ (가)와 (나) – 전연의 맹약을 체결하였다.

▸ 24060-0180

8 (가), (나) 시기 사이에 있었던 사실로 옳은 것은? [3점]

> (가) 고시라카와 천황으로부터 헤이시의 토벌을 명령받은 미나모토노 요리토모는 마침내 헤이시 일족을 규슈 지방의 단노우라 전투에서 몰락시키고 정권을 장악하였다.
> (나) 남조 세력의 중심지인 규슈를 평정한 뒤 아시카가 요시미쓰는 남조에 통일의 조건을 제시하였다. 남조의 천황이 북조의 천황에게 천황 지위를 양보하는 대신 남조의 황자를 황태자로 삼는다는 것이었다. 이를 승낙한 남조의 천황은 교토로 귀환하여 북조의 천황에게 3종의 신기(神器)를 넘기고 퇴위하였다.

① 누르하치가 후금을 건국하였다.
② 세키가하라 전투가 발발하였다.
③ 타이완의 정씨 세력이 진압되었다.
④ 쿠빌라이 칸이 국호를 원으로 정하였다.
⑤ 이자성의 농민군이 베이징을 점령하였다.

▸ 24060-0181

9 (가) 유학 사상에 대한 설명으로 옳은 것은?

자료로 보는 동아시아 사상

부모에 효도하는 마음이 있다면 바로 효도의 이(理)가 있는 것이요, 효도하는 마음이 없다면 이는 바로 효도의 이(理)가 없는 것이다. 임금께 충성하는 마음이 있다면 임금께 충성하는 이(理)가 있는 것이요, 충성하는 마음이 없다면 이는 바로 충성하는 이(理)가 없는 것이다. 이(理)가 어찌 마음 밖에 있을 수 있다는 말인가? …… 주희는 마음과 이(理)를 나누기도 하고 합치기도 하며 설명했기 때문에 후학들이 마음과 이(理)를 다른 것으로 여기는 폐단이 생기게 되었다.

해설 자료는 『전습록』의 일부 내용으로 '마음이 곧 이치'임을 강조하면서 주자(주희)를 비판하고 있다. 이 책의 저자는 (가) 을/를 집대성한 인물로 평가받고 있다.

① 치양지와 지행합일을 강조하였다.
② 사서집주의 편찬으로 집대성되었다.
③ 신라 말 호족의 지원으로 유행하였다.
④ 일본에서 해체신서의 간행을 계기로 발달하였다.
⑤ 공자와 맹자 시대 유학으로의 복귀를 추구하였다.

▸ 24060-0182

10 다음 대화가 이루어진 시기를 연표에서 옳게 고른 것은? [3점]

추신사(秋信使) 박난영이 의주로 돌아와 아뢰기를, "용골대 등이 말하기를, '조선이 남쪽 왕조를 부모로 대우하기 때문에, 그 나라의 사신이 왕래할 때는 조선의 크고 작은 관원들이 모두 말에서 내려 영접하고, 우리 나라는 조선과 형제의 나라이므로 우리 사신이 왕래할 때 말 위에서 서로 읍하고서 영접할 뿐이다. 앞으로도 이같이 하면 우리 사신이 그냥 되돌아갈 터이니 이 뜻을 아뢰어라.'고 하였습니다." 평안 감사 민성휘가 아뢰기를, "추신사의 사연을 듣건대, 앞으로 그들이 보낸 사신이 올 때 중국 사신에게 대하는 예로 접대하라 한다고 하니, 오랑캐들의 뜻이 참으로 이전의 맹약(盟約)을 저버림에 있습니다."라고 하였다.

조선 건국	(가)	3포 왜란 발발	(나)	나가시노 전투 발발	(다)	정묘호란 발발	(라)	병자호란 발발	(마)	삼번의 난 발발

① (가) ② (나) ③ (다) ④ (라) ⑤ (마)

▸ 24060-0183

11 (가) 인물에 대한 설명으로 옳은 것은?

소위 서학이라는 것이 성행하고 있는데 그 학술의 이면이 어떠한지 알 수 없었습니다. 그러므로 신(臣)이 가만히 찾아서 비로소 『천주실의』라는 책 두 권을 얻어서 보았습니다. 이것은 (가) 이/가 서학의 교리를 문답 형식으로 지은 것으로 인륜을 해치는 설이 아님이 없었습니다. …… 다만 그 가운데 좋은 것도 있으니, 상제(上帝)가 굽어살피시어 사람들의 좌우에 오르내리신다는 설이 그것입니다.

① 사서오경왜훈을 집필하였다.
② 곤여만국전도를 제작하였다.
③ 사고전서 편찬에 참여하였다.
④ 청의 역법 개정을 주도하였다.
⑤ 원명원의 서양식 건물을 설계하였다.

▸ 24060-0184

12 밑줄 친 '막부' 시기 동아시아에서 볼 수 있는 모습으로 가장 적절한 것은? [3점]

이것은 예수나 마리아를 새긴 판으로 후미에라고 한다. 크리스트교의 확산을 우려한 막부는 크리스트교 신자를 색출하기 위해 후미에를 밟게 하였다. 또한 포르투갈 선박의 내항을 전면 금지한 데 이어 네덜란드 상관을 데지마로 옮겨 엄격하게 감시하였다.

① 한국 – 독서삼품과 시행을 명령하는 국왕
② 중국 – 경사 대학당에서 수업을 듣는 학생
③ 중국 – 홍루몽의 초고를 쓰고 있는 소설가
④ 일본 – 헤이조쿄 건설에 동원되는 기술자
⑤ 일본 – 입당구법순례행기를 저술하는 승려

▸ 24060-0185

13 (가), (나) 국가에 대한 설명으로 옳은 것은? [3점]

태평양을 횡단하는 우리 증기선들은 많은 양의 석탄을 사용합니다. 우리 (가) 에서 멀리까지 이것을 싣고 다니는 것은 편리하지 않습니다. 따라서 우리 증기선과 여러 선박이 (나) 에 정박하고 또한 석탄, 물품, 물을 공급받을 수 있기를 원합니다. 그들은 돈이나 폐하의 신하들이 선호하는 다른 어떤 것으로든지 대가를 지급할 것입니다. 우리가 이용하기 편리한 항구를 지정해 주시기를 폐하께 요청합니다. …… 강력한 함대와 함께 페리 제독을 (나) 의 에도에 파견한 목적이 바로 이것들입니다.

① (가) – 운요호 사건을 일으켰다.
② (가) – 흠정 헌법 대강을 반포하였다.
③ (나) – 인공 섬인 데지마를 건설하였다.
④ (나) – 베트남의 왕조와 제1차 사이공 조약을 체결하였다.
⑤ (가)와 (나) – 제2차 아편 전쟁에서 청과 대립하였다.

▸ 24060-0186

14 (가) 운동에 대한 설명으로 옳은 것은?

중학(中學)에는 중학 나름의 체와 용이 있고, 서학(西學)에는 서학 나름의 체와 용이 있다. 따라서 양자를 나누면 잘 실행될 수 있지만 양자를 어정쩡하게 합하면 둘 다 망하게 된다. 이홍장 등이 추진한 (가) 을/를 옹호하는 사람들은 중체서용이라고 일컬으며 양자를 합해 하나를 체로 삼고 다른 하나를 용으로 삼으려 하는데, 이런 주장은 말도 안 되는 소리이다.

– 『옌푸집』 –

① 우창 신군의 봉기로 본격화되었다.
② 금릉 기기국이 설치되는 계기가 되었다.
③ 공행 무역이 폐지되는 결과를 가져왔다.
④ 서양 과학과 민주주의의 수용을 주장하였다.
⑤ 윌슨이 주장한 민족 자결주의의 영향을 받았다.

▸ 24060-0187

15 (가), (나) 운동의 공통점으로 옳은 것은?

- 가령 김옥균과 박영효 등이 일으킨 (가) 이/가 성공하여 순조롭게 뜻을 이루었다고 하더라도, 이미 여러 민씨를 죽였고, 임금께서 아끼시는 신하들도 죽였으니 이는 임금과 왕비의 뜻을 거스른 것이다. 어찌 능히 그 위세를 지킬 수 있었겠는가? – 『윤치호 일기』 –
- 청의 광서제는 활달한 성품과 탁월한 지혜로 정치를 밝게 하여 캉유웨이 등의 신하와 더불어 (나) 을/를 추진하였다. 그러나 결국 일을 그르치게 되었을 뿐만 아니라 황제가 유폐되는 지경에 이르게 되었다. – 황성신문 –

① 메이지 유신을 모델로 삼았다.
② 외국 군대의 개입으로 실패하였다.
③ 남녀평등과 토지 균분을 주장하였다.
④ 정부의 철도 국유화 조치에 반발하였다.
⑤ 이권 수호를 위해 만민 공동회를 개최하였다.

▸ 24060-0188

16 다음 자료를 활용한 탐구 활동으로 가장 적절한 것은? [3점]

학생으로서 우리는 '힘이 결코 정의일 수 없음'을 세계에 보여주기 위해 싸워야 한다는 데 모두 합의하였다. 그때 네 가지 진행 방법이 토의되었는데, 내용은 다음과 같다.

1. 온 국민이 함께 싸우도록 할 것.
2. 파리의 중국 대표들에게 전보를 보내어 베르사유 조약에 서명하지 말도록 할 것.
3. 전국 각 성의 민중에게 전보를 보내어 국치 기념일에 행진을 요청할 것.
4. 베이징의 전체 학생들과 톈안먼에 집합하여 집단 행진으로 우리의 불만을 나타낼 것.

① 인민공사의 활동 내용을 살펴본다.
② 만주 사변이 끼친 영향을 분석한다.
③ 중화민국이 수립되는 과정을 알아본다.
④ 중국 국민당이 결성된 배경을 파악한다.
⑤ 서양 외교관의 베이징 주재가 허용된 계기를 조사한다.

▸ 24060-0189

17 (가) 회의에 대한 설명으로 옳은 것은? [3점]

다음은 (가) 의 결정 내용에 따라 체결된 5개국 조약의 주요 내용입니다.

제4조 체약국의 주력함 교체 톤수의 합계는 기준 배수 톤수를 초과할 수 없으며, 기준 배수 톤수는 미국 525,000톤, 영국 525,000톤, 프랑스 175,000톤, 이탈리아 175,000톤, 일본 315,000톤으로 한다.

제5조 기준 배수량 35,000톤을 초과하는 어떠한 주력함도 체약국에 의해, 또는 체약국을 위해, 또는 체약국의 관할하에서 건조되거나 체약국에 의해 획득되지 않는다.

① 카이로 선언의 이행을 확인하였다.
② 소련의 대일전 참전을 합의하였다.
③ 한국의 독립을 최초로 약속하였다.
④ 중국이 산둥반도 이권을 회수하는 결과를 가져왔다.
⑤ 일본이 북위 50도 이남의 사할린을 차지하는 계기가 되었다.

▸ 24060-0190

18 밑줄 친 '공격'을 계기로 일어난 전쟁 중에 있었던 사실로 옳은 것은?

하와이 진주만에 대한 어제의 기습 공격은 미국의 해군과 육군 부대에 심각한 손실을 일으켰습니다. 많은 미국인이 목숨을 잃었음을 알려 드리게 되어 유감스럽습니다. …… 육군과 해군의 통수권자로서 저는 국가 방위를 위한 모든 조치를 할 것을 지시했습니다. …… 적은 확실히 존재하고 있습니다. 우리 국민과 영토, 우리의 이익이 중대한 위험에 처해 있다는 사실을 간과할 수 없습니다.

① 닉슨 독트린이 발표되었다.
② 제1차 국공 합작이 성립되었다.
③ 일본군이 난징 대학살을 자행하였다.
④ 일본에서 국가 총동원법이 제정되었다.
⑤ 한국광복군이 국내 진공 작전을 추진하였다.

▸ 24060-0191

19 (가), (나) 조약 체결 시기 사이에 있었던 사실로 옳은 것은? [3점]

(가) 제1조 연합국은 일본 및 그 영해에 대한 일본 국민의 완전한 주권을 승인한다.
제2조 일본은 조선(한국)의 독립을 승인하고 제주도, 거문도 및 울릉도를 포함한 조선(한국)에 대한 모든 권리·권원 및 청구권을 포기한다.

(나) 제1조 양 체약 당사국 간에 외교 및 영사 관계를 수립한다.
제2조 1910년 8월 22일 및 그 이전에 대한 제국과 대일본 제국 간에 체결된 모든 조약 및 협정이 이미 무효임을 확인한다.

① 통킹만 사건이 일어났다.
② 미중 공동 성명이 공표되었다.
③ 루거우차오 사건이 발생하였다.
④ 일본에서 경찰 예비대가 창설되었다.
⑤ 베트남 사회주의 공화국이 수립되었다.

▸ 24060-0192

20 다음 자료를 활용한 탐구 활동으로 가장 적절한 것은?

○○신문 19△△. △△. △△

중국에서 문예 탄압

소련 문학지 『크니즈노예 · 오브즈테니에』는 홍위병들이 중국과 외국 문학 작품의 고전을 대규모로 폐기 처분하고 있다고 보도하였다. 이 잡지에 따르면 여러 중국 작가들과 푸시킨, 고리키, 숄로호프, 발자크, 로맹 롤랑 및 찰스 디킨스 등 외국 작가들의 작품이 들어 있는 책 상자를 가득 실은 손수레들이 베이징의 주요 길을 메우고 있다고 한다.

① 6월 민주 항쟁의 결과를 조사한다.
② 문화 대혁명 당시의 상황을 파악한다.
③ 도이머이 정책이 끼친 영향을 찾아본다.
④ 중화 인민 공화국의 수립 과정을 알아본다.
⑤ 미일 안전 보장 조약 체결의 계기를 살펴본다.

실전 모의고사 3회

제한 시간 30분 | 배점 50점 | 정답과 해설 43쪽

문항에 따라 배점이 다르니, 각 물음의 끝에 표시된 배점을 참고하시오. 3점 문항에만 점수가 표시되어 있습니다. 점수 표시가 없는 문항은 모두 2점입니다.

▸ 24060-0193

1 (가)에 들어갈 문화유산으로 옳은 것은?

사진의 유물은 무엇입니까?
(가)
기원전 3세기경부터 한반도 등에서 벼농사 기술, 청동기, 철기 등을 수용하면서 발전한 일본 열도의 ○○○ 문화를 대표하는 문화유산입니다. 주로 주술적 용도로 사용된 것으로 추정하고 있습니다.

① ② ③ ④ ⑤

▸ 24060-0194

2 (가) 황제에 대한 설명으로 옳은 것은?

> 지금 군주로서 (가) 의 됨됨이가 천하 백성의 인심을 얻었는가? 비록 그가 전국 시대를 통일하고 처음으로 황제(皇帝)를 칭하였으나 진실로 천하 백성의 인심을 잃어버렸으니 어찌 천하를 소유했다고 말하겠는가? 아! 아방궁을 지어 나라 백성들이 반 이상 병에 걸렸고 만리장성을 만드느라 나라 백성들이 반 정도 죽었다. 게다가 백성들의 수입 대부분을 부세로 거두고, 민가의 백성들을 징발하여 경비를 서게 하니, 백성들이 비통해 하며 하늘을 우러러 부르짖고 가슴을 치며 황제를 원망하였다.

① 후한에 조공하였다.
② 독서삼품과를 시행하였다.
③ 친위왜왕의 칭호를 받았다.
④ 토번에 화번공주를 보냈다.
⑤ 반량전으로 화폐를 통일하였다.

▸ 24060-0195

3 (가) 국가에 대한 설명으로 옳은 것은?

> • 이제 선우가 한으로 인하여 곤경에 처하게 되고, 예전 혼야왕의 땅도 텅 비어 아무도 없습니다. 만약 지금 후한 물건을 오손에게 보내 동쪽으로 가까이 불러들여 한과 형제의 의를 맺게 하면, 오손은 한을 따르게 될 것입니다. 이렇게 된다면, 선우가 이끄는 (가) 의 오른쪽 팔을 끊는 셈이 됩니다.
> • (가) 은/는 서쪽으로 대완과 강거의 무리를 부리고 남쪽으로는 강(羌)과 교통하였다. 무제는 이들을 물리치고 넓고 비옥한 장액(張掖)의 서쪽에 군현을 세웠다. 이에 서역의 국가들이 모두 그 나라에 항거하니 (가) 은/는 화급히 달아났다.

① 대운하를 건설하였다.
② 팔기제를 시행하였다.
③ 좌현왕과 우현왕을 두었다.
④ 지방에 다루가치를 파견하였다.
⑤ 고조선을 멸망시키고 4군을 설치하였다.

▸ 24060-0196

4 (가)에 들어갈 내용으로 가장 적절한 것은? [3점]

견융의 침입을 받은 주가 새롭게 수도로 삼은 ○○의 역사에 대해 알려 줘.
검색 결과입니다.
○○은/는 주의 수도가 된 이래 여러 왕조가 수도로 삼았던 도시입니다. 또한 이곳은 (서)진의 황제 회제가 흉노의 포로로 사로잡혔던 곳이고 중국의 대표적 석굴 사원인 룽먼 석굴이 조성된 곳이기도 합니다. 또한 (가)

① 북위가 새로운 도읍지로 삼은 곳입니다.
② 네덜란드의 상관이 설치된 인공 섬입니다.
③ 조선이 파견한 연행사의 최종 목적지였습니다.
④ 주원장이 명을 건국하면서 도읍으로 삼은 곳입니다.
⑤ 쿠빌라이 칸이 카라코룸에서 수도를 옮긴 곳입니다.

▸ 24060-0197

5 (가)에 들어갈 내용으로 가장 적절한 것은?

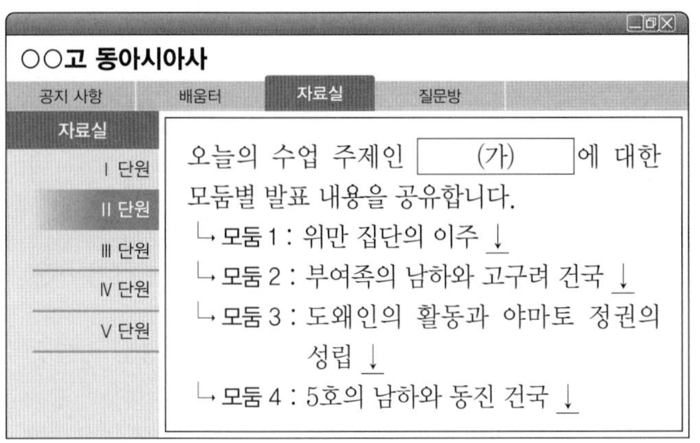

○○고 동아시아사
공지 사항
배움터
자료실
질문방
자료실
Ⅰ 단원
Ⅱ 단원
Ⅲ 단원
Ⅳ 단원
Ⅴ 단원
오늘의 수업 주제인 (가) 에 대한 모둠별 발표 내용을 공유합니다.
↳ 모둠 1 : 위만 집단의 이주
↳ 모둠 2 : 부여족의 남하와 고구려 건국
↳ 모둠 3 : 도왜인의 활동과 야마토 정권의 성립
↳ 모둠 4 : 5호의 남하와 동진 건국

① 견당사의 파견 목적
② 관우 신앙의 유입 과정
③ 5세기 이전의 인구 이동
④ 율령 체제의 완성과 확산
⑤ 한족의 남하와 강남 지역 개발

▸ 24060-0198

6 (가)~(라) 국가의 통치 제도에 대한 설명으로 옳은 것만을 〈보기〉에서 고른 것은? [3점]

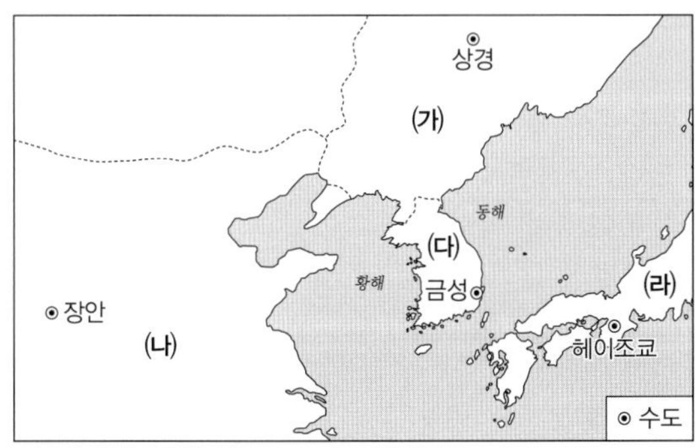

보기
ㄱ. (가) – 좌변관과 우변관을 두었다.
ㄴ. (나) – 상서성이 6부를 총괄하였다.
ㄷ. (다) – 과거를 통해 관리를 선발하였다.
ㄹ. (라) – 신기관이 제사를 담당하였다.

① ㄱ, ㄴ ② ㄱ, ㄷ ③ ㄴ, ㄷ ④ ㄴ, ㄹ ⑤ ㄷ, ㄹ

▸ 24060-0199

7 (가) 유학 사상에 대한 설명으로 옳은 것만을 〈보기〉에서 고른 것은?

> 아카마쓰 공이 그대에게 말을 전해 달라고 나에게 명했습니다. 그 말에 이르기를, "일본의 여러 학자가 유학을 말하나 예부터 지금에 이르기까지 오직 한·당(漢·唐)의 학문만을 전하고 송(宋) 유학의 이치를 모릅니다. 4백 년이 흘러도 그 구습의 폐단을 고치지 않고, 오히려 한·당의 유학을 옳다 하고 주희가 집대성한 (가) 을/를 그르다고 하니 참으로 불쌍하고 가소롭습니다."라고 했습니다. …… 나 세이카는 어릴 적부터 스승이 없었습니다. 홀로 책을 읽고 스스로 한·당 유학자의 경전을 암송하면서 겨우 주석과 음훈을 달며 사적을 표제하는 데 지나지 않았을 따름이라고 생각했습니다. 결코 (가) 에 대한 성실한 식견이 없었습니다.

보기
ㄱ. 거경궁리와 격물치지를 강조하였다.
ㄴ. 조선 건국의 이념적 기반이 되었다.
ㄷ. 직관적 깨달음과 참선을 중시하였다.
ㄹ. 심즉리를 강조하며 지행합일을 주장하였다.

① ㄱ, ㄴ ② ㄱ, ㄷ ③ ㄴ, ㄷ ④ ㄴ, ㄹ ⑤ ㄷ, ㄹ

▸ 24060-0200

8 다음 자료를 활용한 탐구 활동으로 가장 적절한 것은? [3점]

> 200년 동안 푸젠성과 저장성이 항상 왜적의 화를 당하면서도 랴오양과 톈진에까지 이르지 않았던 것은 조선이 울타리처럼 막아 주었기 때문입니다. …… 어떤 이는 군사를 일으켜 가서 정벌하면 적들의 침입을 초래할 뿐이라고 하지만, 제 생각은 정벌해도 올 것이고, 정벌하지 않아도 올 것입니다. 정벌할 경우 평양의 동쪽에서 견제할 수 있어 적들이 오는 것이 더디어 화가 적을 수 있지만, 정벌하지 않을 경우 적들이 평양 서쪽에서 마음대로 할 수 있어 그 침입 속도가 빠르고 화도 커지게 될 것입니다. 빨리 정벌하면 우리가 조선의 힘을 빌릴 수 있지만, 늦게 정벌하면 적들이 조선 사람을 거느려 우리를 대적할 것이기 때문에 저는 군사를 동원해 정벌하는 일을 한시도 늦출 수 없다고 생각합니다.

① 삼별초의 활약상을 조사한다.
② 백강 전투의 결과를 분석한다.
③ 나가시노 전투가 일어난 배경을 파악한다.
④ 명이 임진왜란에 참전한 이유를 알아본다.
⑤ 토목보에서 몽골이 황제를 포로로 잡은 사건을 살펴본다.

▸ 24060-0201

9 밑줄 친 '맹약'에 대한 설명으로 옳은 것은? [3점]

> 칸이 "너는 왜 먼저 정묘년의 맹약을 위해하고 화의를 배척하여, 우리 두 나라의 틈이 벌어지게 하였느냐?"라고 하자, 공이 "너는 우리나라와 형제가 되기로 약속을 해 놓고 도리어 황제를 자칭하여 우리를 신하로 삼으려고 하였으니 맹약을 위배한 실수가 과연 너에게 있는 것이냐, 우리에게 있는 것이냐?"라고 하였다.
> – 송시열, 「삼학사전」 –

① 조선과 후금이 체결하였다.
② 공행 무역이 폐지되는 계기가 되었다.
③ 최혜국 대우가 허용된 불평등 조약이었다.
④ 조선과 명 사이의 외교 관계 단절을 가져왔다.
⑤ 조선의 3개 항구를 개항한다는 조항이 담겨 있다.

▸ 24060-0202

10 다음 글이 작성된 시기에 볼 수 있는 모습으로 가장 적절한 것은? [3점]

> 조선국에서 베이징으로 보낸 사자가 최근에 귀국했다고 합니다. 그 사자는 베이징에서 달왕(㺚王 : 청 황제)과 직접 대면했는데, 달왕과 사자 사이에 은밀한 이야기가 있었다고 합니다. 아마도 조선국에 지원병 파견을 요구했을 것이라고 합니다. 그래서 조선국 조정이 논의하기를, 베이징의 달왕이 패배할 것으로 보이는데, 우선 지원병 파견을 미루고 달왕의 태도에 따라 입장을 바꾸어 오삼계에게 의탁하기로 의논이 정해졌다는 소식을 들었습니다. 하지만 지금까지는 지원병을 보내지 않았습니다. 그러나 여러 곳에 지시를 내려서 병력이 점점 한성에 모이고 있다고 합니다. 일단 들은 대로 말씀드립니다.

① 가도에 주둔하고 있는 모문룡
② 장건 일행을 맞이하는 대월지의 관리
③ 타이완에서 반청 운동을 전개하는 정씨 세력
④ 조선군을 이끌고 사르후 전투에 참전하는 강홍립
⑤ 세키가하라 전투를 벌이고 있는 도쿠가와 이에야스

▸ 24060-0203

11 밑줄 친 '이 시기' 동아시아 각국의 상황으로 적절하지 않은 것은?

▲ 탈춤

▲ 경극

> 자료의 두 사진은 탈춤과 경극 공연 장면이다. 탈춤과 경극 공연이 인기를 끌었던 이 시기 조선에서는 김홍도를 비롯한 풍속 화가들이 활동하였으며, 이름을 알 수 없는 화가들의 민화가 유행하였다.

① 한국 – 홍길동전 등 한글 소설이 널리 읽혔다.
② 한국 – 실사구시적 성격의 실학이 발달하였다.
③ 중국 – 어린이들을 위한 소학이 처음 편찬되었다.
④ 일본 – 인물 등을 그린 우키요에가 유행하였다.
⑤ 일본 – 서양 과학과 문물을 연구하는 난학이 발전하였다.

▸ 24060-0204

12 (가), (나) 조약이 체결된 시기 사이에 있었던 사실로 옳은 것은?

(가)	(나)
제2조 영국인이 광저우, 아모이, 푸저우, 닝보, 상하이에서 박해나 구속받지 않고 상업에 종사할 수 있도록 한다. 제3조 청은 홍콩섬을 영국에 할양한다.	제8조 크리스트교를 전수하거나 배우려는 사람을 모두 보호해야 한다. 제11조 영국인에게 상하이, 닝보, 푸저우 등의 항구에 더하여 뉴좡, 덩저우, 타이난 등에서도 항구를 추가로 개항한다.

① 갑신정변이 일어났다.
② 청프 전쟁이 발발하였다.
③ 대일본 제국 헌법이 제정되었다.
④ 제1차 사이공 조약이 체결되었다.
⑤ 홍수전이 태평천국 운동을 일으켰다.

▸ 24060-0205

13 다음 자료를 활용한 탐구 주제로 가장 적절한 것은? [3점]

러시아와 프랑스, 독일 3개국이 전달한 비망록의 내용이 동일합니까?
예, 그렇습니다. 그중 독일 공사의 어조가 가장 강했습니다. 사전에 3개국 공사들에게서 랴오둥반도를 할양한다는 청과 우리 일본의 강화 조건을 받아들일 수 없다는 암시를 받은 적도 없습니다.

혹시 독일 공사의 어조가 경고를 무시하면 발생할 수 있는 일들을 제시하며 위협하는 것이었습니까?
예. 거의 협박 수준이었습니다.

① 제2차 국공 합작의 계기
② 시모노세키 조약과 영향
③ 청일 수호 조규의 체결 배경
④ 의화단 운동과 8개국 연합군의 구성
⑤ 워싱턴 회의와 열강 간 이해관계 조정

▸ 24060-0206

14 (가) 인물의 활동으로 옳은 것은?

전국 군민(軍民) 동포에게 고하는 글

우리의 (가) 은/는 오직 나라를 구하고 나라를 건설하는 책임만을 생각하였으며, 스스로 사익을 구할 생각은 없었다. 신해혁명이 한때 성공하자 임시 대총통 자리를 위안스카이에게 양도하였다. 그러나 위안스카이는 나라를 짓밟아 민국은 위태롭게 되었다. 국민은 자유로운 사상과 역량을 발현(發現)할 수 없었고, 중국은 군벌의 할거(割據) 무대가 되고 말았다.

① 대장정을 감행하였다.
② 중국 국민당을 이끌었다.
③ 강항과 학문적으로 교류하였다.
④ 남순 강화를 통해 개혁을 가속화하였다.
⑤ 민진당(민주진보당) 후보로 총통에 선출되었다.

▸ 24060-0207

15 (가)에 들어갈 내용으로 가장 적절한 것은? [3점]

① 일본 반제 동맹이 조직되었어요.
② 국제 연맹이 리튼 조사단을 만주에 파견하였어요.
③ 반제국주의를 목표로 아주 화친회가 결성되었어요.
④ 한국광복군이 연합군과 합동 작전을 전개하였어요.
⑤ 한국 독립군이 북만주에서 한·중 연합 작전을 추진하였어요.

▸ 24060-0208

16 다음 요강이 발표된 시기에 볼 수 있는 모습으로 가장 적절한 것은?

사료로 학습하는 동아시아사

〈인구 정책 확립 요강〉

• 취지 : 대동아 공영권을 건설해 그것을 영구히 하고 건전한 발전을 도모하는 것은 황국의 사명이며, 이를 달성하기 위해서는 인구 정책을 확립해 우리 나라 인구를 급격히, 그리고 영속적으로 발전 증식시켜야 한다.
• 목표 : 상기의 취지에 따라 우리 나라 인구 정책은 내지 인구에 대해서 아래 목표 달성을 위해 우선 쇼와 35년 총인구 1억을 목표로 하고 외지인 인구에 대해서는 별도로 정한다.

해설 이 요강은 일제가 전시 체제에서의 인구 정책 기본 방침을 제시하기 위해 마련한 것이다. 국민을 병력, 노동력의 관점에서 파악한 일제는 동남아시아 지역으로 침략 전쟁을 확대하면서 '대동아 공영권' 확립을 위해서는 더 많은 인구가 필요하다고 판단하고 인구를 늘리기 위해 이런 요강을 만들었다.

① 신간회 창립식에 참석하는 기자
② 인천 상륙 작전에 나서는 유엔군
③ 일본군 '위안부'로 끌려가는 여성
④ 러시아 발트 함대를 공격하는 일본군
⑤ 훙커우 공원에서 폭탄을 투척하는 한인 애국단 단원

▸ 24060-0209

17 밑줄 친 '조약'에 대한 설명으로 옳은 것은? [3점]

> 우리 일본 정부는 한국이 조약의 서명국이 되어선 안 된다고 생각하다. 한국은 독립 국가로서 태평양 전쟁 당시 전쟁이나 교전 상태가 아니었기 때문이다. 만약 한국이 서명국이 된다면 일본에 거주하는 백만 명의 재일 조선인, 대다수가 공산주의자인 그들이 연합국 국민이 갖는 소유권 및 배상권을 갖게 될 것을 우리는 우려한다.

① 6 · 25 전쟁 중에 체결되었다.
② 미국과 일본의 군사 동맹을 규정하였다.
③ 일본과 타이완의 국교 단절을 가져왔다.
④ 중국에서 5 · 4 운동이 일어나는 계기가 되었다.
⑤ 일본 신헌법(평화 헌법) 제정에 영향을 주었다.

▸ 24060-0210

18 밑줄 친 '요청'이 이루어진 시기를 연표에서 옳게 고른 것은? [3점]

> 북베트남의 순찰선이 통킹만을 순찰 중이던 미군의 구축함에 어뢰 공격을 가하였다. 어뢰는 빗나갔고 미군 구축함은 반격을 가해 북베트남 순찰선에 큰 피해를 줬다. …… 북베트남 순찰선의 미군 구축함 공격은 증명되지 않았지만, 존슨 대통령은 북베트남에 대해 폭격으로 대응하였다. 존슨 대통령은 의회에 미군이 공격받을 경우 이를 격퇴하고 더 나아가 미군에 대한 추가 공격을 예방하는 데 필요한 모든 수단을 활용할 권한을 요청하였다.

만주국 수립	(가)	일본의 진주만 기습	(나)	국제 연합 결성	(다)	일화 평화 조약 체결	(라)	닉슨 대통령의 중국 방문	(마)	베트남 사회주의 공화국 수립

① (가)　② (나)　③ (다)　④ (라)　⑤ (마)

▸ 24060-0211

19 (가), (나)가 발표된 시기 사이에 있었던 사실로 옳은 것은? [3점]

(가)
- 1910년 8월 22일 및 그 이전에 대한 제국과 일본 간에 체결된 모든 조약 및 협정이 이미 무효임을 확인한다.
- 대한민국 정부가 유엔 승인에 의해 수립된 한반도의 유일한 합법 정부임을 확인한다.

(나)
- 일본국 정부는 중화 인민 공화국 정부가 중국의 유일한 합법 정부임을 승인한다.
- 중화 인민 공화국 정부는 중 · 일 양국 국민의 우호를 위하여 일본에 대한 전쟁 배상 요구를 포기할 것을 선포한다.

① 4 · 19 혁명이 일어났다.
② 55년 체제가 붕괴되었다.
③ 문화 대혁명이 발생하였다.
④ 미국과 중국이 국교를 맺었다.
⑤ 타이완 최초의 여야 정권 교체가 이루어졌다.

▸ 24060-0212

20 (가) 사건이 일어난 해의 동아시아 상황으로 옳은 것은?

> **동아시아사 신문**
> 제○○호
>
> **경제 성장 그늘에 묻혀 잊혀 가는 (가) 사건**
>
> 공산 정권 수립 이후 중국 최대의 민주화 시위였던 (가) 사건이 중국의 경제 성장 속에 점차 잊혀 가고 있다. 이 사건은 개혁 · 개방의 진전에 따라 정치 개혁의 목소리가 커지는 가운데 후야오방 전 공산당 총서기의 사망과 그에 대한 재평가 요구 분위기를 타고 민주화 시위를 벌이던 학생, 시민 시위대를 정부가 군대를 동원하여 강제로 진압하면서 종결되었다.

① 한국 – 외환 위기가 발생하였다.
② 중국 – 대약진 운동이 전개되었다.
③ 일본 – 거품 경제가 붕괴되었다.
④ 북한 – 천리마 운동이 시작되었다.
⑤ 베트남 – 도이머이 정책이 시행되었다.

실전 모의고사 4회

제한 시간 30분 | 배점 50점 | 정답과 해설 47쪽

문항에 따라 배점이 다르니, 각 물음의 끝에 표시된 배점을 참고하시오. 3점 문항에만 점수가 표시되어 있습니다. 점수 표시가 없는 문항은 모두 2점입니다.

▸ 24060-0213

1 교사의 질문에 대해 학생이 제시한 유물로 가장 적절한 것은?

자료는 랴오허강 유역에서 발달한 신석기 문화를 대표하는 유물입니다. 아래와 위가 뚫려 있는 것이 특징이며, 제사에 사용된 것으로 추정되고 있습니다. 랴오허강 유역에서 발견된 또 다른 신석기 문화 유물을 제시해 볼까요?

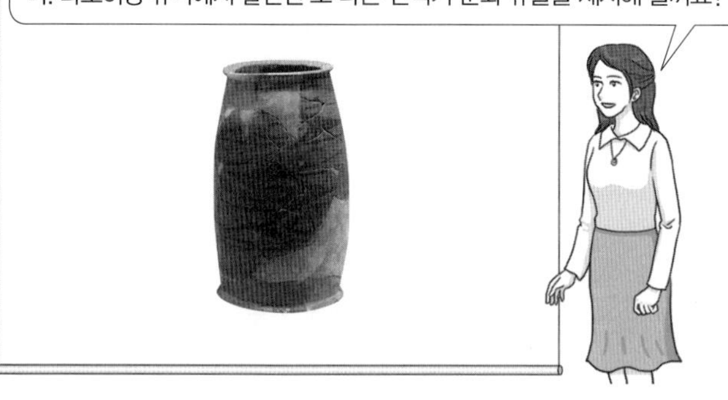

① ② ③ ④ ⑤

▸ 24060-0214

2 (가), (나) 국가에 대한 설명으로 옳은 것은? [3점]

장건은 대월지에 일 년여를 머무르다가 귀환하려 하였다. 남산을 따라서 강족이 사는 땅을 통과하여 돌아가려 하였으나 다시 (가) 에게 붙들리게 되었다. 다시 일 년여를 머물렀는데 (가) 의 선우가 사망하자 좌록리왕이 그 태자를 공격하고 자립하면서 나라 안에 난리가 일어났고, 장건 일행은 도망쳐서 (나) (으)로 귀국하였다. (나) 에서 장건은 태중대부의 관직에 임명되었다.

① (가) – 남추밀원을 설치하였다.
② (가) – 금과 군신 관계를 맺었다.
③ (나) – 남비엣을 정복하였다.
④ (나) – 분서갱유를 단행하였다.
⑤ (가)와 (나) – 거란(요)을 공격하기 위해 연합하였다.

▸ 24060-0215

3 밑줄 친 '이 나라'에 대한 설명으로 옳은 것은? [3점]

신하가 답하였다. "이 나라의 황제가 한족의 문화를 동경하여 과단성 있게 나라를 일변시킨 것은 타고난 자질이 일반 사람들보다 출중함을 보여 주는 것입니다. 그러나 군사를 대대적으로 동원하여 남조의 제를 공격한 것이나, 도읍을 뤄양으로 옮긴 것은 황제의 가장 큰 실책이었습니다. 관리 선발에 문벌을 중시한 일도 역시 한족의 풍속을 동경할 줄만 알고 그것을 적절히 활용할 줄을 몰라서 비롯된 것입니다." –『홍재전서』–

① 왕망에 의해 멸망하였다.
② 다이호 율령을 반포하였다.
③ 정복지에 행성을 설치하였다.
④ 5호 16국 시대의 혼란을 수습하였다.
⑤ 베트남 북부에 안남 도호부를 설치하였다.

▸ 24060-0216

4 (가)에 들어갈 내용으로 가장 적절한 것은?

이 스에키 가마터는 일본의 사카이시에서 원형을 보존하여 이전해 복원한 것입니다. 스에키는 언덕 경사면에 만들어진 가마에서 고온으로 굽기 때문에 이전까지의 토기보다 단단한 것이 특징입니다. 이러한 가마가 만들어진 것은 가야의 토기 제작 기술이 야마토 정권에 전파된 결과로 파악됩니다. 이와 같이 당시 (가) (으)로 일본 문화에 다양한 변화가 있었음을 알 수 있습니다.

① 도왜인의 활동
② 호라즘의 멸망
③ 제자백가의 등장
④ 전국 7웅의 대두
⑤ 주몽 집단의 이주

▸ 24060-0217

5 밑줄 친 '이 나라'의 대외 관계에 대한 설명으로 옳은 것은?

이 나라 사람들은 처음에는 자신들의 문자가 없어서, 국가가 날로 강해져 이웃 나라와 수교할 일이 생길 때마다 거란 문자를 사용하였다. 이 나라를 세운 태조(아구다)가 완안희윤에게 명하여 문자를 만들게 하고 제도를 정비하였다. 희윤은 곧바로 한자의 해자(楷字)를 모방하고 거란 문자를 참고하여 자신들의 말에 부합되도록 하여 문자를 만들었다. 태조가 크게 기뻐하며 이를 반포하고 희윤에게 말과 의복을 하사하였다.

① 주변국에 화번공주를 보냈다.
② 서하를 공격하여 무너뜨렸다.
③ 야마타이국으로부터 조공을 받았다.
④ 왜구의 근거지인 쓰시마를 토벌하였다.
⑤ 카이펑을 함락하고 화북 지역을 차지하였다.

▸ 24060-0218

6 밑줄 친 '황제'에 대한 설명으로 옳은 것은? [3점]

- 황제는 신하로 하여금 조서를 가지고 고려에 사신으로 가서 군사 5,600명을 뽑아 일본 정벌을 돕게 하였다.
- 황제가 조서를 내려 세자 왕심(충렬왕)이 작위를 계승하도록 하였다. 조서에 이르기를, "…… 국왕 원종은 살아있는 동안 누차 세자 왕심이 이어받아 왕의 역할을 대신할 만하다고 하였다. 세자에게 명하여 고려국왕이 담당하는 일을 이어받도록 하니, 무릇 속한 곳에서는 모두 다스림을 받도록 하라."라고 하였다.

① 남송을 정복하였다.
② 발해를 멸망시켰다.
③ 삼번의 난을 진압하였다.
④ 정화의 함대를 파견하였다.
⑤ 다이카 개신을 단행하였다.

▸ 24060-0219

7 (가) 왕조에서 볼 수 있는 모습으로 가장 적절한 것은?

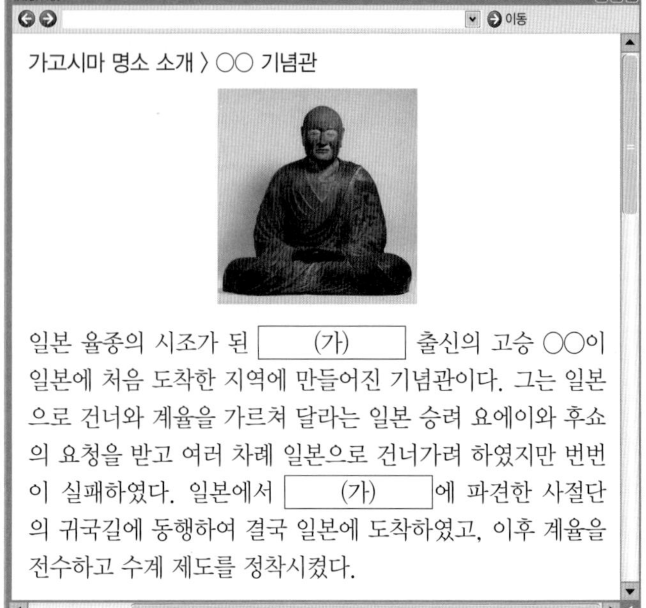

가고시마 명소 소개 〉 ○○ 기념관

일본 율종의 시조가 된 [(가)] 출신의 고승 ○○이 일본에 처음 도착한 지역에 만들어진 기념관이다. 그는 일본으로 건너와 계율을 가르쳐 달라는 일본 승려 요에이와 후쇼의 요청을 받고 여러 차례 일본으로 건너가려 하였지만 번번이 실패하였다. 일본에서 [(가)]에 파견한 사절단의 귀국길에 동행하여 결국 일본에 도착하였고, 이후 계율을 전수하고 수계 제도를 정착시켰다.

① 대안탑을 축조하는 장인
② 사서집주를 저술하는 학자
③ 주자감에서 공부하는 학생
④ 독서삼품과 시행을 명하는 국왕
⑤ 백만탑다라니경을 조판하는 기술자

▸ 24060-0220

8 (가), (나) 국가에 대한 설명으로 옳은 것은? [3점]

만력 20년, 도요토미 히데요시는 가토 기요마사 등을 파견하여 전선 수백 척을 이끌고 바다를 건너 부산을 함락하도록 하였고, …… 가토 기요마사 등은 마침내 왕경(王京)으로 밀고 들어갔다. [(가)]의 왕 이연은 수도를 버리고 평양으로 갔다가 다시 의주로 갔으며, 사신을 보내 끊임없이 [(나)]에 급한 소식을 알렸다. …… [(나)]의 조정에서는 이여송을 제독으로 삼아 군사를 통솔하여 왜군을 토벌하도록 하였다. …… 이듬해 이여송의 군대는 평양성 전투에서 크게 승리하고 [(가)]이/가 잃었던 지역을 일부 수복하였다.

① (가) – 팔기제로 군사력을 강화하였다.
② (가) – 이자성의 농민군에 의해 멸망하였다.
③ (나) – 신라와 연합하여 백제를 멸망시켰다.
④ (나) – 무로마치 막부와 감합 무역을 전개하였다.
⑤ (가)와 (나) – 전연에서 형제의 맹약을 맺었다.

▸ 24060-0221

9 밑줄 친 '우리 임금'의 재위 시기 동아시아에서 있었던 사실로 옳은 것은? [3점]

> 광해군 말기 사르후 전투 당시 천조(天朝)에서는 사실 우리의 협조를 바랐던 것이었습니다. …… 암암리에 강홍립에게 밀지를 주어 전 군대로 하여금 전투에 힘쓰지 말게 하여 오랑캐들이 날뛰게 만들고 그리하여 천하가 그 화를 입게 하였습니다. 이는 광해군이 어버이와 같은 천조의 황제를 저버린 일이며, 그 때문에 하늘로부터 죄를 얻고 하늘은 그의 녹(祿)을 거두고 <u>우리 임금</u>에게 새롭게 천명을 내린 것입니다. 반정(反正)하던 날 그의 죄상을 낱낱이 세면서, 북녘 오랑캐와 교통했다고 한 것이 바로 그 일을 두고 한 말이었던 것입니다.

① 오닌의 난이 일어났다.
② 정묘호란이 발발하였다.
③ 기유약조가 체결되었다.
④ 나가시노 전투가 일어났다.
⑤ 덴메이 대기근이 발생하였다.

▸ 24060-0222

10 (가) 왕조 시기 동아시아의 경제 상황으로 옳은 것만을 <보기>에서 고른 것은?

> 동지사 김수항 등이 보내온 장계에 이르기를, "오삼계가 [(가)] 조정에서 철번을 명한 일로 인하여 반역을 도모하였습니다. …… 평남왕, 정남왕도 이미 지정된 다른 지방으로 옮길 것을 승낙했으나, 곧 오삼계의 반역으로 인하여 이를 정지하도록 하였습니다."라고 하였다.

보기
ㄱ. 지정은제가 시행되었다.
ㄴ. 조카마치가 상공업 중심지로 성장하였다.
ㄷ. 청해진이 동아시아 국제 무역의 거점이 되었다.
ㄹ. 장거정의 주도로 재정 확보를 위한 개혁이 추진되었다.

① ㄱ, ㄴ ② ㄱ, ㄷ ③ ㄴ, ㄷ ④ ㄴ, ㄹ ⑤ ㄷ, ㄹ

▸ 24060-0223

11 (가), (나)에 들어갈 내용으로 옳은 것은? [3점]

> 역사 용어 사전
>
> **도진야시키[唐人屋敷]**
>
> 도진야시키는 나가사키에 내항하는 청인을 수용하기 위해 도쿠가와 쓰나요시 쇼군 집권 시기에 만든 주거 지역이다. 밀무역을 방지하고 크리스트교의 전파를 막기 위한 목적으로 설치되었으며, 당관(唐館)이라고도 불렸다. 타이완의 정씨 세력이 진압되고 [(가)]되면서 청 상선의 나가사키 입항이 늘어나자 막부는 도진야시키를 만들어서 출입을 감시하였다. 아울러 도쿠가와 이에쓰구 쇼군 집권 시기에는 새로운 무역 규칙을 발표하여 [(나)]을/를 발급받은 상인에게만 나가사키 입항을 허가하기도 하였다.

	(가)	(나)
①	천계령이 해제	신패
②	신축 조약이 체결	슈인장
③	신축 조약이 체결	신패
④	천계령이 해제	슈인장
⑤	천계령이 해제	금인

▸ 24060-0224

12 밑줄 친 '막부' 시기 동아시아 각국의 문화에 대한 설명으로 옳지 <u>않은</u> 것은?

> <u>막부</u> 초기 서양과 관련된 일에 대해서는 이런저런 일이 있었는데 모두 엄격하게 금지되었다. 따라서 교류가 허용되었던 네덜란드의 문자를 읽고 쓰는 것도 <u>막부</u>는 금지하였다. 이에 통사(通詞, 통역사)들은 가타카나로 된 서류 등을 단순히 외워서 통역 업무를 해 왔다. 그런 연유로 새로운 문자를 배우고 싶어 하는 사람도 없었다. …… 이제까지의 방식으로는 네덜란드 사람에게 속더라도 그것을 규명할 방법이 없다고 생각한 니시 젠자부로 등 세 명이 의견을 모아 네덜란드어를 배울 수 있도록 허용해 달라고 공식적으로 요청하였다. 이것이 지극히 지당한 요청이라고 받아들여져 신속히 허용되었는데, 이는 네덜란드가 내항하고 백여 년이 지난 후 서양 언어 학습의 시작이었다.

① 한국 – 판소리가 공연되었다.
② 중국 – 제자백가가 출현하였다.
③ 중국 – 홍루몽이 인기를 끌었다.
④ 일본 – 우키요에가 유행하였다.
⑤ 일본 – 가부키 공연이 성행하였다.

▸ 24060-0225

13 (가), (나) 조약에 대한 설명으로 옳은 것은? [3점]

① (가) – 영사 재판권 규정을 포함하고 있다.
② (가) – 페리 함대의 무력시위를 계기로 맺어졌다.
③ (나) – 운요호 사건을 구실로 체결되었다.
④ (나) – 외국 군대의 수도 주둔을 인정하였다.
⑤ (가)와 (나) – 일본이 남만주 철도 이권을 차지하는 계기가 되었다.

▸ 24060-0226

14 (가)에 들어갈 내용으로 가장 적절한 것은?

탐구 활동 보고서

1. 탐구 주제 : (가)
2. 수집 자료

(1) 좌종당의 군수 공장 설립 관련 사료

> 좌종당이 푸젠성에서 부지를 골라 조선소를 설립하고, 기기를 구매하고 서양인 기술자를 모집하여 고용하며, 화륜 선박을 건조한다는 계획은 실로 급무에 해당하니 필요한 경비는 복건성의 해관세에서 사용하게 하라.
> – 동치 5년 상유 –

(2) 이홍장이 설립한 금릉 기기국 사진

① 대장정의 경로 분석
② 양무운동의 전개 과정
③ 폐번치현의 실시 배경
④ 우창 신군 봉기의 이유
⑤ 8개국 연합군의 결성 계기

▸ 24060-0227

15 (가) 도시에서 있었던 사실로 옳은 것은?

> 4월 29일에 이르러 일본은 천장절*을 경축할 겸 자신들의 승리를 축하하기 위해 (가) 의 훙커우 공원에서 열병식과 경축회를 열었다. …… 김구 선생으로부터 빈틈없는 지시와 정중한 고별을 받고 준비한 폭탄을 도시락과 물통에 넣어 가지고 적의 눈을 속이고 들어온 윤봉길은 때를 기다리고 있었다. …… 이런 큰 사건이 발생하자 일본은 거사를 일으킨 윤봉길을 현장에서 체포하고, 당일에 (가) 의 프랑스 조계에 와서 당시 우리 민단장이던 안창호 선생을 체포하였다. –『한민』–
>
> * 천장절 : 천황의 생일을 축하하는 날

① 초량 왜관이 설치되었다.
② 아주 화친회가 결성되었다.
③ 영국 상인이 신보를 창간하였다.
④ 인공 섬인 데지마가 건설되었다.
⑤ 유럽과의 무역을 담당하는 공행이 설치되었다.

▸ 24060-0228

16 다음 전보가 작성된 배경으로 가장 적절한 것은? [3점]

전보

– 발신인 : 사이온지 긴모치
– 수신인 : 이노우에 가오루

랴오둥반도 반환의 건에 대해 앞서 러시아·프랑스·독일 3국 정부와 교섭해서 일단 해결되었다고 여겼습니다. 그러나 지난 5월 30일에 위 3국 정부는 일본 주재 각 자국 공사를 통해 다시 다음 세 가지 점에 대해 우리 제국 정부의 의향을 물어왔습니다.

1. 랴오둥반도를 포기하는 보상으로 일본 정부는 어느 정도의 보상금을 청국 정부에 청구할 예정인가.
2. 현재 랴오둥반도에 주둔하고 있는 군대는 언제까지 철수할 생각인가.
3. 3국 정부는 타이완과 청국 사이 해협의 항해를 자유롭게 하는 것에 대하여 일본 정부의 보장을 받고자 한다.

① 5·4 운동이 일어났다.
② 리튼 조사단이 파견되었다.
③ 파리 강화 회의가 개최되었다.
④ 루거우차오 사건이 발생하였다.
⑤ 시모노세키 조약이 체결되었다.

▸ 24060-0229

17 밑줄 친 '항전' 중에 있었던 사실로 옳은 것은?

친애하는 동지들 그리고 동포들이여
7월 5일은 우리 당의 창립 제8주년 기념일이다. 우리는 세계적인 폭풍우 앞에 처하여 있고, 아울러 중국의 항전이 시작된 지 6년째 되어 가는 즈음에 이날을 기념하는 것은 특별히 중대한 의의가 있다. 지난날 우리는 난징에서 5개 당을 통합하여 전 민족의 단일 진영을 결성하고, 조선 민족 혁명당을 창립하였다. …… 중국의 항전이 시작된 후, 우리는 중국의 승리와 조선을 위하는 것은 곧 조선 독립을 보장하는 것이며, 여기에 참전하는 것도 우리의 당면한 최대 임무 중의 하나라고 여겼다. 이 때문에 우리는 5년 전 조선 의용대를 만들고 조선의 혁명 청년들을 단결시켜 장제스 위원장의 영도 아래 직접 중국의 항전에 참가하였고, 각 전쟁터에서 찬란한 전투 성과를 만들어 냈다.

① 만주국이 수립되었다.
② 임오군란이 발생하였다.
③ 의화단 운동이 일어났다.
④ 포츠머스 조약이 체결되었다.
⑤ 제2차 국공 합작이 결성되었다.

▸ 24060-0230

18 (가) 조약에 대한 설명으로 옳은 것은?

사료로 보는 동아시아사

미국은 평화와 안전을 위해 현재 약간의 자국 군대를 일본 국내 및 그 부근에 유지할 의사가 있다. 다만, 미국은 일본국이 공격적인 위협이 되거나 국제 연합 헌장의 목적 및 원칙에 따라 평화와 안전을 증진하는 것 이외에 가져야 할 군사 시설이나 장비를 가지는 것을 항상 방지하며, 직접 및 간접 침략에 대한 자국의 방위를 위해서는 잠재적으로 스스로 책임을 질 것으로 기대한다.

해설 자료는 (가) 을/를 체결한 날 미국과 일본이 맺은 안보 조약의 일부이다. (가) (으)로 주권 회복을 보장받은 일본은 미일 안보 조약을 통해 미국과 군사 동맹 관계를 구축하였다.

① 6·25 전쟁 중에 체결되었다.
② 최혜국 대우 규정을 포함하였다.
③ 일본과 타이완의 국교 단절을 초래하였다.
④ 극동 국제 군사 재판 개최에 영향을 주었다.
⑤ 중화 인민 공화국이 수립되는 계기가 되었다.

▸ 24060-0231

19 (가), (나)가 보도된 시기 사이에 있었던 사실로 옳은 것은? [3점]

(가) 미국 해군 비행기는 북베트남 어뢰정 기지에 대해 5일 오후(한국 시간) 5시간에 걸친 약 64회 출격에서 북베트남 기지에 있는 유류 저장고의 90%를 소멸시켰다고 한다. …… 북베트남의 어뢰정 3척이 지난 2일 통킹만에서 미국 구축함 매덕스호에 공격을 가한 일이 있었다. - ○○일보 -

(나) 지난 20일 남북 베트남의 통일을 선언한 베트남 통일 의회는 26일 제2차 회의에서 옛 북베트남의 국기, 국가 및 수도 하노이를 통일 베트남의 상징으로 채택하고, 공식 국가 명칭을 베트남 사회주의 공화국으로 결정하였다. - △△신문 -

① 닉슨 독트린이 발표되었다.
② 미드웨이 해전이 발발하였다.
③ 인천 상륙 작전이 전개되었다.
④ 미국이 원자 폭탄을 투하하였다.
⑤ 남베트남 민족 해방 전선이 결성되었다.

▸ 24060-0232

20 (가) 사건이 전개된 시기에 동아시아에서 있었던 사실로 옳은 것은? [3점]

(가) 관련 구술 기록

약 10년 동안 지속되었던 (가) 당시 그는 치치하얼에 있는 한 중학교의 학생으로 홍위병이 되어 교사 한 명, 여학생 두 명과 함께 남쪽 지방의 광저우까지 순례하였다. 기차도 공짜였으며 가는 곳마다 상부에서 발행한 증서만 내밀면 먹고 자는 것도 모두 공짜였다. 그는 홍위병 조직의 연락원이면서 다니던 학교에서도 선전 부장으로서 당시 교사들의 사무 행위도 통제할 정도였다. 그는 "그때 홍위병은 세상 무적이에요. 홍위병은 완장 하나만 차면 전국 어디든지 마음대로 다닐 수 있었고, 밥도 맘대로 먹고. 혁명을 해야 되니까. 완전히 홍위병들 세상이었습니다."라고 기억하였다.

① 한일 기본 조약이 맺어졌다.
② 파리 평화 협정이 체결되었다.
③ 천수이볜이 총통에 당선되었다.
④ 미국과 중국의 국교가 수립되었다.
⑤ 타이완에 복수 정당제가 도입되었다.

실전 모의고사 5회

제한 시간 30분 | 배점 50점 | 정답과 해설 51쪽

문항에 따라 배점이 다르니, 각 물음의 끝에 표시된 배점을 참고하시오. 3점 문항에만 점수가 표시되어 있습니다. 점수 표시가 없는 문항은 모두 2점입니다.

▸ 24060-0233

1 동아시아의 (가) 문화에 대한 설명으로 옳은 것은?

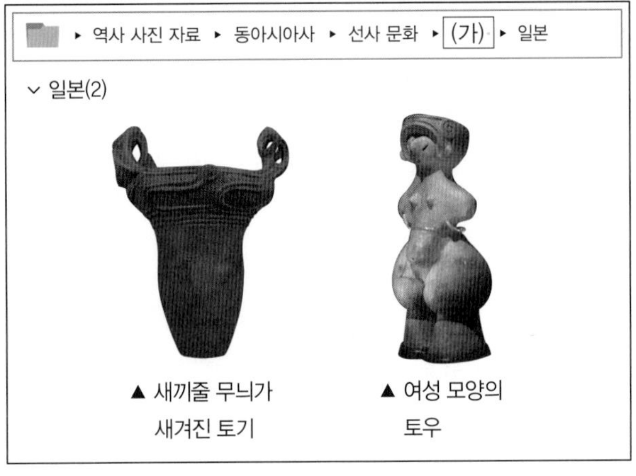

▲ 새끼줄 무늬가 새겨진 토기

▲ 여성 모양의 토우

① 일본 열도에서는 벼농사가 시작되었다.
② 한반도 지역에서는 고인돌이 조성되었다.
③ 몽골 초원 지역에서는 판석묘가 만들어졌다.
④ 황허강 중하류 지역에서는 점친 결과를 갑골에 기록하였다.
⑤ 창장강 하류 지역에서는 돼지 그림이 새겨진 토기가 제작되었다.

▸ 24060-0234

2 (가), (나) 국가에 대한 설명으로 옳은 것은?

> (가) 은/는 북쪽으로 쫓겨난 지 10여 년이 되었는데, (나) 이/가 멸망하자 다시 조금씩 남쪽으로 내려와 황허강을 건넜다. …… (가) 은/는 서쪽으로 진공하여 월지를 쫓아내고 남쪽으로는 누번(樓煩)과 백양(白羊)의 땅을 병합하였다. …… 마침내 만여 리에 이르는 장성을 쌓은 (나) 에 빼앗겼던 옛 땅을 되찾았다.

① (가) – 왜의 노국으로부터 조공을 받았다.
② (가) – 남비엣을 정복하고 9군을 설치하였다.
③ (나) – 백강 전투에서 승리하였다.
④ (나) – 전국 시대의 분열을 수습하였다.
⑤ (가)와 (나) – 백등산에서 격돌하였다.

▸ 24060-0235

3 다음 자료에 나타난 시기 동아시아의 상황으로 옳은 것은? [3점]

> 태후가 "건강에 도착한 조서에 따르면 제(齊)의 황제는 이전의 시대를 법도로 삼아 신기(神器)를 양(梁)에 넘겨준다고 한다. 이에 내일 아침에 사람을 보내 옥새와 인수를 주겠노라."라고 명령하였다. 임술일에 상서령 왕량으로 하여금 황제의 옥새와 인수를 양의 궁궐에 전달하도록 하였다. 병인일에 양왕이 황제의 자리에 올랐다.

① 고조선이 연과 대립하였다.
② 5호가 화북 지역에 여러 나라를 세웠다.
③ 야마타이국이 30여 개 소국을 이끌었다.
④ 도왜인이 야마토 정권의 발전에 기여하였다.
⑤ 강남과 화북을 연결하는 대운하가 건설되었다.

▸ 24060-0236

4 (가) 국가의 대외 관계로 옳은 것만을 〈보기〉에서 있는 대로 고른 것은? [3점]

> (가) 의 황제가 금성 공주를 토번에 보내면서 양구(楊矩)를 사신으로 삼았다. 황제가 시중(侍中)에게 말하길 "선대 황제께서 문성 공주를 보낼 때에는 강하왕에게 호송하게 하였다. 그대는 토번의 사정을 잘 알고 변방을 안정시킬 책략이 있으니 사신으로 갈 만하다."라고 하였으나, 시중은 변경의 일에 익숙하지 않다고 하며 사양하였다. …… 이때에 이르러 양구에게 가도록 명한 것이다.

보기
ㄱ. 일본으로부터 조공을 받았다.
ㄴ. 정복지에 다루가치를 파견하였다.
ㄷ. 신라와 연합하여 고구려를 무너뜨렸다.

① ㄱ ② ㄴ ③ ㄱ, ㄷ
④ ㄴ, ㄷ ⑤ ㄱ, ㄴ, ㄷ

▸ 24060-0237

5 (가), (나) 시기 사이에 있었던 사실로 옳은 것은? [3점]

(가) 황제가 대인선을 정벌하러 친히 동쪽으로 출정하였다. 대원수 야율요골 등이 모두 따라나섰다. …… 대인선이 흰옷을 입고 3백여 명을 거느리고 상경성에서 나와 항복하였다.
(나) 황제가 조서를 내려 천도 사실을 나라 안팎에 알리고, 연호를 정원(貞元)으로 고쳤다. 연경을 고쳐 중도(中都)로 삼고, 부(府)를 대흥이라고 하였으며, 카이펑을 남경으로 삼았다.

① 호라즘이 멸망하였다.
② 몽골이 일본 원정을 단행하였다.
③ 고려가 동북 지역에 9성을 쌓았다.
④ 소가씨가 제거되는 정변이 일어났다.
⑤ 쩐흥다오가 세 차례에 걸친 외침을 막아 냈다.

▸ 24060-0238

6 (가), (나)에 들어갈 내용으로 가장 적절한 것은? [3점]

〈○○세기 동아시아의 정치적 변화〉

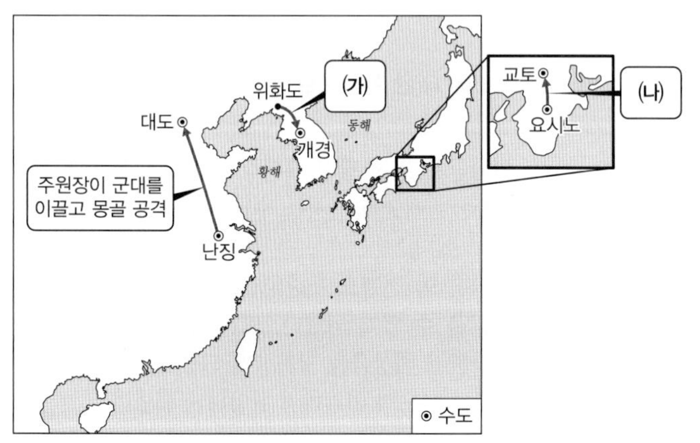

① (가) – 주몽이 남하하여 국가 건설
② (가) – 낙랑(군)이 무너진 후 유민 이동
③ (나) – 쇼군 계승 문제로 오닌의 난 발생
④ (나) – 도요토미 히데요시가 센고쿠 시대 통일
⑤ (나) – 아시카가 요시미쓰에 의해 남북조 분열 수습

▸ 24060-0239

7 밑줄 친 '이 사람'에 대한 설명으로 옳은 것은?

저는 호류사 5층 목탑을 세웠다고 전해지는 등 불교 진흥 정책을 추진하여 아스카 문화 발달에 영향을 끼친 이 사람을 이모티콘으로 만들어 보았습니다. 이 사람을 소재로 한 여러 동상 중 하나도 이모티콘으로 제작했습니다.
〈동아시아사 속 인물 이모티콘 만들고 발표하기〉

① 강항과 교유하였다.
② 대안탑을 건립하였다.
③ 왕오천축국전을 지었다.
④ 도다이사 대불을 조성하였다.
⑤ 혜자로부터 불교의 교리를 배웠다.

▸ 24060-0240

8 밑줄 친 '환란'에 대한 탐구 활동으로 가장 적절한 것은?

반정 이후 나라에 훌륭한 선비가 많았는데, 어한명도 그중 한 명이었다. 나는 그때부터 그분을 흠모하였다. 환란을 당했을 때 어한명은 훗날 효종이 되는 봉림 대군을 모시고 강화도로 들어갔다. 직후 산성으로 들어간 국왕이 항전하는 상황에서 어한명은 강화도의 왕실이 겪은 일들을 일기로 남겼다.

① 홍타이지의 대외 침략 사례를 조사한다.
② 정화의 함대가 이동한 경로를 분석한다.
③ 쿠빌라이 칸의 대외 침략 과정을 정리한다.
④ 이자성의 농민 반란이 끼친 영향을 살펴본다.
⑤ 이여송이 이끄는 군대가 압록강을 건넌 이유를 파악한다.

▸ 24060-0241

9 다음 조치가 끼친 영향으로 가장 적절한 것은? [3점]

크리스트교를 믿는 저들은 무역을 위해 상선을 우리에게 보낼 뿐만 아니라 사악한 법을 퍼뜨리고 있다. 신자들은 막부의 법령을 위반하며 신토를 의심하고 처형된 자들을 예배한다. 이렇게 사악한 저들은 신토와 불교의 적이다. 반드시 국가의 재앙이 될 것이므로, 이제 막부의 새 방침을 세워 선교사를 추방하도록 한다.

① 무역 통제를 위해 신패가 발행되었다.
② 네덜란드의 상관이 데지마로 옮겨졌다.
③ 부산포, 염포, 제포에 왜관이 설치되었다.
④ 막부가 송으로부터 동전을 대량으로 수입하였다.
⑤ 슈인장을 소지한 선박의 해외 도항이 허용되었다.

▸ 24060-0242

10 밑줄 친 '그'에 대한 설명으로 옳은 것은?

이 책은 이미 12세기 말 동아시아에 전해졌고, 명 말부터 이를 번역하려는 여러 차례의 시도가 있었다. 구태소라는 사람이 번역하려다가 뜻을 이루지 못한 것이 대표적이다. 하지만 17세기 초 서학에 밝았던 서광계는 <u>그</u>와 함께 이 책의 전반부 여섯 권을 번역하였다. '기하(幾何)'라는 말은 '얼마나'라는 뜻을 가진 단어로 서광계는 'GEO'의 음과 의미를 '기하'라는 단어와 절묘하게 결합하여 번역하였다.

① 전례 문제로 추방당하였다.
② 곤여만국전도를 제작하였다.
③ 에도 막부의 의례 정비에 기여하였다.
④ 조선에 화포 사용법 등을 지도하였다.
⑤ 시헌력으로의 역법 개정을 주도하였다.

▸ 24060-0243

11 (가) 국가의 문화에 대한 설명으로 옳은 것은?

(가) 의 현재 사정은 어떠한가?

남달리 용맹이 뛰어난 고원수와 왕부신 등이 (가) 에 반역하여 오삼계 세력에 가담했다고 합니다.

① 팔만대장경이 제작되었다.
② 판소리와 한글 소설이 성행하였다.
③ 조닌층 사이에서 우키요에가 유행하였다.
④ 황제의 명에 따라 사고전서가 편찬되었다.
⑤ 해체신서 간행 이후 난학 교습소가 확대되었다.

▸ 24060-0244

12 밑줄 친 '조약'에 대한 설명으로 옳은 것은? [3점]

영국과 프랑스 연합군은 전쟁 당시 베이징 근처의 여름 궁전을 파괴하였다. 이 궁전의 예술적 가치는 수많은 귀중품들을 소장하고 있다는 점에서 베니스의 산마르코 성당과 비슷하고, 랭스 대성당보다 뛰어나다. 이 전쟁으로 중국인들은 서구 기술의 우월성을 인정하지 않을 수 없게 되었다. 또 <u>조약</u>을 맺어 10개의 항구를 추가로 개항하고 배상금을 지불하게 되었다. 몇 년 뒤에는 홍콩섬을 바라보는 반도의 일부마저 할양하게 되었다.

① 미국의 중재로 체결되었다.
② 크리스트교 선교를 허용하였다.
③ 외국 군대의 베이징 주둔을 인정하였다.
④ 베트남에 대한 청의 종주권을 부인하였다.
⑤ 청과 일본이 대등한 관계임을 명시하였다.

▸ 24060-0245

13 (가) 도시에서 있었던 사실로 옳은 것은?

> 러시아 황제의 대관식에 참석하기 위해 출발한 지 벌써 보름이 지났다. 상하이에서 타려고 했던 프랑스 선박의 좌석이 모두 차 버려서 어쩔 수 없이 요코하마로 경로를 변경하였다. 곧 배에서 내려 인력거를 타고 러시아 영사 로바노프를 방문하여 차를 마시면서 잠시 쉬었다. 기차역에 가서 기차를 타고 북쪽으로 한 시간가량 달려 우리 공사관이 있는 (가) 에 도착하였다. 우리가 이동한 구간이 24년 전 일본에서 처음으로 기차가 공식 개통된 구간이라고 누군가 말해 주었다.

① 헤이안쿄가 건설되었다.
② 공공 조계가 설정되었다.
③ 긴자에 서양식 거리가 조성되었다.
④ 쑨원이 임시 대총통의 자리에 올랐다.
⑤ 러일 전쟁을 종결하는 조약이 맺어졌다.

▸ 24060-0246

14 다음 전보가 작성된 시기를 연표에서 옳게 고른 것은? [3점]

> 발신 : 주일 미국 공사
> 조선 남부의 변란이 이미 진정되었음에도 일본이 조선에서의 군대 철수를 거부하고, 오히려 내정에 대해 급격한 개혁을 하려고 하는 것은 아주 유감스러운 일입니다. 우리 미국 정부는 일본과 조선 양국에 대해 깊은 우의를 가지고 있으므로 일본 정부가 조선의 독립 및 주권을 중요시해 줄 것을 희망합니다. 만약 일본이 조선에 파병한 상대국의 군대를 공격한다면, 이는 미약한 이웃 나라를 전쟁의 아수라장으로 만들 단초가 될 것이며 우리 미국 입장에서는 매우 통탄할 일일 것입니다.

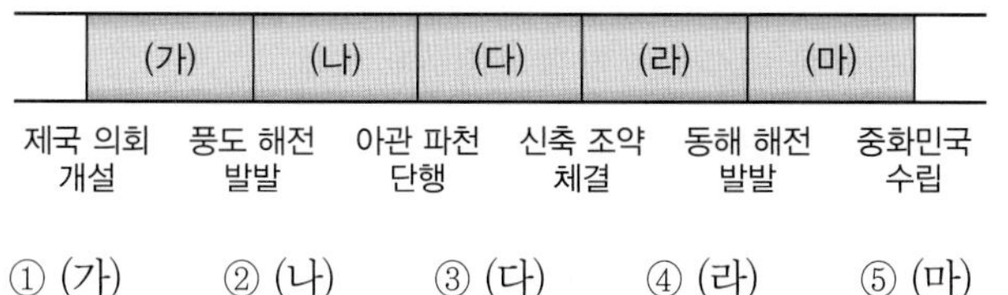

① (가) ② (나) ③ (다) ④ (라) ⑤ (마)

▸ 24060-0247

15 (가) 회의의 결과로 옳은 것은?

> (가) 에서 산둥 문제는 여러 나라가 참여하는 회담에서 다루어질 것이 아니라 일본과 중국 간의 직접 협상에서 다루어져야 한다는 일본의 제안이 수용되었다. 다만 협상이 교착 상태에 이르면 미국과 영국이 중재하기로 되어 있었다. 교착 상태는 머지않아 발생하였다. 영국은 예전처럼 일본을 열성적으로 지지하지 않음을 분명히 하였고, 미국도 일본에 양보할 것을 강력히 촉구하였다. 결국 중국은 일본인의 개인 재산과 철도와 관련된 사항을 제외하고 산둥의 모든 권익을 되찾았다.

① 우창의 신군이 봉기하였다.
② 랴오둥반도가 중국에 반환되었다.
③ 대한민국 임시 정부가 수립되었다.
④ 미국 등 5개국의 해군 군비가 축소되었다.
⑤ 일본이 뤼순과 다롄의 조차권을 차지하였다.

▸ 24060-0248

16 밑줄 친 '혁명'이 전개되던 시기에 동아시아에서 있었던 사실로 옳은 것은? [3점]

> 현재 중국의 전황이 장제스에게 유리하게 되어 간다는 것은 날마다 신문지상에 보도되어 세상이 다 아는 바이다. 그런데 장제스 측 장교의 한 사람으로 분투하다가 마침내 생명까지 잃고 이름을 전 중국에 떨친 우리 동포가 있다. 김준섭으로 알려진 그는 모스크바에서 유학 후 중국의 <u>혁명</u>도 우리의 일이라고 생각하여 장제스의 군대에 뛰어들었고, 전선에서 군벌과 싸우며 많은 공적을 쌓았다.

① 여권통문이 발표되었다.
② 중국 공산당이 조직되었다.
③ 흠정 헌법 대강이 반포되었다.
④ 난징을 수도로 하는 정부가 세워졌다.
⑤ 조선 의용대의 일부가 화북으로 이동하였다.

▸ 24060-0249

17 다음 자료에 나타난 전쟁 중에 있었던 사실로 옳은 것은? [3점]

> 나행히 도쿄에 비행기로 돌아가는 사람을 발견해 이 엽서를 부탁했습니다. 첫 목적지인 라바울에 도착했나 싶었는데, 이제부터는 영국령인 뉴기니로 가야 한답니다. 현재 가장 치열한 접전이 벌어지는 곳입니다. 영국과 연합한 미국의 잠수함 공격과 공중 공격이 이어지고 있습니다.

① 일본이 21개조 요구를 제출하였다.
② 중국 공산당이 대장정을 감행하였다.
③ 국제 연맹이 리튼 조사단을 파견하였다.
④ 한인 애국단의 윤봉길이 의거를 감행하였다.
⑤ 한국광복군이 연합군과 합동 작전을 전개하였다.

▸ 24060-0250

18 (가), (나) 시기 사이에 있었던 사실로 옳은 것은? [3점]

(가)

> **동아시아사 신문**
>
> **도쿄 올림픽, 개막**
>
> 19년 전, 일본에 원자 폭탄이 떨어진 날 태어난 소년이 성화를 높이 들고 식장에 뛰어들어 점화하면서 화려한 올림픽의 개막을 알렸다.

(나)

> **동아시아사 신문**
>
> **서울 올림픽, 개막**
>
> 지난해 6월 민주 항쟁의 결과 국민 직선으로 당선된 대통령의 개회 선언에 이어 역대 올림픽에서 메달을 딴 8명의 한국인들에 의해 올림픽기가 게양되었다.

① 한국 – 이승만이 대통령직에서 물러났다.
② 중국 – 대약진 운동이 시작되었다.
③ 중국 – 덩샤오핑이 남순 강화를 발표하였다.
④ 일본 – 국가 총동원법이 제정되었다.
⑤ 베트남 – 도이머이 정책이 채택되었다.

▸ 24060-0251

19 (가) 국가에 대한 설명으로 옳은 것은?

> 새로 취임한 총통은 취임사에서 '자유, 민주'의 중요성을 강조하는 동시에 이를 구체화하기 위한 각종 정책과 방안을 제시하였다. 아울러 민진당 정권의 출범이 아시아 지역의 민주화 경험에 또 하나의 감동적인 사례를 더한 것이라고 자평하면서 2천3백만 주민들의 확고한 의지로 선거를 통한 최초의 정권 교체를 이룩한 승리를 바탕으로 (가) 을/를 민주의 섬으로 발전시키겠다는 의지를 표명하였다.

① 경찰 예비대를 운영하였다.
② 제네바 회담의 결과 분단되었다.
③ 일본, 한국과 국교를 단절하였다.
④ 샌프란시스코 강화 회의에 참가하였다.
⑤ 외국 자본을 유치하기 위해 합영법을 제정하였다.

▸ 24060-0252

20 (가) 사건이 전개될 당시에 동아시아에서 볼 수 있는 모습으로 가장 적절한 것은?

> 〈 (가) 당시의 탄압 사례〉
>
> • 아버지는 아래층의 쓰지 않는 방에 세를 줬다는 이유로 '자본가'로 몰렸다. 취미로 그린 그림이 미국에 전시된 것이 알려져 미국과 내통했다는 혐의가 덧붙여졌다. 중학생에 불과했던 홍위병들은 며칠 동안 집을 때려 부수며 불을 질렀고, 온 가족은 매질을 당하고 끌려다니며 모욕당했다.
> • 국어 교사는 수업 중에 '마오쩌둥이 적군에 쫓겨 도랑 속에 몸을 숨겼다'라고 했다가, 위대한 지도자를 중상모략했다는 비판을 받았다. 이후 그는 8년 형을 받고 수감되었다. 교사의 아내는 책에서 본 내용이라는 남편의 말을 믿고 책을 찾아 나섰지만, 문맹이었던 탓에 그 책을 찾지 못했다.

① 한일 기본 조약을 체결하는 외교관
② 중국을 방문한 닉슨 대통령을 취재하는 기자
③ 베트남 민주 공화국 수립을 선포하는 정치인
④ 미국과 중국이 수교하였다는 소식을 듣는 시민
⑤ 플라자 합의에 따른 엔화 가치 급등에 놀라는 기업가

지도로 보는 동아시아사

기출 문항의 지도를 활용하여 제작되었습니다. 교재의 완성도를 높이기 위해 지도의 일부를 변형하기도 하였습니다.

주제 1 기원전 2세기 동아시아의 상황

[2016학년도 6월 수능 모의평가]

1 다음 내용이 옳으면 ○, 틀리면 ×표를 하시오.

(1) 한 고조는 평성 백등산 전투에서 (가)에 패배하였다. ( )
(2) 한 무제는 (가)을/를 견제하기 위해 장건을 대월지에 파견하였다. ( )
(3) (나)은/는 전국 7웅의 하나인 연과 대립하였다. ( )
(4) 한 무제는 (나)을/를 무너뜨리고 9군을 설치하였다. ( )

주제 2 5세기 동아시아의 정세

[2017학년도 9월 수능 모의평가]

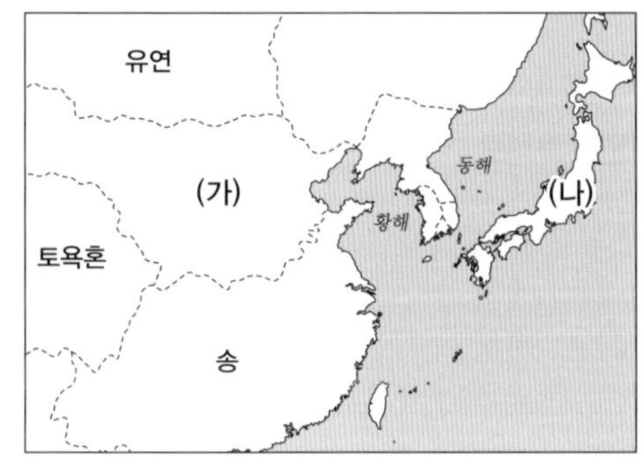

2 (가), (나) 국가에 대한 옳은 설명을 연결하시오.

(1) (가) • • (ㄱ) 평성에서 뤄양으로 천도하였다.
(2) (나) • • (ㄴ) 다이센 고분 등 거대한 무덤을 조성하였다.

주제 3 7~8세기 동아시아의 정세 변화

[2020학년도 9월 수능 모의평가]

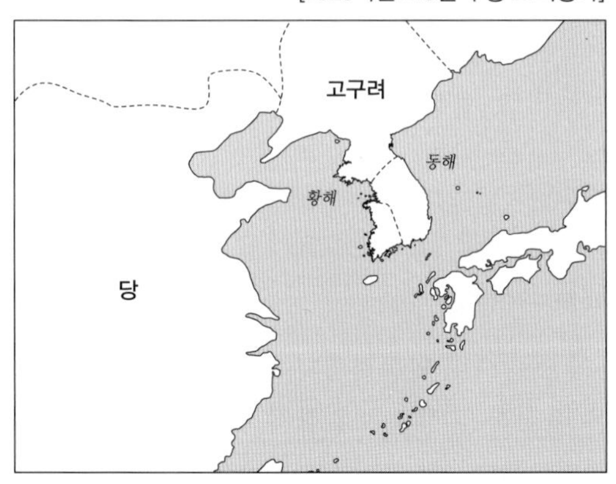

[2023학년도 6월 수능 모의평가]

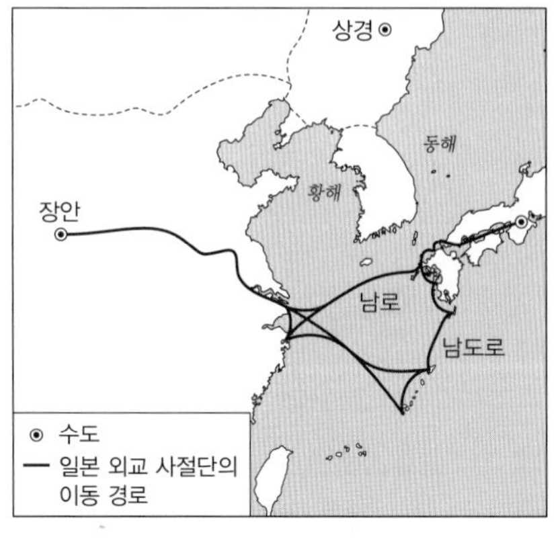

3 다음 빈칸에 들어갈 알맞은 말을 쓰시오.

(1) ( )은/는 당과 연합하여 백제, 고구려를 무너뜨렸다.
(2) 백제 부흥 운동 세력과 왜의 지원군은 663년 ( ) 전투에서 나당 연합군에게 패배하였다.
(3) 대조영이 세운 ( )은/는 고구려 계승을 표방하였다.
(4) 나라 시대 일본은 ( )에 사신을 보내 조공하였다.

정답

1. (가) – 흉노 (나) – 고조선 / (1) ○ (2) ○ (3) ○ (4) × 2. (가) – 북위 (나) – 왜(야마토 정권) / (1) (ㄱ) (2) (ㄴ) 3. (1) 신라 (2) 백강 (3) 발해 (4) 당

주제 4 11세기 동아시아의 형세

[2023학년도 6월 수능 모의평가]

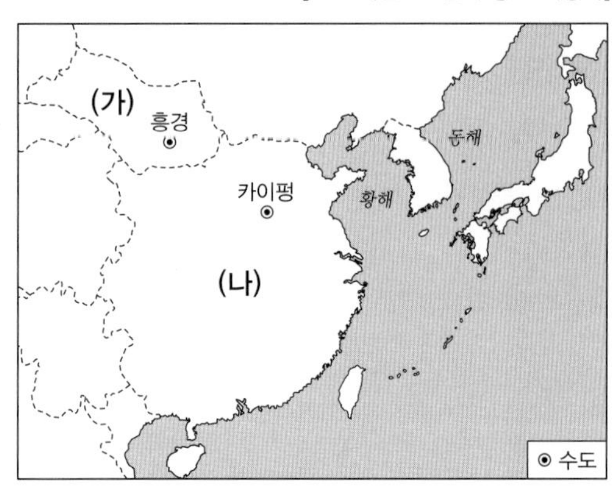

4 다음 내용이 옳으면 ○, 틀리면 ×표를 하시오.

(1) 고려는 (가)와/과 외교 담판을 벌여 강동 6주 지역을 확보하였다. ( )

(2) 탕구트족이 세운 (가)은/는 동서 교역을 전개하였다. ( )

(3) (나)은/는 연운 16주 지역을 두고 거란(요)과 대립하였다. ( )

(4) (나)은/는 별무반을 편성하여 여진을 정벌하고 동북 지역에 9성을 쌓았다. ( )

주제 5 동아시아 승려들의 활동

[2016학년도 수능]

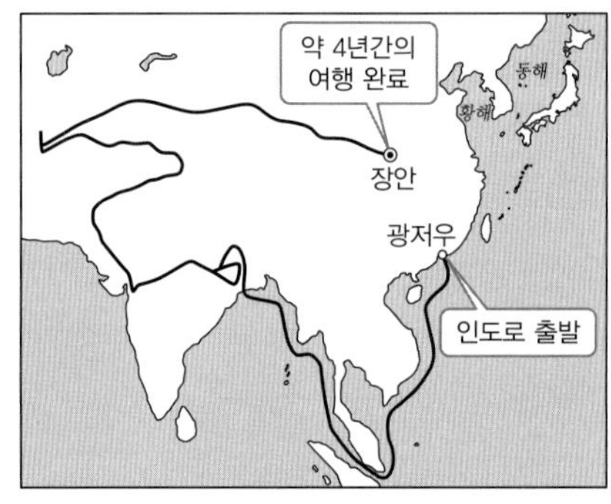

▲ (가)의 행적

[2020학년도 수능]

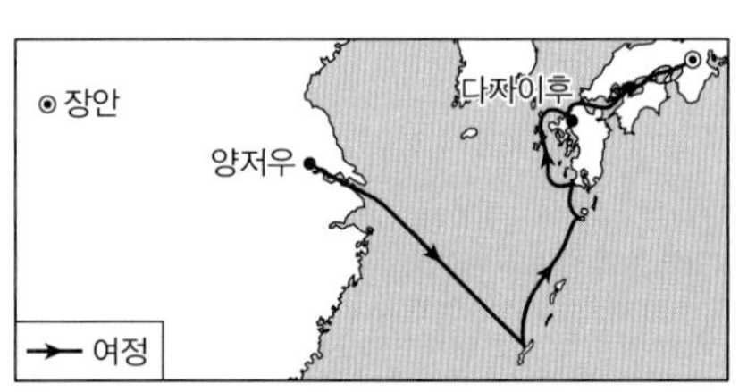

▲ (나)의 행적

[2020학년도 9월 수능 모의평가]

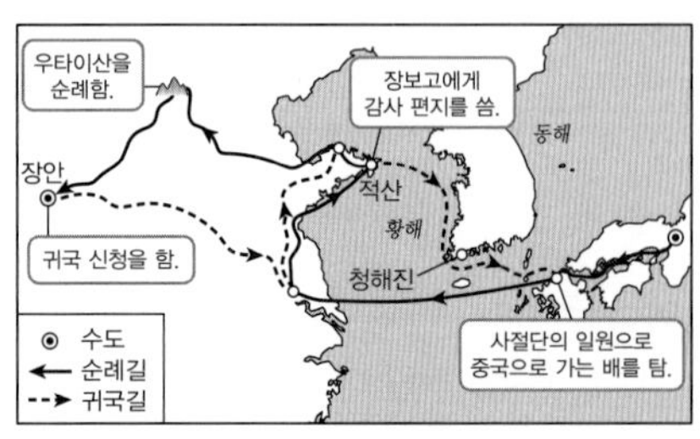

▲ (다)의 행적

5-1 (가), (나), (다)에 해당하는 승려를 연결하시오.

(1) (가) • • (ㄱ) 감진

(2) (나) • • (ㄴ) 엔닌

(3) (다) • • (ㄷ) 혜초

5-2 다음 빈칸에 들어갈 알맞은 말을 쓰시오.

(1) 고구려 승려 혜자는 ( ) 태자의 스승으로 활동하였다.

(2) 당의 승려 현장이 인도에서 가져온 불상과 불경을 보관하기 위해 ( )이/가 건립되었다.

(3) 엔닌은 당에 유학하고 돌아와 ( )을/를 저술하였다.

정답

4. (가) – 서하 (나) – (북)송 / (1) × (2) ○ (3) ○ (4) × 5-1. (1) (ㄷ) (2) (ㄱ) (3) (ㄴ) 5-2. (1) 쇼토쿠 (2) 대안탑 (3) 『입당구법순례행기』

주제 6 북로남왜와 임진왜란

[2016학년도 수능]

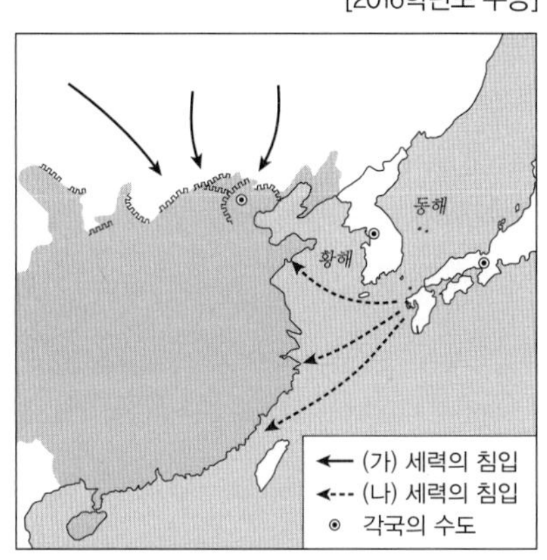

[2021학년도 6월 수능 모의평가]

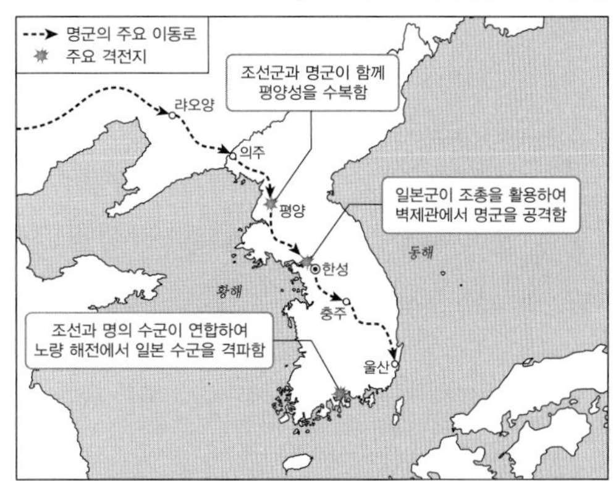

6-1 (가), (나) 세력에 대한 옳은 설명을 연결하시오.

(1) (가) • • (ㄱ) 동남 해안 일대를 약탈하고 밀무역에 개입하기도 하였다.

(2) (나) • • (ㄴ) 명의 황제를 포로로 사로잡고 베이징을 포위하기도 하였다.

6-2 다음 내용이 옳으면 ○, 틀리면 ×표를 하시오.

(1) 임진왜란 당시 사르후 전투에서 강홍립 부대가 항복하였다. ( )

(2) 일본군이 침입하자 인조는 남한산성으로 피신하여 항전하였다. ( )

(3) 센고쿠 시대를 통일한 도요토미 히데요시가 조선을 침공하였다. ( )

(4) 임진왜란 이후 도쿠가와 이에야스가 정권을 장악하고 에도 막부를 열었다. ( )

주제 7 신항로 개척 이후 서양과의 교류

[2024학년도 6월 수능 모의평가]

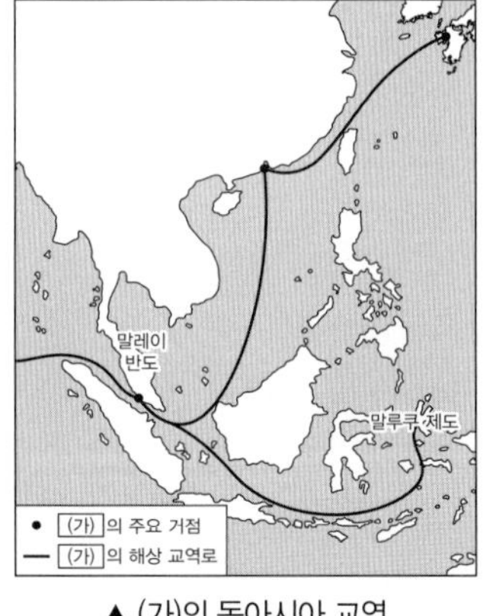

▲ (가)의 동아시아 교역

[2021학년도 수능 변형]

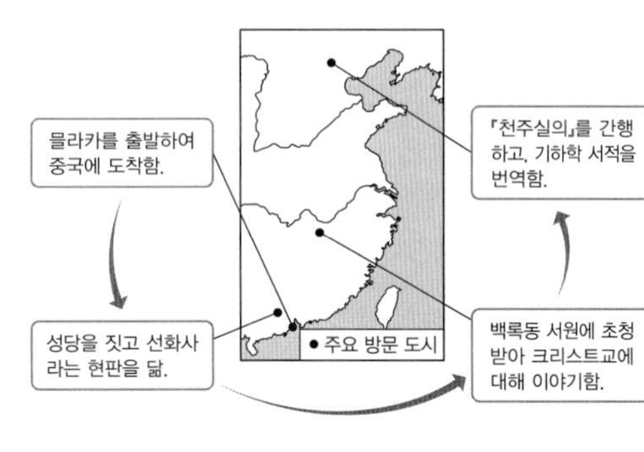

▲ 마테오 리치의 주요 활동

7 다음 빈칸에 들어갈 알맞은 말을 쓰시오.

(1) 믈라카를 점령한 (가)은/는 중국의 ( )을/를 근거지로 중계 무역에 나섰다.

(2) (가)의 상인들은 크리스트교 선교 문제로 나가사키 앞바다의 인공 섬인 ( )에서 추방당하였다.

(3) 마테오 리치가 제작한 세계 지도인 ( )은/는 중국인의 세계관 변화에 영향을 끼쳤다.

(4) 마테오 리치는 중국인 ( )와/과 함께 『기하원본』을 간행하였다.

정답

6-1. (가) – 몽골 (나) – 왜구 / (1) (ㄴ) (2) (ㄱ) **6-2.** (1) × (2) × (3) ○ (4) ○ **7.** (가) – 포르투갈 / (1) 마카오 (2) 데지마 (3) 「곤여만국전도」 (4) 서광계

주제 8 동아시아 각국의 개항

[2017학년도 9월 수능 모의평가]

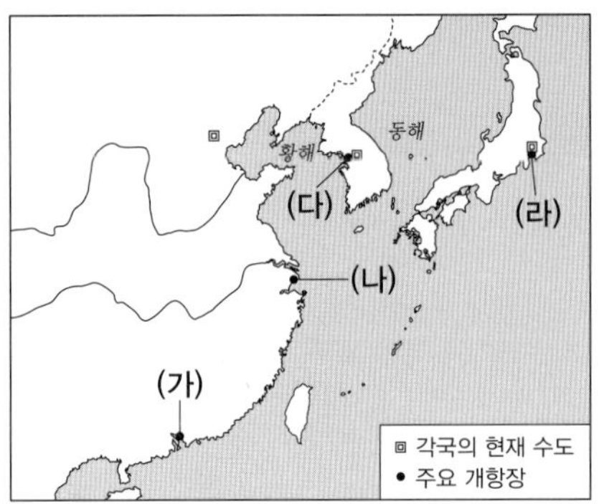

8 (가)~(라) 도시에 해당하는 설명을 연결하시오.

(1) (가) •
(2) (나) •
(3) (다) •
(4) (라) •

• (ㄱ) 강화도 조약에 따라 개항되었다.
• (ㄴ) 영국 상인이 신보라는 신문을 창간하였다.
• (ㄷ) 1872년 수도와 연결되는 철도가 개통되었다.
• (ㄹ) 공행을 통한 무역이 이루어졌으나 난징 조약을 계기로 폐지되었다.

주제 9 청일 전쟁과 러일 전쟁

[2014학년도 수능]

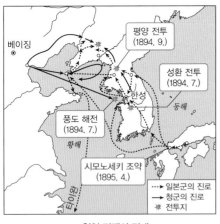

▲ 청일 전쟁의 전개

[2018학년도 6월 수능 모의평가]

▲ 러일 전쟁의 주요 전투

9 다음 내용이 청일 전쟁에 해당하면 '청', 러일 전쟁에 해당하면 '러'를 쓰시오.

(1) 일본이 타이완을 차지하게 되었다. ( )
(2) 조선이 독립국임을 인정하는 조약이 체결되었다. ( )
(3) 일본이 뤼순·다롄의 조차권을 차지하게 되었다. ( )
(4) 미국의 중재로 포츠머스 조약이 체결되어 종결되었다. ( )

정답

8. (가) – 광저우 (나) – 상하이 (다) – 인천 (라) – 요코하마 / (1) (ㄹ) (2) (ㄴ) (3) (ㄱ) (4) (ㄷ) **9.** (1) 청 (2) 청 (3) 러 (4) 러

EBS

2025학년도

수능 연계교재
수능완성

한 권에 수능 에너지 가득
YOU MADE IT!

5회분 실전 모의고사 수록

테마편 + 실전편

사회탐구영역 정답과 해설

동아시아사

본 교재는 대학수학능력시험을 준비하는 데 도움을 드리고자 사회과 교육과정을 토대로 제작된 교재입니다.
학교에서 선생님과 함께 교과서의 기본 개념을 충분히 익힌 후 활용하시면 더 큰 학습 효과를 얻을 수 있습니다.

수요일 3교시
빅벤
네가
원하는
곳에서
배우면 돼!

한눈에 보는 정답

01 동아시아 선사 문화의 전개 ~ 국가의 성립과 발전

본문 8~13쪽

유형 연습 1 ② 2 ②

2점 테스트
01 ③ 02 ③ 03 ③ 04 ②
05 ① 06 ⑤ 07 ⑤ 08 ④

3점 테스트
1 ④ 2 ② 3 ② 4 ④
5 ③ 6 ④

02 인구 이동과 정치·사회 변동

본문 15~18쪽

유형 연습 1 ② 2 ③

2점 테스트
01 ② 02 ① 03 ③ 04 ③

3점 테스트
1 ⑤ 2 ④ 3 ② 4 ②

03 국제 관계의 다원화

본문 21~27쪽

유형 연습 1 ④ 2 ⑤

2점 테스트
01 ③ 02 ② 03 ① 04 ⑤
05 ③ 06 ③ 07 ④ 08 ⑤

3점 테스트
1 ② 2 ⑤ 3 ① 4 ①
5 ① 6 ① 7 ② 8 ⑤

04 유학과 불교

본문 30~35쪽

유형 연습 1 ② 2 ②

2점 테스트
01 ① 02 ① 03 ④ 04 ③
05 ④ 06 ③ 07 ① 08 ④

3점 테스트
1 ④ 2 ③ 3 ⑤ 4 ③
5 ③ 6 ②

05 17세기 전후의 동아시아 전쟁

본문 37~41쪽

유형 연습 1 ④ 2 ④

2점 테스트
01 ⑤ 02 ⑤ 03 ③ 04 ③

3점 테스트
1 ① 2 ④ 3 ② 4 ②
5 ⑤ 6 ⑤

06 교역망의 발달과 은 유통 ~ 사회 변동과 서민 문화

본문 44~49쪽

유형 연습 1 ④ 2 ①

2점 테스트
01 ② 02 ⑤ 03 ④ 04 ④
05 ⑤ 06 ③ 07 ③ 08 ⑤

3점 테스트
1 ① 2 ⑤ 3 ② 4 ③
5 ③ 6 ①

07 새로운 국제 질서와 근대화 운동 ~ 서양 문물의 수용

본문 52~59쪽

유형 연습 1 ⑤ 2 ②

2점 테스트

01 ④ 02 ④ 03 ④ 04 ④
05 ③ 06 ① 07 ③ 08 ⑤

3점 테스트

1 ① 2 ② 3 ⑤ 4 ⑤
5 ④ 6 ② 7 ③ 8 ④
9 ⑤ 10 ④

08 제국주의 침략 전쟁과 민족 운동

본문 62~67쪽

유형 연습 1 ⑤ 2 ⑤

2점 테스트

01 ② 02 ② 03 ① 04 ①
05 ⑤ 06 ② 07 ④ 08 ③

3점 테스트

1 ④ 2 ④ 3 ③ 4 ③
5 ③ 6 ④

09 제2차 세계 대전 전후 처리와 냉전 체제

본문 70~75쪽

유형 연습 1 ② 2 ④

2점 테스트

01 ① 02 ⑤ 03 ⑤ 04 ①
05 ③ 06 ① 07 ③ 08 ②

3점 테스트

1 ④ 2 ④ 3 ⑤ 4 ③
5 ③ 6 ②

10 동아시아의 경제 성장과 정치 발전 ~ 갈등과 화해

본문 77~81쪽

유형 연습 1 ⑤ 2 ①

2점 테스트

01 ③ 02 ① 03 ② 04 ②

3점 테스트

1 ③ 2 ① 3 ② 4 ④
5 ⑤ 6 ⑤

실전 모의고사 1회

본문 84~88쪽

1 ⑤ 2 ④ 3 ② 4 ② 5 ②
6 ③ 7 ⑤ 8 ④ 9 ④ 10 ④
11 ③ 12 ⑤ 13 ⑤ 14 ③ 15 ①
16 ① 17 ③ 18 ① 19 ④ 20 ③

실전 모의고사 2회

본문 89~93쪽

1 ③ 2 ④ 3 ① 4 ⑤ 5 ③
6 ② 7 ③ 8 ④ 9 ① 10 ④
11 ② 12 ③ 13 ③ 14 ② 15 ①
16 ④ 17 ④ 18 ⑤ 19 ① 20 ②

실전 모의고사 3회

본문 94~98쪽

1 ⑤ 2 ⑤ 3 ③ 4 ① 5 ③
6 ④ 7 ① 8 ④ 9 ① 10 ③
11 ③ 12 ⑤ 13 ② 14 ② 15 ④
16 ③ 17 ① 18 ④ 19 ③ 20 ⑤

실전 모의고사 4회

본문 99~103쪽

1 ① 2 ③ 3 ④ 4 ① 5 ⑤
6 ① 7 ① 8 ④ 9 ② 10 ①
11 ① 12 ② 13 ② 14 ② 15 ③
16 ⑤ 17 ⑤ 18 ① 19 ① 20 ②

실전 모의고사 5회

본문 104~108쪽

1 ⑤ 2 ④ 3 ④ 4 ③ 5 ③
6 ⑤ 7 ⑤ 8 ① 9 ② 10 ②
11 ④ 12 ② 13 ③ 14 ① 15 ④
16 ④ 17 ⑤ 18 ⑤ 19 ③ 20 ②

THEME 01 동아시아 선사 문화의 전개 ~ 국가의 성립과 발전

유형 연습

본문 008쪽

1 ② 2 ②

1 동아시아의 선사 문화 특징 파악

문제분석 황허강 하류 지역의 신석기 문화에 해당하고 룽산 문화로 이어졌다는 내용을 통해 (가) 문화가 다원커우 문화임을 알 수 있다. 다원커우 문화는 황허강 중류 지역에서 발달한 양사오 문화와 함께 룽산 문화로 발전하였다.

정답찾기 ② 다원커우 문화를 대표하는 세 발 달린 토기(백도)이다.

오답피하기 ① 한반도·만주 지역의 신석기 문화를 대표하는 빗살무늬 토기이다.
③ 얼리터우 유적에서 출토된 청동 술잔이다.
④ 창장강 하류 지역에서 발달한 허무두 문화를 대표하는 돼지 그림 토기(흑도)이다.
⑤ 랴오허강 유역에서 발달한 훙산 문화를 대표하는 용 모양의 옥기이다.

2 한의 발전 파악

문제분석 장건이 대월지와 강거 같은 나라를 입조하게 해야 한다고 주장한 내용 등을 통해 (가) 국가가 한임을 알 수 있다. 한 무제는 흉노를 견제하기 위해 장건을 대월지에 파견하여 동맹을 모색하게 하였다. 장건은 뜻을 이루지는 못하였으나 서역에 대한 많은 정보를 가지고 돌아왔다.

정답찾기 ② 한은 무제 때 고조선을 공격하여 무너뜨리고 4군을 설치하였다.

오답피하기 ① 일본 열도의 노국이 후한에 조공하였다.
③ 전국 7웅 중 하나였던 진이 나머지 6국을 무너뜨리고 전국 시대를 통일하였다.
④ 당이 베트남 북부 지역에 안남 도호부를 설치하였다.
⑤ 흉노가 선우 아래에 좌현왕과 우현왕을 두었다.

수능 2점 테스트

본문 009~010쪽

01 ③ 02 ③ 03 ③ 04 ②
05 ① 06 ⑤ 07 ⑤ 08 ④

01 유목민의 생활 모습 이해

문제분석 먹을 것과 입을 것을 구하는 생업을 가축에 의지하고 땅에 의지하지 않으며, 요새를 침입하여 우리 백성들이 농경지를 떠난다는 등의 내용을 통해 밑줄 친 '저들'이 유목민임을 알 수 있다.

정답찾기 ③ 흉노, 돌궐, 몽골 등은 동아시아의 대표적인 유목 민족이다. 특히 흉노는 몽골고원에서 성장하여 유목 국가를 세우고 중원 왕조와 대립하였다. 사마천이 남긴 『사기』에는 당시 흉노의 풍속에 대한 기록이 있다.

오답피하기 ① 기원전 7000년~기원전 6000년경 기온이 높고 강수량이 풍부하며 늪지가 많은 창장강 중하류 지역에서 이루어진 벼농사는 주변 지역으로 전파되었다.
② 조몬 토기는 일본 열도의 신석기 문화를 대표하는 문화유산으로 토기 표면에 새끼줄 무늬가 새겨진 것이 대표적이다.
④ 신석기 시대 사람들은 움집 등을 짓고 씨족 중심으로 마을을 형성하였다.
⑤ 미나토가와인은 일본 오키나와의 구석기 시대 유적지에서 출토된 인류 화석이다.

02 훙산 문화의 특징 파악

문제분석 농경과 관련된 간석기가 출토되었으며, 원통형 토기, 용 모양 옥기, 여신상 등이 출토되었다는 내용을 통해 자료가 훙산 문화에 대한 것임을 알 수 있다.

정답찾기 ③ 훙산 문화는 랴오허강 유역에서 발달하였다. 대표적인 유적지는 뉴허량이다.

오답피하기 ① 창장강 하류 지역에서는 신석기 시대에 허무두 문화가 발달하였다.
② 황허강 하류 지역에서는 신석기 시대에 다원커우 문화가 발달하였다.
④ 만주·한반도 일대에서는 신석기 시대에 빗살무늬 토기 등이 제작되었다.
⑤ 일본 열도에서는 신석기 시대에 조몬 문화가 발달하였다.

03 조몬 문화의 특징 이해

문제분석 대륙에서 벼농사와 금속기로 대표되는 신문화가 도래하여 전파되었다는 내용을 통해 자료가 일본 열도의 야요이 문화의 확산에 대한 것임을 알 수 있다. 따라서 밑줄 친 '기존 문화'는 조몬 문화에 해당한다.

정답찾기 ③ 일본 열도의 조몬 문화에서는 조몬 토기, 토우 등이 제작되었다.

오답피하기 ① 황허강 중류 지역에서 발달한 양사오 문화를 대표하는 양사오 토기이다.

② 야요이 시대에 제작된 동탁으로, 제사 등에 사용된 것으로 여겨진다.
④ 만주와 한반도 지역의 청동기 문화를 대표하는 비파형 동검이다.
⑤ 만주와 한반도 일대의 청동기 문화를 대표하는 고인돌이다.

04 상의 발전 파악

문제분석 은허에서 발굴되었고, 갑골문이 출토되었다는 등의 내용을 통해 (가) 국가가 상임을 알 수 있다. 은허는 상의 마지막 수도였던 은의 유적으로 왕궁터, 왕릉, 갑골문과 다양한 청동기, 옥기 등이 출토되었다.

정답찾기 ② 상은 왕이 제사장을 겸하며 신권 정치를 행하였고, 청동으로 제기를 만들었다. 사모무정이 대표적이다.

오답피하기 ① 고조선은 전국 7웅 중 하나인 연과 대립하였다.
③ 다이센 고분은 5세기경 일본 열도에서 조성된 거대한 규모의 전방후원분으로, 야마토 정권 지배자들의 권력을 보여 준다.
④ 4세기 초 고구려가 낙랑(군)을 공격하여 무너뜨렸다.
⑤ 주가 견융의 침입으로 호경에서 낙읍(뤄양)으로 천도하였다. 이후 춘추 시대가 전개되었다.

05 전국 시대의 상황 이해

문제분석 진(秦)의 동쪽에 초, 위 등 강력한 6국이 있었고, 위가 진의 침입을 막기 위해 장성을 쌓았다는 등의 내용을 통해 자료가 중국 전국 시대의 상황임을 알 수 있다.

정답찾기 ① 춘추 전국 시대에는 다양한 개혁 방안을 주장하는 여러 사상가와 학파가 출현하였다. 이들을 제자백가라 한다.

오답피하기 ② 일본에서는 유력 호족인 소가씨 중심의 정치에 대한 불만이 커졌고, 결국 7세기 중엽 소가씨 세력이 제거되었다.
③ 4세기 초부터 선비, 흉노, 강, 갈, 저의 5호가 화북 지방을 장악하고 여러 나라를 세웠다.
④ 거란(요)은 석경당이 후진을 건국할 때 원조한 대가로 10세기 전반 연운 16주를 차지하였다.
⑤ 기원전 194년 위만이 고조선의 준왕을 몰아내고 왕위를 차지하였다.

06 진의 특징 파악

문제분석 주 이후 다시 천하를 차지하였으나, 법령과 형벌을 중시하여 10여 년 만에 멸망하고 말았다는 내용을 통해 (가) 국가가 전국 시대를 통일한 진(秦)임을 알 수 있다.

정답찾기 ⑤ 진은 상앙 등을 등용하여 법가 사상을 바탕으로 부국강병을 추진하였고, 전국 시대를 통일하였다.

오답피하기 ① 고조선이 사회 질서를 유지하기 위해 8조의 법을 마련하였다.
② 금이 맹안·모극제를 통해 여진족, 거란족 등을 다스렸다.
③ 후한 광무제 때 왜의 노국이 사신을 보내 조공하였고, 광무제는 한위노국왕이라는 칭호를 주었다.
④ 북위가 윈강 석굴과 룽먼 석굴 등 대규모 석굴 사원을 조성하였다.

07 한 무제의 활동 파악

문제분석 황제의 명을 받은 곽거병 등이 이끄는 군사가 흉노를 공격하였고, 흉노가 고비 사막을 넘어 초원으로 후퇴하였다는 등의 내용을 통해 밑줄 친 '황제'가 한 무제임을 알 수 있다.

정답찾기 ⑤ 한 무제는 남비엣을 정복하고 9군을 설치하였고, 고조선을 무너뜨리고 4군을 설치하였나.

오답피하기 ① 거란(요)이 1004년 송과 전연의 맹약을 맺었다.
② 한 고조가 기원전 200년 백등산 전투에서 묵특 선우가 이끄는 흉노에게 패배하였다.
③ 수와 당이 각각 여러 차례에 걸쳐 고구려를 공격하였다.
④ 주가 견융의 침입을 받아 호경에서 동쪽인 낙읍(뤄양)으로 천도하였다.

08 고조선 멸망과 후한의 성립 시기 사이의 사실 파악

문제분석 왕검성에서 저항하던 장수를 평정한 뒤 낙랑 등의 4군을 두었다는 내용을 통해 (가)가 (전)한 때 한 무제의 고조선 정벌에 대한 것임을 알 수 있다. 또 광무제가 한을 재건하였다는 등의 내용을 통해 (나)는 후한 성립 초기의 상황임을 알 수 있다.

정답찾기 ④ 왕망은 한을 무너뜨리고 신을 건국한 후 토지 국유화 등의 급진적인 개혁을 추진하였다.

오답피하기 ① 유방은 항우를 물리치고 한을 세웠다.
② 당은 토번에 문성 공주를 보내 화친을 도모하였다.
③ 히미코는 위에 조공하고 친위왜왕으로 책봉되었다.
⑤ 묵특 선우는 월지를 서쪽으로 몰아내는 등 만리장성 이북 지역을 차지하였고 백등산 전투에서 한 고조에게 승리하였다.

수능 3점 테스트 본문 011~013쪽

1 ④ 2 ② 3 ② 4 ④
5 ③ 6 ④

1 유목민의 생활 모습 이해

문제분석 북방에서 교역과 화친을 청하면서도 약속을 어기고, 옮겨 다니며 산다는 등의 내용을 통해 밑줄 친 '저들'이 유목민임을 알 수 있다.

정답찾기 ④ 유목민은 부족 단위로 생활하였는데, 목초지를 둘러싸고 부족 사이에 다투는 경우가 많았다.

오답피하기 ① 황허강 중류 유역에서 발달한 얼리터우 문화에서는 하 왕조와 관련된 것으로 여겨지는 궁전 유적 등이 발견되었다.
② 한 무제가 고조선을 공격하여 무너뜨리고 4군을 설치하였다.
③ 기원전 7000년~기원전 6000년경 창장강 유역에서 벼농사가 이루어졌다.
⑤ 5세기 이후 가야 토기의 영향으로 일본 열도에서 스에키가 제작되었다.

2 신석기 시대의 사회 모습 파악

문제분석 조몬 토기를 비롯한 각종 유물이 부산 동삼동 등 한반도 남부 지역과 일본 규슈 지역에서 발견되고, 어로 활동에 쓰인 도구에서도 공통점이 확인된다는 내용을 통해 자료가 신석기 시대 한반도와 일본 열도의 교류에 대한 것임을 알 수 있다. 따라서 밑줄 친 '이 시대'는 신석기 시대이다.

정답찾기 ② 신석기 시대 사람들은 농경과 목축을 시작하였고, 다양한 간석기를 제작하였으며, 뼈바늘을 이용하여 옷감과 그물을 만들었다.

오답피하기 ① 구석기 시대 사람들이 주로 동굴에서 거주하면서 이동 생활을 하였다.
③ 율령은 동아시아 국가가 백성을 다스리고 나라를 유지하는 주요 수단이었다.
④ 주먹도끼 등 뗀석기를 제작하기 시작한 시대는 구석기 시대이다.
⑤ 일본 야요이 시대에 해당한다. 기원전 3세기경 한반도 등으로부터 벼농사와 청동기·철기 기술이 전해지면서 야요이 문화가 본격화되었다.

3 상과 주의 특징 이해

문제분석 (가)가 (나)를 무너뜨린 후 천자가 되었고, 호경을 천하의 중심지로 삼았으며 제후들이 공물을 바쳤다는 내용을 통해 (가) 국가가 주, (나) 국가가 상임을 알 수 있다.

정답찾기 ② 주는 주로 왕과 제후 사이에 혈연을 기초로 한 종법적 봉건제를 실시하였으며, 천명사상과 덕치를 강조하였다.

오답피하기 ① 전국 시대를 통일한 진이 도로망을 정비하고 반량전으로 화폐를 통일하였다.
③ 3공 9경의 관료제는 진시황제 때에 마련되었다.
④ 4세기 초 고구려가 낙랑(군)을 공격하여 무너뜨렸다.
⑤ 후한 광무제가 왜의 노국으로부터 조공을 받은 것이 현재까지 전해 오는 기록상 중원 왕조가 일본으로부터 조공을 받은 최초의 사례이다.

4 진시황제의 정책 파악

문제분석 승상이 이사였고, 연과 조를 깨뜨렸으며, 도량형 등을 통일하였다는 등의 내용을 통해 밑줄 친 '황제'가 진시황제임을 알 수 있다.

정답찾기 ④ 진시황제는 흉노를 공격하여 황허강 이북의 초원 지대로 몰아내었고, 만리장성을 쌓아 흉노의 침입에 대비하였다.

오답피하기 ① 신라 원성왕은 관리 선발에 참고하기 위해 독서삼품과를 실시하였다.
② 7세기 중엽 당이 신라와 연합하여 백제를 멸망시켰다.
③ 한 무제가 대월지와 동맹을 모색하기 위해 장건을 파견하였다.
⑤ 3세기 전반 위가 야마타이국의 히미코에게 친위왜왕이라는 칭호를 주었다.

5 한 고조의 활동 이해

문제분석 종실의 자제를 대거 왕으로 책봉하면서도 직접 15개의 군을 다스렸다는 내용을 통해 자료가 한 고조가 시행한 군국제에 대한 것임을 알 수 있다. 따라서 밑줄 친 '그'는 한 고조이다. 항우를 물리치고 중국을 재통일한 한 고조는 봉건제와 군현제를 절충한 군국제를 시행하였다.

정답찾기 ③ 기원전 200년 한 고조는 흉노에 맞서 직접 군대를 일으켰으나 백등산 전투에서 묵특 선우가 이끄는 흉노에게 패배하였다.

오답피하기 ① 전국 시대의 법가 사상가인 상앙은 진에 등용되어 개혁을 추진하였다.
② 갑골문은 상의 신권 정치를 보여 준다.
④ 7세기 중엽 일본에서 소가씨가 제거된 후 중앙 집권을 강화하기 위한 다이카 개신이 단행되었다.
⑤ 주가 견융의 침입으로 낙읍(뤄양)으로 천도한 후 춘추 5패라 불리는 제후들이 경쟁하였다.

6 흉노의 특징 파악

문제분석 진이 장성을 쌓아 연결한 것이 만 리에 달하였다는 내용과 한이 군대를 훈련시켜 승리하였다는 등의 내용을 통해 (가) 국가가 흉노임을 알 수 있다. 진시황제는 만리장성을 쌓아 흉노의 침입에 대비하였고, 한 무제는 흉노를 공격하여 세력을 약화시켰다.

정답찾기 ④ 흉노는 최고 통치자인 선우 아래에 좌현왕, 우현왕 등 여러 왕을 두었다. 각 왕은 별도로 군사 조직을 갖추었다.

오답피하기 ① 헤이조쿄는 8세기 초 일본에서 세워졌다.
② 7세기 후반 신라와 당의 연합군이 평양성을 공격하여 고구려를 멸망시켰다.
③ 전국 시대를 통일한 진시황제는 사상을 통제하고자 분서갱유를 단행하였다.
⑤ 당이 토번과의 화친을 위해 문성 공주를 보냈다.

THEME 02 인구 이동과 정치·사회 변동

유형 연습 본문 015쪽

1 ② 2 ③

1 북위의 발전 파악

문제분석 국경을 맞댄 남북 두 나라, 제의 사신 등의 내용을 통해 (가) 국가가 북위임을 알 수 있다.

정답찾기 ② 북위는 5호 16국 시대를 통일하고 화북 지역을 차지하였다.

오답피하기 ① 수와 당이 주변국에 화번공주를 보냈다. 토번에 보내진 문성 공주가 대표적이다.

③ 거란(요)이 여러 차례에 걸쳐 고려를 공격하였다.

④ 고구려가 4세기 초 낙랑(군)을 공격하여 무너뜨렸다. 낙랑(군) 일부 유민들은 한반도 남부로 이동하여 백제의 발전에 기여하였다.

⑤ 위가 야마타이국의 히미코로부터 조공을 받고 친위왜왕이라는 칭호를 내려주었다.

2 북위 효문제의 활동 이해

문제분석 천도 이후 황제의 아들인 태자가 선비족의 복장을 사사롭게 입었고, 옛 수도였던 평성으로 달아나려 하였다는 내용을 통해 밑줄 친 '황제'가 북위의 효문제임을 알 수 있다.

정답찾기 ③ 효문제는 수도를 남쪽의 뤄양으로 옮겼고 적극적인 한화 정책을 추진하였다.

오답피하기 ① 한 무제가 남비엣을 무너뜨리고 9군을 설치하였다.

② 진시황제가 이사의 건의를 받아들여 분서갱유를 단행하였다.

④ 한 고조가 백등산 전투에서 흉노의 묵특 선우에게 패배하였다.

⑤ 위만이 고조선의 준왕을 몰아내고 왕위에 올랐다.

수능 2점 테스트 본문 016쪽

01 ② 02 ① 03 ③ 04 ③

01 5호의 화북 지배 이해

문제분석 흉노 출신의 유총이 진(晉)의 민제에게 모욕을 주고 있는 내용을 통해 자료가 4세기 이후 5호가 화북 지역을 장악한 상황에 대한 것임을 알 수 있다.

정답찾기 ② 3세기 말 진(晉)이 급속히 쇠퇴하자 선비, 흉노, 갈, 강, 저의 5호가 화북 지방에 여러 국가를 세웠고, 이 중 흉노 출신이 세운 국가가 진(晉)을 멸망시켰다.

오답피하기 ① 한반도와 중국에서 일본 열도로 이주한 도왜인들은 야마토 정권의 성립과 발전에 기여하였다.

③ 돌궐은 한때 수, 당과 겨룰 만큼 강성하였지만 내분 등으로 쇠퇴하였고, 당에 복속되었다.

④ 기원전 194년 위만이 고조선의 왕위를 차지한 이후 고조선은 중계 무역을 본격적으로 전개하였으나, 한 무제의 공격으로 무너지고 말았다.

⑤ 한 무제가 흉노에 맞서 대월지와 동맹을 모색하기 위해 파견한 장건은 목적을 달성하지는 못하였으나, 서역에 대한 많은 정보를 가지고 한에 돌아왔다.

02 6세기 중엽 동아시아의 정세 파악

문제분석 동위와 서위가 대립하는 내용을 통해 자료가 6세기 중엽의 상황임을 알 수 있다.

정답찾기 ① 중국 남북조 시대에 백제는 주로 남조, 왜와 긴밀히 연결해 세력을 유지하려 하였다.

오답피하기 ② 다이카 개신은 7세기 중엽 중앙 집권을 강화하기 위해 단행되었다.

③ 7세기 당이 베트남 북부 지역에 안남 도호부를 설치하였다.

④ 기원전 1세기 무렵 부여족 내부의 분열이 일어나자 주몽이 압록강 졸본 지역으로 남하하여 고구려를 세웠다.

⑤ 4세기 초 고구려가 낙랑(군)을 무너뜨리자 일부 유민들이 한반도 남부로 이동하여 백제 발전에 기여하였다.

03 야마토 정권의 특징 파악

문제분석 신라가 가야를 무너뜨린 후 기존의 해상 교통로를 장악한 상황에서 고구려가 익숙하지 않은 항로로 사신을 보냈으나, 일본 관리가 백제와의 관계를 고려하여 고구려 사신을 제거한 것으로 여겨진다는 내용을 통해 밑줄 친 '이 정권'이 일본의 야마토 정권임을 알 수 있다.

정답찾기 ③ 야마토 정권은 4세기경 유력 호족들이 연합하여 성립하였다. 야마토 정권의 지배자들은 다이센 고분 등 거대한 무덤을 세워 자신의 권력을 과시하였다.

오답피하기 ① 1세기경 일본 열도의 여러 소국의 하나였던 노국이 후한에 조공하였다.

② 거란(요)이 10세기 전반 석경당의 후진 건국을 도운 대가로 연운 16주를 할양받았다.
④ 12세기 후반 성립한 가마쿠라 막부가 송의 동전을 대량으로 수입하였다.
⑤ 흉노가 묵특 선우 때 동호를 정복하고 월지를 중앙아시아 방면으로 내쫓았다.

04 당의 특징 파악

문제분석 황제가 안서 도호부를 설치하였고, 그 영토가 동쪽으로는 바다에 닿았다는 내용과 돌궐을 격파한 후 황제가 운중 도호부를 선우 도호부로 바꾸었다는 등의 내용을 통해 (가) 국가가 당임을 알 수 있다. 당은 정복지를 다스리기 위해 안남 도호부, 선우 도호부, 안서 도호부 등을 설치하였다.
정답찾기 ③ 일본은 7세기부터 9세기까지 당에 견당사를 파견하여 조공하는 한편, 당의 문물을 수용하였다.
오답피하기 ① 다이호 율령은 701년 일본에서 반포되었다.
② 발해는 10세기 전반 거란(요)의 침입으로 멸망하였다.
④ 3세기 초 후한이 멸망한 후 위·촉·오가 경쟁하는 삼국 시대가 전개되었다.
⑤ 당이 무너진 후 펼쳐진 5대 10국 시대의 혼란은 조광윤이 세운 송에 의해 수습되었다.

수능 3점 테스트

본문 017~018쪽

1 ⑤ 2 ④ 3 ② 4 ②

1 3~4세기 동아시아의 정세 파악

문제분석 위의 황제가 선양하는 내용을 통해 (가) 자료가 3세기 후반 (서)진의 건국에 대한 것임을 알 수 있다. 또 진(晉) 황실의 대통이 끊어졌고, 전조(前趙)의 지배자가 황제의 칭호를 가지고 있으며 사마예가 황제의 자리에 오른 내용을 통해 (나) 자료가 4세기 전반 동진의 건국에 대한 것임을 알 수 있다.
정답찾기 ⑤ 4세기 초부터 선비, 흉노, 강, 갈, 저의 5호가 화북 지방을 장악하고 여러 나라를 세웠고, 한족은 창장강 이남의 건강에서 동진을 세웠다. 자료의 전조는 5호의 하나인 흉노가 세운 왕조이다.
오답피하기 ① 당은 토번 등 주변국에 화번공주를 보내 화친을 도모하였다. 문성 공주가 대표적이다.
② 주가 낙읍(뤄양)으로 천도한 이후 춘추 5패가 정국을 주도하였다. 이 시기를 춘추 시대라고 한다.
③ 8세기 말 일본은 교토에 헤이안쿄를 세우고 수도로 삼았다.
④ 히미코는 3세기 전반 위에 조공하고 친위왜왕의 칭호를 받았다.

2 북위의 특징 파악

문제분석 송에 보낸 국서에 자신들의 궁궐이 평성에 있고, 말 위에서 태어나고 자랐다고 이야기하고 있는 내용을 통해 밑줄 친 '우리'가 북위임을 알 수 있다.
정답찾기 ④ 5호 16국 시대를 통일한 북위는 평성에서 뤄양으로 천도하고 한족의 언어와 풍습을 적극적으로 수용하였다. 그러나 6세기 전반 동위와 서위로 분열하였다.
오답피하기 ① 한 무제가 남비엣을 정복하고 9군을 설치하였다.
② 고조선이 사회 질서를 유지하기 위해 8조의 법을 마련하였다.
③ 일본 야마토 정권이 다이센 고분과 같은 거대한 전방후원분을 조성하였다.
⑤ 흉노는 최고 권력자인 선우 아래에 좌현왕과 우현왕 등을 두었다.

3 수와 진(陳)의 특징 파악

문제분석 북주를 무너뜨리고 화북 지역을 차지하였고, 창장강 남쪽을 습격해야 한다고 주장하는 내용을 통해 (가) 국가는 수임을 알 수 있다. 수가 세워질 당시 창장강 이남에는 남조의 마지막 왕조인 진(陳)이 있었고, 수는 진을 무너뜨리고 남북조를 통일하였다. 따라서 (나) 국가는 진이다.
정답찾기 ② 수는 여러 차례 고구려를 정복하기 위해 공격하였으나 살수에서 대패하는 등 뜻을 이루지 못하였다.
오답피하기 ① 당의 현장이 인도에서 가져온 불경을 보관하기 위해 대안탑이 건립되었다.
③ 진시황제가 흉노를 몰아내고 만리장성을 쌓았다.
④ 남송이 금과 군신 관계를 맺은 후 막대한 양의 세폐를 제공하였다.
⑤ 몽골과 고려 연합군이 두 차례에 걸쳐 일본을 공격하였으나 폭풍우 등으로 인해 실패하였다.

4 7세기 중엽 한반도의 정세 이해

문제분석 항복한 왕의 아들이 왜에서 와서 새로 왕이 되고, 사비성을 공격하였으며, 신라의 군사 등이 이를 깨뜨렸다는 등의 내용을 통해 자료가 백제 부흥 운동 당시의 상황에 대한 것임을 알 수 있다.

정답찾기 ② 660년 나당 연합군이 백제를 멸망시킨 이후 백제 부흥 운동이 전개되었다. 하지만 663년 백강 전투에서 패배하여 백제 부흥 운동은 실패하였다. 이후 신라는 당과 연합하여 고구려를 무너뜨렸고 당군마저 축출하여 삼국 통일을 완수하였다. 소가씨 세력은 645년 정계에서 축출되었고, 신라는 676년 삼국 통일을 완수하였다.

THEME 03 국제 관계의 다원화

유형 연습 본문 021쪽

1 ④　　2 ⑤

1 금의 특징 이해

문제분석 자료에서 태조 아구다의 동생이 제2대 황제라는 점, 재위 기간 동안에 송과 동맹을 맺고 거란(요)을 멸망시켰다는 점, 송의 수도 카이펑을 공격하여 함락시켰다는 점 등을 통해 (가) 국가는 금임을 알 수 있다.

정답찾기 ④ 금은 오고타이(우구데이) 칸 재위 시기의 몽골 제국에 의해 정복당하였다.

오답피하기 ① 거란(요)은 926년 발해를 멸망시켰다.

② 고려와 조선은 왜구의 근거지인 쓰시마를 정벌하였다.

③ 4세기 고구려는 낙랑(군)을 축출하며 성장하였다.

⑤ 10세기 당이 멸망한 후 5대 10국 시대가 전개되었다. 조광윤(송 태조)은 960년 송을 건국하였고, 송 태종은 979년 5대 10국 시대의 분열을 수습하고 중국을 다시 통일하였다.

2 아시카가 요시미쓰의 활동 파악

문제분석 자료에서 가마쿠라 막부가 붕괴되고 교토에 수립된 막부의 제3대 쇼군이라는 점, 명에 사절을 보내고 일본 국왕의 칭호를 받았다는 점 등을 통해 (가)에는 아시카가 요시미쓰와 관련된 내용이 들어가는 것이 가장 적절하다.

정답찾기 ⑤ 무로마치 막부의 수립과 함께 일본은 두 명의 천황이 대립하는 남북조의 내란을 겪었다. 남북조 시기의 혼란은 무로마치 막부의 제3대 쇼군 아시카가 요시미쓰에 의해 종식되었다.

오답피하기 ① 후금은 조선 인조 때 정묘호란을 일으켰고, 그 결과 조선과 형제 관계의 맹약을 체결하였다.

② 몽골 제국은 서하를 정복하였다.

③ 1636년에 일어난 병자호란의 결과 조선은 청과 조공·책봉 관계를 맺었고, 명과의 외교 관계를 단절하게 되었다. 이후 조선은 정기적으로 청에 연행사를 파견하였다.

④ 명은 16세기 후반에 장거정을 등용하여 국정을 쇄신하고 재정을 안정시키기 위해 개혁을 추진하였다.

수능 2점 테스트 본문 022~023쪽

01 ③	02 ②	03 ①	04 ⑤
05 ③	06 ③	07 ④	08 ⑤

01 후한의 조공·책봉 관계 파악

문제분석 자료에서 중국의 역사서에는 57년에 황제가 도장을 준 것으로 기록되어 있다는 점, 기록에 있는 도장이 전시품인 금인이라는 점 등을 통해 밑줄 친 '이 나라'는 후한임을 알 수 있다.

정답찾기 ③ 1세기 중엽 왜의 노국왕이 조공을 하자, 후한의 광무제는 왜의 노국왕에게 금인(금 도장)을 보냈다.

오답피하기 ① 쿠빌라이 칸은 대도를 수도로 삼고 국호를 원으로 바꾸었다.

② 다이호 율령은 701년 일본에서 반포되었다.

④ 조광윤(송 태조)은 960년 송을 건국하였고, 송 태종은 979년 5대 10국 시대의 분열을 수습하고 중국을 다시 통일하였다.

⑤ 전국 시대 진은 상앙을 등용하여 법가 사상에 토대를 둔 부국강병책을 추진하였다.

02 5세기 동아시아의 상황 이해

문제분석 자료에서 고구려가 북위에 사신을 보내 관작을 받았다는 점, 관작을 내린 북위의 황제가 화북 지역을 통일하였다는 점, 고구려의 왕이 송에 조공을 하고 송의 황제로부터 책봉을 받았다는 점 등을 통해 북위와 남조의 송이 공존하였던 5세기 상황임을 알 수 있다.

정답찾기 ② 5세기에 왜는 남조와 조공·책봉 관계를 맺어 안동장군 왜국왕 등으로 책봉받았다.

오답피하기 ① 당은 토번의 공격을 받자 7세기 전반 화친을 위해 토번에 화번공주를 보냈다.

③ 발해는 698년에 건국되었으며, 발해는 그 이후에 신라에 사신을 파견하였다.

④ 6~7세기 수는 여러 차례 고구려를 침략하였으나 패하였다. 대표적으로 고구려는 612년 수의 대군을 살수에서 물리쳤다(살수 대첩).

⑤ 한 고조는 기원전 200년 백등산 전투에서 흉노에 패배하자 매년 많은 물자 등을 보내는 조건으로 화친을 맺었다.

03 거란(요)의 대외 관계 이해

문제분석 자료에서 소손녕이 공격을 하였다는 점, 서희가 군사를 이끌고 가 소손녕과 만났다는 점, 서희가 소손녕과 약속을 하였다는 점 등을 통해 밑줄 친 '우리 나라'는 거란(요)임을 알 수 있다. 고려는 거란(요)의 1차 침입 때 서희가 벌인 외교 담판을 계기로 강동 6주 지역을 확보하였다.

정답찾기 ① 거란(요)은 야율아보기가 부족을 통합하여 건국하였다. 또한 연운 16주 지역을 둘러싸고 송과 대립하다 전연의 맹약을 맺고 비단과 은 등의 세폐를 받았다.

오답피하기 ② 청의 강희제는 17세기 후반에 타이완의 정씨 세력을 진압하였다.

③ 3세기 일본 열도 야마타이국의 히미코 여왕은 위에 조공하여 친위왜왕의 칭호를 받았다.

④ 고려와 조선은 왜구의 근거지인 쓰시마를 토벌하였다.

⑤ 백강 전투는 백제 부흥군과 이를 지원하기 위해 파견된 왜의 군대가 663년에 나당 연합군과 벌인 전투이다.

04 송의 특징 이해

문제분석 자료에서 제4대 황제에 이르러 맹약이 이루어졌다는 점, 서하의 이원호가 세폐로 은, 비단, 차 등을 고정 액수로 보내 줄 것을 요청하였다는 점 등을 통해 (가) 국가는 송임을 알 수 있다.

정답찾기 ⑤ 송은 문치주의 정책을 내세워 절도사의 권한을 약화시켰다. 이에 황제권은 강화되었지만, 국방력이 약화되었다.

오답피하기 ① 서하는 11세기 전반 탕구트족이 건국하였다.

② 거란(요)은 유목민을 북면관제로, 농경민을 남면관제로 다스리는 이원적 통치 정책을 실시하였다.

③ 몽골 제국은 정복지에 행성을 설치하고 각지에 다루가치를 파견하였다.

④ 명은 무로마치 막부와 감합 무역을 전개하였다.

05 가마쿠라 막부의 대외 관계 파악

문제분석 자료에서 일본의 다자이후를 공격하려 하였으나 폭풍으로 배가 파괴되었다는 점, 남은 군사들은 고려에 이르렀다는 점 등을 통해, 몽골과 고려 연합군의 일본 원정에 대한 가마쿠라 막부의 항쟁 등 대외 관계를 조사하는 탐구 활동이 가장 적절하다는 것을 알 수 있다.

정답찾기 ③ 몽골·고려 연합군은 두 차례에 걸쳐 일본을 공격하였으나 폭풍과 가마쿠라 막부의 저항 등으로 인해 실패하였다.

오답피하기 ① 임진왜란 중인 1593년 벽제관 전투에서 일본군이 명군에 승리를 거두었다. 이후 명의 제의로 강화 협상이 본격화되었다.

② 한반도 등지에서 일본으로 건너간 도왜인은 일본 야마토 정권의 성립과 발전에 기여하였다.

④ 한 무제는 기원전 111년 남비엣을 정복하고 9군을 설치하였다.

⑤ 한반도에서 후삼국 시대가 시작된 것은 10세기 초이다. 고려가 936년 후삼국을 통일하였다.

06 몽골 제국의 특징 이해

문제분석 자료에서 바익당강에서 쩐흥다오의 군대와 대치하였다는 점, 쩐흥다오의 공격으로 대월이 대승을 거두었다는 점 등을 통해 (가) 제국은 몽골 제국임을 알 수 있다.

정답찾기 ③ 몽골 제국은 호라즘을 정벌하고 비단길을 장악하였다.

오답피하기 ① 일본은 행정을 담당하는 태정관을 두는 등 2관 8성제를 운영하였다.

② 금은 여진족, 거란족 등을 맹안·모극제로, 한족 등을 주현제로 다스리는 이원적 통치 체제를 실시하였다.

④ 당은 베트남 북부 지역을 다스리기 위해 안남 도호부를 설치하였다.

⑤ 명은 15세기 전반에 모두 7차례에 걸쳐 동남아시아 등지로 정화의 함대를 파견하였다.

07 명 왕조 시기 동아시아 상황 이해

문제분석 자료에서 홍건적 출신의 주원장이 세웠다는 점, 난징을 수도로 삼았다는 점, 한족 문화의 회복을 위해 노력하였다는 점 등을 통해 (가) 왕조는 명임을 알 수 있다. 명은 1368년에 건국되었다.

정답찾기 ④ 이성계는 혁명파 신진 사대부와 함께 1392년에 조선을 건국하였다.

오답피하기 ① 9세기에 장보고는 신라 정부에 건의하여 청해진을 설치하고 이를 거점으로 해상 교역을 주도하였다.

② 헤이조쿄는 8세기 전반에 조성되었다.

③ 한을 무너뜨린 왕망은 신을 세우고 토지 국유화 등 개혁을 추진하였으나 호족의 반발로 무너졌다.

⑤ 한의 고조는 백등산 전투에서 흉노에 패하였다.

08 아시카가 요시미쓰의 활동 이해

문제분석 자료에서 무로마치 막부의 제3대 쇼군이라는 점, 화려한 장식의 금각 건물의 건설을 주도하였다고 알려진 점, 명으로부터 일본 국왕으로 책봉받았다는 점 등을 통해 밑줄 친 '이 인물'은 아시카가 요시미쓰임을 알 수 있다.

정답찾기 ⑤ 일본에서는 1336년부터 1392년까지 교토의 천황과 요시노의 천황이 대립하는 남북조 시대가 전개되었는데, 이러한 남북조의 분열은 아시카가 요시미쓰에 의해 통일되었다.

오답피하기 ① 일본의 나카노오에 등은 소가씨를 제거하고 당의 율령 체제를 모방한 다이카 개신을 추진하였다.

② 한 무제는 대월지와 동맹을 체결하기 위해 장건을 파견하였다. 장건의 파견 이후 서역으로 통하는 교역로가 활성화되었다.

③ 위만은 기원전 194년에 고조선의 준왕을 몰아내고 집권하였다.

④ 거란(요)의 야율아보기는 발해를 공격하여 멸망시켰다.

수능 3점 테스트

본문 024~027쪽

1 ②	2 ⑤	3 ①	4 ①
5 ①	6 ①	7 ②	8 ⑤

1 당의 외교적 화친 정책 이해

문제분석 자료에서 종실의 딸인 문성 공주를 토번의 송첸캄포의 아내로 보냈다는 점, 태화 공주를 위구르로 시집보냈다는 점 등을 통해 당의 외교적 화친 정책이 탐구 주제로 가장 적절하다는 것을 알 수 있다.

정답찾기 ② 당은 토번에 문성 공주, 위구르에 태화 공주 등을 화번 공주로 보냈다. 화번공주는 수, 당 등 중원 왕조가 화친을 목적으로 주변국의 군주에게 시집보낸 황실의 여인을 의미한다.

오답피하기 ① 진은 만리장성 축조 등 대규모 토목 공사와 가혹한 법치에 대한 불만으로 진시황제 사후 농민 봉기가 일어나며 쇠퇴하였다.

③ 도왜인은 유학, 불교 등 선진 문물을 일본에 전해 주었다. 이들은 야마토 정권의 발전에 기여하였다.

④ 위만의 집권 이후 고조선은 한과 한반도 남부 지역 간의 중계 무역으로 번영하였다.

⑤ 왕망은 신을 건국한 후 토지 국유화 등의 개혁을 추진하였다.

2 거란(요)의 특징 이해

문제분석 자료에서 석경당이 야율덕광에게 구원을 청하였다는 점, 야율아보기가 세웠다는 점, 연운 16주 지역을 차지하게 되었다는 점 등을 통해 밑줄 친 '이 나라'는 거란(요)임을 알 수 있다.

정답찾기 ⑤ 거란(요)은 송과 전연의 맹약을 통해 형제 관계를 맺고 국경을 유지하며 송으로부터 은, 비단 등의 물자를 제공받았다.

오답피하기 ① 조선은 명, 청과 군신 관계를 맺었다.

② 쿠빌라이 칸은 남송을 정복하였으며, 고려와 연합하여 두 차례에 걸쳐 일본을 공격하였으나 실패하였다. 거란(요)은 금에 의해 1125년에 멸망하였다.

③ 당은 신라와 연합하여 백제와 고구려를 공격하여 멸망시켰다.

④ 15세기 초 명 황제는 무로마치 막부의 아시카가 요시미쓰를 일본 국왕으로 책봉하였으며, 이후 명은 일본과 감합 무역을 전개하였다.

3 금의 특징 이해

문제분석 자료에서 완안마길이라는 장수가 모극이 되고, 맹안도 되었다는 점 등을 통해 (가) 국가는 금임을 알 수 있다.

정답찾기 ① 거란(요)을 멸망시킨 금은 이후 송을 공격하여 화북 지방을 차지하였다. 금의 공격으로 북송이 멸망하자 송의 황족은 남송을 건국하고 임안(항저우)을 도읍으로 삼았다. 이후 금은 남송과 화친하여 막대한 물자를 받고, 군신 관계를 맺었다.

오답피하기 ② 몽골 제국은 정복지에 행성을 설치하였다.

③ 후한 광무제는 왜의 노국왕에게 '한위노국왕'이라고 새겨진 금인을 주었다.

④ 당은 베트남 북부 지역을 다스리기 위해 안남 도호부를 설치하였다.

⑤ 선비족이 세운 북위는 5호 16국 시대의 혼란을 수습하였다.

4 10세기~12세기 동아시아 상황 이해

문제분석 자료의 (가)는 고려가 송에 사신을 보내 왕위 계승을 알리는 10세기의 상황이다. 자료의 (나)에서 고려가 금에 신하라고 칭하는 것에 대해 금이 회답하고 있다는 점 등을 통해 (나)는 12~13세기의 상황임을 알 수 있다. 금은 1115년에 건국되어 1234년에 멸망하였다.

정답찾기 ① 서하는 11세기 전반 탕구트족이 건국하였다.

오답피하기 ② 3세기 후한이 멸망하고 위·촉·오가 대립하는 삼국 시대가 전개되었다.

③ 일본은 당의 수도인 장안성을 참고하여 헤이조쿄를 건설하고 710년 천도하였다. 이때부터를 나라 시대(710~794)라 부른다.

④ 17세기 후반 부산 지역에 초량 왜관이 설치되었다. 조선은 왜관을 통해 인삼 등을 일본에 수출하였다.

⑤ 도쿠가와 이에야스는 1603년 에도 막부를 수립하였다.

5 쿠빌라이 칸의 재위 시기 상황 이해

문제분석 자료에서 일본 정벌을 의논하였다는 점, 황제가 일본 정벌을 명하였다는 점 등을 통해 밑줄 친 '황제'는 쿠빌라이 칸임을 알 수 있다. 쿠빌라이 칸은 13세기에 재위하였다.

정답찾기 ① 몽골 제국은 쿠빌라이 칸 시기에 남송을 멸망시켜(1279) 중국 전역을 장악하였다.

오답피하기 ② 일본에서는 1467년부터 1477년까지 쇼군의 후계자 자리를 두고 오닌의 난이 일어났다.

③ 1575년에 벌어진 나가시노 전투에서 오다 노부나가는 조총 부대를 활용하여 다케다 가쓰요리의 기마 군단을 물리치고 승리를 거두었다.

④ 1115년 아구다가 여진족을 통합하여 금을 건국하였다.

⑤ 1636년 홍타이지가 황제를 칭하고 국호를 청으로 변경하였다.

6 몽골 제국 시기 동아시아 상황 이해

문제분석 자료에서 역참을 이용하는 관리와 사절 등에게 패자(파이자)라는 통행증을 발급하였다는 점, 테무친이 부족을 통합하고 칸으로 추대되면서 성립되었다는 점 등을 통해 (가) 제국은 몽골 제국임을 알 수 있다. 몽골 제국은 1206년에 수립되었다. 이후 1368년 주원장은 한족 왕조인 명을 건국하였고, 이어 대도를 점령하고 몽골 세력을 북방 초원 지역으로 축출하였다.

정답찾기 ① 몽골 제국은 교초를 발행하여 전국적으로 유통시켰다.

오답피하기 ② 한 고조는 기원전 200년 백등산 전투에서 흉노에 패배하자 매년 많은 물자 등을 보내는 조건으로 화친을 맺었다.

③ 진시황제는 사상을 통제하고자 분서갱유를 단행하였다.

④ 조선에서는 15세기부터 본격적으로 정계에 진출한 사림이 훈구 세력의 특권과 부패 등을 비판하였다.

⑤ 기원전 1세기경 부여에서 남하한 주몽 집단은 졸본을 수도로 고구려를 건국하였다.

7 명의 특징 파악

문제분석 자료에서 정화에게 명하여 바다 건너 해외로 가도록 하였다는 점, 명성을 사방 오랑캐 땅에 널리 전하였다는 점 등을 통해 밑줄 친 '우리 왕조'는 명임을 알 수 있다. 명은 14세기에 건국되었다.

정답찾기 ② 명의 영락제는 자금성을 건설하고, 이후 수도를 난징에서 베이징으로 옮겼다.

오답피하기 ① 신라를 공격한 나라는 고구려, 백제, 당 등이 있다. 신라는 10세기에 멸망하였다.

③ 고구려와 군사적으로 대립한 나라는 수, 당, 신라 등이 있다. 고구려는 7세기에 멸망하였다.

④ 일본은 행정을 총괄하는 태정관을 두는 등 2관 8성제를 운영하였다.

⑤ 거란(요)은 유목민을 북면관제로, 농경민을 남면관제로 다스리는 이원적 통치 정책을 실시하였다.

8 무로마치 막부 시기 동아시아 상황 이해

문제분석 자료에서 아시카가 쇼군 가문의 저택이라는 점, 제3대 쇼군이 아시카가 요시미쓰라는 점, 천황의 궁궐 근처에 저택을 지었다는 점 등을 통해 밑줄 친 '이 막부'는 무로마치 막부(1336~1573)임을 알 수 있다.

정답찾기 ⑤ 아시카가 다카우지가 교토에서 천황을 옹립하고, 고다이고 천황이 요시노로 거처를 옮긴 1336년부터 두 명의 천황이 병존하는 남북조 시대가 전개되었다. 일본의 남북조 시대는 무로마치 막부의 3대 쇼군인 아시카가 요시미쓰에 의해 1392년에 통일되었다.

오답피하기 ① 백제는 나당 연합군에 의해 660년 멸망하였다.

② 청은 타이완의 정씨 세력을 정복한 후 1684년 천계령을 해제하였다.

③ 조선에서는 1623년 서인 세력의 주도로 광해군을 내쫓고 인조를 추대한 인조반정이 일어났다.

④ 한 무제는 기원전 2세기 대월지와 동맹을 체결하기 위해 장건을 파견하였다.

유학과 불교

유형 연습 본문 030쪽

1 ② 2 ②

1 일본의 통치 제도 이해

문제분석 자료에서 태정관에서 문서를 작성하여 신라에 사신을 보냈다는 점, 견당선을 보냈다는 점 등을 통해 밑줄 친 '본국'이 일본임을 알 수 있다.

정답찾기 ② 일본은 다이호 율령 반포 후 2관 8성제를 운영하였는데, 신기관에서는 제사를 담당하였다.

오답피하기 ① 금은 여진족 등을 맹안·모극제로, 한족 등은 주현제로 다스렸다.
③ 당은 3성 6부제를 운영하면서 상서성 아래 6부를 설치하였다.
④ 흉노는 최고 통치자인 선우 아래 좌현왕과 우현왕을 두었다.
⑤ 발해에서는 좌사정과 우사정이 각기 3부를 관장하였다.

2 양명학의 이해

문제분석 자료에서 왕수인에 의해 집대성되었다는 점, '마음이 곧 이(理)'라는 심즉리를 강조하였다는 점 등을 통해 밑줄 친 '이 사상'은 양명학임을 알 수 있다.

정답찾기 ② 양명학은 '모든 인간의 마음속에 있는 도덕적 자각인 양지(良知)를 지극히 다한다(致)'는 뜻의 치양지와 앎과 실천을 일치시켜야 한다는 지행합일을 강조하였다.

오답피하기 ① 불교는 윤회와 해탈을 중시하였다.
③ 일본은 당의 율령을 모방하여 701년 다이호 율령을 반포하였다. 양명학은 다이호 율령의 반포 이후에 등장하였다.
④ 조선 중종 때 주세붕은 안향을 기리기 위해 백운동 서원을 건립하였다. 안향은 고려 후기에 성리학을 본격적으로 소개한 인물이다.
⑤ 성리학은 가마쿠라 막부 시기 일본에 전래되었다. 양명학은 일본에서 에도 막부 시기 나카에 도주 등이 연구하였다.

수능 2점 테스트 본문 031~032쪽

01 ①	02 ①	03 ④	04 ③
05 ④	06 ③	07 ①	08 ④

01 한 무제의 활동 이해

문제분석 자료에서 동중서가 한 무제에게 공자의 가르침에 속하는 학술을 중시해야 한다고 한 점, 황제가 그의 건의를 받아들였다는 점 등을 통해 (가)에는 동중서의 건의를 받아들인 한 무제의 활동이 들어가야 한다는 것을 알 수 있다.

정답찾기 ① 한 무제는 동중서의 건의를 바탕으로 유교를 통치 이념으로 중시하였고, 태학을 설립하였다.

오답피하기 ② 진(秦)은 상앙 등을 등용하여 법가 사상을 바탕으로 부국강병을 추진하였다.
③ 일본은 7세기 전반부터 9세기까지 견당사를 파견하여 당의 문물을 수용하였다. 신라와 발해도 당에 사절단을 파견하였다.
④ 골품제는 신라에서 운영한 신분제이다.
⑤ 균전제는 북위에서 시작되어 수·당까지 실시되었다.

02 일본의 통치 제도 이해

문제분석 자료에서 현재 규슈 일부 지역의 옛 호적이라는 점, 다이호 율령을 반포하였다는 점 등을 통해 밑줄 친 '이 나라'는 일본임을 알 수 있다.

정답찾기 ① 일본은 다이호 율령을 반포한 후 제사를 담당하는 신기관과 행정을 담당하는 태정관을 운영하였고 태정관 아래 8성을 두었다.

오답피하기 ② 당은 중앙 정치 기구로 정책을 심의하는 문하성을 두었다.
③ 거란(요)은 유목민을 북면관제로, 농경민을 남면관제로 다스리는 이원적 통치 정책을 실시하였다.
④ 발해는 중앙 교육 기관으로 주자감을 설립하였다.
⑤ 신라는 관리 선발에 참고하기 위해 독서삼품과를 시행하였다.

03 중국 남북조 시대 불교의 특징 파악

문제분석 자료에서 중국 남북조 시대에 유목 민족이 세운 왕조가 불교를 적극적으로 받아들였다는 점, '군주가 곧 부처'라는 논리로 통치의 정당성을 확보하려고 하였다는 점, 군주의 권위를 보여 주려 하였다는 점 등을 통해 (가)에는 남북조 시대의 유목 민족이 세운 왕조가 군주의 권위를 보여 주려 했던 불교 관련 사례가 들어가는 것이 적절함을 알 수 있다.

정답찾기 ④ 북위는 윈강 석굴과 룽먼 석굴 등 대규모 석굴 사원을 조성하였다. 특히 5세기 후반에는 황제의 모습을 본뜬 대불이 윈강 석굴 사원에 조성되었다.

오답피하기 ① 이차돈의 순교는 신라의 불교 수용 과정에서 토착 세력의 반발이 있었음을 보여 주는 사례이다.
② 일본 열도에서는 쇼토쿠 태자가 집권하던 6세기 말에서 7세기 초에 호류사 5층 목탑이 건립되는 등 아스카 지역을 중심으로 불교문화가 발전하였다.

③ 불국사와 석굴암은 신라에서 만들어졌다.
⑤ 일본에 있는 고류사 목조 미륵보살 반가 사유상은 한반도의 삼국 시대 불상과 매우 유사한 것으로 한반도와 일본 열도의 문화 교류를 보여 주는 문화유산이다.

04 동아시아 불교의 특징 이해

문제분석 자료에서 불경 중에 『부모은중경』이 있다는 점, 『부모은중경』의 내용 중에 유교에서 조상의 은혜를 갚고 인륜을 돈독하게 하는 취지와 그 결을 같이한다는 점 등을 통해 동아시아 불교의 특징을 파악할 수 있다.

정답찾기 ③ 불교가 동아시아 지역에 전파되어 토착화하는 과정에서 전통 사상이나 고유 신앙과 결합하는 양상이 나타났다. 유교적 덕목인 효를 강조한 『부모은중경』이 간행되거나, 일본에서 신토와 불교가 결합하여 신불습합이 나타난 것이 대표적이다.

오답피하기 ① 주는 덕치와 천명사상을 내세웠고, 이후 중원 왕조와 동아시아 각국의 통치에 영향을 주었다.
② 달마가 창시한 것으로 알려진 선종은 불교의 한 종파로 직관적인 깨달음과 참선을 중시하였다.
④ 상좌부 불교는 개인의 해탈을 중시하였다. 이러한 상좌부 불교를 비판하면서 중생의 구제를 강조하는 대승 불교가 등장하였다.
⑤ 춘추 전국 시대에 각국이 부국강병을 추진하는 과정에서 제자백가가 등장하였고, 제후들은 이들을 등용하여 부국강병을 추구해 나갔다. 불교는 한대에 중국으로 전파되었다.

05 엔닌의 활동 이해

문제분석 견당사의 일원으로 당에 갔다는 점, 장보고가 세운 적산 법화원에 머문 적이 있다는 점 등을 통해 자료에서 언급한 '그'가 엔닌임을 알 수 있다.

정답찾기 ④ 엔닌은 당에 다녀온 뒤 『입당구법순례행기』를 저술하였다.

오답피하기 ① 당의 승려인 현장은 인도를 순례하고 돌아온 뒤 『대당서역기』를 남겼다.
② 신라 승려인 혜초는 인도 등지를 순례하고 『왕오천축국전』을 집필하였다.
③ 고구려의 승려인 혜자는 쇼토쿠 태자의 스승이 되었다.
⑤ 원효, 의상 등이 해당한다. 특히 원효는 아미타 신앙을 전파하여 신라에서 불교 대중화에 앞장섰다.

06 남송 시기 동아시아 상황 이해

문제분석 자료에서 주희가 유학자로 활동하였다는 점, 주잠이 바다를 건너왔을 때가 고려 시기라는 점 등을 통해 (가) 국가는 남송임을 알 수 있다.

정답찾기 ③ 남송 시기 유학자인 주희는 오경보다 사서를 중시하면서 사서에 주석을 단 『사서집주』를 편찬하고 성리학을 집대성하였다.

오답피하기 ① 만동묘는 임진왜란 때 조선을 도와준 명의 황제를 기리기 위해 만들어졌다.
② 에도 막부 시기 모토오리 노리나가는 『고사기』를 연구하여 『고사기전』을 집필하였다.
④ 일본은 당의 율령을 수용하는 과정에서 제사를 담당하는 신기관을 설치하였다.
⑤ 일본은 8세기에 당의 장안성을 참고하여 나라에 헤이조쿄를 건설하였다.

07 양명학 이해

문제분석 자료에서 성리학을 비판하며 등장한 유학 사상이라는 점, 왕수인의 호를 따라 명명되었다는 점, 마음을 중심으로 사고한다는 점, 일본에서는 나카에 도주가 소개하였다는 점 등을 통해 (가) 유학 사상은 양명학임을 알 수 있다.

정답찾기 ① 양명학은 '모든 인간의 마음 속에 있는 도덕적 자각인 양지(良知)를 지극히 다한다(致)'는 뜻의 치양지와 앎과 실천을 일치시켜야 한다는 지행합일을 강조하였다.

오답피하기 ② 성리학은 고려 후기 안향 등이 본격적으로 소개한 이후 신진 사대부 세력에 의해 수용·확산되었다.
③ 대승 불교는 기존의 불교와 달리 부처의 자비에 의한 중생 구제를 강조하였다.
④ 공양학은 『춘추』의 해설서 중 『공양전』을 정통으로 삼았으며, 변법자강 운동에 영향을 주었다.
⑤ 에도 시대에 네덜란드와의 교류를 통해 전래된 난학은 스기타 겐파쿠 등이 『해체신서』를 간행하는 과정에서 본격적으로 발달하였다.

08 일본에서의 성리학의 확산 이해

문제분석 자료에서 강항이 임진왜란 때 포로로 잡혀갔다는 점, 일본에서 만난 승려에게 학문을 가르쳤다는 점, 강항의 활동이 일본 성리학의 뿌리가 되었다는 점, 하야시 라잔 등의 제자를 가르쳤다는 점 등을 통해 밑줄 친 '승려'는 후지와라 세이카임을 알 수 있다.

정답찾기 ④ 후지와라 세이카는 임진왜란(1592~1598) 때 일본에 포로로 잡혀온 강항의 도움을 받아 『사서오경왜훈』을 집필하였다.

오답피하기 ① 조선의 효종, 숙종 때 청을 정벌하여 병자호란 때 당한 치욕을 갚자는 북벌론이 대두하였으나 실현되지는 못하였다.
② 수·당 등 중원 왕조는 화친 정책의 하나로 인접 국가의 군주에게 화번공주를 보냈다. 대표적인 사례로는 수가 돌궐에 보낸 의성 공주, 당이 토번에 보낸 문성 공주, 위구르에 보낸 함안 공주 등이 있다.
③ 조총은 1543년 포르투갈 상인에 의해 일본에 전래되었다. 이후 조총은 센고쿠 시대의 세력 판도에 변화를 가져왔다.
⑤ 불평등 조약 개정을 위한 예비 교섭과 서양 문물 시찰을 위해 이와쿠라 사절단이 파견되었다(1871~1873).

수능 3점 테스트

본문 033~035쪽

1 ④	2 ③	3 ⑤	4 ③
5 ③	6 ②		

1 동아시아 국가의 율령 수용 이해

문제분석 자료에서 고려가 형법을 정할 때 당률을 참고하고 시대적 상황을 참작하여 사용하였다는 점 등을 통해 중원 왕조의 율령을 주변국이 받아들이는 양상과 관련된 탐구 주제가 적절함을 알 수 있다.

정답찾기 ④ 당대에 국제적이고 개방적인 문화 교류를 통해 동아시아 각국은 한자, 유교, 불교, 율령 등의 문화를 공유하게 되었다. 동아시아 각국은 신분 질서와 관습에 따라 선택적으로 중국의 율령을 수용하였다.

오답피하기 ① 5세기 후반 북위의 효문제는 뤄양으로 천도하였고, 조정에서 선비어의 사용을 금지하고 한족과의 혼인을 장려하는 등 한화 정책을 추진하여 호한 융합을 꾀하였다.

② 춘추 전국 시대는 주가 호경에서 낙읍(뤄양)으로 천도한 기원전 8세기부터 진(秦)이 전국 시대를 통일한 기원전 221년 이전까지 전개되었다.

③ 10세기 당이 멸망한 후 5대 10국 시대가 전개되었다. 조광윤(송 태조)은 960년 송을 건국하였고, 송 태종은 979년 5대 10국 시대의 분열을 수습하고 중국을 다시 통일하였다.

⑤ 중국의 위진 남북조 시대에 고구려는 상황에 맞추어 남북조와 모두 교류하는 등 실리적이며 다원적인 외교를 전개하였다.

2 일본의 통치 제도 특징 파악

문제분석 자료에서 다이호 율령이 반포되었다는 점, 태정관이 있었다는 점을 통해 밑줄 친 '이 국가'는 일본임을 알 수 있다.

정답찾기 ③ 일본에서는 제사를 담당하는 신기관과 행정을 담당하는 태정관을 중심으로 한 2관 8성의 중앙 관제가 정비되었다. 8성 중 대장성은 재정을 담당하였다.

오답피하기 ① 골품제는 신라에서 운영한 신분제이다.

② 누르하치가 건국한 후금은 군사 조직으로 팔기제를 운영하였다.

④ 거란(요)은 유목민을 북면관제로, 농경민을 남면관제로 다스리는 이원적 통치 정책을 실시하였다.

⑤ 발해는 중앙 교육 기관으로 주자감을 설립하였다.

3 발해의 통치 제도 이해

문제분석 자료에서 중대성에서 외교 문서를 보냈다는 점, 정당성의 관원을 보냈다는 점 등을 통해 밑줄 친 '본국'은 발해임을 알 수 있다.

정답찾기 ⑤ 발해는 당의 3성 6부제를 기반으로 관제를 편성하였고, 정당성 아래에 좌사정과 우사정을 두었다.

오답피하기 ① 신라는 관리 선발에 참고하기 위해 독서삼품과를 시행하였다.

② 금은 여진족, 거란족 등을 맹안·모극제로, 한족 등을 주현제로 다스리는 이원적 통치 체제를 실시하였다.

③ 일본은 제사를 담당하는 신기관과 행정을 담당하는 태정관을 두는 등 2관 8성의 중앙 관제를 운영하였다.

④ 당은 3성 6부제를 운영하면서 상서성 아래 6부를 설치하였다.

4 동아시아 불교의 특징 파악

문제분석 자료에서 노다이사에 하치만 신상이 있다는 점, 일본 신토의 신인 하치만이 불교의 승려로 형상화되어 있는 조각상이 제시된 점 등을 통해 (가)에는 불교가 전통 사상이나 고유 신앙과 결합하였다는 내용의 동아시아 불교 특징이 들어가는 것이 적절함을 알 수 있다.

정답찾기 ③ 동아시아에서는 불교가 수용되면서 전통 사상이나 고유 신앙과 결합하는 특징이 나타났다. 대표적으로 일본에서는 신토와 불교가 융합한 신불습합이 나타났다. 하치만 신상은 신불습합의 양상을 보여 주는 대표적인 사례이다.

오답피하기 ① 남송 시기 주희가 집대성한 성리학은 대의명분과 화이관을 중시하였다.

② 주는 덕치와 천명사상을 내세웠고, 이후 중원 왕조와 동아시아 각국의 통치에 영향을 주었다.

④ 달마가 창시한 것으로 알려진 선종은 불교의 한 종파로 직관적인 깨달음과 참선을 중시하였다.

⑤ 중생의 구제보다 개인의 해탈을 중시한 것은 상좌부 불교의 특징에 해당한다.

5 혜초의 활동 파악

문제분석 자료에서 중국의 둔황 막고굴의 17호굴 장경동에서 신라 출신 구법승의 인도 순례 경험을 적은 문서가 발견되었다는 점, 8세기에 활동했다는 점, 해당 문서는 파리의 프랑스 국립 도서관에 있다는 점 등을 통해 밑줄 친 '이 인물'은 혜초임을 알 수 있다.

정답찾기 ③ 신라의 승려인 혜초는 인도 등지를 순례한 후 『왕오천축국전』을 저술하였다.

오답피하기 ① 통신사는 일본의 요청에 따라 조선에서 파견한 사절단으로 양국 우호 관계의 상징이 되었고, 학술과 문물의 교류를 촉진하였다.

② 당의 승려인 현장은 인도를 순례하고 돌아온 뒤 『대당서역기』를 남겼다.

④ 명대에 들어온 예수회 선교사인 마테오 리치는 세계 지도인 「곤여만국전도」를 제작하였다.

⑤ 고구려의 승려인 혜자는 쇼토쿠 태자의 스승이 되었다.

6 주희(주자)의 활동 파악

문제분석 자료에서 남송 시기 성리학을 집대성하였다는 점, 『사서집주』를 저술하였다는 점 등을 통해 (가) 인물이 주희임을 알 수 있다.

정답찾기 ② 남송 시기 학자인 주희는 성리학을 집대성하였고, 실천적인 수행을 통한 본성 회복을 위해 거경궁리와 격물치지를 수양 방법으로 강조하였다.

오답피하기 ① 마테오 리치는 크리스트교 교리 문답서인 『천주실의』를 저술하는 등 포교 활동을 하였다.

③ 장보고는 신라 정부에 건의하여 청해진을 설치하고 이를 거점으로 해상 교역을 주도하였다.
④ 아담 샬은 청대 역법 개정을 주도하여 시헌력을 완성하였다.
⑤ 에도 막부 시대에 스기타 겐파쿠 등이 서양의 해부학 서적을 번역한 『해체신서』를 간행하였는데, 이를 계기로 일본에서 난학이 본격적으로 발전하였다.

THEME 05 17세기 전후의 동아시아 전쟁

유형 연습 본문 037쪽

1 ④ 2 ④

1 임진왜란의 영향 파악

문제분석 명군이 평양 전투에서 이전과 달리 이번에 승리하였다는 점, 왜적을 방어하는 법을 담은 척계광 장군의 『기효신서』에 담긴 전법을 사용하여 승리하였다는 점 등을 통해 자료에 나타난 전쟁이 임진왜란(1592~1598)임을 알 수 있다. 임진왜란 초반 일본군은 연이은 승리를 거두었다. 그러나 조선이 명에 원병을 요청하였고, 조·명 연합군이 평양성을 탈환하면서 전세가 역전되었다.

정답찾기 ④ 임진왜란 당시 이삼평 등 조선의 도자기 기술자들이 일본에 끌려갔고, 그들에 의해 일본의 도자기 제작 기술이 발달하였다.

오답피하기 ① 15세기 조선은 3포를 개방하여 제한된 범위 내에서 무역을 허용하였다.
② 15세기 후반 오닌의 난 발생 이후 각 지역의 다이묘들이 패권을 놓고 다투는 센고쿠 시대가 전개되었고, 1590년 도요토미 히데요시가 센고쿠 시대를 통일하였다.
③ 명은 15세기 전반에 모두 7차례에 걸쳐 정화가 이끄는 함대를 동남아시아 등지로 파견하였다.
⑤ 명과 일본의 무로마치 막부는 15세기 초부터 16세기 중엽까지 감합 무역을 전개하였다.

2 인조반정 직후 친명배금 정책 시기 파악

문제분석 반정 직후에 서쪽 변경의 일에 대한 대책을 강구하고 있다는 점, 중국 장수들이 우리 국경을 왕래하고 랴오둥의 백성들이 중국 장수에게 몰려드는 것은 모두 우리의 지휘를 받은 것이 아니라는 점, 이제부터 문답에 대한 일은 일일이 모문룡 장군에게 알려야 한다는 점 등을 통해 자료의 건의는 1623년 인조반정 직후 후금에 대한 대책으로 제시된 것임을 알 수 있다.

정답찾기 ④ 광해군이 명의 요청에 따라 파병한 강홍립 부대가 참전했던 사르후 전투는 1619년, 후금의 홍타이지가 칭제건원하고 국호를 청으로 바꾼 것은 1636년의 사실이다.

수능 2점 테스트 본문 038쪽

01 ⑤ 02 ⑤ 03 ③ 04 ③

01 도요토미 히데요시의 활동 파악

문제분석 자료에서 주군이 오다 노부나가라는 점, 센고쿠 시대의 혼란을 수습하고 일본 열도를 통일하였다는 점 등을 통해 (가) 인물이 임진왜란을 일으킨 도요토미 히데요시임을 알 수 있다. 센고쿠 시대를 평정해 나가던 오다 노부나가의 뒤를 이은 도요토미 히데요시는 센고쿠 시대를 통일한 후 조선을 침략하였다.

정답찾기 ⑤ 도요토미 히데요시는 농민의 무기를 몰수하고 무사로의 신분 이동을 금지하는 병농 분리를 확립하였다.

오답피하기 ① 강희제는 오삼계 등이 일으킨 삼번의 난을 평정하였다.
② 조선 중종 때 주세붕이 안향을 기리기 위해 백운동 서원을 건립하였다.
③ 도쿠가와 이에야스는 세키가하라 전투에서 승리한 후 에도 막부를 수립하였다.
④ 누르하치는 행정·군사 조직인 팔기제를 정비하여 군사력을 강화하였다.

02 임진왜란 시기의 사실 파악

문제분석 자료에서 평양이 함락되었다는 점, 명의 군사가 강을 건너올 것이라는 점, 선조가 의주 행재소에 머무르고 있다는 점 등을 통해 밑줄 친 '국난'이 임진왜란(1592~1598)임을 알 수 있다.

정답찾기 ⑤ 임진왜란 때 조선에 출병하였다가 조선에 투항한 일본인(항왜)이 활약하였는데, 대표적인 인물이 김충선이다.

오답피하기 ① 임진왜란 직후 누르하치는 여진족을 통합하여 1616년 후금을 건국하였다.
② 무로마치 막부 시기에 쇼군의 후계자 자리를 두고 오닌의 난이 일어났다(1467~1477).
③ 에도 막부는 1603년에 수립되어 19세기까지 지속되었다.
④ 1449년 명의 황제가 토목보에서 몽골에 포로로 잡힌 토목보의 변이 발생하였다.

03 병자호란의 이해

문제분석 자료에서 삼전도비, 패배한 치욕스러운 역사 등의 내용을 통해 밑줄 친 '전쟁'이 병자호란임을 알 수 있다. 홍타이지가 황제를 칭하고 국호를 청으로 바꾸면서 조선에 군신 관계를 요구하였는데, 조선이 이를 거부하자 청이 1636년에 병자호란을 일으켰다.

정답찾기 ③ 병자호란 이후 조선에서는 오랑캐에 당한 치욕을 씻어야 한다는 북벌론이 제기되었다.

오답피하기 ① 송은 연운 16주 지역을 두고 거란(요)과 여러 차례 전쟁을 벌이다가, 거란(요)에 매년 막대한 양의 세폐를 주는 조건으로 전연의 맹약을 체결하였다.
② 가마쿠라 막부는 두 차례에 걸쳐 몽골·고려 연합군의 공격을 물리쳤으나 이후 점차 쇠퇴하였다.
④ 정묘호란의 결과 조선과 후금이 형제 관계를 수립하였다.
⑤ 일본에서는 몽골·고려 연합군의 침입을 격퇴하는 과정에서 신국 의식이 널리 퍼졌다.

04 임진왜란을 통한 문물 교류 이해

문제분석 장수들이 조선인 도공을 납치하였다는 점, 나베시마가 이삼평을 만났다는 점, 자기 영지에 조선인 도공을 살게 하면서 도자기를 만들게 하였다는 점 등을 통해 자료는 임진왜란 당시 일본군이 조선인 도공을 끌고 간 사실을 보여 주고 있다.

정답찾기 ③ 일본군은 조선에서 성리학자와 도공 등을 포로로 끌고 갔으며, 서적과 금속 활자 등 많은 문화재를 약탈하였다. 이는 일본에도 시대에 학문과 도자기, 인쇄술이 발전하는 데 영향을 끼쳤다. 이처럼 전쟁 시기에는 군인이나 유민의 이동, 포로의 강제 이주 등을 통해 문물 교류가 이루어지기도 하였다.

오답피하기 ① 병자호란 이후 청에 파견된 연행사를 통해 청의 발전된 문물이 조선에 알려지면서 일부 학자들을 중심으로 북학 운동이 전개되었다.
② 명은 왜구의 침탈을 막기 위해 건국 초부터 백성들이 국외로 나가는 것을 규제하는 해금 정책을 펼쳤으나, 16세기 후반 해금 정책을 완화하였다.
④ 백강 전투는 백제 부흥군과 이를 지원하기 위해 파견된 왜의 군대가 663년에 나당 연합군과 벌인 전투로, 나당 연합군이 승리하였다. 이후 많은 백제 유민이 일본으로 이주하기도 하였다.
⑤ 한반도와 중국에서 일본 열도로 이주한 도왜인들이 선진 문물을 전파하여 야마토 정권의 성립과 발전에 기여하였다.

수능 3점 테스트

본문 039~041쪽

1 ① 2 ④ 3 ② 4 ②
5 ⑤ 6 ⑤

1 명의 특징 파악

문제분석 자료에서 일본의 조공을 받아 주지 않았다는 점, 이 때문에 도요토미 히데요시가 전쟁을 일으키고자 한다는 점, 일본이 조공할 수 있는 길을 터 달라고 조선에 부탁하고 있는 점 등을 통해 (가) 왕조가 명임을 알 수 있다. 일본은 15세기 초 무로마치 막부의 아시카가 요시미쓰가 명 황제로부터 일본 국왕에 책봉된 이후 16세기 중엽까지 명과 감합 무역을 전개하였다.

정답찾기 ① 명은 북로남왜의 상황에서 등용된 장거정의 개혁 과정에서 일조편법을 전국에 확대 시행하였다.

오답피하기 ② 신라는 관리 선발에 참고하기 위해 국학의 학생을 대상으로 독서삼품과를 실시하였다.

③ 당 등은 정복지에 도호부를 설치하였다.

④ 일본에서는 다이호 율령에 따라 제사를 담당하는 신기관 등 여러 행정 기구를 정비하였다.

⑤ 10세기 후반에 건국된 송은 중국을 다시 통일하여 5대 10국 시대의 혼란을 수습하였다.

2 14~16세기 동아시아 정세 파악

문제분석 자료에서 명이 건국된 이후부터 임진왜란 발발 이전 시기까지 동아시아 정세에 대한 모둠별 발표 내용이라는 점, 사림의 집권과 붕당의 형성, 센고쿠 시대의 전개와 통일이라는 발표 내용 등을 통해 (가)에는 14~16세기 동아시아 정세와 관련된 내용이 들어가야 함을 알 수 있다.

정답찾기 ④ 15~16세기 명은 몽골이 북쪽에서 압박하고 왜구가 동남 해안을 약탈하는 북로남왜로 어려움을 겪었다.

오답피하기 ① 수, 당 등 중원 왕조는 화친 정책의 하나로 주변국에 화번공주를 보냈다.

② 천계령 해제 이후 청 상인이 나가사키에 진출하면서 은 유출이 심화되자, 에도 막부는 18세기 초부터 무역 허가증인 신패를 통해 해외 무역을 통제하였다.

③ 청 강희제는 17세기 후반 타이완 정씨 세력의 반청 운동을 진압하였다.

⑤ 4세기 이후 흉노, 선비 등 북방의 유목 민족이 화북 지방에서 세력을 확대하면서 5호 16국 시대가 전개되었다. 북위는 5세기에 5호 16국 시대를 통일하였다.

3 임진왜란의 영향 파악

문제분석 자료에서 가토 요시아키가 명군이 수비하던 전라도 남원성을 함락시켰다는 점, 일본군이 원균이 지휘한 조선 수군을 괴멸시켰다는 점 등을 통해 밑줄 친 '전투'가 벌어졌던 전쟁이 임진왜란임을 알 수 있다.

정답찾기 ② 임진왜란으로 조선과 명의 국력이 약화된 틈을 타 여진족의 누르하치가 세력을 키우고 부족을 통합하여 1616년에 후금을 건국하였다.

오답피하기 ① 무로마치 막부 시기에 쇼군의 후계자 문제로 오닌의 난이 일어났다.

③ 조선은 15세기에 부산포, 제포, 염포 등 3포를 개방하여 일본과 교역하였다.

④ 일본에서는 7세기 중엽에 소가씨가 제거된 후 당의 율령을 참고하여 중앙 집권 국가를 수립하려는 다이카 개신이 단행되었다.

⑤ 1449년 명의 황제가 몽골의 오이라트부에 포로로 잡힌 토목보의 변이 일어났다.

4 임진왜란 직후 동아시아 정세 파악

문제분석 자료에서 본국이 세워진 지 2백50여 년 동안 조선은 줄곧 본국의 보호를 받아 왔다는 점, 20여 년 전 조선이 왜노의 변란을 겪게 되자 10만 군사를 파견하여 왜노를 물리쳤다는 점, 동쪽 오랑캐를 정벌하는 데 조선이 군사적으로 지원해 줄 것을 요청하고 있다는 점 등을 통해 자료의 글이 임진왜란 이후 명이 후금을 정벌하기 위해 준비하고 있는 상황에서 작성된 것임을 알 수 있다.

정답찾기 ② 임진왜란을 틈타 누르하치는 여진족을 통합하여 1616년에 후금을 건국하고, 랴오둥 방면으로의 진출을 시도하는 등 만주에서 세력을 확대하였다. 이에 명은 조선에 지원군 파병을 요청하였다.

오답피하기 ① 임진왜란 때 조선에 파병된 명군은 이여송의 지휘 아래 1593년 벽제관에서 일본군과 전투를 벌였으나 패배하였다.

③ 13세기 몽골이 대월을 공격하자 쩐흥다오는 군대를 이끌고 여러 차례 몽골의 침략을 막아 냈다.

④ 1644년 이자성이 이끄는 농민군이 베이징을 점령하면서 명이 멸망하였다.

⑤ 1575년 나가시노 전투에서 오다 노부나가는 조총 부대를 활용하여 다케다 가쓰요리의 기마 군단을 물리쳤다.

5 병자호란의 이해

문제분석 자료에서 남한산성이 포위된 지 오래되었다는 점, 군신 상하가 경계하는 마음으로 굳게 지키는 것을 확고한 기세로 삼고 정예병으로 심양(선양)을 공격하였다면 등의 내용을 통해 밑줄 친 '이 전쟁'이 병자호란임을 알 수 있다. 정묘호란 이후 청의 군신 관계 요구를 조선이 거부하자, 청이 병자호란(1636~1637)을 일으켰다.

정답찾기 ⑤ 병자호란의 결과 조선은 청과 조공·책봉 관계를 맺었고, 명과의 국교를 단절하게 되었다.

오답피하기 ① 명이 후금과의 전투에 지원군을 보낼 것을 요청하자, 광해군은 강홍립을 도원수로 삼아 조선군을 파병하였다. 강홍립은 사르후 전투에서 패하자 후금에 투항하였다.

② 조선의 지원군 요청으로 명군이 참전하면서 임진왜란은 동아시아 국제전으로 확대되었다.

③ 가마쿠라 막부는 13세기 후반 두 차례에 걸친 몽골·고려 연합군의 침입을 물리쳤으나 이후 정치 혼란을 겪으며 쇠퇴하였다.

④ 거란(요)은 10세기 전반 석경당이 후진을 건국할 때 원조한 대가로 연운 16주를 차지하였다.

6 삼번의 난 이해

문제분석 평서왕 오삼계가 올린 상소라는 점, 평남왕 상가희가 상소를 올려 평남번 전체를 철수하기로 하였다는 점, 신의 평서번도 철수하고자 한다고 청하고 있는 점 등을 통해 자료는 강희제의 삼번 폐지와 관련된 것임을 알 수 있다.

정답찾기 ⑤ 청의 강희제가 삼번의 폐지를 시노하자 오삼계 등이 삼번의 난을 일으켰으나 청군에 의해 진압되었다.

오답피하기 ① 12세기 전반 고려의 윤관은 여진족 등 북방 민족에 대항하기 위해 별무반의 조직을 건의하였다.

② 한 고조는 백등산 전투에서 흉노의 묵특 선우에게 패배하였다.

③ 북로남왜에 시달리던 명은 16세기 후반에 장거정을 등용해 일조편법을 확대 시행하는 등 개혁을 단행하였다.

④ 명의 영락제 등은 조공 질서의 확대를 위해 여러 차례 정화가 이끄는 함대를 파견하였다.

THEME 06 교역망의 발달과 은 유통 ~ 사회 변동과 서민 문화

유형 연습 본문 044쪽

1 ④ 2 ①

1 17세기 후반 동아시아 상황 파악

문제분석 해상의 도적들을 우리 쪽에서는 도적으로 보지만 저쪽에서는 공명(功名)을 얻었다고 말하고 있는 점, 정씨 세력의 거사가 성공하지 못할 것을 알고 있으면서도 타이완으로 도망가서 늙어 죽는 것을 기꺼이 받아들이는 자들이라는 점, 타이완에 대해서 토벌과 초무를 병용해야 한다는 점 등을 통해 자료의 건의가 이루어진 시기는 정씨 세력이 타이완을 거점으로 반청 운동을 전개하던 17세기 후반임을 알 수 있다.

정답찾기 ④ 청은 정씨 세력을 비롯한 반청 세력을 견제하기 위해 천계령을 실시하였고, 타이완의 반청 운동을 진압한 후 천계령을 해제하였다.

오답피하기 ① 신라에서는 9세기에 장보고가 완도에 청해진을 설치하고 해상 무역을 장악하였다.

② 조선은 15세기 초부터 16세기 초까지 3포를 개방하여 일본에 제한된 범위 내에서의 무역을 허용하였다.

③ 몽골 제국의 칭기즈 칸은 13세기에 호라즘을 정벌하고 비단길을 장악하였다.

⑤ 천계령 해제 이후 청 상인의 나가사키 진출이 늘어나자, 에도 막부는 18세기 초부터 무역 허가증인 신패를 통해 해외 무역을 통제하였다.

2 에도 막부 시기 동아시아 각국의 모습 이해

문제분석 자료에서 난학을 배우기 시작하여 그 성과의 일부가 『증정하란어휘(增訂荷蘭語彙)』로 정리되었다는 점, 『증정하란어휘』 출판이 계획되었지만, 막부로부터 불허 결정이 내려졌다는 점 등을 통해 밑줄 친 '막부'가 에도 막부임을 알 수 있다. 일본은 17세기 이후 네덜란드와 교류하면서 서양의 의학, 어학 등을 수용하는 등 난학이 발전하였다. 일본의 에도 막부 시기는 중국의 명 말부터 청대, 한국의 조선 후기에 해당한다.

정답찾기 ① 조선 후기에는 서민 문화가 발달하여 『홍길동전』, 『춘향전』 등의 한글 소설이 유행하였다.

오답피하기 ② 대안탑은 당대에 현장이 인도에서 가져온 불경과 불상 등을 보관하기 위해 축조되었다.

③ 남송대 주희는 『사서집주』를 편찬하여 성리학을 집대성하였다.

④ 일본은 8세기에 당의 장안성을 참고하여 나라에 헤이조쿄를 건설하였다.

⑤ 일본 승려 엔닌은 9세기에 당에 유학한 후 『입당구법순례행기』를 남겼다.

수능 2점 테스트

본문 045~046쪽

01 ②	02 ⑤	03 ④	04 ④
05 ⑤	06 ③	07 ③	08 ⑤

01 명의 대외 교역 정책 파악

문제분석 자료에서 홍무 7년 시박사를 폐지하고 해금 정책을 실시하였으며, 조공 무역만을 허용하였다는 점, 조선이 여진인을 유인하고 있고 랴오둥을 침략할 수 있다고 우려하고 있는 점 등을 통해 밑줄 친 '우리 나라'가 명임을 알 수 있다.

정답찾기 ② 명은 일본과 조공·책봉 관계를 맺고 15세기 초부터 16세기 중엽까지 감합 무역을 전개하였다.

오답피하기 ① 당은 토번의 공격을 받자 7세기 전반 화친을 위해 토번에 화번공주로 문성 공주를 시집보냈다.

③ 일본은 쓰시마를 통해 고려와 교류하였다.

④ 병자호란으로 청과 조공·책봉 관계를 맺은 조선은 정기적으로 청에 연행사를 파견하여 공무역을 전개하였다.

⑤ 일본의 에도 막부는 슈인장을 발급하여 해외 무역을 제한하였다.

02 류큐 왕국 이해

문제분석 자료에서 슈리성이 정치·경제·문화의 중심지였다는 점, 나하항을 통해 외국 상인이 드나들었다는 점 등을 통해 (가) 국가는 류큐 왕국임을 알 수 있다.

정답찾기 ⑤ 명이 왜구의 침탈을 막기 위해 해금 정책을 펴면서 류큐는 명과 주변국을 잇는 중계 무역의 거점으로 성장하였다. 류큐는 명에 조공을 한 후 들여온 도자기, 생사 등을 일본과 동남아시아의 나라에 팔거나 여러 나라의 특산물을 명과 조선에 팔아 이익을 얻었다.

오답피하기 ① 임진왜란 당시 일본군은 명군과의 벽제관 전투에서 승리하였다.

② 송은 거란(요)과 매년 막대한 양의 물자(세폐) 제공 등을 내용으로 하는 전연의 맹약을 체결하였다.

③ 흉노는 최고 통치자를 선우라 하였고, 선우 아래 좌현왕과 우현왕 등을 두었다.

④ 일본은 중앙 관제로 행정을 담당하는 태정관과 제사를 담당하는 신기관 등을 두는 2관 8성제를 운영하였다.

03 포르투갈의 동아시아 진출 이해

문제분석 자료에서 믈라카를 점령한 뒤 마카오에서 정기선 사무를 책임지고 있는 상인과 맺은 계약에 따르면 일본 예수회는 매년 이 무역에서 상당한 수익을 얻었다는 점 등을 통해 (가) 국가가 포르투갈임을 알 수 있다. 포르투갈은 중국으로부터 마카오 거주를 허락받았고, 이후 이를 거점으로 일본의 나가사키에 진출하였다.

정답찾기 ④ 포르투갈 상인은 센고쿠 시대가 전개되던 당시 일본에 조총을 처음 전해 주었다.

오답피하기 ① 18세기 중엽 이후 청은 광저우에 공행을 설치하고 영국 등 서양 상인들에게 공행을 통한 제한적 무역을 허용하였다.

② 영국은 청과의 교역 확대를 위해 18세기 후반에 매카트니 사절단을 청에 파견하였다.

③ 17세기 무렵 네덜란드는 자와섬의 바타비아를 무역 거점으로 삼았다.

⑤ 에스파냐는 필리핀에 마닐라를 건설한 후 이를 거점으로 갈레온 무역을 주도하였다.

04 동아시아에서의 은 유통 이해

문제분석 첫 번째 자료에서 모든 조세 업무에 사용되고 베이징으로 운송된다는 점, 두 번째 자료에서 동래부를 통해 일본에서 들어온다는 점 등을 통해 (가)가 은임을 알 수 있다.

정답찾기 ㄴ. 명대 일부 지방에서 실시되던 일조편법이 장거정의 개혁으로 확대 시행되면서 은의 수요가 증가하였다.

ㄹ. 일본에서는 조선으로부터 회취법이 전래되고, 이와미 광산의 개발이 본격화되면서 은 생산량이 급증하였다.

오답피하기 ㄱ. 조선이 3포에 거주하는 일본인들에 대한 통제를 강화하자, 이에 반발한 일본인들이 3포 왜란을 일으켰다.

ㄷ. 조선은 초량 왜관을 통해 인삼 등을 일본에 수출하였다.

05 마테오 리치의 활동 파악

문제분석 자료에서 이탈리아 사람으로 중국에 와서 「곤여만국전도」를 만들었다는 점 등을 통해 (가) 인물이 마테오 리치임을 알 수 있다. 마테오 리치는 명대에 중국에 들어온 예수회 선교사로, 크리스트교 교리 문답서인 『천주실의』를 저술하였다.

정답찾기 ⑤ 16세기 말 명에 들어온 마테오 리치는 크리스트교 교리 문답서인 『천주실의』를 저술하였다.

오답피하기 ① 카스틸리오네는 원명원의 서양식 건물을 설계하는 데 참여하였다.

② 서양 선교사인 아담 샬은 병자호란 이후 청에 인질로 끌려간 소현세자와 교유하였다.

③ 일본의 승려 엔닌은 9세기에 당을 순례한 후 『입당구법순례행기』를 저술하였다.

④ 16세기 중엽 프란시스코 하비에르가 일본에 크리스트교를 포교하였다.

06 조선 후기 동아시아 상황 파악

문제분석 자료에서 중국에서는 고구마가 재배되고 있다는 점, 우리 나라(조선)에서는 고구마가 퍼지기 시작하였다는 점 등을 통해 밑줄 친 '이 무렵'이 아메리카 대륙이 원산지인 고구마가 조선에 전래된 조선 후기임을 알 수 있다.

정답찾기 ㄱ. 한국에서는 조선 후기에 지방 장시가 성장하여 18세기 중엽에는 전국 1,000여 곳에 개설되었다.

ㄷ. 일본 에도 막부는 지방의 다이묘들을 정기적으로 에도에 와서 머물게 한 산킨코타이 제도를 시행하였다.

오답피하기 ㄴ. 중국에서는 북위 때 균전제가 시행되기 시작하여 수·당대까지 계속되었다.

07 청대 동아시아의 상황 파악

문제분석 『홍루몽』이 인구에 회자된 지 20여 년이 되었지만 완본이나 결정판이 없다는 점, 남겨진 원고와 함께 전체 원고를 보여 주며 인쇄본 간행을 추진하였다는 점 등을 통해 자료의 글이 작성된 왕조가 『홍루몽』의 완결판이 간행된 청대임을 알 수 있다. 청대에 조설근이 지은 장편 소설인 『홍루몽』은 그가 죽은 지 30여 년 후인 1791년에 완결판이 간행되었다.

정답찾기 ③ 대안탑은 당대에 현장이 인도에서 가져온 불경과 불상 등을 보관하기 위해 건립되었다.

오답피하기 ① 청대 베이징 일대에서 경극이 유행하였다.

② 조선 후기에 서민의 일상생활을 소탈하게 그리거나 양반이나 부녀자의 유흥 등을 있는 그대로 그린 풍속화가 유행하였다.

④ 에도 막부에서는 다양한 인물, 풍속, 경치 등을 소재로 삼아 주로 목판화로 제작된 우키요에가 유행하였다.

⑤ 조선 후기에는 『홍길동전』, 『춘향전』 등의 한글 소설이 널리 읽혔다.

08 난학의 발달 이해

문제분석 인체를 해부하여 중국의 학설과 판이하게 다르다는 것을 발견하였다는 점, 『타펠 아나토미아』를 네덜란드어로 된 문장 사이의 연결에 유의하면서 한 글자 한 글자 번역하였다는 점 등을 통해 자료는 스기타 겐파쿠 등이 서양의 해부학 서적을 번역한 『해체신서』 간행과 관련된 것임을 알 수 있다.

정답찾기 ⑤ 일본에서는 에도 막부 시대에 스기타 겐파쿠 등이 『해체신서』를 간행한 것을 계기로 난학이 본격적으로 발달하였다.

오답피하기 ① 청 말에 『춘추공양전』 연구를 통해 공양학이 발전하였다.

② 에도 막부 시기 모토오리 노리나가는 『고사기전』을 저술하는 등 고전 연구를 통해 국학을 정립하였다.

③ 조선에서 정제두 등 소수의 소론 학자들이 주로 양명학을 연구하였다.

④ 청대에는 『사고전서』의 편찬과 같은 대규모의 편찬 사업이 추진되었고, 이는 고증학의 발달에 기여하였다.

수능 3점 테스트

본문 047~049쪽

1 ①	2 ⑤	3 ②	4 ③
5 ③	6 ①		

1 영락제 재위 시기의 상황 파악

문제분석 자료에서 사신이 아시카가 요시미쓰의 표문과 공물을 바쳤다는 점, 관료들이 베이징으로 천도를 건의하자 황제가 이를 따랐다는 점 등을 통해 밑줄 친 '황제'가 15세기 전반에 재위했던 명의 영락제임을 알 수 있다.

정답찾기 ① 명의 영락제 등은 정화를 파견하여 조공 질서의 확대를 도모하였다.

오답피하기 ② 청은 18세기 중엽 광저우에 공행을 설치하고 서양 상인들에게 공행을 통한 제한적인 무역을 허용하였다.

③ 북로남왜에 시달리던 명은 16세기 후반에 장거정을 등용해 재정 개혁을 추진하였다.

④ 조선 후기인 17세기 초부터 대동법이 시행되면서 공인이 성장하였다.

⑤ 에도 막부는 17세기 전반 일본 상인 등에게 슈인장을 발급하여 해외 무역을 통제하였다.

2 17세기 후반~19세기 동아시아의 상황 파악

문제분석 초량 왜관 그림과 왜관의 역관이 초량촌 안에 살고 있다는 점, 초량촌 민가에 다수의 왜인들이 거처하고 있다는 점 등을 통해 밑줄 친 ㉠ 시기가 초량 왜관이 존속하였던 17세기 후반~19세기에 작성된 것임을 알 수 있다.

정답찾기 ⑤ 명·청대의 대표적인 상인이었던 산시 상인은 중요 지역에 회관을 세워 거점으로 삼고 상업 활동을 전개하였다.

오답피하기 ① 1세기 전반 한의 외척 출신 왕망이 신을 건국하고 토지 국유화 등 급진적 개혁을 추진하였다.

② 조선은 15세기에 3포를 개방하여 일본과 제한된 범위 내에서의 교역을 허용하였다. 임진왜란 이후에는 국교를 재개하면서 부산포만을 개방하여 무역을 허용하였다.

③ 9세기에 신라의 장보고가 완도에 청해진을 설치하고 해상 무역을 장악하면서 청해진이 해상 교역의 중심지가 되었다.

④ 12세기 말 수립된 가마쿠라 막부는 송의 동전을 대량으로 수입하였다.

3 포르투갈과 에스파냐의 동아시아 진출 파악

문제분석 자료에서 말레이반도의 믈라카를 점령하고 동인도 향료 무역을 장악하였다는 점을 통해 (가) 국가가 포르투갈임을 알 수 있고, 마닐라와 아카풀코를 연결하는 갈레온 무역을 전개하였다는 점을 통해 (나) 국가가 에스파냐임을 알 수 있다.

정답찾기 ② 포르투갈은 명으로부터 마카오 거주권을 획득하였고, 이후 마카오를 근거지로 일본의 나가사키에 진출하여 일본과 중국 사이에서 중계 무역을 전개하였다.

오답피하기 ① 청의 강희제는 해상권을 장악하고 반청 운동을 전개하던 정씨 세력과 연해 세력의 접촉을 차단하기 위해 1661년에 천계령을 선포하였다.
③ 1543년 포르투갈 상인은 일본에 조총을 처음 전하였다.
④ 일본은 청 상인과의 교역으로 인해 은 유출이 증가하자, 18세기 전반부터 신패를 통해 무역을 통제하였다.
⑤ 일본은 주로 쓰시마를 통해 조선과 교역하였다.

4 은 유통의 이해

문제분석 자료에서 임진왜란 때 중국이 우리나라에 내려 주었다는 점, 영국으로부터 아편을 구입하면서 수만금이 영국 선박으로 들어간다는 점 등을 통해 밑줄 친 '이것'이 은임을 알 수 있다.
정답찾기 ③ 일본에서는 조선으로부터 회취법이 전래되고, 이와미 광산의 개발이 본격화되면서 은 생산량이 급증하였다.
오답피하기 ① 초량 왜관을 통해 일본으로 수출된 주요 물품으로는 인삼 등이 있다.
② 일본은 가마쿠라 막부 때 송으로부터 동전을 대량으로 수입하여 사용하였다.
④ 임진왜란 당시 이삼평 등 조선의 도자기 기술자들이 일본에 끌려갔고, 이들에 의해 일본의 도자기 기술이 발달하였다.
⑤ 아메리카 대륙이 원산지인 옥수수, 감자, 고구마, 땅콩 등이 동아시아에 전해져 구황 작물로 재배되었다.

5 아담 샬의 활동 파악

문제분석 자료에서 서양 사람으로 청의 역법 시헌력 제작을 주도하였다는 점 등을 통해 (가) 인물이 아담 샬임을 알 수 있다. 아담 샬은 서양 역법을 토대로 시헌력 제작을 주도하였다.
정답찾기 ③ 아담 샬은 병자호란으로 청에 끌려온 조선의 소현 세자와 교유하며 서양 문물을 전하였다.
오답피하기 ① 당의 승려인 현장은 인도를 순례하고 돌아온 뒤 『대당서역기』를 남겼다.
② 프란시스코 하비에르는 16세기 중엽 일본에 크리스트교를 전하였다.
④ 명대에 중국에 들어온 예수회 선교사인 마테오 리치는 세계 지도인 「곤여만국전도」를 제작하였다.
⑤ 에도 막부 시대에 스기타 겐파쿠 등은 서양의 해부학 서적을 번역한 『해체신서』를 간행하였다.

6 17~19세기 동아시아의 모습 파악

문제분석 자료에서 배우가 별나고 독특한 의상을 차려입고 있다는 점, 일반적으로 우상 신이나 주인공의 영웅적 행위와 연애 이야기를 다룬다는 점, 네덜란드 상관의 의사 튠베리가 오사카에서 연극 공연을 관람하고 남긴 평가라는 점 등을 통해 (가) 막부가 에도 막부에 해당함을 알 수 있다. 일본에서는 에도 막부 시기에 가부키 공연이 성행하였다. 에도 막부 시기 동아시아에서는 서민 문화가 발달하였다.
정답찾기 ① 남송대 주희는 『사서집주』를 편찬하여 성리학을 집대성하였다.
오답피하기 ② 서민 문화가 발달했던 청대에 조설근이 소설 『홍루몽』을 저술하였다.
③ 청대 건륭제의 명에 의해 『사고전서』가 제작되었다.
④ 에도 막부 시대 모토오리 노리나가는 『고사기전』을 집필하였다.
⑤ 조선 후기에 정제두 등 소수의 소론 학자들이 양명학을 연구하였다.

새로운 국제 질서와 근대화 운동 ~ 서양 문물의 수용

유형 연습 본문 052쪽

1 ⑤ 2 ②

1 1860년의 동아시아 상황 이해

문제분석 자료에서 일본 사절단이 2년 전 체결된 조약의 비준서 교환 등을 위해 워싱턴에 온 점, 6년 전 미국이 일본과 처음으로 조약을 체결한 결과로 하코다테가 개항하였다는 점 등을 통해 이 글이 작성된 해는 1860년임을 알 수 있다. 미국 페리 함대의 요구에 굴복한 에도 막부는 1854년 미국과 미일 화친 조약을 체결하여 시모다와 하코다테를 개항하였고, 1858년 미일 수호 통상 조약을 체결하여 나가사키, 요코하마 등을 추가 개항하였다.

정답찾기 ⑤ 영국과 프랑스가 일으킨 제2차 아편 전쟁의 결과 1858년 톈진 조약과 1860년 베이징 조약이 체결되어 청에서 크리스트교 포교의 자유가 인정되었다.

오답피하기 ① 1884년 김옥균 등 급진 개화파의 주도로 갑신정변이 일어났다.

② 1872년 중국 상하이에서는 영국 상인이 신보를 창간하였다.

③ 일본이 일으킨 운요호 사건을 빌미로 1876년 일본과 조선 사이에 영사 재판권이 포함된 강화도 조약이 조인되었다.

④ 일본에서는 1870년대부터 본격화된 자유 민권 운동의 영향 등으로 1889년 입헌제를 명시한 대일본 제국 헌법이 제정되었다.

2 난징의 특징 이해

문제분석 자료에서 만주족 전제 정부를 타도하고 중화민국을 공고히 할 것이라고 한 점, 초대 임시 대총통에 당선된 인물이 취임식을 가진 점 등을 통해 (가) 도시는 난징임을 알 수 있다. 1911년 우창 신군의 봉기를 계기로 신해혁명이 본격화된 결과 1912년 쑨원이 난징에서 임시 대총통에 취임하고 중화민국의 수립을 선포하였다.

정답찾기 ㄴ. 쑨원 사후 실권을 장악한 장제스가 1926년 북벌을 시작한 후 난징을 수도로 국민 정부를 수립하였으며, 1928년 베이징을 점령하였다.

오답피하기 ㄱ. 「고소번화도」는 청의 건륭제 시기 강남 지방의 대표적인 운하 도시 쑤저우를 묘사한 그림으로, 「성세자생도」라고도 불린다.

ㄷ. 청은 18세기 중엽 이후 유럽 상인들에게 광저우의 공행을 통한 제한적인 무역을 허용하였다.

수능 2점 테스트 본문 053~054쪽

01 ④	02 ④	03 ④	04 ④
05 ③	06 ①	07 ③	08 ⑤

01 제1차 아편 전쟁의 결과 이해

문제분석 자료에서 영국의 자본가들이 임칙서의 아편 단속에 분개하여 의회에 압력을 가하였고, 멜버른 내각이 청과의 전쟁을 승인하였다는 내용을 통해 밑줄 친 '전쟁'은 제1차 아편 전쟁임을 알 수 있다.

정답찾기 ④ 제1차 아편 전쟁의 결과 청과 영국이 1842년 체결한 난징 조약으로 광저우 등 5개 항구가 개항되었고, 공행 무역이 폐지되었다.

오답피하기 ① 1894년 일본은 풍도 앞바다에서 청군을 공격하여 청일 전쟁을 일으켰다.

② 1937년 일본은 루거우차오 사건을 구실로 중일 전쟁을 일으켰다.

③ 1940년 대한민국 임시 정부가 중국 국민당 정부의 지원을 받아 창설한 한국광복군은 인도·미얀마 전선에서 영국군과 공동 작전을 전개하였다.

⑤ 러일 전쟁 중인 1905년 동해 해전에서 러시아의 발트 함대가 일본군에 의해 격파되었다.

02 미일 수호 통상 조약의 내용 이해

문제분석 자료에서 일본에 부임한 미국 총영사가 막부를 압박하고 있는 점, 영국이 프랑스와 연합하여 청과 전쟁을 벌이고 있는 점, 막부가 니가타 등을 개항한 점 등을 통해 (가) 조약은 미일 수호 통상 조약임을 알 수 있다.

정답찾기 ④ 1858년에 체결된 미일 수호 통상 조약에는 효고, 니가타 등의 추가 개항 및 영사 재판권 조항 등이 포함되었다.

오답피하기 ① 러일 전쟁의 결과 미국의 중재로 포츠머스에서 강화 조약이 체결되었다.

② 영토 할양을 명시한 조약에는 난징 조약(1842), 제1차 사이공 조약(1862) 등이 있다. 미일 수호 통상 조약에는 영토의 할양에 관한 내용이 명시되어 있지 않다.

③ 청은 청일 전쟁의 결과 체결된 시모노세키 조약에서 조선이 독립국임을 인정하였다.

⑤ 1921~1922년 열린 워싱턴 회의에서 일본의 주력함 보유 비율을 제한하였다.

03 태평천국 운동 이해

문제분석 자료에서 천부, 천형, 홍수전이 제시된 점, 만주족의 통치에 따른 폐해를 지적한 점 등을 통해 태평천국 운동과 관련 있음을 알 수 있다.

정답찾기 ④ 홍수전 등은 1851년 태평천국을 수립하고 청 왕조 타도와 토지 균분 등을 주장하는 태평천국 운동을 전개하였다.

오답피하기 ① 중국은 마오쩌둥의 주도로 1958년부터 대약진 운동을 추진하며 인민공사를 조직하여 농업을 집단화하고, 철강 생산에 노동력을 동원하였다.

② 임오군란은 1882년 조선의 구식 군인들이 정부의 개화 정책과 별기군과의 차별 대우에 반발하여 일으킨 봉기이다.
③ 에도 막부는 지방의 다이묘를 통제하기 위해 다이묘를 정기적으로 에도에 머무르게 하는 산킨코타이 제도를 실시하였다.
⑤ 청이 철도 국유화를 시도하자 이에 반대하는 운동이 일어났다. 이러한 가운데 우창에서 신군이 봉기하고 여러 성들이 청으로부터 독립을 선언하며 신해혁명이 본격화되었다.

04 메이지 정부의 정책 파악

문제분석 자료에서 신분 제도의 개혁이 단행된 이후 징병령이 공포된 점, 무사, 평민에 상관없이 만 20세의 남자가 징병 대상이 된 점, 무사 계층이 징병 제도의 실시를 자신들의 특권이 박탈당한 것으로 받아들인 점, 운요호 사건 등 각종 국내외 상황에 대한 정부의 기본 무력으로 자리잡은 점 등을 통해 밑줄 친 '신정부'는 메이지 정부임을 알 수 있다. 일본은 메이지 정부 수립 후 징병제를 실시하였다.
정답찾기 ④ 메이지 정부는 불평등 조약 개정을 위한 예비 교섭과 서양 문물 시찰 등을 위해 1871년에 이와쿠라 사절단을 파견하였다.
오답피하기 ① 청에서는 양무운동 과정에서 이홍장의 주도로 난징에 금릉 기기국이 설립되었다.
② 조선 정부는 1880년에 개화 정책을 총괄하는 기구로 통리기무아문을 설치하였다.
③ 청 정부는 의화단 운동이 진압된 이후 신정을 추진하면서 1908년 흠정 헌법 대강을 반포하였다.
⑤ 에도 막부는 17세기 전반에 일본 상인들에게 일종의 무역 허가증인 슈인장을 발급하여 무역을 통제하였다.

05 변법자강 운동의 특징 이해

문제분석 자료에서 광서제의 지지로 캉유웨이와 량치차오 등이 주도했던 점, 청일 전쟁의 패배 이후 본격적으로 추진되었던 점, 서태후 등 보수파에 의해 실패하게 된 점 등을 통해 밑줄 친 '개혁'은 변법자강 운동임을 알 수 있다.
정답찾기 ③ 청일 전쟁의 패배 이후 캉유웨이, 량치차오 등은 황제의 지지를 얻어 변법자강 운동을 본격적으로 추진하면서 일본의 메이지 유신을 모델로 삼아 의회 개설과 헌법 제정 등의 개혁을 추구하였다.
오답피하기 ① 일본은 1873년, 조선은 1896년, 중국은 1912년에 태양력을 도입하였다.
② 청일 전쟁 이후 제국주의 열강의 청에 대한 침략이 노골화되자, 의화단이 부청멸양을 구호로 봉기하였다.
④ 변법자강 운동 이전인 1890년에 일본에서 교육 칙어가 반포되었다. 일본은 이를 통해 충과 효를 중시하는 도덕 교육을 강조하여 천황 중심의 국가 체제를 확립하려 하였다.
⑤ 신해혁명 이후 위안스카이가 독재 권력을 강화하자 천두슈 등이 이를 비판하며 신문화 운동을 전개하였다.

06 갑신정변 시기에 있었던 사실 파악

문제분석 자료에서 김옥균·박영효 등이 일으킨 정변이라는 점 등을 통해 밑줄 친 '정변'은 1884년에 일어난 갑신정변임을 알 수 있다.
정답찾기 ① 청에서는 19세기 중엽부터 중국의 전통을 유지하면서 서양의 군사력과 과학 기술을 수용하여 자강을 이루려는 양무운동이 전개되었다. 하지만 1895년 청일 전쟁의 패배로 그 한계가 드러났다.
오답피하기 ② 개항 과정에서 막부에 대한 불만이 고조되는 가운데 하급 무사들을 중심으로 막부 타도 운동이 전개되었다. 그 결과 1860년대 후반 에도 막부가 붕괴하고 천황 중심의 메이지 정부가 수립되었다.
③ 교육입국 조서는 1895년에 조선에서 반포되었다.
④ 독립 협회는 1898년 만민 공동회를 열어 러시아 등 열강의 이권 침탈을 비판하였다.
⑤ 베트남과 프랑스는 1862년 크리스트교 선교의 자유, 영토 할양, 항구 개항 등을 명시한 제1차 사이공 조약을 체결하였다.

07 대일본 제국 헌법 제정의 배경 이해

문제분석 자료에서 대일본 제국은 만세일계의 천황이 통치한다는 내용, 천황은 신성하며 누구라도 침범할 수 없다는 내용 등을 통해 제시된 헌법이 1889년에 제정된 대일본 제국 헌법임을 알 수 있다.
정답찾기 ③ 메이지 정부는 의회 개설, 헌법 제정 등을 요구하는 자유 민권 운동을 탄압하였으나 서양식 정치 제도의 필요성을 인정하여 1889년 대일본 제국 헌법을 제정하였다.
오답피하기 ① 일본의 제국 의회는 대일본 제국 헌법이 제정된 이듬해인 1890년에 개설되었다.
② 조선에서 청의 선진 문물 수용을 주장한 북학 운동은 18세기경에 대두되었다.
④ 동학 농민 운동은 대일본 제국 헌법 제정 이후인 1894년에 일어났다.
⑤ 일본 제국주의 타도를 주장한 일본 반제 동맹은 1929년에 일본에서 결성되었다.

08 상하이에서 있었던 사실 파악

문제분석 자료에서 훙커우 공원에 마련된 일본인들의 경축 단상에서 폭탄이 폭발한 점, 신보 등이 발행된 점 등을 통해 (가) 도시는 상하이임을 알 수 있다.
정답찾기 ⑤ 상하이는 1842년 체결된 난징 조약에 따라 영국에 개항되었다.
오답피하기 ① 아주 화친회는 반제국주의를 목표로 출범한 동아시아 최초의 국제 연대 조직으로 1907년 도쿄에서 조직되었다.
② 경사 대학당은 청이 1898년 베이징에 설립한 근대적 교육 기관이다.
③ 대한 제국 시기 한성에서는 황성 만들기 사업이 추진되었다.
④ 1870년대 초반, 요코하마에서 일본어로 된 최초의 일간지인 요코하마 마이니치 신문이 발행되었다.

수능 3점 테스트 본문 055~059쪽

1 ①	2 ②	3 ⑤	4 ⑤
5 ④	6 ②	7 ③	8 ④
9 ⑤	10 ④		

1 제1차 아편 전쟁의 결과 이해

문제분석 자료에서 영국 여왕이 청국 황제에 대해 출병을 명령하여 격렬한 전쟁을 치렀다는 점, 청국이 다섯 개의 항구를 열었다는 점 등을 통해 밑줄 친 '전쟁'이 제1차 아편 전쟁임을 알 수 있다.

정답찾기 ① 청은 제1차 아편 전쟁의 결과 난징 조약을 체결하고 영국에 홍콩을 할양하였다.

오답피하기 ② 파리 강화 회의는 제1차 세계 대전의 전후 처리를 위해 1919년에 개최되었다.

③ 의화단 운동의 결과 체결된 신축 조약을 통해 외국군의 베이징 주둔이 허용되었다.

④ 1905년 미국의 중재로 포츠머스 조약이 체결되면서 러일 전쟁이 종결되었다.

⑤ 제2차 아편 전쟁의 결과 체결된 톈진 조약, 베이징 조약을 통해 청에서 크리스트교 선교의 자유가 인정되었다.

2 미일 화친 조약의 이해

문제분석 자료에서 동인도 함대 사령관인 페리가 자국 선박에 편의를 제공할 것을 요구하고 있으며, 필요한 경우 훨씬 큰 군사력으로 에도에 돌아올 것이라고 한 내용 등을 통해 밑줄 친 '요구'에 따라 체결된 조약은 미일 화친 조약임을 알 수 있다.

정답찾기 ② 미일 화친 조약에는 시모다와 하코다테의 개항, 미국에 대한 최혜국 대우 인정 등의 내용이 담겨 있다.

오답피하기 ① 1858년 체결된 미일 수호 통상 조약은 일본의 추가 개항, 협정 관세 등을 규정하였다.

③ 미일 화친 조약은 에도 막부 시기인 1854년에 체결되었다.

④ 1858년 체결된 미일 수호 통상 조약은 효고, 니가타 등의 개항을 허용하였다.

⑤ 청일 전쟁의 결과 맺어진 시모노세키 조약을 통해 일본이 랴오둥 반도를 할양받자 러시아의 주도로 삼국 간섭이 일어났다.

3 메이지 정부의 활동 이해

문제분석 자료에서 쇼군이 집권한 시기에 체결된 불리한 관세 규정을 22~23년이 지난 시점에 정부가 개정하고자 노력하고 있다는 내용을 통해 밑줄 친 '정부'는 메이지 정부임을 알 수 있다.

정답찾기 ⑤ 일본의 메이지 정부는 1872년에 근대 학제를 발표하고 소학교의 의무 교육 제도를 마련하였다.

오답피하기 ① 과거 제도의 폐지는 청, 조선 등에 해당한다. 청은 신정 시기, 조선은 갑오개혁 시기에 각각 과거 제도를 폐지하였다. 일본에서는 메이지 정부 수립 당시에 이미 과거 제도가 존재하지 않았다.

② 육영 공원은 조선 정부가 1886년에 설립한 근대적 관립 학교이다.

③ 미국의 대일 정책이 달라지는 상황에서 6·25 전쟁이 일어나자, 일본에서 자위대의 전신인 경찰 예비대가 창설되었다.

④ 데지마는 에도 막부 시기인 1636년에 건설되었다. 데지마를 건설한 에도 막부는 처음에는 포르투갈인을 수용하였으나, 크리스트교 포교 문제로 포르투갈인을 추방(1639)한 이후 1641년에 네덜란드의 상관을 데지마로 옮겼다.

4 1850~1860년대의 상황 파악

문제분석 자료에서 홍수전을 따르는 무리가 금릉(난징)에 웅거하였고, 홍수전이 한족 국가를 회복한다는 명분을 내세웠다는 내용 등을 통해 (가) 운동이 태평천국 운동임을 알 수 있다. 태평천국 운동은 1851년부터 1864년까지 이어졌다.

정답찾기 ⑤ 홍수전 등이 주도한 태평천국 운동은 남녀평등과 토지의 균등 분배 등을 내세워 많은 농민의 지지를 받았다.

오답피하기 ① 도쿄 대학은 1877년에 설립되었다.

② 1890년대 후반에 일어난 의화단 운동은 8개국 연합군에 의해 진압되었고, 그 결과 1901년에 청은 열강과 신축 조약을 체결하였다.

③ 1898년 대한 제국에서 서울의 여성들이 여권통문을 발표하여 여학교 설립을 청원하였고, 찬양회를 조직하였다.

④ 청일 수호 조규가 체결된 것은 1871년의 사실이다.

5 양무운동의 이해

문제분석 자료에서 청에서 실시된 점, 이홍장 등이 주도한 점, 중국의 전통은 유지하면서 서양의 우수한 기술을 수용 대상으로 한 점 등을 통해 (가) 운동이 청의 양무운동임을 알 수 있다.

정답찾기 ④ 이홍장, 증국번 등 한인 관료층이 주도한 양무운동 시기에 서양식 무기와 군함 도입이 추진되었고, 금릉 기기국 등의 군수 공장이 건설되었다.

오답피하기 ① 대약진 운동의 실패로 위기에 처한 마오쩌둥은 문화 대혁명(1966~1976)을 통해 홍위병을 동원하여 자신의 반대파를 제거하고자 하였다.

② 신해혁명은 청 왕조 타도와 공화정 수립을 목표로 한 혁명 사상이 확산하는 가운데 1911년 우창 신군의 봉기를 계기로 본격화되었다.

③ 덩샤오핑의 개혁·개방 정책은 1992년 남순 강화를 통해 가속화되었다.

⑤ 의화단 운동은 반외세를 주장하며 산둥성에서 시작되었다.

6 자유 민권 운동 이해

문제분석 군주로부터 소민에 이르기까지 각자 그 권리를 보유해야 한다는 내용, 정부가 각국의 정치 체제와 헌법의 득실을 심사하고 있으며, 이 상황에서 이타가키 다이스케 등도 서양 각국 순방에 나설 예정이라는 내용 등을 통해 자료는 일본의 자유 민권 운동과 관련이 있음을 알 수 있다.

정답찾기 ② 1870년대부터 일본에서는 서양식 의회 제도 도입과 헌법 제정 등을 요구하며 자유 민권 운동이 본격화되었다.

오답피하기 ① 1955년 자민당이 정권을 장악하고 일본 사회당과 양당 체제를 이루는 '55년 체제'가 성립하였다.

③ 일본에서는 개항 과정에서 막부에 대한 불만이 고조되어 사쓰마번·조슈번 등의 무사들을 중심으로 막부 타도 운동이 전개되었다. 그 결과 에도 막부가 붕괴하였다.
④ 제1차 석유 파동은 1970년대 전반에 일어났다. 일본의 경우 기술 개발과 경영의 합리화로 이를 극복하였다.
⑤ 반제·반전·평화를 위한 연대 사례로는 1907년 도쿄에서 결성된 아주 화친회 등이 해당한다.

7 신해혁명의 이해

문제분석 자료에서 중국이 전대미문의 혼란에 휩싸여 있으며 중국 우창에 주둔 중인 신군이 도시를 장악하고 있다는 내용, 만주족 왕조의 대응이 시급해 보인다는 내용 등을 통해 밑줄 친 '반란'은 우창 지역 신군의 봉기임을 알 수 있다.

정답찾기 ③ 1911년 우창 지역 신군의 봉기를 계기로 본격화된 신해혁명의 과정에서 각 성이 독립을 선언하였고 그 결과 1912년 공화 정체의 중화민국이 수립되었다.

오답피하기 ① 양무운동은 제도와 사상은 중국의 것을 토대로 하고, 서양의 과학 기술을 수용하자는 중체서용의 취지에서 전개되었다.
② 부청멸양을 내세우며 일어난 의화단 운동은 8개국 연합군에 의해 진압되었고, 그 결과 1901년에 청은 열강과 신축 조약을 체결하였다.
④ 일본은 제1차 세계 대전 중인 1915년에 산둥반도의 독일 이권 계승, 뤼순과 다롄의 조차 기한 연장 등의 내용을 담은 '21개조 요구'를 중국에 제출하였다. 이후 파리 강화 회의에서 열강이 산둥반도에 대한 일본의 이권을 인정하자 베이징의 대학생들을 중심으로 '21개조 요구'의 철회와 산둥반도의 이권을 중국에 반환할 것을 촉구하는 5·4 운동이 전개되었다.
⑤ 1918년 미국의 윌슨 대통령은 민족 자결주의를 주장하였다. 이는 3·1 운동 등 여러 민족 운동에 영향을 끼쳤다.

8 『만국 공법』의 특징 이해

문제분석 자료에서 마틴이 번역하였으며, 여러 나라에서 통용되는 것으로 미국인 휘튼의 원서에 있는 조례를 수록하였다는 내용 등을 통해 밑줄 친 '이 책'은 1864년에 청에서 출간된 『만국 공법』임을 알 수 있다.

정답찾기 ㄴ. 조선에서는 일본의 조선 침략을 비판하고 주권을 수호하기 위한 논리로 『만국 공법』을 활용하였다.
ㄹ. 일본은 『만국 공법』을 근거로 강화도 조약에서 조선이 자주국임을 명시하여 조선에 대한 청의 영향력을 배제하려 하였다.

오답피하기 ㄱ. 병자호란 이후 청에 끌려간 소현 세자는 서양 선교사인 아담 샬과 교유하였고, 이후 조선에 천문학과 크리스트교 관련 서적 등을 가지고 귀국하였다.
ㄷ. 영국은 18세기 말 청에 매카트니 사절단을 파견하여 무역의 확대를 요구하였다. 그러나 중화사상에 입각한 청은 기존의 무역 체제가 자국 중심의 질서 유지에 이롭다고 여기고 영국의 요구를 받아들이지 않았다.

9 사회 진화론 이해

문제분석 자료에서 사회의 모든 구성원이 생존 경쟁을 하는 과정에서 가장 적합한 자만 살아남게 된다고 하며 적자생존을 강조한 점, 유길준, 량치차오 등 아시아의 지식인들에게 큰 영향을 끼친 점 등을 통해 (가) 사상은 사회 진화론임을 알 수 있다.

정답찾기 ⑤ 청일 전쟁 이후 옌푸는 『진화와 윤리』를 번역해 『천연론』으로 출간하여 사회 진화론을 청에 본격적으로 소개하였다.

오답피하기 ① 성리학은 수양 방법으로 거경궁리와 격물치지를 강조하였다.
② 일본의 국학은 개항 이후 전개된 존왕양이 운동의 사상적 기반이 되었다.
③ 성리학에 기반한 조선에서는 명 멸망 이후 조선이 중화의 문명을 계승하였다는 조선 중화주의가 확산하였다.
④ 일본의 에도 막부 시기에는 조닌이 사회·경제적으로 성장하면서 가부키 등의 조닌 문화가 발달하였다.

10 요코하마 지역 이해

문제분석 자료에서 도쿄 신바시까지 화륜차를 탄 점, 일본 최초의 철도 구간을 운행하는 증기 기관차인 점, 미일 수호 통상 조약을 계기로 개항된 점 등을 통해 (가) 도시는 요코하마임을 알 수 있다.

정답찾기 ④ 요코하마에서는 일본어로 된 최초의 일간지인 요코하마 마이니치 신문이 발행되었다.

오답피하기 ① 무로마치 막부가 세워진 곳은 교토이다.
② 황성 만들기 사업이 추진된 곳은 대한 제국 시기 한성이다.
③ 긴자에 서양식 거리가 조성된 곳은 도쿄이다.
⑤ 영국 상인이 신보를 창간한 곳은 상하이이다.

THEME 08

제국주의 침략 전쟁과 민족 운동

유형 연습

본문 062쪽

1 ⑤ 2 ⑤

1 중일 전쟁 시기의 사실 파악

문제분석 자료에서 루거우차오 사건 이후 5년 동안 중국 전선에서 중국인들과 나란히 목숨을 바쳐온 점 등을 통해 밑줄 친 '5년 동안'은 1937년에서 1942년 사이의 시기임을 알 수 있다. 루거우차오 사건은 1937년에 일어났다.

정답찾기 ㄱ. 일본은 중일 전쟁 초기인 1937~1938년에 난징 대학살을 자행하였다.

ㄴ. 제2차 세계 대전이 발발한 이후인 1940년에 일본이 독일·이탈리아와 3국 동맹을 맺어 추축국을 형성하였다.

ㄷ. 중일 전쟁이 발발하자 김원봉은 중국 국민당 정부의 지원을 받아 1938년에 조선 의용대를 창설하고 중국군과 함께 항일전을 전개하였다.

2 조선 의용대의 활동 파악

문제분석 자료에서 중국 공산당 관할 지역으로 일부 동지들이 이동한 점, 화북 지대를 결성한 이후 조선 의용군으로 확대 개편된 점 등을 통해 (가) 군대는 조선 의용대임을 알 수 있다. 조선 의용대는 김원봉의 주도로 1938년 중국 국민당의 지원을 받아 창설되었으며, 일부가 화북으로 이동하여 1942년 조선 의용군으로 편성되었다.

정답찾기 ⑤ 김원봉을 포함한 조선 의용대의 일부 대원은 1942년 한국광복군에 합류하였다.

오답피하기 ① 미군을 중심으로 한 연합군은 1942년 8월에서 1943년 2월까지 과달카날 전투에서 일본군을 상대로 승리를 거두었다.

② 쑨원이 제국주의 및 군벌 타도를 목표로 소련의 지원을 받아들이면서 1924년 중국 국민당과 중국 공산당 사이에 제1차 국공 합작이 성립되었다. 한편, 조선 의용대는 제2차 국공 합작이 전개되던 시기에 창설되었다.

③ 한국의 독립군 연합 부대는 1920년 봉오동 전투에서 일본군을 상대로 승리를 거두었다.

④ 대한민국 임시 정부는 중국 국민당의 지원을 받아 1940년 한국광복군을 창설하였다.

수능 2점 테스트

본문 063~064쪽

01 ②	02 ②	03 ①	04 ①
05 ⑤	06 ②	07 ④	08 ③

01 청일 전쟁의 결과 이해

문제분석 자료에서 조선으로 향하던 고승호를 나니와호가 풍도 앞바다에서 격침한 점, 이 사건 이후 전쟁이 선포된 점 등을 통해 밑줄 친 '전쟁'은 청일 전쟁(1894~1895)임을 알 수 있다.

정답찾기 ② 풍도 해전으로 발발한 청일 전쟁의 결과로 체결된 시모노세키 조약에는 일본에 타이완과 랴오둥반도 등을 할양한다는 내용이 담겨 있었다.

오답피하기 ① 1875년 일본이 일으킨 운요호 사건을 빌미로 1876년에 강화도 조약이 체결되었다.

③ 제1차 아편 전쟁의 결과 체결된 난징 조약에 따라 상하이 등 5개 항구가 개항되었다.

④ 청은 제2차 아편 전쟁의 결과 체결된 톈진 조약과 베이징 조약을 통해 크리스트교 포교의 자유를 허용하였다.

⑤ 의화단 운동의 결과 체결된 신축 조약을 통해 외국 군대의 베이징 주둔이 인정되었다.

02 의화단 운동 이해

문제분석 자료에서 8개국 연합군이 권비를 진압하러 청에 왔고, 이 때문에 종묘·궁전·도성이 파괴되었으며 청의 황제와 서태후가 시안으로 도망을 갔다는 내용을 통해 밑줄 친 '봉기'는 의화단 운동임을 알 수 있다.

정답찾기 ② 산둥성에서 부청멸양을 내걸고 봉기한 의화단은 베이징 등지로 세력을 확대하였으나 8개국 연합군에 의해 진압되었다.

오답피하기 ① 1882년 조선의 구식 군인들이 별기군과의 차별 대우 등에 반발하여 임오군란을 일으켰다.

③ 홍수전 등은 태평천국 운동을 일으켜 청 왕조 타도, 남녀평등, 토지 균분 등을 주장하였다.

④ 제1차 세계 대전이 끝나 갈 무렵에 미국의 윌슨 대통령이 제창한 민족 자결주의는 3·1 운동 등에 영향을 주었다.

⑤ 제1차 세계 대전에 참전한 일본은 독일이 차지하고 있던 칭다오 일대를 점령한 후 1915년 중국에 '21개조 요구'를 제출하였다. 이후 파리 강화 회의에서 중국은 '21개조 요구' 철폐와 산둥반도의 권익 반환을 주장하였지만 받아들여지지 않았다. 이에 반발하여 중국에서는 베이징의 대학생들을 중심으로 5·4 운동이 일어났다.

03 러일 전쟁 이해

문제분석 자료에서 대한 해협에서 해전이 일어난 점, 블라디보스토크에 네 척의 순양함을 정박시킨 점, 일본에 대적할 수 없었던 우리나라가 강력한 발트 함대를 발진시킨 점 등을 통해 러일 전쟁의 상황임을 알 수 있다.

정답찾기 ① 러일 전쟁(1904~1905) 당시 일본은 러시아의 발트 함대를 격파한 후, 미국의 중재로 러시아와 포츠머스 조약을 체결하였다.
오답피하기 ② 일본은 1879년에 오키나와현을 설치하여 류큐를 완전히 병합하였다.
③ 1894년 조선에서 동학 농민 운동이 일어났다. 조선 정부는 동학 농민군의 진압을 위해 청에 원병을 요청하였는데, 이를 계기로 청과 일본이 조선에 출병하였고 이후 청일 전쟁이 일어났다.
④ 1911년 우창 신군의 봉기를 계기로 신해혁명이 본격화되어 1912년 쑨원을 임시 대총통으로 하는 공화 정체의 중화민국이 수립되었다.
⑤ 제2차 세계 대전에서 일본이 항복한 이후 연합국은 미국이 중심이 되어 도쿄에 연합국 최고 사령부를 설치하였다.

04 신문화 운동 이해

문제분석 자료에서 중화민국 시기 위안스카이가 독재 정치를 실시하는 상황에서 천두슈 등의 지식인이 『신청년』을 통해 전개하였다는 내용 등을 통해 (가) 운동이 신문화 운동임을 알 수 있다.
정답찾기 ① 신문화 운동은 서구의 민주주의와 과학의 수용을 강조하며 중국 사회의 근대화를 추진한 운동이다.
오답피하기 ② 청일 전쟁 이후 캉유웨이 등이 추진한 변법자강 운동은 서태후를 비롯한 보수파의 반발로 실패하였다(1898).
③ 홍위병은 마오쩌둥이 주도한 문화 대혁명(1966~1976) 시기에 활동하였다.
④ 일본에서 1870년대부터 본격화된 자유 민권 운동은 1889년 메이지 정부의 대일본 제국 헌법 제정에 영향을 주었다.
⑤ 중국은 1950년대 말~1960년대 초에 대약진 운동을 추진하면서 인민공사를 조직하여 농업을 집단화하였다.

05 3·1 운동 이해

문제분석 자료에서 고종의 장례를 계기로 전국의 각계 대표 33인의 명의로 경성에서 독립 선언이 발표된 점, 전국적인 시위운동이 된 점 등을 통해 (가) 운동이 3·1 운동임을 알 수 있다.
정답찾기 ⑤ 1919년에 일어난 3·1 운동은 같은 해 중국에서 일어난 5·4 운동에 영향을 주었다.
오답피하기 ① 양무운동은 중국의 전통을 근본으로 삼고 서양의 과학 기술을 수용한다는 중체서용의 취지에서 전개되었다.
② 개항 과정에서 막부에 대한 불만이 고조되는 가운데 하급 무사들을 중심으로 막부 타도 운동이 전개되어 19세기 후반 에도 막부가 붕괴하고 천황 중심의 메이지 정부가 수립되었다.
③ 제1차 아편 전쟁의 결과 1842년에 난징 조약이 체결되었다. 이에 상하이, 광저우 등 5개 항구가 개항되었다.
④ 1911년 우창 신군의 봉기를 계기로 신해혁명이 본격화되어 이듬해 중화민국이 수립되었다.

06 중일 전쟁 시기의 사실 파악

문제분석 자료에서 루거우차오 사건이 있은 지 약 2개월이 지난 상황인 점, 국민당 정부가 장기 항전을 기도하고 있는 점 등을 통해 밑줄 친 '전쟁'은 중일 전쟁임을 알 수 있다.
정답찾기 ② 1937년 일본이 루거우차오 사건을 계기로 중일 전쟁을 일으키자 중국 국민당과 중국 공산당은 제2차 국공 합작을 결성하여 항일 전쟁을 전개하였다.
오답피하기 ① 1950년 자위대의 전신인 경찰 예비대가 창설되었다.
③ 1921~1922년에 개최된 워싱턴 회의에서 영일 동맹의 폐기가 결정되었다.
④ 5·30 사건은 1925년 상하이에서 일어난 중국인 노동자의 시위를 영국계 경찰이 진압하는 과정에서 희생자가 발생하자, 이를 규탄하며 일어난 사건이다.
⑤ 중국 공산당은 중국 국민당의 공세를 피해 1934년 대장정을 단행하였다.

07 만주 사변 이후 한·중 연대 이해

문제분석 자료에서 조선 혁명군 총사령관 양세봉, 중국 의용군 리춘룬 부대가 연합 작전을 펼치는 것을 통해 만주 사변 이후 전개된 한·중 연대임을 알 수 있다.
정답찾기 ④ 1931년에 일어난 만주 사변 이후 한국 민족의 독립과 중국의 항일을 위한 연대가 형성되었다. 남만주에서는 양세봉이 이끄는 조선 혁명군이 중국 의용군과 연합 작전을 전개하였다.
오답피하기 ① 1955년 자유민주당과 일본 사회당의 양당 체제로 성립된 '55년 체제'는 1993년에 호소카와 모리히로 총리를 중심으로 한 비자민당 연립 정권이 수립되면서 붕괴하였다.
② 마오쩌둥은 대약진 운동의 실패에 따른 정치적 위기를 극복하고자 1966년 홍위병을 동원한 문화 대혁명을 일으켜 자신의 반대파를 제거하였다.
③ 1950년 북한의 남침으로 시작된 6·25 전쟁은 1953년 정전 협정 체결로 휴전 상태가 지속되고 있다.
⑤ 베트남 전쟁의 전개 과정에서 미군이 철수한 후인 1975년 북베트남이 사이공을 점령하였다. 이후 1976년 베트남 사회주의 공화국이 수립되었다.

08 조선 의용대의 활동 이해

문제분석 자료에서 부대원이 한국광복군에 편입되고, 대장 김원봉이 한국광복군 부사령으로 임명된 점 등을 통해 (가) 군사 조직은 조선 의용대임을 알 수 있다.
정답찾기 ③ 중일 전쟁 발발 후인 1938년에 조직된 조선 의용대는 중국군과 함께 항일전을 전개하였다. 조선 의용대 중 일부는 화북 지역으로 이동해 조선 의용군으로 재편되어 중국 공산당과 함께 대일 항전을 계속하였다. 한편 김원봉 등 남은 조선 의용대 인원은 1942년 한국광복군에 편입되었다.
오답피하기 ① 태평양 전쟁(1941~1945) 중에 창설된 군사 조직으로 조선 의용군 등이 있다. 조선 의용군은 1942년에 창설되었다.
② 간도 지역의 독립군 부대는 1920년 봉오동과 청산리 일대에서 일본군에 맞서 큰 승리를 거두었다.

④ 태평천국 운동은 이홍장, 증국번 등 한인 신사층과 외국 세력에 의해 진압되었다.
⑤ 한국광복군은 미국의 지원을 받아 국내 진공 작전을 준비하였으나, 일본의 항복으로 실행에 옮기지 못하였다.

수능 3점 테스트

본문 065~067쪽

1 ④ 2 ④ 3 ③ 4 ③
5 ③ 6 ④

1 삼국 간섭 이해

문제분석 자료에서 일본 주재 러시아·프랑스·독일 공사가 일본에 랴오둥반도의 영유를 포기할 것을 요구하는 점을 통해 삼국 간섭과 관련이 있음을 알 수 있다.
정답찾기 ④ 일본이 시모노세키 조약을 통해 랴오둥반도를 할양받자 러시아, 독일, 프랑스가 삼국 간섭을 일으켜 랴오둥반도를 청에 반환하도록 하였다.
오답피하기 ① 일본에는 1945년 연합국 최고 사령부가 설치되었다. 이후 1951년에 샌프란시스코 강화 조약이 체결되었고, 이듬해 이 조약이 발효되면서 일본의 주권이 회복되고 연합국 최고 사령부는 해체되었다.
② 북한은 1984년 합영법을 제정하여 외국 자본을 유치하고자 노력하였다. 그러나 소련과 동유럽 사회주의권의 몰락, 과도한 군사비 지출 등으로 큰 성과를 거두지 못하였다.
③ 1937년 일본이 루거우차오 사건을 계기로 중일 전쟁을 일으키자 중국 국민당과 중국 공산당은 제2차 국공 합작을 결성하여 항일 전쟁을 전개하였다.
⑤ 일본이 1931년에 만주 사변을 일으키자 중국은 일본을 국제 연맹에 제소하였고, 국제 연맹은 진상 조사를 위해 리튼 조사단을 파견하였다.

2 러일 전쟁의 영향 이해

문제분석 자료에서 일본이 뤼순·다롄의 조차권과 창춘 이남의 철도 부설권 등을 획득한 점 등을 통해 밑줄 친 '전쟁'이 러일 전쟁(1904~1905)임을 알 수 있다.
정답찾기 ④ 러일 전쟁에서 승리한 일본은 한반도에 대한 우월적 지위를 승인받았고, 이를 바탕으로 1905년 을사조약을 강제로 체결하여 대한 제국의 외교권을 강탈하였다.
오답피하기 ① 제1차 아편 전쟁의 결과 청과 영국이 1842년에 체결한 난징 조약에 따라 공행 무역이 폐지되었다.
② 1950년 북한의 전면 남침으로 6·25 전쟁이 발발하였다. 이에 미군 주도의 유엔군이 참전하였고 인천 상륙 작전의 성공으로 전세가 역전되었다.
③ 청일 전쟁은 동학 농민 운동의 전개 과정에서 발발하였다.
⑤ 제2차 아편 전쟁의 결과 톈진 조약, 베이징 조약이 체결되었다. 이로써 청에서 크리스트교 포교의 자유가 인정되었다.

3 중일 전쟁의 계기 파악

문제분석 자료에서 파리 강화 회의에서 칭다오의 병탄 등 일체의 권리를 요구하여 성공시키려 하고 있다는 내용 등을 통해 (가) 국가는 일본임을, 파리 강화 회의에서의 외교가 실패하였고 국민 대회를 개최하여 주권을 쟁취하고 매국노를 제거하기를 바란다는 내용 등을 통해 (나) 국가는 중국임을 알 수 있다.

정답찾기 ③ 루거우차오 사건은 1937년 베이징 근교에서 일어난 중국군과 일본군의 충돌 사건으로, 이를 구실로 일본이 중일 전쟁을 일으켰다.

오답피하기 ① 영국과 프랑스는 애로호 사건 등을 빌미로 제2차 아편 전쟁을 일으켜 청을 굴복시켰다.

② 프랑스는 1862년 베트남과 크리스트교 선교의 자유, 영토 할양, 항구 개항 등을 명시한 제1차 사이공 조약을 체결하였다.

④ 일본이 1941년 하와이 진주만을 기습 공격하면서 태평양 전쟁이 발발하였다.

⑤ 1931년에 발발한 만주 사변을 계기로 1932년 푸이를 집정으로 하는 만주국이 수립되었다.

4 워싱턴 회의 이해

문제분석 자료에서 일본이 산둥반도 반환을 결정한 점 등을 통해 (가) 회의는 워싱턴 회의(1921~1922)임을 알 수 있다.

정답찾기 ③ 워싱턴 회의에서 열강의 군비 축소 문제를 논의하였다.

오답피하기 ① 1945년에 열린 얄타 회담을 통해 소련의 대일전 참전이 결정되었다.

② 1943년 11월에 개최된 카이로 회담에서 미국, 영국, 중국의 대표는 한국의 독립을 최초로 약속하였다.

④ 미국의 태평양 방위선인 애치슨 라인은 워싱턴 회의 개최 이후인 1950년 1월에 발표되었다.

⑤ 윌슨의 민족 자결주의와 파리 강화 회의 등의 영향을 받아 1919년 3·1 운동이 일어났다.

5 제1차 국공 합작 이해

문제분석 자료에서 군벌에 대해 비판하고 있는 점, 국민 혁명을 위해 당을 개조할 것을 밝히는 점 등을 통해 제1차 국공 합작의 성립과 관련된 것임을 알 수 있다.

정답찾기 ③ 1919년에 일어난 5·4 운동 이후 중국 국민당과 중국 공산당이 각각 결성되었다. 쑨원은 군벌 타도를 위해 소련의 지원을 받아들여 1924년 중국 공산당과 제휴하는 제1차 국공 합작을 단행하였다. 그러나 쑨원 사후 장제스가 실권을 장악하게 되었고, 중국 국민당과 중국 공산당의 갈등이 고조되면서 제1차 국공 합작은 결렬되었다. 한편 장제스가 이끄는 국민 혁명군은 1926년 군벌 타도를 위한 북벌에 나섰고, 1928년 국민 혁명군이 베이징을 점령한 이후 북벌이 마무리되었다. 만주국은 1932년에 수립되었다.

6 태평양 전쟁 시기의 사실 이해

문제분석 자료에서 한국광복군 성립 3주년 기념 대회가 열렸으며 우리 군대는 이미 3년 동안의 역사가 있다는 내용 등을 통해 밑줄 친 '3년 동안'은 1940년 한국광복군이 창설된 이후 3년간의 시기(1940~1943)에 해당함을 알 수 있다.

정답찾기 ④ 미드웨이 해전은 태평양 전쟁의 주요 전투 중 하나로 1942년에 발발하였다.

오답피하기 ① 일제는 중일 전쟁 초기인 1937~1938년에 난징 대학살을 자행하였다.

② 연합국 대표들은 1945년 7월 포츠담 선언을 통해 카이로 선언의 이행, 일본의 무조건 항복 등을 촉구하였다.

③ 일본은 중일 전쟁 발발 이후 전쟁에 필요한 인적·물적 자원을 수탈하기 위해 1938년 국가 총동원법을 제정하였다.

⑤ 국제 연맹이 리튼 조사단의 보고서를 토대로 만주에서 일본군의 철수를 요구하자, 일본은 1933년 국제 연맹을 탈퇴하였다.

제2차 세계 대전 전후 처리와 냉전 체제

유형 연습 본문 070쪽

1 ② 2 ④

1 샌프란시스코 강화 조약 이해

문제분석 일본과 연합국 사이에 체결되었으며, 소련 등이 조인하지 않았고 일본의 식민지 배상 및 전쟁 책임 문제가 명기되지 않았다는 내용을 통해 (가) 조약이 1951년 체결된 샌프란시스코 강화 조약임을 알 수 있다.

정답찾기 ② 샌프란시스코 강화 조약을 통해 일본은 체결 이듬해인 1952년 주권을 회복하였다.

오답피하기 ① 1921년부터 1922년까지 진행된 워싱턴 회의의 결과 동아시아에서 열강 간 협조와 균형을 전제로 하는 워싱턴 체제가 수립되었다.

③ 청일 전쟁의 결과 1895년 체결된 시모노세키 조약으로 일본이 랴오둥반도를 차지하자, 이에 불만을 품은 러시아는 삼국 간섭을 주도하여 일본을 압박하였다.

④ 러일 전쟁의 결과 미국의 중재로 1905년 포츠머스 조약이 체결되었다.

⑤ 1951년 샌프란시스코 강화 조약과 같은 날에 체결된 미일 안보 조약을 통해 미국과 일본의 군사 동맹 관계가 규정되었다.

2 1972년의 상황 이해

문제분석 닉슨이 중국을 방문하였으며, 미국과 중국이 공동 성명을 발표하였다는 내용을 통해 밑줄 친 '올해'가 1972년임을 알 수 있다.

정답찾기 ④ 닉슨이 중국을 방문하고 미중 공동 성명이 발표되며 미·중 관계가 진전되자, 이에 자극받은 일본 역시 중국과의 관계 개선을 시도하여 같은 해인 1972년 중일 공동 성명이 발표되었다. 이로써 일본은 중국과 수교하였고 타이완과 국교를 단절하였다.

오답피하기 ① 미국과 중국은 1979년에 정식으로 수교하였다.

② 베트남 공화국(남베트남)은 미국의 지원을 받아 1955년 남베트남 지역에 수립되었다.

③ 1973년 미국과 베트남 민주 공화국(북베트남) 등이 파리 평화 협정을 체결하여 미군 철수에 합의하였다.

⑤ 신군부 세력의 집권에 반대한 5·18 민주화 운동은 1980년에 발생하였다.

수능 2점 테스트 본문 071~072쪽

01 ①	02 ⑤	03 ⑤	04 ①
05 ③	06 ①	07 ③	08 ②

01 포츠담 선언의 내용 파악

문제분석 미·영·중 3국의 정상들이 발표하였으며, 일본이 묵살하겠다는 의사를 밝힌 이후 원자 폭탄이 투하되었다는 내용을 통해 (가) 선언이 1945년 7월에 발표된 포츠담 선언임을 알 수 있다.

정답찾기 ① 미국과 영국, 중국의 정상은 1945년 7월 포츠담 선언을 통해 일본에 무조건 항복을 요구하였으며, 소련은 8월에 대일 선전 포고 후 이 선언에 동참하였다.

오답피하기 ② 1943년 11월의 카이로 회담에서 한국의 독립이 최초로 약속되었다.

③ 애치슨 라인은 1950년 1월 미국의 애치슨 국무 장관이 발표한 미국의 태평양 방위선이다. 애치슨 라인의 발표는 6·25 전쟁의 발발에 영향을 주었다.

④ 워싱턴 회의(1921~1922) 결과 일본 등 주요 열강 5개국의 주력함 보유 비율이 제한되었다.

⑤ 만주국 수립 이후 국제 연맹이 리튼 보고서를 근거로 일본군의 만주 철수를 요구하자, 일본은 이를 거부하며 국제 연맹을 탈퇴하였다.

02 국공 내전 이해

문제분석 일제 패망 이후 중국에서 전개되었으며, 시간이 흐를수록 중국 공산당 당원의 수가 급격히 증가하였다는 내용을 통해 밑줄 친 '내전'이 국공 내전임을 알 수 있다.

정답찾기 ⑤ 국공 내전에서 중국 공산당은 중국 본토의 대부분을 장악하였고, 1949년 사회주의 국가인 중화 인민 공화국을 수립하였다. 중국 국민당이 이끄는 중화민국 정부는 타이완으로 이동하였다.

오답피하기 ① 두 차례의 아편 전쟁과 태평천국 운동을 겪으며 서양 무기의 우수성을 인식한 증국번과 이홍장 등 한인 관료들은 양무운동을 전개하며 청의 근대화를 꾀하였다.

② 청과 영국 사이에서 전개되었던 제1차 아편 전쟁은 1842년 난징 조약이 체결되면서 종결되었다.

③ 1937년에 발생한 루거우차오 사건을 계기로 중일 전쟁이 발발하였다.

④ 1931년 만주 사변이 발생하자 중국이 일본을 국제 연맹에 제소하였고, 국제 연맹은 진상 조사를 위해 1932년 리튼 조사단을 파견하였다.

03 극동 국제 군사 재판(도쿄 재판) 시기의 사실 파악

문제분석 도조 히데키 이하 28명의 전범 용의자에 대한 재판이 진행되었다는 내용을 통해 (가) 재판이 극동 국제 군사 재판(도쿄 재판)임을 알 수 있다. 이 재판은 1946년부터 1948년까지 전개되었다.

정답찾기 ⑤ 한반도의 38도선 이남에서는 1945년 9월부터 1948년 8월 대한민국 정부가 수립되기 전까지 미군이 군정을 시행하였다.

오답피하기 ① 북한은 개혁 · 개방 정책의 일환으로 1984년 합영법을 제정하였다.
② 베트남 민주 공화국의 주도로 1976년 통일 정부인 베트남 사회주의 공화국이 수립되었다.
③ 한국광복군은 태평양 전쟁 말기인 1945년 미국 전략 정보국[OSS]과 연합하여 국내 진공 작전을 준비하였다.
④ 중국 국민당 정부는 국공 내전에서 중국 공산당에게 밀린 끝에 1949년 타이완으로 근거지를 옮겼다.

04 신헌법(평화 헌법) 이해

문제분석 1946년에 공포되었으며 천황이 상징적 존재로 규정되었다는 내용을 통해 밑줄 친 '새 헌법'이 신헌법(평화 헌법)임을 알 수 있다.
정답찾기 ① 신헌법(평화 헌법)은 일본의 군사력 보유를 금지하고 교전권을 부인하였다.
오답피하기 ② 1889년에 공포된 대일본 제국 헌법을 바탕으로 1890년 제국 의회가 설립되었다.
③ 청은 1908년 흠정 헌법 대강을 발표하였다. 흠정 헌법 대강은 대일본 제국 헌법의 영향을 받아 황제 중심적인 성격을 띠었다.
④ 타이완에서는 1994년 총통 직선제 개헌이 이루어졌으며, 1996년 첫 직선제 총통 선거가 이루어졌다.
⑤ 6월 민주 항쟁의 결과 개정된 것은 대한민국 헌법이다. 1987년 한국에서 발생한 6월 민주 항쟁의 결과 대통령 직선제 개헌이 이루어졌다.

05 6 · 25 전쟁 시기의 역사적 사실 파악

문제분석 애치슨이 미국의 국무 장관이던 시기에 일어났으며, 남한의 군용기가 폭격을 당하고 서울에서 전투가 벌어질 가능성이 언급되는 점을 통해 밑줄 친 '전쟁'이 6 · 25 전쟁(1950~1953)임을 알 수 있다.
정답찾기 ③ 6 · 25 전쟁이 발발하고 동아시아의 냉전이 심화되자, 미국은 1951년 샌프란시스코 강화 조약을 이끌어 냄으로써 일본을 국제 무대로 복귀시켰다.
오답피하기 ① 제2차 세계 대전 도중이었던 1945년 2월 미국 · 영국 · 소련의 정상들은 얄타 회담에서 전후 독일의 처리 문제 등을 논의하였다.
② 1942년 미드웨이 해전에서 미군이 일본군에게 승리함으로써 태평양 전쟁의 전세가 역전되었다.
④ 남베트남 민족 해방 전선은 베트남 공화국(남베트남) 정부에 대항하기 위해 1960년에 결성되었다.
⑤ 1989년 중국 베이징의 톈안먼 광장에서 학생과 시민들이 정치적 민주화를 요구하며 시위를 벌였다(톈안먼 사건).

06 1952~1972년의 역사적 사실 파악

문제분석 일본이 타이완과 정식으로 국교를 유지했던 시기는 일화 평화 조약이 체결된 1952년부터 중 · 일 수교로 일본과 타이완의 국교가 단절된 1972년까지이다.
정답찾기 ① 한국과 일본은 1965년 한일 기본 조약을 체결하면서 수교하였다.
오답피하기 ② 중국에서 반제국주의 움직임이 확산되는 계기가 된 5 · 30 사건은 1925년에 일어났다.
③ 1993년 일본에서 비자민당 연립 정권이 수립되면서 '55년 체제'가 무너졌다.
④ 베트남의 개혁 · 개방 정책인 도이머이 정책은 1986년에 채택되었다.
⑤ 타이완에서는 1949년 이후 계엄령이 지속되었으나, 1987년 일부 섬을 제외하고 해제되었다.

07 베트남 전쟁 이해

문제분석 통킹만 사건을 빌미로 미국이 직접 개입하였으며, 한국군도 참전하였다는 내용을 통해 (가) 전쟁이 베트남 전쟁임을 알 수 있다.
정답찾기 ③ 1973년 파리 평화 협정이 체결되면서 미국은 베트남 철수에 합의하였다. 이후 1975년 북베트남이 남베트남의 수도 사이공을 점령하였고, 1976년 통일된 베트남 사회주의 공화국이 수립되었다.
오답피하기 ① 프랑스는 1862년 베트남과 제1차 사이공 조약을 체결하였다.
② 동북 항일 연군은 1930년대 중반 중국 공산당과 한국인 공산주의자 등에 의해 조직되어 만주를 무대로 활동하였다.
④ 일본은 제1차 세계 대전 도중인 1915년 중국에 '21개조 요구'를 제출하여 중국에 대한 영향력을 확대하려 하였다.
⑤ 6 · 25 전쟁에 참전한 유엔군은 한국군과 함께 1950년 9월 인천 상륙 작전을 감행하여 전세를 역전시켰다.

08 닉슨 독트린의 영향 파악

문제분석 미국 대통령 닉슨이 아시아 국가에 지상군 파견을 하지 않겠다고 발표하였다는 내용을 통해 밑줄 친 '외교 방침'이 1969년에 발표된 닉슨 독트린임을 알 수 있다.
정답찾기 ② 닉슨 독트린 발표 이후 냉전이 완화되는 분위기 속에서 미국과 중국의 관계가 진전되었다. 이후 1972년 닉슨이 중국을 방문하여 미중 공동 성명이 발표되었다.
오답피하기 ① 대한민국 정부는 1948년 8월에 수립되었다.
③ 베트남 민주 공화국과 전쟁을 벌였던 프랑스군은 1954년 제네바 협정이 체결되면서 베트남에서 철수하였다.
④ 미일 수호 통상 조약은 협정 관세와 영사 재판권 등을 규정한 불평등 조약으로, 1858년에 미국과 에도 막부가 체결하였다.
⑤ 중국의 마오쩌둥이 주도한 문화 대혁명은 1966년에 시작되었다.

수능 3점 테스트

본문 073~075쪽

1 ④	2 ④	3 ⑤	4 ③
5 ③	6 ②		

1 카이로 회담과 얄타 회담 이해

문제분석 1943년 11월 아프리카의 이집트에서 개최되었으며 루스벨트, 처칠, 장제스가 참석하였다는 내용을 통해 (가) 회담이 카이로 회담임을, 1945년 2월 소련에서 개최되었으며 루스벨트, 처칠, 스탈린이 참석하였다는 내용을 통해 (나) 회담이 얄타 회담임을 알 수 있다.

정답찾기 ④ 얄타 회담에서 미국과 소련은 소련의 대일전 참전에 대한 비밀 협정을 체결하였다. 이는 소련이 대일전에 참전하는 계기가 되었다.

오답피하기 ① 국제 연맹이 리튼 조사단의 보고서를 바탕으로 일본을 규탄하고 만주에서 일본군의 철수를 요구하자 일본은 이에 반발하며 1933년 국제 연맹을 탈퇴하였다.

② 파리 강화 회의에서 열강이 산둥반도에 대한 일본의 이권을 인정하자, 이에 반발한 중국인들이 1919년 5·4 운동을 일으켰다.

③ 카이로 회담에서 만주와 타이완 등 일본 점령지의 반환이 결의되었으며, 한국의 독립이 최초로 약속되었다.

⑤ 워싱턴 회의(1921~1922)의 결과 일본 등 5개 열강의 해군 군비 축소가 이루어졌다.

2 연합국 최고 사령부의 일본 통치 시기 동아시아 상황 이해

문제분석 밑줄 친 '이 시기'는 일본이 제2차 세계 대전에서 패망한 1945년부터 1952년 샌프란시스코 강화 조약의 발효로 주권을 회복하기 전까지이다.

정답찾기 ④ 1950년 한반도에서 6·25 전쟁이 발발하며 동아시아의 냉전이 심화되자, 미국의 주도로 1950년 8월 경찰 예비대가 창설되었다. 경찰 예비대는 1954년 자위대로 개편되었다.

오답피하기 ① 이승만 정부의 독재와 장기 집권 시도, 부정 선거 등에 저항하며 1960년 4·19 혁명이 일어났다.

② 베트남 공화국은 베트남의 공산화를 우려한 미국의 개입으로 1955년 북위 17도 이남 남베트남에 수립되었다.

③ 국제 연맹은 만주 사변과 만주국의 실상을 조사하기 위해 1932년 리튼 조사단을 만주로 파견하였다.

⑤ 1953년 한반도에서 유엔군과 중국군·북한군 사이에 정전 협정이 체결되면서 6·25 전쟁이 사실상 일단락되었다.

3 미일 안보 조약의 배경 이해

문제분석 일본의 안전을 보장하기 위해 미군의 일본 주둔이 필요하다는 내용을 바탕으로 자료가 1951년 체결된 미일 안보 조약과 관련이 있음을 알 수 있다.

정답찾기 ⑤ 중국에 중화 인민 공화국이 수립되고 한반도에서 6·25 전쟁이 발발하는 등 동아시아에서 냉전이 심화되자, 미국과 일본은 미일 안보 조약을 체결하여 군사 동맹 관계를 구축하였다.

오답피하기 ① 워싱턴 체제는 동아시아에서 열강 간 협조와 균형을 전제로 하는 국제 질서로, 1921~1922년에 열린 워싱턴 회의의 결과 수립되었다.

② 제국 의회는 1889년에 공포된 대일본 제국 헌법을 바탕으로 1890년에 설립되었다.

③ 1969년에 발표된 닉슨 독트린은 아시아 국가의 문제에 대한 미국의 개입 축소를 천명한 미국의 대외 정책 방향으로, 냉전이 완화되는 계기가 되었다.

④ 포츠머스 조약은 러일 전쟁의 마무리를 위해 1905년 미국의 중재로 러시아와 일본 사이에 체결되었다.

4 6·25 전쟁 중의 사실 파악

문제분석 중국군이 참전하였으며, 중국이 한반도에서 미국의 세력 확대를 경계하였다는 내용을 통해 (가) 전쟁이 6·25 전쟁(1950~1953)임을 알 수 있다.

정답찾기 ③ 6·25 전쟁이 전개되던 1952년 일본과 타이완은 일화 평화 조약을 체결하여 국교를 수립하였다.

오답피하기 ① 미국 국무 장관인 애치슨은 1950년 1월 미국의 태평양 방위선(애치슨 라인)을 발표하였다.

② 조선 의용대는 중일 전쟁이 전개되던 1938년에 김원봉의 주도로 한커우(한구)에서 조직되었다.

④ 극동 국제 군사 재판(도쿄 재판)은 일본의 주요 전범을 처벌하기 위해 1946년부터 1948년까지 도쿄에서 열렸다.

⑤ 1945년 8월 일본이 패망하고 9월 미군이 한반도에 들어오면서 38도선 이남에서는 미군정이 시행되었다. 이는 1948년 8월 대한민국 정부가 수립될 때까지 이어졌다.

5 베트남 전쟁 이해

문제분석 미국이 공산주의의 확산을 막기 위해 개입하였고 남베트남 민족 해방 전선과 대립하였으며, 미군이 어려움을 겪으며 미국 내 반전 여론이 거세졌다는 내용을 통해 밑줄 친 '이 전쟁'이 베트남 전쟁임을 알 수 있다.

정답찾기 ③ 베트남 전쟁은 파리 평화 협정(1973)이 체결되는 배경이 되었다.

오답피하기 ① 1942년에 벌어진 미드웨이 해전에서 미군이 승리하면서 태평양 전쟁의 전세가 역전되었다.

② 청일 전쟁의 결과 1895년에 체결된 시모노세키 조약은 삼국 간섭이 일어나는 결과를 가져왔다.

④ 제1차 세계 대전이 진행 중이던 1915년 일본은 중국 정부에 중국의 주권을 침해하는 내용이 담긴 '21개조 요구'를 제시하였다.

⑤ 베트남·프랑스 전쟁 등의 영향으로 1954년 제네바 회담이 개최되었으며, 그 결과 북위 17도를 기준으로 베트남이 임시 분할되었다.

6 1972~1979년의 상황 파악

문제분석 닉슨이 마오쩌둥과 회담을 가졌다는 내용을 통해 (가)가 닉슨이 중국을 방문한 1972년임을, 미국과 중국이 국교를 수립하였다는 내용을 통해 (나)가 1979년임을 알 수 있다.

(정답찾기) ② 닉슨의 중국 방문으로 미국과 중국의 관계가 진전되자 이에 자극받은 일본 역시 중국과의 관계 개선에 나선 끝에 1972년 중일 공동 성명이 발표되었다. 이 성명이 발표되며 중·일 양국은 공식적으로 수교하였고, 일본은 타이완과 단교하였다.

(오답피하기) ① 중국은 공산주의 경제 체제의 급진적인 발전을 목표로 1958년 대약진 운동을 시작하였다.

③ 천황을 상징적 존재로 규정하고 일본의 군사력 보유 금지를 명시한 신헌법(평화 헌법)은 1946년에 제정되었다.

④ 한국과 중국은 1992년에 국교를 수립하였다.

⑤ 중국은 남순 강화 이후 개혁·개방을 가속화하였으며, 2001년 세계 무역 기구[WTO]에 가입하였다.

THEME 10 동아시아의 경제 성장과 정치 발전 ~ 갈등과 화해

유형 연습 본문 077쪽

1 ⑤ **2** ①

1 덩샤오핑의 활동 이해

(문제분석) 마오쩌둥 사후 중국의 지도자가 되었으며, 농업, 공업, 국방, 과학 기술의 4개 부문 현대화 노선을 확정하고 개혁·개방 정책을 추진하였다는 내용을 통해 (가) 인물이 덩샤오핑임을 알 수 있다.

(정답찾기) ⑤ 덩샤오핑은 선전 등지에 경제특구를 설치하여 외국의 자본과 기술을 도입하였다.

(오답피하기) ① 문화 대혁명은 마오쩌둥이 자신이 주도한 대약진 운동이 실패하여 정치적 입지가 줄어들자, 이를 만회하기 위해 1966년에 일으킨 사건이다.

② 제2차 세계 대전 도중 전후 처리 문제 논의를 위해 개최된 얄타 회담에는 미국의 루스벨트, 영국의 처칠, 소련의 스탈린이 참석하였다.

③ 5·16 군사 정변은 박정희를 중심으로 하는 군부 세력이 권력을 장악하기 위해 1961년에 일으켰다.

④ 천수이볜은 2000년 민주진보당(민진당) 후보로서 처음 총통에 당선되어 타이완 최초의 여야 정권 교체를 이루었다.

2 '55년 체제' 시기 동아시아의 상황 파악

(문제분석) 일본의 자유당과 일본 민주당이 자민당으로 통합되었다는 내용을 통해 (가)가 '55년 체제'가 수립된 1955년임을, 자민당이 과반 의석 확보에 실패하고 야당 사이에 연립 정권 결성 협의가 진행되었다는 내용을 통해 (나)가 '55년 체제'가 무너진 1993년임을 알 수 있다.

(정답찾기) ① 한일 기본 조약은 1965년에 체결되었다.

(오답피하기) ② 일본의 군사력 보유를 금지하고 교전권을 부인한 신헌법(평화 헌법)은 1946년에 제정되었다.

③ 베트남 민주 공화국은 호찌민을 중심으로 1945년에 수립되었다.

④ 샌프란시스코 강화 회의는 제2차 세계 대전 이후 일본과의 강화 조약 체결을 위해 1951년에 개최되었다.

⑤ 남순 강화 이후 개혁·개방을 가속화한 중국은 2001년 세계 무역 기구[WTO]에 가입하였다.

수능 2점 테스트

본문 078쪽

01 ③ 02 ① 03 ② 04 ②

01 일본의 거품 경제 형성 과정 이해

문제분석 1980년대 후반 일본 정부의 저금리 정책으로 주식 및 부동산 가격이 실제 가치를 넘어 급격하게 상승하였다는 내용을 통해 자료가 1980년대 중반 이후 일본에 형성된 거품 경제와 관련이 있음을 알 수 있다.

정답찾기 ③ 1980년대 후반 절정에 이른 일본의 거품 경제가 1990년대 초반에 붕괴되면서 일본은 장기 불황을 겪었다.

오답피하기 ① 워싱턴 회의(1921~1922)는 열강 간 협조와 균형을 전제로 하는 국제 질서인 워싱턴 체제가 수립되는 배경이 되었다.
② 북한은 1984년 합영법을 제정하여 외국 자본을 유치하고자 하였다.
④ 대공황은 일본과 독일 등이 1930년대 들어 전체주의를 바탕으로 침략 전쟁을 벌이는 데에 큰 영향을 끼쳤다.
⑤ 한국은 제1차(1962~1966), 제2차(1967~1971) 경제 개발 5개년 계획을 추진하며 1960년대 말 연평균 10% 이상의 경제 성장을 이루었다.

02 덩샤오핑의 활동 파악

문제분석 자료에서 중국의 사회주의 체제에 시장 경제 요소를 도입하고 선전 등지에 경제특구 건설을 주도하였다는 내용을 통해 (가) 인물이 덩샤오핑임을 알 수 있다.

정답찾기 ① 덩샤오핑은 1992년 선전과 상하이 등 남쪽 지방을 시찰하며 개혁과 개방의 필요성을 촉구하는 담화문을 발표하였다(남순강화).

오답피하기 ② 중국 국민당의 장제스는 1926년 국민 혁명군을 이끌고 북벌을 시작하여 1928년 베이징을 점령하였다.
③ 쑨원은 1912년 신해혁명으로 수립된 중화민국의 초대 임시 대총통으로 취임하였다.
④ 박정희는 1961년 5·16 군사 정변을 일으켜 정권을 장악하였다.
⑤ 옌푸는 1898년 헉슬리의 『진화와 윤리』를 번역한 『천연론』을 출간함으로써 중국에 사회 진화론을 본격적으로 소개하였다.

03 문화 대혁명의 배경 이해

문제분석 자료에서 학생들이 '자본주의의 추종자'를 색출하려 하였다는 점, 학생들이 『마오 주석 어록』이라는 제목의 붉은 책자를 지니고 다녔다는 내용을 통해 (가) 사건이 문화 대혁명(1966~1976)임을 알 수 있다.

정답찾기 ② 마오쩌둥은 자신이 주도한 대약진 운동이 크게 실패하여 정치적 입지가 좁아지자, 반대파를 공격하고 권력을 회복하기 위해 주로 학생과 청년들로 구성된 홍위병을 동원하여 문화 대혁명을 일으켰다.

오답피하기 ① 청이 추진한 근대화 운동인 양무운동은 중체서용에 입각하여 추진되었다.
③ 1919년 5·4 운동을 주도한 중국인들은 일본의 산둥 지역에 대한 이권 반환과 '21개조 요구' 전면 철회를 주장하였다.
④ 윌슨이 제기한 민족 자결주의의 영향을 받아 1919년 3·1 운동이 일어났다.
⑤ 청에서 일어난 의화단 운동은 일본을 비롯한 8개국 연합군에 의해 진압되었다.

04 자유민주당(자민당)의 활동 이해

문제분석 자료에서 일본의 보수 정당인 자유당과 일본 민주당의 통합으로 창당되었다는 내용을 통해 (가) 정당이 자유민주당(자민당)임을 알 수 있다.

정답찾기 ② 1955년 결성된 자민당은 일본 사회당과 함께 양당 중심 체제를 이루며 1993년 비자민당 연립 정권이 수립되기 전까지 '55년 체제'를 주도하였다.

오답피하기 ① 중국 공산당은 중국 국민당의 공격을 피해 1934년 근거지였던 루이진을 떠나 대장정을 감행하였다.
③ 베트남 공산당은 1986년 도이머이 정책을 채택하여 시장 경제 체제를 일부 도입하였다.
④ 한국의 박정희 정부는 1972년 10월 유신을 선포하면서 장기 집권을 꾀하였다.
⑤ 장제스의 중국 국민당 정부는 1949년 타이완에 계엄령을 선포하고 일당 지배 체제를 유지하였다.

수능 3점 테스트 본문 079~081쪽

1 ③ 2 ① 3 ② 4 ④
5 ⑤ 6 ⑤

1 한국, 중국, 일본의 정치·경제 상황 이해

문제분석 자료에서 패전 이후 경제적 어려움을 겪었으나 전쟁 특수로 고도성장을 이루었다는 내용을 통해 (가) 국가가 일본임을, 경제 개발 5개년 계획과 3저 호황 등으로 경제를 발전시켰다는 내용을 통해 (나) 국가가 한국임을, 시장 경제 체제 요소를 일부 도입한 이후 경제를 급격하게 발전시키며 2001년 세계 무역 기구[WTO]에 가입하고 2008년 올림픽을 개최하였다는 내용을 통해 (다) 국가가 중국임을 알 수 있다.

정답찾기 ③ 중국의 덩샤오핑은 농업, 공업, 국방, 과학 기술의 4개 부문 현대화를 목표로 개혁·개방 정책을 추진하였다.

오답피하기 ① 북한은 외국 자본의 유치를 위해 1984년 합영법을 제정하였다.

② 연합국 최고 사령부는 제2차 세계 대전 직후 일본을 직접 통치하며 비군사화·민주화를 골자로 한 개혁을 추진하였다.

④ 애치슨 라인 발표 당시 일본은 미국의 태평양 방위선에 포함되었으나 한반도와 타이완 등은 제외되었다. 이는 6·25 전쟁이 발발하는 배경 중 하나가 되었다.

⑤ 소련, 폴란드 등 공산권 국가들은 미국 주도의 강화에 반대하며 샌프란시스코 강화 조약에 서명을 거부하였다. 한국과 중국은 샌프란시스코 강화 회의에 참석조차 하지 못하였다.

2 1986~1996년 동아시아의 상황 파악

문제분석 자료에서 베트남이 시장 경제 체제를 일부 도입하기로 결정한 지 10년이 지났다는 내용을 통해 밑줄 친 '기간'이 도이머이 정책이 채택된 1986년부터 10년 후인 1996년까지임을 알 수 있다.

정답찾기 ① 1952년 이승만과 자유당이 주도한 발췌 개헌, 1987년 6월 민주 항쟁의 결과 단행된 제9차 개헌이 한국에서 이루어진 대통령 직선제 개헌의 사례이다. 1987년의 제9차 개헌이 밑줄 친 '기간' 중 이루어졌다.

오답피하기 ② 마오쩌둥이 이끄는 중국 공산당은 사회주의 경제 체제를 확립하고 비약적인 경제 성장을 이루기 위해 1958년부터 1960년대 초까지 대약진 운동을 전개하였다.

③ 일본의 민주당은 2009년 과반수 의석을 차지하며 정권 교체를 이루었다. 그러나 잇따른 정책 실패 등으로 2012년 다시 자민당에 정권을 넘겨주었다.

④ 북한은 1950년대 후반 경제 성장을 위해 천리마 운동을 시작하였다.

⑤ 1952년 일화 평화 조약이 체결되며 타이완은 일본과 국교를 수립하였다.

3 '55년 체제' 이해

문제분석 선거 결과 자민당이 전체의 과반수에 미치지 못하는 223석을 얻는 데 그치고 자민당 외 정당들이 연립 정권 수립을 위한 협의를 진행한다는 내용을 통해 자료가 1993년 비자민당 연립 정권 수립으로 인한 '55년 체제'의 붕괴와 관련된 내용임을 알 수 있다.

정답찾기 ② 자민당이 주도하고 일본 사회당이 이를 견제하는 양당 중심의 '55년 체제'는 거품 경제 붕괴로 인한 경제난과 자민당의 정치 부패 등으로 말미암아 1993년 붕괴되었다.

오답피하기 ① 호찌민은 베트남의 민족 운동가로, 베트남 민주 공화국의 수립을 선포하였다.

③ 미일 안보 조약은 냉전 체제가 강화되는 분위기 속에서 1960년 미국과 일본의 군사적 유대를 강화하는 방향으로 개정되었다.

④ 신헌법(평화 헌법)은 일본을 점령한 연합국 최고 사령부의 주도로 1946년에 제정되었다.

⑤ 1980년 광주의 시민과 학생들이 신군부 세력의 정권 장악에 저항하는 대규모 시위를 전개하였다(5·18 민주화 운동).

4 1960~1989년 사이의 상황 파악

문제분석 (가)는 이승만 대통령은 즉시 하야할 것과 3·15 정·부통령 선거는 무효로 할 것 등의 내용이 담긴 결의안이 가결되었다는 내용을 통해 4·19 혁명(1960) 당시의 상황임을, (나)는 시민들의 민주화 요구 집회가 톈안먼 광장에서 진행되었으며 군대가 시위대를 무력 진압하였다는 내용을 통해 톈안먼 사건(1989) 당시의 상황임을 알 수 있다.

정답찾기 ④ 타이완에서는 1987년 일부 섬을 제외하고 계엄령이 해제되었다.

오답피하기 ① 한국과 중국의 국교는 1992년에 수립되었다.

② 1950년 한반도에서 6·25 전쟁이 발발하자, 공산주의의 확산을 막고자 했던 미국의 주도로 1950년 8월 일본에서 경찰 예비대가 창설되었다.

③ 일본의 전범들을 처벌하기 위해 1946년 도쿄에서 극동 국제 군사 재판(도쿄 재판)이 개최되었다.

⑤ 1993년 고노 요헤이 일본 관방 장관은 일본군 '위안부'의 강제 동원을 인정한 고노 담화를 발표하였다.

5 문화 대혁명 시기의 상황 파악

문제분석 마오쩌둥 전 주석이 주도하였으며, 자본주의의 부활을 피하고자 류사오치 등 당내에서 자본주의 추종자로 지목된 이들을 공격하였다는 내용을 통해 (가) 사건이 문화 대혁명(1966~1976)임을 알 수 있다.

정답찾기 ⑤ 중일 공동 성명은 문화 대혁명이 전개되던 시기인 1972년에 발표되었다. 1971년 중국의 국제 연합[UN] 가입과 1972년 미국 대통령 닉슨의 중국 방문에 자극받은 일본은 중국과의 접촉 끝에 닉슨이 중국을 방문한 그해에 중일 공동 성명을 발표하고 중국과 정식으로 수교하였다.

오답피하기 ① 통킹만 사건은 1964년 북베트남이 베트남의 통킹만에서 미국 군함을 공격하였다고 미국이 발표한 사건으로, 후일 조작된 것으로 밝혀졌다.

② 워싱턴 회의는 1921년 미국의 주도로 개최되어 1922년 초까지 이어졌다. 열강들은 워싱턴 회의를 통해 동아시아 지역에 대한 열강 간 이해관계를 조정하고 해군 군비를 축소하였다.

③ 박정희는 1961년 5·16 군사 정변을 일으켜 정권을 장악하였다.
④ 제네바 합의(1954)로 북위 17도를 기준으로 한 베트남의 남북 분단과 2년 이내 총선거를 통한 베트남 통일 정부 수립이 결정되자, 베트남의 공산화를 우려한 미국이 개입함으로써 1955년 베트남 공화국(남베트남)이 수립되었다.

6 동아시아의 영토 분쟁 이해

문제분석 자료에서 일본이 실효적으로 점유하고 있으며 중국과 분쟁 중이라는 내용을 통해 (가) 지역이 센카쿠 열도(댜오위다오)임을, 현재 중국과 베트남, 타이완, 필리핀, 말레이시아, 브루나이 등이 영토 분쟁을 벌이고 있다는 내용을 통해 (나) 지역이 난사 군도(스프래틀리 군도)임을 알 수 있다.
정답찾기 ⑤ 센카쿠 열도는 동중국해에 속해 있으며, 오키나와(㉡)와 타이완섬 사이에 위치한 ㉢이다. 난사 군도(스프래틀리 군도)는 남중국해의 하단에 위치한 ㉤이다.
오답피하기 ㉠은 러시아와 일본 사이에서 영토 분쟁이 진행 중인 남쿠릴 열도의 4개 섬(북방 도서)이다. 현재 러시아가 실효 지배 중이다. ㉡은 오키나와로, 1879년 류큐를 일본이 병합하면서 오키나와현이 되었으나 태평양 전쟁 이후 미국이 점령하였다. 1972년 미국이 일본에 반환하였다. ㉣은 시사 군도(파라셀 군도)로 현재 중국과 베트남, 타이완이 영유권 분쟁을 벌이고 있다.

실전 모의고사 1회

본문 084~088쪽

1 ⑤	2 ④	3 ②	4 ②	5 ②
6 ③	7 ⑤	8 ④	9 ④	10 ④
11 ③	12 ⑤	13 ⑤	14 ③	15 ①
16 ①	17 ③	18 ①	19 ④	20 ③

1 허무두 문화 이해

문제분석 농경이 시작된 시대에 창장강 하류 유역에서 벼농사를 기반으로 발달한 문화의 유물이라는 내용을 통해 밑줄 친 '유물'이 허무두 문화의 유물임을 알 수 있다.
정답찾기 ⑤ 허무두 문화를 대표하는 유물로는 돼지 그림이 그려진 흑도가 있다.
오답피하기 ① 한반도의 신석기 문화를 대표하는 빗살무늬 토기이다.
② 랴오허강 유역의 신석기 문화인 훙산 문화를 대표하는 훙산 토기이다. 훙산 문화의 유물로는 이 외에도 용 모양 옥기, 여신상 등이 있다.
③ 일본 열도의 신석기 문화인 조몬 문화를 대표하는 조몬 토기이다. 조몬 문화의 유물로는 이 외에도 여성 모양의 토우 등이 있다.
④ 황허강 중류 유역의 신석기 문화인 양사오 문화를 대표하는 채도이다.

2 한 무제의 정책 파악

문제분석 남비엣과 고조선 등을 정복하고 흉노 원정을 단행하였다는 내용을 통해 (가) 황제가 한 무제임을 알 수 있다.
정답찾기 ④ 한 무제는 장건을 서쪽의 대월지에 파견하여 흉노 정벌을 위한 동맹을 맺고자 하였다.
오답피하기 ① 후금을 세운 누르하치는 군사·행정 조직인 팔기제를 운영하여 군사력을 강화하였다.
② 전국 시대를 통일한 진시황제는 사상 통제의 일환으로 분서갱유를 단행하였다.
③ 몽골 제국의 쿠빌라이 칸은 대도를 수도로 삼고 국호를 원으로 바꾸었다.
⑤ 후한의 광무제는 왜의 노국왕에게 금인을 주었다.

3 북위의 대외 관계 이해

문제분석 화북을 통일하고 평성에서 뤄양으로 천도하였으며, 호한 융합에 기여하고 동서로 분열되었다는 내용을 통해 (가) 왕조가 선비족이 세운 북위임을 알 수 있다.
정답찾기 ② 북위는 고구려와 조공·책봉 관계를 맺었다. 남북조 시대에 고구려는 북조인 북위뿐 아니라 남조와도 조공·책봉 관계를 맺었다.
오답피하기 ① 백강 전투는 663년 신라와 당 연합군이 백제 부흥군과 왜의 연합군을 백강에서 격파한 전투이다.
③ 몽골 제국의 칭기즈 칸은 13세기 초 중앙아시아의 호라즘을 정벌하고 비단길을 장악하였다.

④ 일본의 에도 막부는 17세기 전반 대외 무역 허가증인 슈인장을 발급하여 교역을 통제하였다.
⑤ 13세기 대월의 쩐흥다오는 세 차례에 걸친 몽골의 침입을 모두 막아 냈다.

4 송과 거란(요) 이해

문제분석 (가)와 (나)가 맹약을 체결하여 형제 관계를 맺었으며, (가)가 금과 연합하여 (나)를 공격하였다는 내용을 통해 (가) 왕조가 송, (나) 왕조가 거란(요)임을 알 수 있다.

정답찾기 ② 송은 979년 5대 10국 시대의 혼란을 수습하고 중국을 통일하였다.

오답피하기 ① 발해는 926년 거란(요)에 정복되었다.
③ 금은 여진족, 거란족 등을 맹안·모극제로, 한족 등을 주현제로 다스리는 이원적 통치 체제를 운영하였다.
④ 7세기 당 태종은 토번의 송첸감포에게 문성 공주를 화번공주로 삼아 출가시켰다.
⑤ 고려와 몽골은 1274년과 1281년 두 차례 일본을 공격하였으나 태풍의 영향과 가마쿠라 막부의 저항 등으로 실패하였다.

5 명 영락제 시기 동아시아의 상황 이해

문제분석 홍무제의 아들이며 자금성을 건립하고 베이징으로 천도하였다는 내용을 통해 (가) 황제가 명 영락제임을 알 수 있다.

정답찾기 ② 명 영락제는 명 중심의 조공·책봉 질서를 확대하기 위해 정화가 이끄는 함대를 동남아시아 등지에 여러 차례 파견하였다.

오답피하기 ① 1449년 몽골 오이라트의 침략에 맞서 명의 황제 정통제는 직접 군대를 이끌고 출정하였으나 토목보에서 포로로 잡혔는데, 이를 토목보의 변이라 한다.
③ 3세기 야마타이국의 히미코 여왕은 중국의 위에 조공하고 친위왜왕의 칭호를 받았다.
④ 고려는 12세기 초 여진 정벌을 위해 별무반을 조직하였다. 윤관은 별무반을 이끌고 여진을 정벌한 후 동북 지역에 9성을 축조하였다.
⑤ 데지마는 에도 막부가 나가사키 앞바다에 건설한 인공 섬이다. 1641년 히라도의 네덜란드 상관이 데지마로 이전 설치되었으며, 이후 데지마는 네덜란드와 일본 간 교역의 창구 역할을 하였다.

6 일본의 율령 체제 이해

문제분석 8개의 성을 좌변관과 우변관이 4성씩 나누어 이원적으로 운영하였으며, 치부성에서 외교를 담당하였다는 내용을 통해 (가) 국가가 일본임을 알 수 있다.

정답찾기 ③ 일본은 당의 율령 체제를 참고하여 2관 8성의 중앙 관제를 운영하였는데, 그중 2관은 행정을 담당하는 태정관과 제사를 담당하는 신기관으로 구성되었다.

오답피하기 ① 지정은제는 18세기부터 청에서 실시된 조세 제도이다. 인두세인 정세를 지세에 합쳐 세금 항목을 단일화하고 은으로 징수하였다.
② 신라는 국학의 학생을 대상으로 독서삼품과를 실시하여 관리 선발에 참고하였다.
④ 문하성은 당의 3성(중서성, 문하성, 상서성) 중 하나로, 중서성에서 입안된 정책의 심의를 담당하였다. 심의를 통과한 정책은 상서성의 6부를 통해 집행되었다.
⑤ 주자감은 발해가 당의 국자감을 본떠 설치한 최고 교육 기관이다.

7 엔닌의 활동 파악

문제분석 일본에서 견당선을 타고 당에 입국하였다는 점, 적산 법화원에 머물며 신라인들의 도움을 받아 당을 순례하였다는 점, 청해진이 존재했던 시기 활동하였다는 점 등을 통해 밑줄 친 '그'가 엔닌임을 알 수 있다.

정답찾기 ⑤ 엔닌은 당을 순례한 후 귀국하여 『입당구법순례행기』를 저술하였다.

오답피하기 ① 선종은 남북조 시대에 달마가 창시한 것으로 알려져 있다.
② 당의 현장은 인도 순례 후 『대당서역기』를 남겼다.
③ 신라의 혜초는 인도 등을 순례한 후 『왕오천축국전』을 집필하였다.
④ 신라의 이차돈 등이 불교의 공인을 위해 순교하였다.

8 후지와라 세이카 이해

문제분석 강항과 교유하며 성리학을 깊이 연구하였으며, 제자가 하야시 라잔이라는 내용을 통해 (가) 인물이 후지와라 세이카임을 알 수 있다.

정답찾기 ④ 후지와라 세이카는 임진왜란 때 포로로 일본에 끌려온 조선의 성리학자인 강항의 도움을 받아 『사서오경왜훈』을 집필하였다.

오답피하기 ① 조선의 주세붕은 조선 최초의 서원인 백운동 서원을 세웠다. 백운동 서원의 명칭은 주희가 제자들을 육성한 백록동 서원에서 유래하였다.
② 남송의 주희는 사서에 주석을 단 『사서집주』를 저술하였다.
③ 일본 에도 막부 시대에 활동한 모토오리 노리나가는 『고사기전』을 편찬하였다.
⑤ 명대에 활동한 예수회 선교사인 마테오 리치는 세계 지도인 「곤여만국전도」를 제작하였다.

9 정묘호란의 발생 시기 파악

문제분석 모문룡이 조선에 머물렀던 시기에 홍타이지의 침략 주도 가능성이 드러나 있는 점을 통해 자료에 나타난 상황이 정묘호란(1627)임을 알 수 있다.

정답찾기 ④ 인조반정으로 광해군을 몰아내고 집권한 조선 인조와 서인 세력이 친명배금 정책을 실시하며 가도에 주둔하고 있던 명의 모문룡 세력을 지원하자, 이에 자극받은 후금이 1627년 정묘호란을 일으켰다. 인조반정은 1623년, 이자성의 베이징 점령은 1644년의 사실이다.

10 청 왕조 시기 동아시아의 상황 파악

문제분석 정성공을 고립시키기 위해 바다 인근의 백성을 이미 내륙으로 옮겼다는 내용을 통해 자료에 나타난 명령이 청 왕조가 17세기 후반 공포한 천계령과 관련된 것임을 알 수 있다. 청 왕조가 존재했던 시기는 17세기 전반부터 20세기 전반까지 해당한다.

정답찾기 ④ 18세기에 에도 막부는 무역 적자를 줄이기 위해 일본에 입항하려는 청 상인에게 무역 허가증인 신패를 발급하였다.

오답피하기 ① 3포 왜란은 조선 시대인 1510년에 일어났다. 이는 중국의 명대에 해당한다.

② 장거정은 명대의 인물로, 북로남왜와 내부의 정치적 문제로 어려움을 겪던 명의 위기를 극복하기 위해 16세기 후반에 개혁을 추진하였다.

③ 명은 15세기 초부터 16세기 중반까지 일본의 무로마치 막부와 감합 무역을 전개하였다.

⑤ 일본의 남북조 시대는 1392년 무로마치 막부의 3대 쇼군인 아시카가 요시미쓰에 의해 통일되었다.

11 포르투갈의 활동 파악

문제분석 믈라카를 점령하고 나가사키에 진출하였으며 17세기 전반 선교 문제로 일본에서 추방되었다는 내용을 통해 (가) 국가가 포르투갈임을 알 수 있다.

정답찾기 ③ 포르투갈은 16세기에 명으로부터 마카오 거주권을 허가받아 동아시아 무역의 거점으로 삼았다.

오답피하기 ① 영국은 청에 매카트니 사절단을 파견하여 무역의 확대를 요구하였으나 청은 이를 거절하였다.

② 프랑스는 1862년 베트남과 제1차 사이공 조약을 체결하였다.

④ 미국은 페리 함대를 앞세워 에도 앞바다에서 무력시위를 벌이며 일본에 개항을 요구하였고, 그 결과 1854년 에도 막부와 미일 화친 조약을 맺었다.

⑤ 에스파냐는 멕시코의 아카풀코와 필리핀의 마닐라를 연결하는 갈레온 무역을 주도하였다.

12 에도 막부 시대 동아시아 문화 이해

문제분석 막부가 수립된 도시이며 막부 수립 이후 산킨코타이 제도 등의 영향으로 인구가 급증하여 100만 명이 넘어갔다는 내용을 통해 지도의 A 도시가 에도임을 알 수 있으며, 에도에서 수립되었고 산킨코타이 제도가 시행된 시기에 존재하였다는 내용을 통해 밑줄 친 '이 막부'가 에도 막부임을 알 수 있다. 에도 막부는 1603년에 수립되어 19세기 후반까지 이어졌으며, 이는 한국의 조선 후기, 중국의 명 말~청대에 해당한다.

정답찾기 ⑤ 6세기 말~7세기 초 쇼토쿠 태자가 불교를 후원하면서 아스카 지역을 중심으로 불교문화가 발전하였다.

오답피하기 ① 판소리는 조선 후기에 유행한 대표적인 서민 문화이다.

② 『사고전서』는 18세기 청 건륭제의 명으로 편찬된 총서로, 고증학의 발전에 기여하였다.

③ 『홍루몽』은 청대인 18세기에 조설근이 저술한 소설로, 당시의 사회 모습이 잘 묘사되어 있다.

④ 분라쿠는 에도 막부 시대 조닌들 사이에서 인기를 끌었던 일본의 전통 인형극이다.

13 난징 조약 이해

문제분석 이 조약에 따라 영국이 홍콩섬을 할양받았다는 설명을 통해 (가) 조약이 제1차 아편 전쟁의 결과 1842년에 체결된 난징 조약임을 알 수 있다.

정답찾기 ⑤ 난징 조약은 상하이, 광저우, 푸저우, 닝보, 샤먼의 5개 항구의 개항을 규정하였다.

오답피하기 ① 크리스트교 포교의 자유를 인정한 조약으로는 제2차 아편 전쟁의 결과 체결된 톈진 조약(1858)과 베이징 조약(1860) 등이 있다.

② 워싱턴 회의(1921~1922)의 결과 미국, 영국, 일본, 프랑스, 이탈리아의 5개 열강은 주력함 보유 비율을 제한하기로 합의하였다.

③ 러일 전쟁을 종결지은 포츠머스 조약(1905)은 미국의 중재로 포츠머스에서 체결되었다.

④ 의화단 운동의 결과 체결된 신축 조약(1901)으로 청은 베이징에 외국 군대의 주둔을 허용하였다.

14 대일본 제국 헌법 이해

문제분석 서구의 헌법에 비해 보수적이고 점진적인 형태를 취해야 한다는 주장이 반영되었으며 천황에게 막강한 권한을 부여하였다는 내용을 통해 밑줄 친 '이 헌법'이 1889년에 제정된 대일본 제국 헌법임을 알 수 있다.

정답찾기 ③ 대일본 제국 헌법은 1870년대에 일본에서 본격화된 자유 민권 운동의 영향으로 제정되었다.

오답피하기 ① 청은 18세기 중엽 서양과의 무역이 광저우에 설치된 공행을 통해서만 이루어지도록 제한하였다.

② 동학 농민 운동을 빌미로 조선에 군대를 파견한 일본은 1894년 경복궁을 점령하고 조선 정부에 갑오개혁을 강요하였다.

④ 중국의 천두슈 등은 낡은 유교 전통을 타파하고 서양의 민주주의와 과학을 수용하여 중국 사회의 근대화를 이루자는 신문화 운동을 전개하였다. 이는 1919년 5·4 운동의 발생에 영향을 주었다.

⑤ 에도 막부는 1858년 미국과 미일 수호 통상 조약을 체결하여 항구의 추가 개항, 협정 관세, 영사 재판권 등을 허용하였다.

15 러일 전쟁 이해

문제분석 일본이 랴오둥반도의 뤼순과 다롄을 조차하는 계기가 되었다는 설명을 통해 (가) 전쟁이 러일 전쟁(1904~1905)임을 알 수 있다.

정답찾기 ① 청일 전쟁에 이어 러일 전쟁에서 승리함으로써 일본은 주요 열강으로부터 대한 제국에 대한 독점적 권리를 인정받았으며, 이는 을사조약(1905) 및 한일 병합 조약(1910)의 강압적인 체결로 이어졌다.

오답피하기 ② 청일 전쟁의 결과 체결된 시모노세키 조약(1895)으로 일본이 랴오둥반도를 확보하자, 러시아는 프랑스와 독일을 끌어들여 삼국 간섭을 주도하였다.

③ 풍도 해전이 발발하면서 청일 전쟁(1894~1895)이 본격화되었다.

④ 제1차 세계 대전이 전개되던 1915년 일본은 중국에 '21개조 요구'를 제출하였다.

⑤ 제2차 아편 전쟁의 결과 톈진 조약(1858)과 베이징 조약(1860)이 체결되면서 청은 베이징에 서양 외교관의 주재를 허용하였다.

16 중화민국 수립~제1차 국공 합작 시기 동아시아 상황 이해

문제분석 쑨원이 청의 북양군을 이끌고 있는 위안스카이에게 황제를 퇴위시킨다면 자신이 맡고 있는 공화국의 임시 대총통직을 넘기겠다고 약속하였다는 내용을 통해 (가)가 중화민국 수립 직후인 1912년임을, 국민 혁명 연합 전선의 정책 방향이 정해졌으며 쑨원이 조직한 국민당 중앙 지도부에 마오쩌둥이 포함되어 있다는 내용을 통해 (나)가 제1차 국공 합작이 성립된 1924년임을 알 수 있다.

정답찾기 ① 파리 강화 회의에서 열강들이 산둥 지역에 대한 일본의 이권을 인정하자, 이에 반발한 중국인들은 1919년 5·4 운동을 일으켰다.

오답피하기 ② 운요호 사건은 강화도 조약 체결의 계기가 되었으며, 1875년에 일어났다.

③ 1931년 만주 사변이 발생하자 중국이 일본을 국제 연맹에 제소하였고, 국제 연맹은 진상 조사를 위해 1932년 리튼 조사단을 파견하였다.

④ 청 정부는 1908년 황제 중심적인 성격을 지닌 흠정 헌법 대강을 공포하였다.

⑤ 중국 공산당은 중국 국민당의 탄압을 피해 1934년 근거지인 루이진을 탈출하여 대장정을 감행하였다.

17 중일 전쟁 이해

문제분석 루거우차오에서 일어난 사건이 단초가 되었으며, 중국의 저항을 초래하였다는 내용을 통해 밑줄 친 '이 전쟁'이 중일 전쟁임을 알 수 있다.

정답찾기 ③ 1937년 루거우차오 사건을 빌미로 일본이 중국을 침략하며 중일 전쟁이 시작되었다. 중일 전쟁이 전개되던 1938년 한커우(한구)에서 조선 의용대가 창설되었다.

오답피하기 ① 1931년 발생한 만주 사변의 결과 1932년 만주국이 수립되었다.

② 1894년 발생한 청일 전쟁의 결과 1895년에 체결된 시모노세키 조약을 통해 일본이 타이완을 차지하였다.

④ 1964년의 통킹만 사건을 빌미로 미국은 베트남 전쟁에 군대를 파견하며 직접 개입하였다.

⑤ 러일 전쟁의 결과 1905년 포츠머스 조약이 체결되면서 일본은 북위 50도 이남의 사할린섬을 차지하였다.

18 샌프란시스코 강화 회의 이해

문제분석 연합국과 일본이 체결한 조약이 논의되었다는 점과 일본이 주권을 회복한 계기가 되었다는 내용을 통해 밑줄 친 '회의'가 1951년에 개최된 샌프란시스코 강화 회의임을 알 수 있다.

정답찾기 ① 샌프란시스코 강화 회의는 제2차 세계 대전을 비롯하여 일본이 일으킨 침략 전쟁의 뒤처리를 위한 회의였음에도 불구하고 전쟁의 피해국인 한국과 중국의 참여가 배제되었다.

오답피하기 ② 1919년 파리 강화 회의를 전후하여 미국 대통령 윌슨이 주창한 민족 자결주의는 한국에서 3·1 운동이 발생하는 배경이 되었다.

③ 1945년 7월에 개최된 포츠담 회담 중에 일본에 무조건 항복을 요구하는 포츠담 선언이 발표되었다.

④ 1921년부터 1922년까지 개최된 워싱턴 회의에서 일본 등 5개국의 해군 군비 축소가 규정되었다.

⑤ 일본의 군사력 보유를 금지한 신헌법(평화 헌법)은 1946년에 제정되었다.

19 애치슨 선언 이해

문제분석 태평양 방위선이 알류샨 열도부터 일본을 거쳐 류큐 열도, 필리핀까지 이어진다는 내용을 통해 자료가 미국의 국무 장관 애치슨이 1950년 1월에 발표한 애치슨 선언임을 알 수 있다.

정답찾기 ④ 베트남 민주 공화국은 1945년에 수립되었으며, 1976년 통일된 베트남 사회주의 공화국이 수립될 때까지 존재하였다.

오답피하기 ① 6·25 전쟁 도중이었던 1950년 9월 한국군과 유엔군이 인천 상륙 작전을 성공시킨 후 38도선 이북 지역으로 북상하자, 1950년 10월부터 중국군이 압록강을 넘어 전쟁에 개입하였다. 이후 1953년 정전 협정이 체결되기 전까지 한국군과 유엔군은 중국군과 교전하였다.

② 일본의 경찰 예비대는 한국에서 6·25 전쟁이 발발한 이후인 1950년 8월에 창설되었다. 이후 1954년 자위대로 개편되었다.

③ 베트남 사회주의 공화국 정부는 경제 발전을 위한 개혁·개방 정책의 일환으로 1986년 도이머이 정책을 채택하였다.

⑤ 극동 국제 군사 재판(도쿄 재판)은 1946년부터 1948년까지 진행되었다.

20 1987~2000년 동아시아의 상황 이해

문제분석 일부 섬을 제외하고 타이완의 계엄령이 해제된 시기부터 민진당 소속의 새 총통이 등장한 시기까지라는 내용을 통해 밑줄 친 '기간'이 1987~2000년임을 알 수 있다. 타이완에서는 2000년 민진당 소속 천수이볜이 총통에 당선되면서 최초의 여야 정권 교체가 이루어졌다.

정답찾기 ③ 1993년 일본에서 비자민당 연립 정권이 수립되면서 1955년부터 이어지던 '55년 체제'가 무너졌다.

오답피하기 ① 1965년 한일 기본 조약이 체결되면서 한국과 일본의 수교가 이루어졌다.

② 2001년 중국은 세계 무역 기구[WTO]에 가입하였다.

④ 1984년 북한은 외국 자본 유치를 위해 합영법을 제정하였다.

⑤ 베트남 민주 공화국(북베트남)은 1975년 베트남 공화국(남베트남)의 수도 사이공을 점령하였으며, 1976년 베트남 사회주의 공화국이 수립되었다.

실전 모의고사 **2회** 본문 089~093쪽

1 ③	2 ④	3 ①	4 ⑤	5 ③
6 ②	7 ③	8 ④	9 ①	10 ④
11 ②	12 ③	13 ③	14 ②	15 ①
16 ④	17 ④	18 ⑤	19 ①	20 ②

1 훙산 문화 이해

문제분석 자료에서 조몬 토기 사진과 표면에 새끼줄 무늬가 새겨진 것이 특징이라는 설명이 서로 연결되므로 (가)에 들어갈 문화유산은 랴오허강 유역에서 발달한 훙산 문화의 토기임을 알 수 있다.

정답찾기 ③ 랴오허강 유역에서 발달한 훙산 문화의 토기로 밑바닥이 뚫려 있는 것이 특징이다.

오답피하기 ① 한반도에서 출토된 빗살무늬 토기이다.

② 황허강 중류 유역에서 출토된 양사오 문화의 토기이다.

④ 창장강 하류 유역에서 발달한 허무두 문화의 돼지 그림 토기이다.

⑤ 황허강 하류 유역에서 출토된 다원커우 문화의 토기이다.

2 흉노의 특징 이해

문제분석 자료에서 우리 왕조를 세운 황제가 평성 백등산에서 묵특 선우에게 곤욕을 겪었다는 내용 등을 통해 (가) 국가는 흉노임을 알 수 있다. 흉노의 묵특 선우는 한을 압박하여 백등산 전투에서 한 고조를 굴복시켰다.

정답찾기 ④ 흉노는 최고 지배자를 선우라 하였고, 그 아래에 좌현왕과 우현왕을 두었다.

오답피하기 ① 팔기제를 운영한 나라는 후금(청)이다.

② 고조선은 8조의 법을 마련하여 사회 질서를 유지하고자 하였다.

③ 7세기 중엽 일본에서는 소가씨가 제거된 후 당의 율령을 참고하여 군주 중심의 중앙 집권 국가 수립을 위한 개혁이 추진되었는데, 이를 다이카 개신이라 한다.

⑤ 당은 정복지를 통치하기 위해 도호부를 설치하였다.

3 6~7세기 동아시아의 모습 파악

문제분석 자료에서 (가)는 6세기 후반 남북조를 통일한 수의 문제가 고구려 원정을 단행하는 상황이고, (나)는 668년 나당 연합군에 의해 고구려가 멸망하는 상황임을 알 수 있다.

정답찾기 ① 백제 부흥군을 지원하기 위해 파견된 왜의 군대는 663년 나당 연합군과 백강 전투를 전개하였으나 패배하였다.

오답피하기 ② 무로마치 막부 쇼군의 후계자 계승 문제를 둘러싸고 일어난 오닌의 난은 1467년에서 1477년까지 지속되었다.

③ 일본에서는 당의 율령 체제를 참조하여 701년에 다이호 율령을 반포하였다.

④ 대조영은 고구려 유민 등을 이끌고 당의 탄압에 맞서 여러 차례 전투를 벌인 끝에 698년 발해를 건국하였다.

⑤ 3세기 야마타이국의 히미코 여왕은 위(魏)에 조공하고 친위왜왕의 칭호를 받았다.

4 동진의 건국 배경 이해

문제분석 자료에서 오랑캐의 야만스러운 풍속으로 진(晉)의 궁궐이 황폐해진 점, 진(晉)을 그리워하는 선비와 백성들이 사마예에게 귀부한 점, 사마예가 건강에 나라를 세운 점 등을 통해 5호의 침입으로 (서)진이 멸망하고 동진이 건국된 상황임을 알 수 있다.

정답찾기 ⑤ 4세기 전반에 5호의 하나인 흉노에 의해 (서)진이 멸망한 후 한족의 일부가 창장강 이남 지역에서 동진을 세웠다.

오답피하기 ① 중국에서는 당이 멸망한 후 송에 의해 통일되기까지 5대 10국 시대의 혼란이 전개되었다.

② 기원전 8세기경 주가 견융의 침입을 받아 호경에서 낙읍(뤄양)으로 천도하면서 춘추 전국 시대가 시작되었다.

③ 일본은 7세기 전반부터 견당사 등을 파견하여 당의 문물을 수용하였으나, 당의 국력이 쇠퇴하자 9세기 말 견당사 파견을 중지하였다.

④ 위만은 한 건국 초기의 혼란을 피해 고조선으로 망명하였고, 이후 고조선의 준왕을 몰아내고 왕위에 올랐다.

5 북위 시기 동아시아 상황 파악

문제분석 자료에서 군주가 뤄양으로 천도하고 옛날 풍속을 바꾼 점, 조정의 신하들이 옷차림을 바꾸었으나 원비가 홀로 호복을 입었다는 점 등을 통해 (가) 왕조가 북위(386~534)임을 알 수 있다.

정답찾기 ③ 5세기 고구려는 북위와 조공·책봉 관계를 맺는 한편, 제(남제) 등 남조의 여러 왕조와 조공·책봉 관계를 맺고 교류하였다.

오답피하기 ① 고조선은 한 무제의 침공으로 기원전 108년에 멸망하였다.

② 북로남왜에 시달리던 명은 16세기 후반에 장거정을 등용하여 일조편법을 확대 실시하는 등 개혁을 실시하였다.

④ 일본에서 헤이안 시대는 8세기 말에 시작되었다.

⑤ 청이 천계령을 해제한 이후 청 상인과의 교역으로 인해 일본의 은 등의 유출이 증가하자, 일본 에도 막부는 18세기 전반부터 무역 허가증인 신패를 발행하여 청 상선의 입항을 통제하였다.

6 당의 통치 체제 이해

문제분석 자료에서 종실의 딸인 문성 공주가 송첸캄포에게 출가하였다는 내용을 통해 (가) 국가는 당임을 알 수 있다. 당 태종은 문성 공주를 화번공주로 토번의 송첸캄포에게 보냈다.

정답찾기 ② 부병제는 병농일치를 기반으로 한 군사 제도로 수, 당 등이 운영하였다.

오답피하기 ① 일본의 에도 막부는 산킨코타이 제도를 실시하여 지방의 다이묘들을 정기적으로 에도에 머무르게 하였다.

③ 일본은 중앙에 2관 8성을 두었는데, 신기관에서 제사를 담당하도록 하였다.

④ 발해는 당의 제도를 받아들여 3성 6부제를 운영하였고, 정당성을 최고 행정 기구로 삼았다.

⑤ 거란(요)은 유목민과 농경민을 북면관제와 남면관제로 각각 다스렸다.

7 북송과 금의 특징 이해

문제분석 자료에서 (나)의 종망과 종한이 (가)의 수도 카이펑을 함락하고 황제를 포로로 잡아간 점, 황족이 도망하여 임안을 새로운 수도로 삼은 점 등을 통해 (가) 국가는 북송, (나) 국가는 금임을 알 수 있다. 금이 12세기 전반에 북송의 수도 카이펑을 함락하고 황제를 포로로 잡아가면서 북송이 멸망하였다. 이후 북송의 황족이 남송을 건국하고 임안(항저우)을 수도로 삼았다.

정답찾기 ③ 금은 여진족, 거란족 등을 맹안·모극제로, 한족 등을 주현제로 다스리는 이원적 통치 체제를 실시하였다.

오답피하기 ① 몽골 제국의 칭기즈 칸은 중앙아시아의 호라즘을 정벌하고 비단길을 장악하였다.

② 한 무제는 흉노 견제를 목적으로 대월지와 동맹을 맺기 위해 장건을 파견하였다.

④ 발해는 거란(요)의 공격으로 926년에 멸망하였다.

⑤ 송과 거란(요)은 11세기 초 전연의 맹약을 통해 형제 관계를 맺었다.

8 12~14세기 동아시아의 상황 파악

문제분석 자료에서 (가)는 12세기 말 미나모토노 요리토모가 정권을 장악하는 상황이고, (나)는 무로마치 막부의 3대 쇼군인 아시카가 요시미쓰가 14세기 말에 남북조 시대를 통일하는 상황이다.

정답찾기 ④ 몽골의 쿠빌라이 칸이 대도(베이징)를 수도로 삼고, 1271년에 국호를 원으로 정하였다.

오답피하기 ① 임진왜란 이후 명의 국력이 약해진 상황에서 누르하치는 1616년 후금을 건국하였다.

② 도쿠가와 이에야스는 1600년 세키가하라 전투에서 승리한 이후 1603년에 에도 막부를 수립하였다.

③ 청의 강희제는 반청 운동을 전개하던 타이완의 정씨 세력을 1683년에 진압하였다.

⑤ 이자성의 농민군은 1644년에 베이징을 점령하였다.

9 양명학의 특징 이해

문제분석 자료가 『전습록』의 일부 내용인 점, 마음이 곧 이치임을 강조하며 주자(주희)를 비판한 점 등을 통해 (가) 유학 사상이 양명학임을 알 수 있다.

정답찾기 ① 명대 왕수인(왕양명)이 집대성한 양명학은 마음이 곧 만물의 이치라는 심즉리를 강조하고 치양지와 지행합일을 추구하였다.

오답피하기 ② 남송대 주희는 『사서집주』를 편찬하여 성리학을 집대성하였다.

③ 불교의 한 종파인 선종은 남북조 시대 중국에서 창시되어 동아시아에 전파되었다. 신라에서는 호족의 지원으로 신라 말기에 유행하였다.

④ 에도 시대에 네덜란드와의 교류를 통해 발달한 난학은 스기타 겐파쿠 등이 『해체신서』를 간행하는 과정에서 본격적으로 발달하였다.

⑤ 일본의 고학은 성리학을 극복하기 위한 논리로 공자·맹자 시대 원시 유학으로의 복귀를 주장하였다.

10 정묘호란과 병자호란 시기 사이 파악

문제분석 자료에서 용골대 등이 조선은 남쪽 왕조를 부모로 대우하고 우리 나라는 조선과 형제의 나라로 대한다고 불평한 내용, 평안 감사가 오랑캐들의 뜻이 이전의 맹약을 저버림에 있다고 한 내용 등을 통해 대화가 이루어진 시기가 정묘호란이 끝난 이후 병자호란 발발 이전 시기임을 알 수 있다.

정답찾기 ④ 임진왜란 이후 누르하치는 후금을 건국하고 명과 대치하였다. 후금은 조선의 친명배금 정책과 가도에 주둔하던 모문룡이 이끄는 명의 군대에 대한 조선의 원조 등을 배경으로 1627년 정묘호란을 일으켰다. 그 결과 후금과 조선은 형제의 맹약을 맺었다. 이후 후금의 홍타이지가 국호를 청으로 바꾸고 조선에 군신 관계를 요구하였다. 조선이 이를 거부하자, 청이 조선을 침략하여 1636년 병자호란이 발발하였다. 결국 조선은 청과 군신 관계를 체결하고 명과의 외교 관계를 단절하게 되었다.

11 마테오 리치의 활동 이해

문제분석 자료에서 『천주실의』를 지은 인물이라는 점 등에서 (가) 인물은 마테오 리치임을 알 수 있다.

정답찾기 ② 마테오 리치는 명 말기에 중국에서 활동하면서 「곤여만국전도」를 제작하였다.

오답피하기 ① 후지와라 세이카는 강항의 도움을 받아 『사서오경왜훈』을 집필하였다.

③ 『사고전서』는 18세기 후반에 청 건륭제의 명으로 편찬되었다.

④ 아담 샬은 청대에 서양 역법을 토대로 시헌력 제작을 주도하였다.

⑤ 청대에 카스틸리오네는 원명원의 서양식 건물을 설계하고 서양 화법을 전하였다.

12 에도 막부 시기 동아시아의 문화 이해

문제분석 자료에서 크리스트교 확산을 우려하여 포르투갈 선박의 내항을 전면 금지한 점, 네덜란드 상관을 데지마로 옮긴 점 등을 통해 밑줄 친 '막부'는 에도 막부임을 알 수 있다. 에도 막부 시기는 조선 후기와 명 말~청대에 해당한다.

정답찾기 ③ 『홍루몽』은 청의 건륭제 때 조설근이 저술한 소설이다.

오답피하기 ① 통일 신라에서는 8세기에 독서삼품과를 실시하였다.

② 경사 대학당은 청이 1898년 기존의 국자감을 대체해서 베이징에 설립한 근대적 교육 기관이다.

④ 헤이조쿄는 8세기 초 일본에서 건설되었다.

⑤ 9세기 일본의 승려 엔닌은 당을 순례한 후 『입당구법순례행기』를 저술하였다.

13 일본의 개항 이해

문제분석 자료에서 페리 제독을 파견하였다는 점, (나)의 도시가 에도인 점 등을 통해 (가) 국가는 미국, (나) 국가는 일본임을 알 수 있다.

정답찾기 ③ 일본의 에도 막부는 17세기 전반 나가사키에 인공 섬인 데지마를 건설하여 포르투갈인을 수용하였다.

오답피하기 ① 일본의 메이지 정부는 1875년 운요호 사건을 일으키고 이듬해 조선과 강화도 조약을 체결하였다.

② 청 정부는 의화단 운동이 실패한 후 신정을 추진하면서 입헌 군주제를 도입하고 군주의 권리를 명문화한 흠정 헌법 대강을 1908년에 반포하였다.
④ 프랑스는 1862년 베트남의 응우옌 왕조와 크리스트교 선교의 자유, 영토 할양, 항구 개항 등을 명시한 제1차 사이공 조약을 체결하였다.
⑤ 영국과 프랑스는 제2차 아편 전쟁(1856~1860)을 일으켜 청과 대립하였다.

14 양무운동 이해

문제분석 자료에서 이홍장 등이 추진하였으며, 중체서용이라고 일컫는다는 내용 등을 통해 (가) 운동은 양무운동임을 알 수 있다.
정답찾기 ② 이홍장 등 한인 관료층이 주도한 양무운동 당시에는 서양식 무기와 군함 도입이 추진되었고, 금릉 기기국 등의 군수 공장이 건설되었다.
오답피하기 ① 1911년 우창 신군의 봉기를 계기로 신해혁명이 본격화되었다.
③ 공행 무역은 제1차 아편 전쟁의 결과 체결된 난징 조약에 따라 폐지되었다.
④ 중화민국 초기 천두슈 등은 잡지 『신청년』을 펴내 서양 과학과 민주주의의 수용을 주장하는 신문화 운동을 전개하였다.
⑤ 20세기 전반에 미국의 윌슨 대통령이 주장한 민족 자결주의는 3·1 운동 등의 민족 운동에 영향을 끼쳤다.

15 갑신정변과 변법자강 운동의 공통점 이해

문제분석 자료에서 김옥균과 박영효 등이 일으켰으며 여러 민씨와 신하들을 죽였다는 내용 등을 통해 (가) 운동이 갑신정변임을 알 수 있다. 또한 청의 광서제가 캉유웨이 등의 신하와 추진하였으며 결국 일을 그르치게 되었다는 내용 등을 통해 (나) 운동이 변법자강 운동임을 알 수 있다.
정답찾기 ① 조선의 갑신정변, 청의 변법자강 운동 등은 일본의 메이지 유신을 모델로 삼았다.
오답피하기 ② 변법자강 운동은 서태후 등 보수파의 반발로 실패하였다. 외국 군대의 개입으로 실패한 운동에는 청의 의화단 운동과 조선의 갑신정변 등이 있다. 의화단 운동은 일본 등 8개국 연합군의 개입으로, 갑신정변은 청군의 개입으로 각각 실패하였다.
③ 홍수전 등이 이끈 태평천국 운동은 남녀평등과 토지 균분을 주장하였다.
④ 청의 철도 국유화 시도에 반대하는 운동이 일어난 가운데 우창에서 신군이 봉기하고 각 지방의 성들이 청으로부터 독립을 선언하면서 신해혁명이 본격화되었다.
⑤ 이권 수호를 위해 만민 공동회를 개최한 단체는 독립 협회이다.

16 5·4 운동 이해

문제분석 자료에서 파리의 중국 대표들에게 전보를 보내어 베르사유 조약에 서명하지 말도록 할 것, 베이징의 전체 학생들과 톈안먼에 집합하여 불만을 나타낼 것 등의 내용을 통해 이 운동이 1919년에 일어난 5·4 운동임을 알 수 있다. 1919년 파리 강화 회의에서 열강이 산둥반도에 대한 일본의 권리를 인정하자, 이에 반발한 베이징의 대학생들을 중심으로 5·4 운동이 일어났다.
정답찾기 ④ 5·4 운동의 영향으로 쑨원 등이 중국 국민당을 결성하였다.
오답피하기 ① 중국은 1950년대 말~1960년대 초에 대약진 운동을 추진하면서 인민공사를 조직하여 농업을 집단화하였다.
② 1931년 일본 관동군은 만주 사변을 일으켰고, 이듬해 푸이를 집정으로 하는 만주국이 수립되었다.
③ 1911년 우창에서 신군의 봉기를 계기로 신해혁명이 본격화되었고, 1912년에 중화민국이 수립되었다.
⑤ 중국에서는 제2차 아편 전쟁(1856~1860)의 결과 체결된 톈진 조약과 베이징 조약에 따라 서양 외교관의 베이징 주재가 허용되었다.

17 워싱턴 회의 이해

문제분석 자료에서 5개국 조약이 체결된 점, 조약의 주요 내용에서 미국, 영국, 일본의 주력함의 비율이 각각 5:5:3인 점을 통해 (가) 회의는 워싱턴 회의임을 알 수 있다.
정답찾기 ④ 1921~1922년에 개최된 워싱턴 회의를 통해 중국의 주권 존중과 영토 보전이 결정되었다. 또한 일본은 산둥반도에 대한 이권을 중국에 반환하였다.
오답피하기 ① 연합국 대표들은 1945년 7월 포츠담 선언을 통해 카이로 선언의 이행과 일본의 무조건 항복을 촉구하였다.
② 1945년 개최된 얄타 회담에서 미국, 영국, 소련의 대표는 소련의 대일전 참전을 합의하였다.
③ 1943년 11월에 열린 카이로 회담에서 미국, 영국, 중국의 대표는 한국의 독립을 최초로 약속하였다.
⑤ 러일 전쟁의 강화 조약인 포츠머스 조약을 통해 일본은 북위 50도 이남의 사할린섬을 차지하였다.

18 태평양 전쟁 시기의 상황 이해

문제분석 자료에서 하와이 진주만이 공격당한 점 등을 통해 밑줄 친 '공격'은 1941년에 일어난 진주만 공습임을 알 수 있다. 일본이 동남아시아 지역으로 세력을 확장하자 미국은 일본으로의 석유와 철강 자원의 수출을 금지하였다. 이에 맞서 일본이 하와이 진주만을 기습 공격하면서 태평양 전쟁(1941~1945)이 발발하였다.
정답찾기 ⑤ 한국광복군은 1945년 미국 전략 정보국[OSS]과 연합하여 국내 진공 작전을 추진하였다.
오답피하기 ① 미국의 대아시아 외교 정책인 닉슨 독트린은 1969년에 발표되었다.
② 제1차 국공 합작은 1924년에 성립되었다.
③ 일본군은 중일 전쟁 초기인 1937~1938년에 난징 대학살을 자행하였다.
④ 일본은 전쟁에 필요한 자원 수탈을 위해 1938년에 국가 총동원법을 제정·공포하였다.

19 샌프란시스코 강화 조약과 한일 기본 조약 시기 사이 이해

문제분석 자료에서 일본의 주권이 회복되는 내용을 통해 (가) 조약은 샌프란시스코 강화 조약(1951)임을 알 수 있고, 한국과 일본 간의 국교가 수립되는 내용을 통해 (나) 조약은 한일 기본 조약(1965)임을 알 수 있다.

정답찾기 ① 통킹만 사건은 1964년 북베트남이 베트남의 통킹만에서 미국 군함을 공격하였다고 미국이 발표한 사건으로, 후일 조작된 것으로 밝혀졌다.

오답피하기 ② 1972년 미국 대통령 닉슨은 중국을 방문하고, 미중 공동 성명을 공표하였다.

③ 1937년 루거우차오 사건을 빌미로 일본이 중국을 침략하면서 중일 전쟁이 발발하였다.

④ 한반도에서 6·25 전쟁이 발발한 이후인 1950년 8월에 일본에서 경찰 예비대가 창설되었다.

⑤ 파리 평화 협정이 체결된 이후인 1975년 북베트남이 사이공을 점령하였고, 1976년 베트남 사회주의 공화국이 수립되었다.

20 문화 대혁명 이해

문제분석 자료에서 홍위병들이 중국과 외국 문학 작품의 고전을 대규모로 폐기 처분하고 있는 상황이므로 문화 대혁명(1966~1976)이 전개되고 있음을 알 수 있다.

정답찾기 ② 대약진 운동의 실패 이후 정치적 위기에 몰린 마오쩌둥은 문화 대혁명의 과정에서 홍위병을 동원하여 자신의 반대파를 제거하였다.

오답피하기 ① 한국에서는 1987년 6월 민주 항쟁이 일어나 대통령 직선제 개헌이 이루어졌다.

③ 베트남은 1986년 도이머이 정책을 채택하였고 이후 눈에 띄는 경제 성장을 이루었다.

④ 중국 공산당은 국공 내전 당시 농민 등의 지지와 소련의 지원을 바탕으로 중국 본토 대부분을 장악하여 1949년 중화 인민 공화국을 수립하였다.

⑤ 미국과 일본은 6·25 전쟁 등을 계기로 미일 안전 보장 조약을 체결하였다. 미일 안전 보장 조약은 1951년 샌프란시스코 강화 조약 체결 직후 같은 날에 체결되었다.

실전 모의고사 3회

본문 094~098쪽

1 ⑤	2 ⑤	3 ③	4 ①	5 ③
6 ④	7 ①	8 ④	9 ①	10 ③
11 ③	12 ⑤	13 ②	14 ②	15 ④
16 ③	17 ①	18 ④	19 ③	20 ⑤

1 야요이 문화의 특징 파악

문제분석 기원전 3세기경부터 한반도 등에서 벼농사 기술, 청동기, 철기 등을 수용하면서 발전한 문화라는 점 등을 통해 (가)에는 야요이 문화를 대표하는 문화유산이 들어가야 함을 알 수 있다.

정답찾기 ⑤ 야요이 문화를 대표하는 문화유산인 동탁이다.

오답피하기 ① 중국 황허강 하류 유역의 신석기 문화인 다원커우 문화의 토기이다.

② 만주와 한반도에서 발달한 청동기 문화를 대표하는 비파형 동검이다.

③ 중국의 청동기 문화인 얼리터우 문화의 청동 술잔이다.

④ 중국 랴오허강 유역의 신석기 문화인 훙산 문화의 토기이다.

2 진시황제의 정책 파악

문제분석 자료에서 전국 시대를 통일하고 처음으로 황제를 칭하였다는 점, 아방궁을 짓고 만리장성을 만드느라 많은 백성이 목숨을 잃게 되었다는 점 등을 통해 (가) 황제가 진시황제임을 알 수 있다. 진시황제는 흉노를 북방으로 몰아내고 만리장성을 축조하였다.

정답찾기 ⑤ 전국 시대를 통일한 진시황제는 화폐·문자·도량형 등을 통일하였는데, 화폐는 반량전으로 통일하였다.

오답피하기 ① 왜의 노국왕은 후한에 조공하고 '한위노국왕'이라고 새겨진 금인을 받았다.

② 신라에서는 관리 선발에 참고하기 위해 8세기 말 독서삼품과를 실시하였다.

③ 3세기 전반 야마타이국의 히미코 여왕은 위에 조공하고, 친위왜왕의 칭호를 받았다.

④ 당 태종은 문성 공주를 토번에 화번공주로 보냈다.

3 흉노의 특징 파악

문제분석 자료에서 선우가 한으로 인하여 곤경에 처해 있다는 점, 서쪽으로 대완과 강거의 무리를 부리고 남쪽으로는 강(羌)과 교통하였다는 점, 무제가 이들을 물리치고 장액(張掖)의 서쪽에 군현을 세웠다는 점 등을 통해 (가) 국가가 흉노임을 알 수 있다. 한 무제는 적극적인 정복 전쟁을 전개하여 흉노를 고비 사막 이북으로 몰아내었다.

정답찾기 ③ 흉노는 최고 지배자인 선우 아래에 좌현왕과 우현왕 등을 두었다.

오답피하기 ① 6세기 후반 남북조를 통일한 수는 화북과 강남을 잇는 대운하를 건설하였다.

② 누르하치가 건국한 후금은 군사 조직으로 팔기제를 시행하였다.

④ 몽골 제국은 지방에 행성을 설치하고 각지에 다루가치를 파견하였다.

⑤ 한 무제는 기원전 108년 고조선을 멸망시키고 4군을 설치하였다.

4 뤄양의 역사 파악

문제분석 견융의 침입을 받은 주가 새롭게 수도로 삼은 곳이라는 점, (서)진의 황제 회제가 흉노의 포로로 사로잡혔던 곳이라는 점, 룽먼 석굴 사원이 조성된 곳이라는 점 등을 통해 자료의 ○○이 뤄양(낙읍)임을 알 수 있다.

정답찾기 ① 북위의 효문제는 평성에서 뤄양으로 천도하고 한화 정책을 시행하였다.

오답피하기 ② 에도 막부는 포르투갈 상인을 수용하기 위해 나가사키에 인공 섬인 데지마를 건설하였으나, 크리스트교 포교 문제로 포르투갈 상인을 추방하고 네덜란드 상관을 데지마로 옮겼다.
③ 조선은 청의 수도인 베이징에 연행사를 파견하였다.
④ 주원장이 명을 건국한 후 난징을 수도로 삼았다.
⑤ 쿠빌라이 칸은 카라코룸에서 대도(베이징)로 천도하였다.

5 5세기 이전 인구 이동 파악

문제분석 자료에서 위만 집단의 이주는 기원전 2세기경, 부여족의 남하와 고구려 건국은 기원전 1세기경, 야마토 정권의 성립은 4세기경, 5호의 남하와 동진의 건국은 4세기경의 사실이다.

정답찾기 ③ 모둠별 발표 내용은 인구 이동의 사례를 나타낸 것으로, 모두 5세기 이전 시기에 해당하는 내용이다.

오답피하기 ① 일본은 7세기 전반에서 9세기까지 당의 선진 문물을 수용하기 위해 견당사를 파견하였다.
② 임진왜란 때 조선에 파병된 명군을 통해 관우를 섬기는 중국인의 신앙이 조선에 들어왔다.
④ 수·당대에 완성된 율령 체제는 동아시아 지역으로 확산되었는데, 대표적인 사례로 일본이 당의 율령 체제를 참조하여 8세기 초 다이호 율령을 반포한 것이 있다.
⑤ 5호의 남하와 동진의 건국 부분에만 해당한다. 5호가 화북 지역을 차지하자 4세기 초 한족이 창장강 이남으로 이동하여 강남 개발이 본격화되었다.

6 8세기 동아시아 국가의 통치 제도 파악

문제분석 동아시아 지역의 형세와 일본의 수도가 헤이조쿄임을 통해 지도는 8세기 동아시아 지역의 정세를 나타낸 것임을 알 수 있다. 또한 각 국가의 수도를 통해 (가)는 발해, (나)는 당, (다)는 신라, (라)는 일본임을 알 수 있다.

정답찾기 ㄴ. 당은 중앙 정치 기구로 3성 6부를 두었는데, 상서성이 6부를 총괄하며 행정 집행을 담당하였다.
ㄹ. 일본은 701년 다이호 율령을 반포한 후 2관 8성제를 운영하였는데, 신기관에서는 제사를 담당하였다.

오답피하기 ㄱ. 일본은 행정을 담당하는 태정관 아래 8성을 두었는데, 좌변관과 우변관이 각각 4성씩을 관리하였다.
ㄷ. 한반도에서 과거는 고려 때부터 시행되었다. 신라는 8세기 말 독서삼품과를 시행하여 관리 선발에 참고하였다.

7 성리학의 이해

문제분석 자료에서 주희가 집대성하였다는 점, 세이카(후지와라 세이카)의 말이라는 점 등을 통해 (가) 유학 사상이 성리학임을 알 수 있다. 남송대 주희는 성즉리를 주장하고, 『사서집주』를 편찬하여 성리학을 집대성하였다.

정답찾기 ㄱ. 성리학은 실천적 수양 방법으로 거경궁리와 격물치지를 강조하였다.
ㄴ. 성리학을 사상적 기반으로 삼은 신진 사대부가 이성계와 손잡고 조선을 세우면서 성리학은 조선 건국의 이념적 기반이 되었다.

오답피하기 ㄷ. 선종은 직관적인 깨달음과 참선을 중시하였다.
ㄹ. 명대 왕수인은 양명학을 제창하면서 심즉리를 강조하고 지행합일을 주장하였다.

8 명의 임진왜란 참전 배경 이해

문제분석 왜적의 화를 조선이 울타리처럼 막아 주었다는 점, 빨리 정벌하면 우리가 조선의 힘을 빌릴 수 있지만, 늦게 정벌하면 그들이 조선 사람을 거느려 우리를 대적할 것이라는 점 등을 통해 자료는 임진왜란 당시 명의 참전과 관련된 내용임을 알 수 있다.

정답찾기 ④ 임진왜란이 발발한 후 조선이 명에 지원군 파병을 요청하자, 명은 랴오둥 보호를 위해 조선에 지원군을 파병하였다.

오답피하기 ① 고려가 몽골에 복속하고 개경 환도를 결정하자, 당시 삼별초는 진도 등을 근거지로 저항하였다.
② 백제 부흥군과 이를 지원하기 위해 파견된 왜군은 나당 연합군과 벌인 백강 전투에서 패배하였다.
③ 다이묘들이 각지에서 세력을 키워 패권 쟁탈전을 벌인 센고쿠 시대에 오다 노부나가가 나가시노 전투에서 다케다 가쓰요리의 기마 군단을 물리치고 승리를 거두었다.
⑤ 15세기 중엽 몽골의 오이라트부가 남하하여 토목보에서 명의 황제를 사로잡았다.

9 정묘호란의 이해

문제분석 자료에서 칸이 정묘년의 맹약을 언급하고 있는 점, 형제가 되기로 약속했는데, 황제를 자칭했다고 지적하고 있는 점 등을 통해 밑줄 친 '맹약'이 정묘호란 당시 조선이 후금과 맺은 맹약임을 알 수 있다.

정답찾기 ① 1627년 발발한 정묘호란 당시 후금은 조선과 형제의 맹약을 맺고 철수하였고, 전쟁은 약 2개월 만에 끝났다.

오답피하기 ② 제1차 아편 전쟁으로 1842년에 청과 영국이 체결한 난징 조약에 따라 공행 무역이 폐지되었다.
③ 미일 화친 조약 등은 최혜국 대우가 허용된 불평등 조약이었다.
④ 병자호란(1636~1637)으로 조선은 청과 조공·책봉 관계를 맺었고, 명과의 국교를 단절하게 되었다.
⑤ 1876년 조선과 일본이 체결한 강화도 조약으로 부산 등 3개 항구가 개항되었다.

10 삼번의 난 시기의 모습 파악

문제분석 조선이 베이징에 사신을 보냈다는 점, 달왕의 태도를 보고 오삼계에게 의탁하는 것이 어떨지 등의 의논이 있었다는 점 등의 내용을 통해 자료의 글이 작성된 시기가 삼번의 난(1673~1681)이 전개되던 시기임을 알 수 있다.

정답찾기 ③ 정성공 세력은 17세기 중엽부터 타이완을 거점으로 반청 운동을 전개하였으나, 1683년 강희제에 의해 진압되었다.

오답피하기 ① 모문룡은 1621년 후금의 랴오둥 공격 당시 조선으로 도망친 명의 장수로, 1622년부터 1629년까지 평안도 철산 앞바다의 가도에 머물렀다.
② 한 무제는 대월지와 동맹을 체결하기 위해 장건을 파견하였다.
④ 명의 요청으로 파병된 강홍립이 이끄는 조선군은 1619년 사르후 전투에 참전하였으나 패배하였다.
⑤ 도쿠가와 이에야스는 1600년 세키가하라 전투에서 승리하고, 이후 에도 막부를 세웠다.

11 18~19세기 동아시아 상황 파악

문제분석 자료에서 탈춤과 경극 공연이 인기를 끌었다는 점, 조선에서 김홍도를 비롯한 풍속화가들이 활동하였고 민화가 유행하였다는 점 등을 통해 밑줄 친 '이 시기'가 18~19세기로 한국에서는 조선 후기, 중국에서는 청대, 일본에서는 에도 막부 시기에 해당함을 알 수 있다.

정답찾기 ③『소학』은 송대 유자징이 주희의 가르침에 따라 어린아이들을 위해 일상생활의 예의범절, 수양을 위한 격언, 충신·효자 등의 사례 등을 모아 엮은 책이다.

오답피하기 ① 조선 후기에『홍길동전』,『춘향전』등의 한글 소설이 널리 읽혔다.
② 조선 후기에 사회·경제적 변동 과정에서 실사구시적 성격의 실학이 발달하였다.
④ 에도 막부 시기에 주로 목판화로 제작된 우키요에가 성행하였다.
⑤ 에도 막부 시기에 일본에서는 네덜란드와 교류하는 과정에서 난학이 발전하였다.

12 난징 조약과 톈진 조약 체결 시기 사이의 사실 파악

문제분석 첫 번째 자료에서 청이 홍콩섬을 영국에 할양한다는 조항을 통해 (가) 조약은 제1차 아편 전쟁의 결과로 1842년에 체결된 난징 조약임을 알 수 있다. 두 번째 자료에서 크리스트교 포교의 자유를 인정하고 항구를 추가로 개항한다는 조항을 통해 (나) 조약은 제2차 아편 전쟁의 결과로 청과 영국이 1858년에 체결한 톈진 조약임을 알 수 있다.

정답찾기 ⑤ 홍수전 등은 청 왕조 타도를 구호로 내세우면서 1851년 태평천국 운동을 일으켰다. 태평천국 운동은 1864년 진압되었다.

오답피하기 ① 조선에서는 1884년 급진 개화파가 갑신정변을 일으켰다.
② 1884년 베트남을 둘러싸고 청과 프랑스가 충돌하면서 청프 전쟁이 발발하였다.
③ 일본은 1889년 대일본 제국 헌법을 제정하였다.
④ 1862년 베트남은 프랑스와 크리스트교 선교의 자유, 영토 할양, 항구 개항 등을 명시한 제1차 사이공 조약을 체결하였다.

13 삼국 간섭 이해

문제분석 러시아, 프랑스, 독일 3개국이 전달한 비망록, 랴오둥반도를 할양한다는 청·일 간의 강화 조건 등의 내용을 통해 자료가 삼국 간섭과 관련된 대화 내용임을 알 수 있다.

정답찾기 ② 청일 전쟁에서 승리한 일본이 시모노세키 조약을 체결하여 랴오둥반도를 차지하자, 러시아, 프랑스, 독일이 삼국 간섭에 나섰다.

오답피하기 ① 1937년 일본이 루거우차오 사건을 빌미로 중일 전쟁을 일으키자 중국 국민당과 중국 공산당이 제2차 국공 합작을 결성하여 항일 전쟁을 전개하였다.
③ 1871년에 청과 일본은 대등한 입장에서 청일 수호 조규를 체결하였다.
④ 부청멸양을 내세운 의화단 운동이 일어나 외국 공사관 등을 습격하자 일본을 비롯한 8개국 연합군이 이를 진압하였다.
⑤ 1921~1922년에 걸쳐 열린 워싱턴 회의에서는 중국 문제 등을 둘러싼 열강의 이해관계를 조정하였다.

14 쑨원의 활동 파악

문제분석 자료에서 신해혁명이 한때 성공하자 임시 대총통 자리를 위안스카이에게 양도하였다는 점 등을 통해 (가) 인물이 쑨원임을 알 수 있다. 1911년 우창 신군의 봉기를 계기로 본격화된 신해혁명으로 1912년 쑨원을 임시 대총통으로 하는 중화민국이 수립되었다. 하지만 쑨원은 군사적 실권을 쥐고 있던 위안스카이와 타협하여 임시 대총통의 지위를 위안스카이에게 양보하였다.

정답찾기 ② 쑨원은 5·4 운동의 영향을 받아 1919년 상하이에 본부를 둔 중국 국민당을 조직하여 이끌었다.

오답피하기 ① 1934년 중국 국민당의 공격을 피해 중국 공산당이 근거지를 옮기는 대장정을 감행하였다. 이 과정에서 마오쩌둥이 중국 공산당의 주도권을 장악하였다.
③ 후지와라 세이카는 임진왜란 때 일본에 포로로 잡혀 온 강항과 교유하면서『사서오경왜훈』을 집필하였다.
④ 덩샤오핑은 1992년 남순 강화를 통해 개혁·개방 정책을 가속화하였다.
⑤ 2000년에 실시된 타이완의 제10대 총통 선거 결과 민주진보당의 천수이볜이 당선되어 타이완에서 최초로 여야 정권 교체가 이루어졌다.

15 중일 전쟁 발발 이후의 국제 연대 파악

문제분석 자료에서 루거우차오 사건을 계기로 발발한 전쟁이라는 점, 중국 국민당의 지원으로 조선 의용대가 창설되었다는 점, 일본병사(일본군) 반전 동맹이 활동하였다는 점 등을 통해 (가)에는 중일 전쟁 발발 이후 전개된 국제 연대 사례가 들어가야 함을 알 수 있다.

정답찾기 ④ 대한민국 임시 정부는 중국 국민당의 지원을 받아 1940년 한국광복군을 창설하였다. 한국광복군의 일부가 인도·미얀마 전선에 파견되어 연합군과 합동 작전을 전개하였다.

오답피하기 ① 일본 반제 동맹은 1929년 일본에서 결성되었다.

② 1931년 일본이 만주 사변을 일으키자, 국제 연맹은 만주 사변의 실상을 파악하기 위해 리튼 조사단을 파견하였다.
③ 아주 화친회는 반제국주의를 목표로 1907년 도쿄에서 결성되었다.
⑤ 만주 사변 이후 1930년대 초까지 한국 독립군은 북만주에서 중국 세력과 연대하여 항일 무장 투쟁을 전개하였다.

16 국가 총동원 체제 시기의 모습 파악

문제분석 인구 정책 확립 요강에서 대동아 공영권 건설을 위해 인구를 늘려야 한다는 내용과 이 요강이 전시 체제에서의 인구 정책 기본 방침을 제시하기 위해 만들어졌다는 점, 국민을 병력, 노동력의 관점에서 파악한 일제가 동남아시아 지역으로 침략 전쟁을 확대하고 있다는 점 등을 통해 자료의 요강이 1937년 중일 전쟁 이후에 발표된 것임을 알 수 있다. 일제는 중일 전쟁을 도발한 이듬해에 국가 총동원법을 제정하여 전쟁에 필요한 모든 인적·물적 자원을 동원할 수 있는 국가 총동원 체제를 확립하였다.

정답찾기 ③ 일본은 1930년대 이후 침략 전쟁 과정에서 여성들을 일본군 '위안부'로 강제 동원하였다.

오답피하기 ① 1927년에 좌우 합작 단체인 신간회가 창립되었다.
② 1950년 북한의 전면 남침으로 발발한 6·25 전쟁 초기에는 북한군이 우세하였으나 한국군과 유엔군이 인천 상륙 작전으로 전세를 역전시켰다.
④ 러일 전쟁(1904~1905) 당시 일본 연합 함대가 발트 함대를 격파하였다.
⑤ 한인 애국단의 윤봉길은 1932년 상하이를 점령한 일본이 훙커우 공원에서 기념식을 열자 식장에 폭탄을 던져 일제의 주요 장성과 고관들을 처단하였다.

17 샌프란시스코 강화 조약의 이해

문제분석 자료에서 우리 일본 정부가 한국이 서명국이 되어서는 안 된다고 생각한다는 점, 한국은 독립 국가로서 태평양 전쟁 당시 전쟁이나 교전 상태가 아니었다고 주장하는 점 등을 통해 밑줄 친 '조약'이 1951년에 체결된 샌프란시스코 강화 조약임을 알 수 있다. 일본의 침략을 받았던 한국은 일본과 영국 등의 반대로 샌프란시스코 강화 회의에 참석하지 못하였다.

정답찾기 ① 6·25 전쟁이 발발하자 1951년에 미국의 주도 아래 일본의 주권 회복을 위한 샌프란시스코 강화 조약이 체결되었다.

오답피하기 ② 미국과 일본은 샌프란시스코 강화 조약 체결 당일 미일 안보 조약을 맺어 군사 동맹 관계를 구축하였다.
③ 1972년 중일 공동 성명이 발표되면서 일본과 타이완의 국교가 단절되었다.
④ 파리 강화 회의에서 열강이 산둥반도에 대한 일본의 권리를 인정하자 1919년 중국에서 5·4 운동이 일어났다.
⑤ 일본에서는 미군 중심의 연합국 최고 사령부의 제안에 따라 1946년 신헌법(평화 헌법)이 제정되었다.

18 통킹만 사건 시기 파악

문제분석 자료에서 북베트남의 순찰선이 통킹만을 순찰 중이던 미군의 구축함에 어뢰 공격을 가했다는 점, 존슨 대통령은 북베트남에 대해 폭격으로 대응했다는 점 등을 통해 밑줄 친 '요청'은 미국이 베트남 전쟁에 적극 개입하기 위해 의회에 동의를 요구한 것과 관련된 사실임을 알 수 있다.

정답찾기 ④ 미국은 1964년 통킹만 사건을 구실로 지상군을 파견하면서 본격적으로 베트남 전쟁에 참전하였다. 일화 평화 조약 체결은 1952년, 닉슨 대통령의 중국 방문은 1972년의 사실이다.

19 한일 기본 조약과 중일 공동 성명 발표 시기 사이의 사실 파악

문제분석 대한 제국과 일본 간에 체결된 모든 조약 및 협정이 무효임을 확인한다는 점, 대한민국 정부가 유엔 승인에 의해 수립된 한반도의 유일한 합법 정부임을 확인한다는 점 등을 통해 (가)는 1965년에 체결된 한일 기본 조약(대한민국과 일본국 간의 기본 관계에 관한 조약)임을 알 수 있다. 일본국 정부는 중화 인민 공화국 정부가 중국의 유일한 합법 정부임을 승인한다는 점, 중화 인민 공화국 정부는 일본에 대한 전쟁 배상 요구를 포기할 것이라는 점 등을 통해 (나)는 1972년에 발표된 중일 공동 성명임을 알 수 있다.

정답찾기 ③ 중국에서는 1966년부터 1976년까지 문화 대혁명이 전개되었다.

오답피하기 ① 1960년에 일어난 3·15 부정 선거를 계기로 4·19 혁명이 일어났다.
② 일본의 '55년 체제'는 1993년에 비자민당 연립 정권이 수립되면서 붕괴되었다.
④ 미국은 1979년 중국과 정식으로 국교를 수립하였다.
⑤ 2000년에 실시된 제10대 총통 선거 결과 민주진보당의 천수이볜이 당선되어 타이완 최초의 여야 정권 교체가 이루어졌다.

20 톈안먼 사건 시기 동아시아 상황 파악

문제분석 자료에서 공산 정권 수립 이후 중국 최대의 민주화 시위였다는 점, 개혁·개방의 진전에 따라 정치 개혁의 목소리가 커졌다는 점, 후야오방 전 공산당 총서기의 사망과 그에 대한 재평가 요구 분위기를 타고 일어난 민주화 시위였다는 점, 정부가 군대를 동원하여 강제로 진압하면서 종결되었다는 점 등을 통해 (가) 사건은 1989년에 일어난 톈안먼 사건임을 알 수 있다.

정답찾기 ⑤ 베트남에서는 1986년 베트남 공산당 제6차 전국 대표 대회에서 공식적으로 채택된 이후 1980년대 후반부터 시장 경제 체제의 일부를 도입하는 도이머이 정책이 시행되었다.

오답피하기 ① 한국에서는 1997년 외환 위기가 발생하여 국제 통화 기금[IMF]의 자금을 지원받았다.
② 중국에서는 1950년대 말~1960년대 초에 농업과 공업 분야에서의 대규모 증산을 목표로 대약진 운동을 추진하였다.
③ 일본에서는 1990년대 초 거품 경제가 붕괴되면서 경제가 침체되고 장기 불황이 시작되었다.
④ 북한에서는 1950년대 후반 집단적 증산 운동이라고 할 수 있는 천리마 운동을 시작하였다.

실전 모의고사 4회 본문 099~103쪽

1 ①	2 ③	3 ④	4 ①	5 ⑤
6 ①	7 ①	8 ④	9 ②	10 ①
11 ①	12 ②	13 ②	14 ②	15 ③
16 ⑤	17 ⑤	18 ①	19 ①	20 ②

1 훙산 문화의 특징 이해

문제분석 자료에서 랴오허강 유역에서 발달한 신석기 문화를 대표하는 유물이라는 점, 둥근 원통형의 훙산 토기가 제시되어 있다는 점 등을 통해 훙산 문화와 관련된 것임을 알 수 있다. 따라서 훙산 문화와 관련된 유물이 제시되어야 한다.

정답찾기 ① 랴오허강 유역의 훙산 문화를 대표하는 용 모양의 옥기이다.

오답피하기 ② 황허강 유역의 청동기 문화인 얼리터우 유적에서 발견된 세 발 달린 청동 술잔이다.

③ 상에서 제작된 네발 달린 청동 솥이다.

④ 창장강 하류 유역에서 발달한 신석기 문화인 허무두 문화의 돼지 그림 토기이다.

⑤ 일본 열도의 야요이 문화를 대표하는 동탁(종 모양 청동기)이다.

2 흉노와 한의 특징 이해

문제분석 자료에서 선우와 좌록리왕이 있다는 점 등을 통해 (가) 국가는 흉노임을 알 수 있다. 또한 장건 일행이 귀국하였다는 점, 장건을 관리로 삼았다는 점 등을 통해 (나) 국가는 한임을 알 수 있다.

정답찾기 ③ 한 무제는 남비엣(남월)과 고조선을 차례로 정복하고 영역을 확장하였다.

오답피하기 ① 거란(요)은 유목민을 북면관제로, 농경민을 남면관제로 다스리는 이원적 통치 정책을 실시하였다. 남추밀원은 남면관제의 주요 기구이다.

② 금은 송을 공격하여 수도였던 카이펑을 함락하고 화북 지방을 차지하였다. 이에 송의 황실과 귀족은 남송을 건국하고 임안(항저우)을 수도로 삼았으며, 남송은 1142년에 금과 화의를 맺어 군신 관계를 체결하였다.

④ 진시황제는 사상을 통제하고자 분서갱유를 단행하였다.

⑤ 송과 금은 거란(요)을 공격하기 위해 연합하였고, 금의 공격으로 거란(요)이 멸망하였다.

3 북위의 특징 파악

문제분석 자료에서 황제가 한족의 문화를 동경하였다는 점, 남조의 제를 공격하였다는 점, 도읍을 뤄양으로 옮겼다는 점 등을 통해 밑줄 친 '이 나라'는 북위임을 알 수 있다.

정답찾기 ④ 북위는 5세기에 5호 16국 시대의 혼란을 수습하고 화북 지역을 차지하였다.

오답피하기 ① 외척이었던 왕망은 한을 멸망시킨 후 신을 세웠다.

② 일본은 701년 다이호 율령을 반포하여 통치 체제를 정비하였다.

③ 몽골 제국은 정복지에 행성을 설치하고 각지에 다루가치를 파견하였다.

⑤ 당은 베트남 북부 지역을 다스리기 위해 안남 도호부를 설치하였다.

4 도왜인의 활동 이해

문제분석 자료에서 스에키는 고온에서 굽기 때문에 이전까지의 토기보다 단단한 것이 특징이라는 점, 가야의 토기 제작 기술이 야마토 정권에 전파되었다는 점 등을 통해 (가)에는 일본의 스에키가 만들어지는 데 영향을 준 활동이 들어가야 함을 알 수 있다.

정답찾기 ① 한반도나 중국 등에서 일본 열도로 이주한 사람들을 도왜인이라 하는데, 도왜인은 새로운 토기 제조법이나 옷감 짜는 법, 제철 기술 등의 각종 선진 기술과 유학, 불교 등을 일본에 전해 줌으로써 야마토 정권의 성장에 영향을 끼쳤다.

오답피하기 ② 몽골 제국은 13세기에 호라즘을 정벌하고 비단길을 장악하였다.

③ 제자백가는 춘추 전국 시대에 각국의 제후가 부국강병을 위해 능력 있는 인재를 경쟁적으로 모집하는 상황에서 등장하였다.

④ 전국 시대에는 진, 위, 한, 조, 연, 제, 초 등 전국 7웅이 통일의 주도권을 놓고 경쟁하였다.

⑤ 주몽 집단은 부여 내부의 정치적 갈등을 피해 남하하였고, 토착 세력과 결합하여 졸본을 수도로 고구려를 세웠다.

5 금의 대외 관계 이해

문제분석 자료에서 처음에는 자신들의 문자가 없었으나 완안희윤에게 명하여 문자를 만들게 하였다는 점, 태조(아구다)가 세웠다는 점 등을 통해 밑줄 친 '이 나라'는 금임을 알 수 있다.

정답찾기 ⑤ 12세기 전반에 금은 송을 공격하여 수도인 변경(카이펑)을 점령하고, 송을 멸망시켰다. 이에 송의 황족은 남송을 건국하고 임안(항저우)을 수도로 삼았다.

오답피하기 ① 수, 당 등의 중원 왕조는 주변국에 화번공주를 보내 화친을 맺었다.

② 몽골 제국은 탕구트족이 세운 서하를 공격하여 무너뜨렸다.

③ 야마타이국의 히미코는 위(魏)에 조공을 보냈고, 위는 히미코에게 친위왜왕의 칭호를 주었다.

④ 고려와 조선은 왜구의 근거지인 쓰시마를 토벌하였다.

6 쿠빌라이 칸의 활동 이해

문제분석 자료에서 고려에 일본 정벌을 돕는 군사를 뽑도록 하였다는 점, 세자 왕심(충렬왕)에게 명하여 고려국왕이 담당하는 일을 이어받도록 하였다는 점 등을 통해 밑줄 친 '황제'는 쿠빌라이 칸임을 알 수 있다.

정답찾기 ① 쿠빌라이 칸은 남송을 멸망시켜 중국 전역을 장악하였다.

오답피하기 ② 거란(요)의 야율아보기는 발해를 공격하여 멸망시켰다.

③ 청의 강희제는 17세기 후반에 삼번의 난을 진압하였다.

④ 명은 15세기 전반 7차례에 걸쳐 동남아시아 등지로 정화의 함대를 파견하였다. 그 결과 동남아시아 등지의 일부 국가가 명에 조공하기도 하였다.

⑤ 일본 열도의 야마토 정권은 7세기 중엽 당의 율령 체제를 도입하여 중앙 집권 국가를 수립하려는 다이카 개신을 단행하였다.

7 당 시기 동아시아 상황 파악

문제분석 자료에서 일본 승려의 요청으로 일본으로 건너가려 하였지만 번번이 실패하였다는 점, 일본에서 파견한 사절단의 귀국길에 동행하여 일본에 도착하여 계율을 전수하였다는 점 등을 통해 자료의 고승은 감진임을 알 수 있다. 감진은 당의 승려로, (가) 왕조는 당이다.

정답찾기 ① 현장이 인도에서 가져온 불경과 불상 등을 보관하기 위해 당대에 대안탑이 축조되었다.

오답피하기 ② 남송대 주희(1130~1200)는 『사서집주』를 저술하여 성리학을 집대성하였다.

③ 발해는 중앙 교육 기관으로 주자감을 설립하였다.

④ 신라는 관리 선발에 참고하기 위해 독서삼품과를 시행하였다.

⑤ 일본에서는 8세기 나라 시대에 목판으로 『백만탑다라니경』이 인쇄되었다.

8 조선과 명의 특징 이해

문제분석 자료에서 왕이 수도를 버리고 평양으로 갔다가 다시 의주로 갔다는 점, 잃었던 지역을 일부 수복하였다는 점 등을 통해 (가) 국가는 조선임을 알 수 있다. 또한 (가) 국가가 보낸 사신으로부터 급한 소식을 받았다는 점, 이여송을 제독으로 삼아 왜군을 토벌하도록 하였다는 점, 이여송의 군대가 평양성 전투에서 크게 승리하였다는 점 등을 통해 (나) 국가가 명임을 알 수 있다.

정답찾기 ④ 명은 15세기 초부터 16세기 중엽까지 무로마치 막부와 감합 무역을 전개하였다.

오답피하기 ① 누르하치가 건국한 후금은 군사 조직으로 팔기제를 운영하였다.

② 명 말기 전국 각지에서 농민 봉기가 발생하였는데, 이자성의 난으로 1644년 베이징이 점령되면서 명이 멸망하였다.

③ 당은 신라와 연합하여 백제와 고구려를 공격하여 멸망시켰다.

⑤ 송은 거란(요)과 1004년에 두 나라의 관계를 형제 관계로 설정한 전연의 맹약을 체결하고 매년 은, 비단 등의 물자를 주기로 하였다.

9 조선 인조 재위 시기 동아시아 상황 이해

문제분석 자료에서 광해군이 강홍립에게 지시하였던 것으로 인해 천하가 화를 입었다는 점, 광해군의 녹을 거두었다는 점, 반정이 일어났다는 점 등을 통해 밑줄 친 '우리 임금'은 인조임을 알 수 있다. 인조반정은 1623년에 일어났다.

정답찾기 ② 광해군을 몰아내고 왕위에 오른 인조는 친명배금 정책을 추진하면서 후금과 갈등을 빚었고, 그 결과 정묘호란이 일어났다.

오답피하기 ① 15세기 후반 무로마치 막부의 쇼군 계승을 둘러싸고 다이묘들이 대립하면서 오닌의 난이 발생하였다.

③ 임진왜란이 끝난 이후 국교 재개를 원하는 에도 막부의 요청으로 조선은 일본과 국교를 재개하고 1609년 기유약조를 체결하였다.

④ 1575년에 벌어진 나가시노 전투에서 오다 노부나가는 조총 부대를 활용하여 다케다 가쓰요리의 기마 군단을 물리치고 승리를 거두었다.

⑤ 18세기 후반 일본에서는 덴메이 연간에 화산 폭발 등의 자연재해로 인한 대기근이 발생하였다.

10 청 시기 동아시아 경제 상황 파악

문제분석 자료에서 오삼계가 반역을 도모하였다는 점, 오삼계의 반역 소식을 듣고 평남왕과 정남왕을 다른 지방으로 옮기는 것을 멈췄다는 점 등을 통해 (가) 왕조는 청임을 알 수 있다.

정답찾기 ㄱ. 청은 강희제 때인 18세기 초 인두세를 토지세에 포함시켜 은으로 징수하는 지정은제를 도입하였다. 지정은제는 옹정제 때 이르러 전국적으로 확대 시행되었다.

ㄴ. 조카마치는 군사적 방어 목적으로 무사들을 거주하게 한 도시로 조성되었으나, 에도 시대에 영주와 무사에게 필요한 물품을 공급하기 위해 조닌(상인과 수공업자)들이 모여들면서 상공업의 중심지로 성장하였다.

오답피하기 ㄷ. 신라는 9세기 전반에 장보고의 건의로 청해진을 설치하였다. 신라는 청해진을 거점으로 해상 교역을 주도하였다.

ㄹ. 명이 '북로남왜'에 시달리며 큰 어려움을 겪는 상황에서 16세기 후반 등용된 장거정은 국정을 쇄신하고 재정을 확보하기 위한 개혁을 추진하였다.

11 에도 막부 시기 경제 정책 파악

문제분석 자료에서 타이완의 정씨 세력이 진압되고 청 상선의 나가사키 입항이 늘었다는 점 등을 통해 (가)에 청의 대외 정책과 관련된 내용이 들어가야 한다는 것을 알 수 있다. 또한 도쿠가와 이에쓰구 쇼군 집권 시기에 새로운 무역 규칙을 발표하여 나가사키 입항을 허가받은 상인을 구분하였다는 점 등을 통해 (나)에는 에도 막부의 경제 정책이 들어가야 한다는 것을 알 수 있다.

정답찾기 ① 청에서 천계령이 해제된 이후 나가사키에 와서 무역에 종사하는 청 상인이 늘어났다. 청 상인을 통해 일본의 은 유출이 급증하자, 18세기 초 에도 막부는 무역 허가증인 신패를 통해 무역을 통제하였다.

12 에도 막부 시기 동아시아 문화 이해

문제분석 자료에서 초기에는 서양과 관련된 일이 엄격하게 금지되었다는 점, 네덜란드와의 교류는 허용되었다는 점 등을 통해 밑줄 친 '막부'는 에도 막부임을 알 수 있다. 에도 막부는 1603년에 수립되어 메이지 정부가 수립되는 19세기 후반까지 유지되었다.

정답찾기 ② 제자백가는 춘추 전국 시대에 출현하였다.

오답피하기 ① 조선 후기에 서민 문화로 판소리, 탈춤 등이 인기를 끌며 유행하였다.

③ 청대 중국에서는 『홍루몽』, 『서유기』 등의 소설이 인기를 끌었다.

④ 17세기 이후 일본에서는 우키요에가 유행하는 등 조닌 문화가 발달하였다.

⑤ 에도 막부 시기 가부키 공연이 성행하였다. 가부키는 주로 무사의 복수나 남녀 간의 사랑 등을 다루는 통속적인 내용이 많았으며 조닌층의 인기를 얻었다.

13 난징 조약과 미일 화친 조약의 특징 이해

문제분석 자료에서 하코다테가 개항되었다는 점을 통해 (가) 조약은 미일 화친 조약임을 알 수 있다. 또한 홍콩섬이 할양되었다는 점을 통해 (나) 조약은 난징 조약임을 알 수 있다.

정답찾기 ② 미국은 페리 함대를 보내 일본에 무력시위를 전개하였고, 이후 미일 화친 조약을 체결하였다.

오답피하기 ① 영사 재판권 조항을 포함한 조약은 미일 수호 통상 조약, 강화도 조약 등이 대표적이다.

③ 일본은 1875년 운요호 사건을 일으켜 이듬해 조선과 강화도 조약을 체결하였다.

④ 의화단 운동은 8개국 연합군에 의해 진압되었고, 그 결과 1901년에 외국 군대의 베이징 주둔을 허용한 신축 조약이 체결되었다.

⑤ 1905년 미국의 중재로 포츠머스 조약이 체결되어 러일 전쟁이 종결되었다. 전쟁의 결과 일본은 뤼순과 다롄의 조차권과 남만주 철도에 대한 이권 등을 획득하였다.

14 양무운동의 특징 파악

문제분석 자료에서 군수 공장 건립과 관련하여 조선소를 설립하고 화륜 선박을 건조하기 위한 계획을 허락하였다는 점, 이홍장이 설립한 금릉 기기국과 관련이 있다는 점 등을 통해 (가)에는 양무운동과 관련된 주제가 들어가야 한다는 것을 알 수 있다.

정답찾기 ② 제2차 아편 전쟁과 태평천국 운동 진압 과정에서 서양 무기의 우수성을 절감한 증국번, 이홍장 등 한인 관료층은 중체서용의 방식으로 자강을 이루려는 양무운동을 전개하였다. 양무운동의 전개 과정에서 군수 공장이나 조선소 등이 설립되었다.

오답피하기 ① 중국 공산당은 중국 국민당의 탄압을 피해 1934년 대장정을 감행하여, 루이진에서 옌안까지 이동하였다.

③ 1868년에 수립된 메이지 정부는 폐번치현, 징병제 실시, 서양식 공장 설립, 소학교 설립 등의 근대적 개혁을 실시하였다.

④ 청 정부의 철도 국유화 조치에 반발하는 움직임이 일어나는 가운데, 우창에서는 혁명파의 이념에 영향을 받은 신군이 봉기하였다.

⑤ 청 왕조를 도와 서양 세력을 몰아내자는 부청멸양의 구호를 앞세운 의화단 운동은 청 정부의 지원을 받아 베이징으로 세력을 확대하였으나 일본 등 8개국 연합군에 의해 진압되었다.

15 상하이의 특징 이해

문제분석 자료에서 일본이 천장절과 자신들의 승리를 축하하기 위한 경축회를 홍커우 공원에서 열었다는 점, 윤봉길이 거사를 일으키고 체포되었다는 점, 프랑스 조계가 있었다는 점 등을 통해 (가) 도시는 상하이임을 알 수 있다.

정답찾기 ③ 상하이에서는 1872년 영국 상인이 신보를 창간하였다.

오답피하기 ① 17세기 후반 부산 지역에 초량 왜관이 설치되었다. 조선은 왜관을 통해 인삼 등을 일본에 수출하였다.

② 1907년 도쿄에서 반제국주의를 목표로 아주 화친회가 조직되었다.

④ 에도 막부는 1636년 포르투갈 상인을 수용하기 위해 나가사키에 인공 섬인 데지마를 완공하였다.

⑤ 청은 광저우에 공행을 설치하여 유럽과의 무역을 통제하였다.

16 삼국 간섭의 배경 파악

문제분석 자료에서 랴오둥반도 반환과 관련하여 러시아·프랑스·독일 3국 정부가 의견을 내고 있다는 점, 랴오둥반도를 포기하는 보상으로 어느 정도의 보상금을 청국 정부에 청구할 것인지 묻고 있다는 점 등을 통해 전보는 청일 전쟁에서 일본이 승리한 이후에 작성된 것임을 알 수 있다.

정답찾기 ⑤ 청일 전쟁에서 승리한 일본이 1895년 청과 시모노세키 조약을 체결하여 랴오둥반도를 획득하자, 러시아가 삼국 간섭을 주도하여 일본이 랴오둥반도를 청에 반환하도록 하였다.

오답피하기 ① 파리 강화 회의에서 열강이 산둥반도에 대한 일본의 이권을 인정하자 베이징의 대학생들을 중심으로 '21개조 요구' 철폐와 일본이 산둥반도 이권을 차지하는 것에 반대하는 5·4 운동이 전개되었다.

② 1931년 일본이 만주 사변을 일으키자 중국은 일본을 국제 연맹에 제소하였고, 국제 연맹은 만주 사변의 실상을 파악하기 위해 리튼 조사단을 파견하였다.

③ 제1차 세계 대전이 끝난 후 전후 처리를 위해 파리 강화 회의가 개최되었다. 회의 결과 일본이 산둥반도에 대한 권리를 인정받는 등 승전국인 미국, 영국, 일본 등이 주도하는 국제 질서가 형성되었다.

④ 루거우차오 사건은 1937년 발생한 중국군과 일본군의 충돌 사건으로, 일본은 이 사건을 구실로 중일 전쟁을 일으켰다.

17 중일 전쟁 전개 시기 동아시아 상황 이해

문제분석 자료에서 중국이 항전을 하고 있다는 점, 항전 중에 조선 의용대를 결성하여 항전에 참가하였다는 점 등을 통해 밑줄 친 '항전'은 중일 전쟁임을 알 수 있다. 중일 전쟁은 1937년 루거우차오 사건을 빌미로 일본이 중국을 침략하면서 발발하였다.

정답찾기 ⑤ 1937년 일본이 중일 전쟁을 일으키자 중국 국민당과 중국 공산당은 제2차 국공 합작을 결성하여 항일 전쟁을 전개하였다.

오답피하기 ① 일본군이 1931년 만주 사변을 일으켜 만주 일대를 점령하였고, 1932년에는 만주국이 수립되었다.

② 1882년 조선의 구식 군인들이 별기군과의 차별 대우 등에 반발하여 임오군란을 일으켰다.

③ 의화단 운동은 8개국 연합군에 의해 진압되었고, 그 결과 1901년에 청은 열강과 신축 조약을 체결하였다.

④ 러일 전쟁에서 우세해진 일본은 1905년 러시아와 포츠머스 조약을 체결하여 한반도에서의 독점적 지위를 인정받았다.

18 샌프란시스코 강화 조약의 특징 이해

문제분석 자료에서 미국이 자국의 군대를 일본 국내 및 그 부근에 유지할 의사가 있다는 점, 미국과 일본 사이에 안보 조약이 체결된 날 맺어졌다는 점, 일본이 주권 회복을 보장받았다는 점 등을 통해 (가) 조약은 샌프란시스코 강화 조약임을 알 수 있다.

정답찾기 ① 1950년 6·25 전쟁이 일어나자 미국은 일본의 전략적 역할에 주목하였다. 중국군의 참전 이후 미국의 주도하에 1951년 9월 샌프란시스코 강화 조약을 맺어 일본을 주권 국가로 국제 사회에 복귀시켰다.

오답피하기 ② 최혜국 대우를 규정한 조약으로는 1854년에 체결된 미일 화친 조약 등이 있다.

③ 일본은 중국과 1972년에 중일 공동 성명을 발표하였고, 중국을 유일한 합법 정부로 인정하였다. 이에 타이완은 일본과의 국교를 단절하였다.

④ 1945년에 있었던 포츠담 선언에 따라 일본의 주요 전쟁 범죄자를 처벌하기 위한 극동 국제 군사 재판이 1946년부터 시작되었다.

⑤ 국공 내전에서 중국 공산당이 1949년 4월에 중국 국민당 정부의 수도 난징을 점령하는 등 중국 본토 대부분을 장악하면서 1949년 10월 1일 중화 인민 공화국이 수립되었다.

19 베트남 전쟁의 전개 과정 이해

문제분석 자료에서 북베트남의 어뢰정이 미국의 매덕스호를 공격하였다는 점, 미국이 북베트남 어뢰정 기지를 공격하였다는 점 등을 통해 (가)는 통킹만 사건이 일어났던 1964년임을 알 수 있다. 또한 베트남 사회주의 공화국으로 공식 국가 명칭을 정했다는 점 등을 통해 (나)는 1976년임을 알 수 있다.

정답찾기 ① 미국의 닉슨 대통령은 1969년 아시아 문제에 미국의 군사적 개입을 최소화하겠다는 내용의 닉슨 독트린을 발표하였다.

오답피하기 ② 1942년 발발한 미드웨이 해전은 태평양 전쟁의 주요 전투 중 하나로, 여기에서 미군이 승리함으로써 전세가 연합군에 유리하게 전환되었다.

③ 1950년 6·25 전쟁 중 전개된 인천 상륙 작전을 통해 한국군과 유엔군이 전세를 역전시켰다.

④ 미국은 1945년 8월 일본의 히로시마와 나가사키에 원자 폭탄을 투하하였다.

⑤ 북위 17도 이남의 베트남에서 단독으로 베트남 공화국이 수립되자, 이에 대항하여 1960년 남베트남 민족 해방 전선이 결성되었다.

20 문화 대혁명 시기 동아시아 상황 이해

문제분석 자료에서 약 10년 동안 지속되었다는 점, 홍위병이 활동하였다는 점, 홍위병은 완장 하나만 차면 전국 어디든지 다닐 수 있었던 시기로 기억된다는 점 등을 통해 (가) 사건은 문화 대혁명임을 알 수 있다. 문화 대혁명은 1966년부터 1976년까지 전개되었다.

정답찾기 ② 1973년 미군이 베트남에서 철수하는 것에 합의하는 내용의 파리 평화 협정이 체결되었다.

오답피하기 ① 1965년 한일 기본 조약 등이 체결되면서 한국과 일본이 국교를 수립하였다.

③ 타이완의 천수이볜은 2000년 민주진보당 후보로 총통 선거에 출마하여 당선되었다. 이로써 타이완은 여야 정권 교체를 이루었다.

④ 1969년 닉슨 독트린 발표 이후 미국과 중국의 관계가 개선되었다. 1972년 닉슨 대통령이 중국에 방문하여 미중 공동 성명을 발표하였고, 1979년에는 미국과 중국이 국교를 수립하였다.

⑤ 타이완에서는 일부 섬을 제외하고 계엄령이 해제(1987)된 이후 총통 직선제와 복수 정당제(다당제)가 도입되었다.

실전 모의고사 5회 본문 104~108쪽

1 ⑤	2 ④	3 ④	4 ③	5 ③
6 ⑤	7 ⑤	8 ①	9 ②	10 ②
11 ④	12 ②	13 ③	14 ①	15 ④
16 ④	17 ⑤	18 ⑤	19 ③	20 ②

1 동아시아 신석기 문화의 이해

문제분석 일본의 선사 문화로, 새끼줄 무늬가 새겨진 토기와 토우 등이 있는 점을 통해 (가) 문화가 신석기 문화임을 알 수 있다. 일본 신석기 문화를 대표하는 토기는 조몬 토기인데, 토기 표면에 새끼줄 무늬가 새겨졌다는 의미로 이름이 붙여졌다.

정답찾기 ⑤ 신석기 시대 창장강 하류 지역에서는 허무두 문화가 발달하였다. 허무두 문화에서는 벼농사가 이루어졌고, 돼지 그림이 새겨진 토기가 만들어졌다.

오답피하기 ① 일본 열도에서는 기원전 3세기경 벼농사와 금속기 등이 전래되면서 야요이 시대가 전개되었다.

② 고인돌은 만주·한반도 지역의 청동기 문화를 대표하는 문화유산이다.

③ 판석묘는 몽골 초원 지대의 청동기 문화를 대표하는 문화유산이다.

④ 청동기 문화를 배경으로 황허강 중하류 지역에서 성립한 상에서는 점친 결과를 갑골에 기록하였다.

2 흉노와 진의 관계 파악

문제분석 만여 리에 이르는 장성을 쌓은 (나)가 멸망한 후 황허강을 건너 월지를 쫓아냈다는 내용을 통해 (가) 국가가 흉노, (나) 국가가 진(秦)임을 알 수 있다.

정답찾기 ④ 진왕 정은 6국을 무너뜨리고 전국 시대의 분열을 수습하였다. 이후 스스로 황제를 칭하였다.

오답피하기 ① 후한 광무제가 왜의 노국으로부터 조공을 받고 한위노국왕이라는 글자가 새겨진 금인을 주었다.

② 한 무제가 남비엣을 정복하고 9군을 설치하였다.

③ 당이 신라와 연합하여 백강 전투에서 백제 부흥 운동 세력과 이를 지원하는 왜의 군대를 물리쳤다.

⑤ 기원전 200년 한 고조는 평성의 백등산에서 묵특 선우가 이끄는 흉노에 패배하였다.

3 중국 남북조 시대의 상황 파악

문제분석 건강에 도착한 조서에 따라 제(齊)의 황제가 양(梁)에 황제 자리를 넘겨주는 내용을 통해 자료가 위진 남북조 시대인 6세기 초 양의 건국에 대한 것임을 알 수 있다.

정답찾기 ④ 한반도 여러 나라의 각축과 중국 남북조 시대의 혼란을 피해 일본으로 이주하는 사람이 증가하였다. 이들 도왜인은 각종 선진 기술을 전해 주어 야마토 정권의 발전에 기여하였다.

오답피하기 ① 고조선은 전국 시대 전국 7웅 중 하나인 연과 대립하였다.

② 진(晉)이 내분으로 쇠퇴하자 흉노, 갈, 선비, 저, 강 등 5호가 4세기 초부터 화북 지방에 여러 나라를 세웠다.

③ 3세기경 일본 열도에서는 30여 개의 소국이 히미코 여왕의 야마타이국을 중심으로 연맹체를 형성하였다.

⑤ 남북조 시대를 통일한 수대에 강남과 화북을 연결하는 대운하가 건설되었다.

4 당의 대외 관계 이해

문제분석 선대 황제가 토번에 문성 공주를 보냈다는 등의 내용을 통해 (가) 국가가 당임을 알 수 있다.

정답찾기 ㄱ. 일본은 7세기부터 9세기까지 당에 견당사를 파견하여 조공하는 한편, 당의 선진 문물을 수용하였다.

ㄷ. 7세기 당은 신라와 연합하여 백제와 고구려를 차례로 무너뜨렸다.

오답피하기 ㄴ. 몽골 제국이 정복지에 행성을 설치하고 다루가치를 파견하였다.

5 10~12세기 동아시아의 정세 이해

문제분석 황제가 동쪽으로 대인선을 정벌하러 갈 때 야율요골 등이 따라나섰고, 대인선이 상경성에서 나와 항복했다는 내용을 통해 (가) 자료가 10세기 전반 거란(요)의 발해 멸망에 대한 것임을 알 수 있다. 또 연경을 중도로 삼고, 카이펑을 남경으로 삼았다는 내용을 통해 (나) 자료가 12세기 전반 거란(요)을 무너뜨린 금의 화북 장악에 대한 것임을 알 수 있다.

정답찾기 ③ 12세기 초 고려는 윤관을 보내 여진을 물리치고 동북 지방에 9성을 쌓았으나 1년 만에 돌려주었다. 이후 여진은 금을 세우고 거란(요)을 멸망시켰으며, 고려, 남송과 군신 관계를 맺었다.

오답피하기 ① 호라즘은 13세기 몽골 제국의 침입으로 멸망하였다.

② 13세기 후반 몽골 제국의 쿠빌라이 칸이 고려와 연합하여 두 차례에 걸쳐 일본 원정을 단행하였으나 실패하였다.

④ 7세기 중엽 일본의 나카노오에 등은 소가씨를 제거하고 당의 율령 체제를 모방한 다이카 개신을 추진하였다.

⑤ 13세기 대월의 쩐흥다오는 3차례에 걸친 몽골의 침략을 물리쳤다.

6 14세기 동아시아의 정치적 변화 파악

문제분석 명을 세운 주원장이 군대를 이끌고 몽골을 공격하였다는 내용을 통해 자료가 14세기의 상황에 대한 것임을 알 수 있다.

정답찾기 ⑤ 일본에서는 1336년부터 교토의 천황과 요시노의 천황이 대립하는 남북조 시대가 전개되었는데, 1392년 남조가 아시카가 요시미쓰에게 항복하고 북조에 양위하는 형식으로 남북조 시대가 종식되었다. 1388년 이성계는 위화도 회군을 통해 고려의 정권을 장악하였고, 이후 조선을 건국하였다.

오답피하기 ① 기원전 1세기 무렵 부여족 내부의 분열이 일어나자 주몽이 압록강 졸본 지역으로 남하하여 고구려를 세웠다.

② 4세기 초 고구려의 공격으로 낙랑(군)이 무너진 후 그 유민들이 한반도 남부로 이동하였다.

③ 15세기 후반 쇼군 계승 문제를 두고 오닌의 난이 일어났다.

④ 16세기 말 도요토미 히데요시는 100여 년에 걸친 센고쿠 시대를 통일하였다.

7 쇼토쿠 태자의 활동 파악

문제분석 호류사 5층 목탑을 세웠다고 전해지는 등 불교 진흥 정책을 추진하였다는 등의 내용을 통해 밑줄 친 '이 사람'이 일본 쇼토쿠 태자임을 알 수 있다.

정답찾기 ⑤ 고구려의 승려인 혜자는 쇼토쿠 태자의 스승으로 활동하였다.

오답피하기 ① 후지와라 세이카는 정유재란 때 포로로 일본에 끌려온 강항과 교유하면서 그의 도움을 받아 『사서오경왜훈』을 집필하였다.

② 현장이 인도에서 가져온 불경과 불상 등을 보관하기 위해 당의 수도 장안에 대안탑이 세워졌다.

③ 신라 승려인 혜초는 인도 등지를 순례하고 『왕오천축국전』을 지었다.

④ 8세기경 쇼무 천황의 발원으로 도다이사에 대불이 조성되었다.

8 병자호란 이해

문제분석 반정, 뒷날 효종이 되는 봉림 대군, 산성에서 항전 등의 내용을 통해 자료의 밑줄 친 '환란'이 병자호란임을 알 수 있다. 병자호란 당시 인조는 남한산성으로 피란하여 항전하였다.

정답찾기 ① 홍타이지가 황제를 칭하며 국호를 청으로 바꾸고 조선에 군신 관계를 요구하였으나 조선은 이를 거부하였고, 이에 홍타이지가 1636년 병자호란을 일으켰다.

오답피하기 ② 정화는 15세기 초부터 7차례 항해에 나서 동남아시아, 인도를 지나 아라비아반도와 아프리카 동부 해안까지 진출하였다.

③ 쿠빌라이 칸은 남송을 정복하고 두 차례에 걸쳐 일본을 공격하였으며 세 차례에 걸쳐 대월을 공격하였다.

④ 1644년 이자성의 농민군이 베이징을 점령하여 명이 멸망하였다.

⑤ 임진왜란 당시 명은 랴오둥 보호를 이유로 조선에 이여송이 이끄는 원군을 보냈다.

9 17세기 에도 막부의 대외 정책 변화 이해

문제분석 크리스트교의 확산을 위협으로 받아들이고, 막부의 방침을 세워 선교사를 추방한다는 내용을 통해 자료가 에도 막부 시기인 17세기 전반의 상황임을 알 수 있다.

정답찾기 ② 에도 막부는 1639년 포르투갈 상인들을 추방하고, 1641년 네덜란드의 상관을 데지마로 옮겼다.

오답피하기 ① 17세기 후반 천계령 해제 이후 청 상인들의 나가사키 왕래가 급증하자 에도 막부는 18세기 전반부터 무역 허가증인 신패를 발행하여 청 상선의 입항을 통제하였다.

③ 조선은 15세기 부산포, 염포, 제포의 3포에 왜관을 두어 일본과 무역하였으나, 임진왜란 이후 부산에만 왜관을 설치하였다.

④ 12세기 말 수립된 가마쿠라 막부는 송의 동전을 대량으로 수입하였다.

⑤ 에도 막부는 17세기 초에 슈인장을 발급하여 해외 무역을 제한적으로 허락하였다. 그러나 크리스트교가 확산하자 크리스트교 포교를 금지하고, 일본인의 해외 도항을 금지하였다.

10 마테오 리치의 활동 파악

문제분석 서광계가 그와 함께 번역한 책으로, 서광계가 기하라는 용어를 사용하였다는 내용을 통해 자료가 『기하원본』에 대한 것임을 알 수 있다. 따라서 밑줄 친 '그'는 마테오 리치이다.

정답찾기 ② 명대에 들어온 예수회 선교사 마테오 리치는 세계 지도인 「곤여만국전도」를 제작하여 중국인들의 세계관 확대에 영향을 미쳤다. 또 그는 크리스트교 교리 문답서인 『천주실의』를 저술하였다.

오답피하기 ① 전례 문제는 청대에 발생하였다.

③ 후지와라 세이카의 제자인 하야시 라잔 등에 해당한다.

④ 조선에 표착한 벨테브레이는 훈련도감에서 서양식 화포 제작 등에 참여하였다.

⑤ 청대 아담 샬이 시헌력으로의 역법 개정을 주도하였다.

11 청의 문화 파악

문제분석 반역하여 오삼계 세력에 가담했다는 내용을 통해 (가) 국가가 청임을 알 수 있다. 17세기 후반 오삼계 등이 청에 맞서 삼번의 난을 일으켰다.

정답찾기 ④ 『사고전서』는 청 건륭제의 명으로 편찬되었다.

오답피하기 ① 고려가 몽골의 침입을 물리치기 위해 팔만대장경을 제작하였다.

② 조선 후기에 판소리, 한글 소설이 성행하는 등 서민 문화가 발전하였다.

③ 에도 막부 시기 경제력을 갖춘 조닌층 사이에서 우키요에와 가부키가 유행하는 등 조닌 문화가 발달하였다.

⑤ 에도 막부 시기 『해체신서』의 간행을 계기로 난학 교습소가 확대되었다.

12 톈진 조약의 내용 파악

문제분석 영국과 프랑스 연합군이 전쟁 당시 베이징 근처를 공격하였다는 내용을 통해 자료가 제2차 아편 전쟁에 대한 것임을 알 수 있다. 또 10개의 항구를 추가로 개항하는 조약을 맺었다는 내용을 통해 밑줄 친 '조약'이 1858년에 체결된 톈진 조약임을 알 수 있다.

정답찾기 ② 청은 톈진 조약을 통해 크리스트교 선교와 서양 외교관의 베이징 주재를 허용하였다.

오답피하기 ① 미국의 중재로 러일 전쟁을 종결하는 포츠머스 조약이 체결되었다.

③ 의화단 운동의 결과 체결된 신축 조약에 따라 외국 군대의 베이징 주둔이 인정되었다.

④ 1884~1885년에 걸친 청프 전쟁의 결과 프랑스는 베트남에 대한 청의 종주권을 부인하고 베트남을 보호국으로 삼았다.

⑤ 1871년 청과 일본이 대등한 관계임을 명시한 청일 수호 조규가 체결되었다.

13 도쿄의 역사 파악

문제분석 요코하마에 도착하여 기차를 타고 북쪽으로 한 시간가량 달려 우리 공사관이 있는 (가)에 도착하였고, 이 구간이 일본에서 처음으로 기차가 공식 개통된 구간이라는 내용을 통해 (가) 도시가 일본의 수도 도쿄임을 알 수 있다.

(정답찾기) ③ 1872년 도쿄 긴자에 대화재가 발생한 이후 메이지 정부는 긴자에 서양식 거리를 조성하였다.

(오답피하기) ① 8세기 말 일본은 교토에 헤이안쿄를 조성하였다.
② 1842년 난징 조약에 따라 개항된 상하이에 영국, 미국, 프랑스가 각각 조계를 설정하였는데, 이후 영국 조계와 미국 조계가 통합되어 공공 조계가 설정되었다.
④ 쑨원은 1912년 난징에서 중화민국의 임시 대총통에 취임하였다.
⑤ 1905년 러일 전쟁을 종결하는 조약이 미국의 포츠머스에서 맺어졌다.

14 1894년의 상황 이해

(문제분석) 조선 남부의 변란이 진정되었음에도 일본이 조선에서의 군대 철수를 거부하고 있다는 내용을 통해 자료가 1894년 동학 농민 운동 당시의 상황임을 알 수 있다.

(정답찾기) ① 1894년 동학 농민 운동이 일어나자 조선은 청에 파병을 요청하였고, 일본도 조선에 파병하였다. 이후 동학 농민군은 조선 정부와 전주 화약을 맺고 해산하였다. 조선 정부는 청과 일본 양국에 철병을 요청하였으나, 일본은 조선의 내정 개혁을 구실로 경복궁을 점령하고 풍도 앞바다에서 청의 군함을 공격하여 청일 전쟁을 일으켰다. 1889년 대일본 제국 헌법이 반포된 이듬해인 1890년 제국 의회가 개설되었다.

15 워싱턴 회의의 결과 이해

(문제분석) 산둥 문제를 논의하였으며, 영국과 미국의 압력 속에 중국이 산둥의 권익을 되찾았다는 내용을 통해 (가) 회의가 1921~1922년에 걸쳐 열린 워싱턴 회의임을 알 수 있다.

(정답찾기) ④ 워싱턴 회의에서는 일본이 산둥반도에 대한 이권을 중국에 반환하고, 미국, 일본 등 5개국의 해군 군비를 축소한다는 것 등이 결정되었다.

(오답피하기) ① 1911년 우창 신군의 봉기를 계기로 신해혁명이 본격화되어 1912년 중화민국이 수립되었다.
② 1895년 러시아, 프랑스, 독일이 단행한 삼국 간섭의 결과 일본이 랴오둥반도를 청에 반환하였다.
③ 1919년 3·1 운동의 결과 상하이에서 대한민국 임시 정부가 수립되었다.
⑤ 러일 전쟁(1904~1905)의 결과 체결된 포츠머스 조약에 따라 일본이 뤼순과 다롄의 조차권을 차지하였다.

16 국민 혁명(북벌)의 전개 과정 파악

(문제분석) 장제스에게 전황이 유리하게 되어 가고 있고, 한국인도 장제스 측에 합류하여 군벌과 싸웠다는 내용을 통해 밑줄 친 '혁명'이 국민 혁명(북벌)임을 알 수 있다.

(정답찾기) ④ 국민 혁명 중이던 1927년 4월 장제스는 공산당 세력을 탄압하고 난징에 국민 정부를 수립하였다. 이듬해 장제스가 이끄는 국민 혁명군이 베이징을 점령하여 국민 혁명을 완수하였다.

(오답피하기) ① 여권통문은 1898년 서울 여성들이 발표하였다.
② 중국 공산당은 북벌 이전인 1921년 조직되었다.
③ 청은 1908년 입헌 군주제적인 요소를 받아들인 흠정 헌법 대강을 반포하였다.
⑤ 조선 의용대는 1938년에 창설되었다. 이후 일부가 화북으로 이동하였고, 1942년 김원봉 등 다른 일부는 한국광복군에 합류하였다.

17 태평양 전쟁 시기의 상황 이해

(문제분석) 도쿄, 영국령 뉴기니, 미국의 잠수함 공격 등의 내용을 통해 자료가 태평양에서 일본이 미국, 영국과 교전하는 상황임을 알 수 있다. 1941년 일본이 하와이 진주만을 공격하여 일어난 태평양 전쟁은 1945년 일본이 항복하면서 종결되었다.

(정답찾기) ⑤ 대한민국 임시 정부는 1940년 중국 국민당의 지원을 받아 한국광복군을 창설하였다. 한국광복군은 인도·미얀마 전선에서 영국군과 연합 작전을 전개하였으며, 미국 전략 정보국[OSS]과 연합하여 국내 진공 작전을 계획하기도 하였다.

(오답피하기) ① 일본은 제1차 세계 대전 중이던 1915년 중국에 '21개조 요구'를 제출하였다.
② 중국 공산당은 중국 국민당의 탄압을 피해 1934년 대장정을 감행하였다.
③ 1931년 만주 사변 이후 국제 연맹은 리튼 조사단을 파견하였다.
④ 1932년 한인 애국단의 윤봉길이 상하이 훙커우 공원에서 의거를 감행하였다. 이는 중국 국민당이 대한민국 임시 정부를 지원하는 계기가 되었다.

18 1964~1988년 동아시아의 상황 파악

(문제분석) 원자 폭탄 투하로부터 19년이 지난 1964년 도쿄 올림픽이 개최되었다. 또한 6월 민주 항쟁 이듬해인 1988년 서울 올림픽이 열렸다. 따라서 1964년과 1988년 사이에 있었던 사실을 골라야 한다.

(정답찾기) ⑤ 베트남은 1986년 시장 경제 체제를 일부 도입하는 도이머이 정책을 채택하였다.

(오답피하기) ① 1960년에 일어난 4·19 혁명으로 이승만이 대통령직에서 물러났다.
② 대약진 운동은 1950년대 후반부터 시작되었다.
③ 1992년 덩샤오핑은 남순 강화를 통해 지속적인 개혁·개방 정책 추진을 다짐하였다.
④ 1938년 일본은 국가 총동원법을 제정하여 인적·물적 자원을 전쟁에 강제 동원하였다.

19 타이완의 역사 파악

(문제분석) 새로 취임한 총통, 민진당 정권의 출범, 정권 교체, 민주의 섬 등의 내용을 통해 (가) 국가가 타이완임을 알 수 있다.

(정답찾기) ③ 타이완은 1972년 중일 공동 성명, 1992년 한·중 수교를 계기로 일본, 한국과 국교를 단절하였다.

(오답피하기) ① 1950년 6·25 전쟁이 일어난 이후 일본에서 경찰 예비대가 창설되었다.

② 1954년에 열린 제네바 회담에 따라 베트남이 북위 17도를 기준으로 분단되었다.
④ 타이완, 중화 인민 공화국, 한국 등은 샌프란시스코 강화 회의에 참가하지 못하였다.
⑤ 북한은 1984년 합영법을 제정하여 외국 자본을 유치하려 하였다.

20 문화 대혁명(1966~1976) 전개 시기의 상황 파악

문제분석 홍위병들이 자본가로 몰린 사람의 집을 부수고 가족을 매질하였으며, 마오쩌둥을 중상모략했다는 것을 구실로 국어 교사가 수감되었다는 내용 등을 통해 (가) 사건이 문화 대혁명임을 알 수 있다.

정답찾기 ② 1972년 미국 대통령 닉슨이 중국을 방문해 미중 공동 성명을 발표하였고, 같은 해 일본은 중국과 중일 공동 성명을 발표하였다.

오답피하기 ① 한일 기본 조약은 1965년에 체결되었다.
③ 1945년 일본 패망 직후 베트남에서는 호찌민 등의 주도로 베트남 민주 공화국이 세워졌다.
④ 미국은 1979년 중국과 국교를 수립하였고, 타이완과 단교하였다.
⑤ 1985년 미국 플라자 호텔에 모인 미국, 일본, 서독 등 G5의 장관들은 일본 엔화와 서독의 마르크화 평가 절상에 합의하였다. 이에 따라 일본 엔화 가치가 크게 상승하였다.

출처

인용 사진 출처

@국립중앙박물관 빗살무늬 토기(8, 84, 89쪽), 비파형 동검(9쪽), 「초량왜관도」(47쪽)

@문화재청 고인돌(9쪽)

@CC-BY-SA-3.0 / RadioFan 패자(26쪽)

@뉴스뱅크 탈춤(96쪽)

인용 문헌 출처

「동양사개론」, 삼영사, 신채식, 2006 53쪽 1번

「일본사」, 미래엔, 박석순 등저, 2005 90쪽 8번

고2~N수 수능 집중 로드맵

수능 입문 → 기출 / 연습 → 연계+연계 보완 → 심화 / 발전 → 모의고사

수능 입문
- 윤혜정의 개념/패턴의 나비효과
- 하루 6개 1등급 영어독해
- 수능 감(感)잡기
- 수능특강 Light

- 강의노트 수능개념

기출 / 연습
- 윤혜정의 기출의 나비효과
- 수능 기출의 미래
- 수능 기출의 미래 미니모의고사
- 수능특강Q 미니모의고사

연계+연계 보완
- 수능연계교재의 VOCA 1800
- 수능연계 기출 Vaccine VOCA 2200

연계
- 수능특강
- 수능완성

- 수능특강 사용설명서
- 수능특강 연계 기출
- 수능 영어 간접연계 서치라이트
- 수능완성 사용설명서

심화 / 발전
- 수능연계완성 3주 특강
- 박봄의 사회 · 문화 표 분석의 패턴

모의고사
- FINAL 실전모의고사
- 만점마무리 봉투모의고사
- 만점마무리 봉투모의고사 시즌2
- 만점마무리 봉투모의고사 BLACK Edition
- 수능 직전보강 클리어 봉투모의고사

구분	시리즈명	특징	수준	영역
수능 입문	윤혜정의 개념/패턴의 나비효과	윤혜정 선생님과 함께하는 수능 국어 개념/패턴 학습		국어
	하루 6개 1등급 영어독해	매일 꾸준한 기출문제 학습으로 완성하는 1등급 영어 독해		영어
	수능 감(感) 잡기	동일 소재 · 유형의 내신과 수능 문항 비교로 수능 입문		국/수/영
	수능특강 Light	수능 연계교재 학습 전 연계교재 입문서		영어
	수능개념	EBSi 대표 강사들과 함께하는 수능 개념 다지기		전 영역
기출/연습	윤혜정의 기출의 나비효과	윤혜정 선생님과 함께하는 까다로운 국어 기출 완전 정복		국어
	수능 기출의 미래	올해 수능에 딱 필요한 문제만 선별한 기출문제집		전 영역
	수능 기출의 미래 미니모의고사	부담없는 실전 훈련, 고품질 기출 미니모의고사		국/수/영
	수능특강Q 미니모의고사	매일 15분으로 연습하는 고품격 미니모의고사		전 영역
연계 + 연계 보완	수능특강	최신 수능 경향과 기출 유형을 분석한 종합 개념서		전 영역
	수능특강 사용설명서	수능 연계교재 수능특강의 지문 · 자료 · 문항 분석		국/영
	수능특강 연계 기출	수능특강 수록 작품 · 지문과 연결된 기출문제 학습		국어
	수능완성	유형 분석과 실전모의고사로 단련하는 문항 연습		전 영역
	수능완성 사용설명서	수능 연계교재 수능완성의 국어 · 영어 지문 분석		국/영
	수능 영어 간접연계 서치라이트	출제 가능성이 높은 핵심만 모아 구성한 간접연계 대비 교재		영어
	수능연계교재의 VOCA 1800	수능특강과 수능완성의 필수 중요 어휘 1800개 수록		영어
	수능연계 기출 Vaccine VOCA 2200	수능-EBS 연계 및 평가원 최다 빈출 어휘 선별 수록		영어
심화/발전	수능연계완성 3주 특강	단기간에 끝내는 수능 1등급 변별 문항 대비서		국/수/영
	박봄의 사회 · 문화 표 분석의 패턴	박봄 선생님과 사회 · 문화 표 분석 문항의 패턴 연습		사회탐구
모의고사	FINAL 실전모의고사	EBS 모의고사 중 최다 분량, 최다 과목 모의고사		전 영역
	만점마무리 봉투모의고사	실제 시험지 형태와 OMR 카드로 실전 훈련 모의고사		전 영역
	만점마무리 봉투모의고사 시즌2	수능 직전 실전 훈련 봉투모의고사		국/수/영
	만점마무리 봉투모의고사 BLACK Edition	수능 직전 최종 마무리용 실전 훈련 봉투모의고사		국·수·영
	수능 직전보강 클리어 봉투모의고사	수능 직전(D-60) 보강 학습용 실전 훈련 봉투모의고사		전 영역

명쾌하고, 명백하게,
명지좋다
명지대학교
MYONGJI UNIVERSITY